第 3 版

山地车圣经

骑行技术完全手册

[美] 布莱恩·洛佩斯（Brian Lopes）　著
李·麦考马克（Lee McCormack）

潘 震 译

人民邮电出版社

北京

图书在版编目（ＣＩＰ）数据

山地车圣经 ：骑行技术完全手册 ：第3版 ／（美）
布莱恩·洛佩斯（Brian Lopes），（美）李·麦考马克
(Lee McCormack）著 ；潘震译. -- 北京 ：人民邮电出
版社，2019.7
　　（悦动空间. 骑行训练）
　　ISBN 978-7-115-50695-5

　　Ⅰ. ①山… Ⅱ. ①布… ②李… ③潘… Ⅲ. ①自行车
运动—手册 Ⅳ. ①G872.3-62

　　中国版本图书馆CIP数据核字(2019)第020260号

◆ 著　　　[美]布莱恩·洛佩斯（Brian Lopes）

　　　　　[美]李·麦考马克（Lee McCormack）

　　译　　　潘　震

　　责任编辑　王朝辉

　　责任印制　陈　犇

◆ 人民邮电出版社出版发行　　北京市丰台区成寿寺路 11 号

　　邮编　100164　电子邮件　315@ptpress.com.cn

　　网址　http://www.ptpress.com.cn

　　固安县铭成印刷有限公司印刷

◆ 开本：690 × 970　1/16

　　印张：22.5　　　　　　　2019 年 7 月第 1 版

　　字数：457 千字　　　　　2025 年 10 月河北第 30 次印刷

　　著作权合同登记号　图字：01-2018-2763 号

定价：99.00 元

读者服务热线：(010)81055410　印装质量热线：(010)81055316

反盗版热线：(010)81055315

目录

欢迎阅读《山地车圣经：骑行技术完全手册（第3版）》这本书。随着时间的推移，山地车的世界也在发生着变化，所以准备好开始提升自己吧！如果你已经阅读过了这本书的前两个版本，那么我相信你已学到了很多知识，以及一些很棒的技巧来提高自己的水平。第3版将会向你介绍更多知识和技能，我们会帮助你成为一名更好的全能山地自行车手。

山地自行车运动棒极了！即使你做得不对——像大多数初学者一样，感到恐惧、紧张和疲惫，它仍然是最伟大的运动。当你正确地掌握了它，骑行变得自信、流畅和有力的时候，这项运动就更棒了。你可以与志趣相投的人一起骑车去探索美丽的地方，保持健康的体魄，最重要的是，你可以极为流畅地骑行。

李在自己的技能课上遇到过成千上万名各种水平的车手，从初学者到世界冠军，应有尽有，李从中发现了一些重要的真相。

1. 没有人能完全掌握这项运动，最好的车手之所以是最好的，是因为他们在不断进步。

2. 每个人——第一次骑车的人、胆小的初学者、季节性的骑行爱好者以及顶级职业车手——都能变得更好。

3. 骑得越好，得到的快乐就越多。

作为一名和自行车打了40年交道的职业自行车手，布莱恩有着能帮你达成上述3点的知识。以下内容则是本书的目标，我们希望你能实现。

在自行车上获得更多的乐趣。更加自信、更加安全、更好的飞越、更快的速度，不管你是如何定义乐趣的，我们都希望你能拥有它。记住：只要你还在学习，就能享受到乐趣。

应用 80/20 的原则。你所学习的核心技能的 20% 造就了 80% 的成果。本书不是描述了一些随机的技术，而是重点讲述了能帮助车手骑得更好的核心技术：那些能够提高、相互组合并在骑行时随时应用的核心运动模式。读完这本书后，你会为一次伟大的骑行原来如此简单而感到惊讶。

将这本书最大化应用。这是一本纸质书，我们不能像面对面或者在网上一样互动，因此我很难帮你解决一些具体问题。本书容纳了所有它能传达的技术和学习方法，而最棒的地方在于它是永久的文本，我建议你时常翻开这本书看看，阅读其中的一小部分，然后带着新的理解到林道上去实践。

掌握扎实的基本技术。所有伟大的骑行技术都是自下而上建立起来的。这本书着重介绍基础且通用的技术，适用于任何类型的车手以及任何不同的地形。我们从技术树的底端开始讲起，逐渐展开枝干。

遵循大师之路。据我们所知，在技术树的顶端没有任何魔法技术可言。随着核心技术的提高，你能更加准确且有力地运用它们，并且用一些有趣的方式将它们结合起来。这样看来，骑行就像画画一样，一旦你掌握了原色（基本动作）的运用技巧，就能调出任何想要的颜色了。

祝玩得开心！

学 会 学 习

如果你已经爱上了山地骑行，那么别着急，你会变得越来越棒，特别是当你遵循以下几条关于学习的技巧的时候。

每次只做一件事。每次出门骑车，都只专注于一项技术，或是一项技术中的某个部分。始终从自己的身体开始：放低脚跟，调整臀部在车座上的位置，然后放松肘部。一旦你的身体运转良好，就把注意力集中到赛道上：在弯道时找准出弯方向，飞包前压低重心，在空中推把落在接坡上。想一想如何才能完美地完成动作。很快，你想都不用想就能把动作做好了，然后再继续学习下一项技术。

不要让坏习惯毁了你的生活。如果你是一个正常人，那第一次下陡坡的时候就会不由自主地把头抬高并向后靠（为了远离危险）。而从控车的角度来看，这是一件最糟糕的事

布莱恩小课堂

布莱恩是有史以来最好的山地车手之一。他非常强壮，技术精湛，而且信心十足，他能在短时间内处理大量数据，他感知骑行的方式与我们不同。这个"布莱恩小课堂"版块将以他的精英视角来介绍山地车骑行的各个方面。

情！但你很可能会活下来。你的大脑很简单，它想要的只有活下去和生孩子。如果好几次你都没有正确地骑车，那么你已经养成了一个坏习惯了！应牢记下面的忠告。

● 一旦大脑里"刻"下了一个习惯，那就永远也改不了了。这就好比和你的妻子进行"讨论"时，在某个时候，你的大脑会回到11岁，自己不受控制地说一些蠢话。同样的事情也会发生在下一个陡坡时，你明知道自己要降低重心、保持平衡，但还是不由自主地直立起上身。这种事做多了你就会受伤的。

● 你可以学习更有效的新动作，这就是本书的内容所在，关注更新且更好的技术，让你在熟悉的林道上骑车，养成更新且更好的习惯。

● 一旦超出舒适区，你就会犯老毛病。这就是你一定要在舒适区骑车的原因！

想着自己要做什么，而不是不要做什么。如果你一直想着"不要往双峰土坡的大坑里看"，你认为自己会看哪里呢？很多教练都会推荐学员重复念叨一个积极向上的"咒语"："我会飞过去的，我会飞过去的。"不要一直盯着你害怕的地方，而是看你想要骑过去的地方。不要一直盯着一块石头，而是要看看它的周围然后绕过去。

永远不要挑战自己的恐惧心理。你站在一个能把自己吓死的大山坡上，然后你的兄弟告诉你不要做一个胆小鬼，只管向前冲就好，这条建议既显得无知又具有危险性。你感到害怕是有原因的，最常见的原因是你不知道怎么骑过这个山坡。把你的恐惧推向未知和掷骰子没什么区别。老习惯重新出现的可能性很大，你或许能克服，或许不能。

先平稳，后速度。不要让自己成为"人肉导弹"，如果你已经是了，那么希望在导弹爆炸前你能学到点东西。学习一项新技术时，要先在简单的地形上慢慢练习。急于求成不但容易犯错，而且大大增加了危险性。把这句话贴到冰箱上吧："平稳第一，速度第二。"

布莱恩小课堂

无论出去进行什么骑行活动，都要提前做好准备，具体包括考虑一下骑行时长，出门时间，天气情况，遇到的地形障碍，以及你的骑行伙伴。如果够聪明的话，你就能根据这些情况决定携带水和食物数量的多少，打包的衣服和装备，骑什么类型的车，避震行程如何设置，轮胎怎么选择，胎压是多少等。

在行程结束的时候因为太阳下山而感到寒冷，或是下雨了你却没有准备雨具是很糟糕的事情。耗尽食物和水是给自己找麻烦的最好方法。因为认为单层轮胎能够应付所有锋利的石头而毫无准备，然后不得不每10分钟停下来补一次胎能把朋友和自己气疯掉。当你的伙伴们骑着他们6英寸（15厘米）行程（指车架避震行程）的全地形车从林道上冲下来的时候，你骑着没有后胆和升降座杆的硬尾车很容易摔伤或者掉队，因为你征服不了朋友们所经过的地形。

骑行的底线应该是玩得开心，不出差错地完成一趟骑行，而且不想有快要死了一样的感觉。如果每个人都提前做好了准备，那么有一个愉快回忆的概率就会高得多。

在李与职业耐力车手的合作中，他发现车手们在放松和专注地执行训练安排的时候训练时间过得很快。一味求快反而会降低你的速度。

李在犹他州摩押进行场地教学，当然是在已经教完核心技术以后了。

不妨请个教练

你肯定能从这本书中学到很多，但是什么也替代不了合格的技术教练。有了教练，你就可以获得以下好处。

- 学习得更扎实。一名好的教练会通过语言、亲身示范和实际操作等方式指导你。
- 获得即时反馈。首次尝试时动作可能就会做得很完美，但是这种情况很少见。一名好教练不仅关注你做得好的方面，也同样关注你还需要提高的地方。
- 提高更快。能避免在坏习惯上浪费时间，能更快地掌握完美的新技术，从而获得更强的自信心。

跟任何装备升级相比，把时间和金钱花在技能学习上能使你表现得更好，也玩得更开心。我们建议你请一名合格的教练，至少要通过教练的指导学好基础知识。

挑战感知和改变自行车骑行及生活轨迹的6种方法

贾森·理查德森博士

1. 知道自己想要什么

内容要具体一点（例如外观、颜色、感觉、时间、日期等），这能让你重新认识到自己为什么这么努力——为什么非要这么做。如果你还在费力寻找意义和理由的话，那么你可能就找到自己没有进步的原因了。爬坡能力更强？还是转弯、冲刺、摆尾技术更熟练？自己掌握了这些动作比模仿别人好处更大。不要成为下一个艾伦·格温，要成为下一个你自己！

2. 添加而不是排除

很多时候我们只选择一种肯定会取得胜利的骑行方式——一条上山或下山的路线。运气并不能决定结果，当你在绘制成功的蓝图的时候，留出一些空间给那些没法解释的、没有计划的傻运气。承认它们的存在，你就可以利用它们。有时候赛道或路线会发生改变，排除其他实现目标的途径可能会让你从A点到达B点，但是添加进其他可能性，能让你从A点到达Z点。这就像你甚至不需要一根链条都能进入DH世界杯的前5名（艾伦·格温在没有链条的情况下赢得了DH世界杯）。

3. 先在语言上进行修正

苹果公司在20世纪90年代末期的"Think Different"广告宣传工作十分给力，不是因为它改变了苹果公司的公众形象（虽然它确实改变了），而是因为它改变了苹果公司的自身形象。它在苹果公司最需要的时候加强了其自身形象。从语法上来说，"Think Different"处在边缘地带；从信仰体系的角度来看，它是"Think Perfect"。

● 词汇也有质量。使用"不得不""必须"以及"需要"这样的词汇就像为健身或者工作时的负重增重。使用"会有""可能"以及"应该"之类的词指代我们的过去时，就会将我们束缚在以前的失败上。使用"将要"和"将会"这两个词都好像在发问："什么时候？"

● 我们玩的每一场游戏，生活的每一方面都有相应的规则。如果你选择参与到游戏中来，那是因为你想要参与，而不是应该或者可能参与。孩子说的"我会倒垃圾的"和"我正在倒垃圾"有很大的不同。换句话说，说出"我正在变得更快"比"我会变快的"更加准确（从大脑的角度来说）。我希望你和你的大脑按照前一种方式工作。

4. 慢下来才能走得更快、更远

运动员们在比赛开始之前在做什么？话剧演员们在幕布拉开之前在做什么？他们会停下来，有时候闭上眼睛，然后深呼吸。他们让自己慢下来，这只需要几秒的时间。为什么我们不在切换任务、停车、到办公室或者是跟孩子们说话的时候也这么做呢？我们匆匆忙忙所节省的几毫秒就像零卡路里的热量一样毫无用处。而我们深吸一口气，看清我们在做该做的事情，就等于是增加了时间。换句话说，沉思就是自我调节的方式，我们要做回自己。运动员们不仅仅在赛前这样做，在比赛时也应该这样做！

5. 将日常游戏化

换一条路回家；换一只手刷牙；向给最差评价的评论者征求反馈信息；写下你今天想要做的3件事情，然后完成它们；加入一个小组；和能保证你完成任务的人一起接受

30天、60天或者90天的挑战；当个素食者；不用现代设施；多吃含碳水化合物的食物，少吃含碳水化合物的食物，不吃含碳水化合物的食物——把一切都当成游戏去玩！

6. 雇用老板

最好有个人在角落里盯着你的一举一动，找到这个人可能要花一些时间。在工作、娱乐和生活中我们有好几个"老板"是说得通的，并不是因为你在雇用别人就说这是一件和自尊有关的事情！有一个（关心你的）人让你保持敏锐对于你自身和你付出的努力都有好处。和一名已经完成了你要做的训练内容的教练合作，对获得成功来说是一项极好的投资。

底线

大脑更容易朝着它所看到或知道的方向努力，而不是它看不到或不知道的方向。在很多情况下，我们迷失在自己的习惯中。然而，力量存在于培养习惯的过程中。如果你一直在培养自己的毅力呢？你肯定会挑战成功！

贾森·理查德森博士是一名演说家、作家和心理学家，善于处理危险和高压情况。贾森博士是一名世界冠军以及泛美运动会自行车越野赛（BMX）金牌得主，他在专业赛道上积累了极端的教训，并将它们转换成可以在商业、体育以及生活中取得成功的心理原则。他的讲话能够鼓舞、激励人们并让大家立刻采取行动。

更上一层楼

从你成为山地车手的那一刻起，你就开始了一次自我提高和自我享受的无尽旅程。

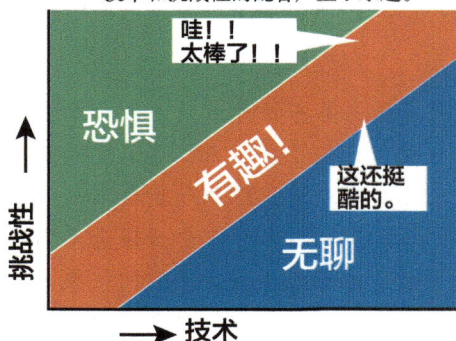

技术和挑战性的配合产生了乐趣。

如果你的技术和目前需要应付的挑战相匹配，那么你将获得无限的乐趣。你提高了技术，同时也会逐渐提高挑战难度，反之亦然。初学者们和高手们享有的乐趣是一样的。当你"搞定"自己的第一个小双峰土坡时，你感受到的激动之情绝不亚于布莱恩·洛佩斯赢得他第四个世界冠军时的心情。

随着技术水平的不断提升，你对各种地形的熟悉程度也会不断加深。你会越来越自信，会像冲浪好手驾驭波浪一般驾驭赛道。虽然你的技术水平会随着环境的改变而改变（你可能对林道越野很在行，却一直害怕飞越），但你很可能把大部分的时间都花在了以下3个层次中的某一层次上。

层次1：林道让你受尽折磨

你对自己的车子感到生疏又奇怪，对于自己处理路况的能力也没有什么信心。骑车时你总是全身肌肉紧张，不管什么时候下坡都猛捏刹把。你缓慢地翻越障碍，还经常突然停车或者前空翻摔车。在过弯时你总是身体侧倾程度不够，而且你还在弯道中刹车，所以过弯很困难。

你第一层次的骑行总是磕磕绊绊，老实说也没什么乐趣。当你听到经验老道的车手谈起流畅性、最佳状态和飞越障碍时，你根本不知道他们说的是什么，你甚至可能认为他们都疯了。

不幸的是，大多数山地车手都没能脱离这个层次。他们要么永远深陷于初学者水平，要么就干脆放弃山地改投公路。如果你现在的功力仅在第一层次，请别放弃，这不是真正的山地车运动，真正的乐趣还在后头呢！

从层次1到层次2的飞跃

1. 放松。这非常重要，所以我们要一直向你灌输这个观念。如果你感觉很紧张，那就立刻停下来，回到出发点整理一下思绪。如果你还是很紧张，那就找一些比较简单的地形练习吧。恐惧和紧张会让你的骑行劳而无功，而且索然无味。

2. 如果你要刹车，那就认认真真去做，确实把速度降下来，然后照常前进。因为一直刹车毫无乐趣，还很危险。

3. 尽量高速进入崎岖路段。在车上要保持身体轻盈，这样你能更顺畅地穿越崎岖路面。

4. 相信车子的滚动能力。这本来就是山地车该干的活儿，让它滚过去吧！

5. 调整好进攻姿势，这是关键！

层次2：你能够应付林道路况

到了这一层次后，山地车骑行就变得有趣起来了。你已经知道了要稍微放松，并学会了如何在弯道之间的路段滑行。你碾过、掠过甚至飞过障碍，在弯道中放开刹把并且侧倾身体，然后精准地切过弯道。

在这一层次，你已经成为一名合格的山地车手。在蜿蜒的平整林道上骑行，你能享受到速度和流畅性带来的快感。但是当路况变复杂时，你会容易紧张。你会在崎岖地带停滞不前；在高速撞击障碍时，你会失去对车的操控力；当车的抓地力不稳定时，你在过弯时也会有麻烦。

大多数处于第二层次的山地车手都对自己的表现很满意，而且骑得很开心，完全没有意识到还有下一层次。当他们看到专业车手以极高的速度和熟练的操控技术飞驰而过时，他们也只是摇摇头，认为这是因为他们的车比自己的好。

从层次2到层次3的飞跃

1. 放松。是的，甚至要比以往更放松。放松的最好方法并不是什么都不做，而是专注于你现在该做的事情：施力、收力、倾斜车辆、寻找出口。总之，做点什么！

2. 专注而投入。在上下起伏的路况下骑行要采取快速精准的动作。

3. 仔细观察赛道。不是每条路线都可以骑，要找一找可以过弯的弯墙和可以压抬的斜坡。

4. 不要撞击障碍。在下坡时任由车轮直接碾过路上的任何障碍，这可不再是个好办法了。实际上，你不妨尝试着利用向上收力、后轮滑、兔跳或者飞越的技术越过障碍。只要不再撞上障碍，你马上就能提高速度和操控水平。

5. 在接坡面下压。每当遇到向下的斜坡时，你都要下压加速。这里的"斜坡"指的是任何物体的表面或地形：岩石、树桩、土坡、搓衣板地形，以及任何其他物体。压抬是进入流畅骑行世界的关键所在。

6. 确定自己的风格。根据自己的技术、身体类型和装备，试着弄清楚自己最适合哪种风格。比如说，虽然你无法穿越崎岖路段，但是很擅长过弯，那你可能倾向于绕过可怕的岩石，这样很好。真正糟糕的是你自以为能搞定乱石区，但实际上搞砸了，最终狠狠地撞上了石头。要了解自己，量力而行。

7. 调整好自己的进攻姿势。是的，甚至要比以前更自然、更流畅。

层次3：你开始享受在林道上骑行

这是最高境界。你骑得既放松又迅猛，永远不会让前轮撞上一块石头，也不会忘了每一次压抬。林道就像是一块黏土，你可以随意揉捏。你的路线是三维立体的，既有水平维度也有垂直维度。你利用向上收力或是飞越的技术越过障碍，并在弯道中用力下压。你像海豚一样上下腾越穿行于崎岖路段，一路上都能获得极佳的速度和操控性。

达到第三层次时就为自己感到骄傲吧，达到这一层次的车手可不多。但是，即使你能利用兔跳翻越大石头并接坡面下压，也并不意味着大功告成。随着"阅读"地形能力的不断提高，你将学会用更巧妙的方法来处理路况。

习惯决定水平

当你有压力时——不管是面对一场比赛、一条新林道还是一名潜在的对手，你的旧习惯总会原形毕露。你是不是在骑行时经常动作僵硬而且身体挺直？如果答案是肯定的，那么在压力下你也会是这个样子。所以花点时间培养好习惯吧！

技 术 混 搭

我们换个方式来看你在山地车上取得的进步。

每一项技术都是由几个小技巧组成的。举个例子，刹车的小技巧分别是采用较低的进攻姿势，慢慢捏住刹把，身体向后方移动让自身的重量慢慢下落，最后，将重量都转移到你的脚上。哦，对了，除此之外你还得想办法应对陡峭的林道以及路上的障碍。刹车这一动作实际上很复杂。

每一项技术学得越好（比如跳跃、转弯），你就能越快地在这些技术动作之间转换，最终你就能更好地将它们结合起来。一开始的时候你可能飞越完了才能转弯，后来你就可以一边飞越一边转弯了。

对于每一条林道、每一种速度，你都要运用一系列的技术让自己的骑行过程既安全又开心。林道设计的技术要求越高，你的每一个骑行动作就会越接近，闲着的时间也会越少（我们当然喜欢这种林道了！）。当你加速的时候，每个动作之间的空闲时间会更少；在极高的速度状态下，所有动作融为了一体。

在低速状态下，节奏可能是这样的：

我正在经过那块石头……我正在刹车……我正在转弯。

每一个动作都是你经过深思熟虑的，中间会有些空闲时间来让你重新调整自己的动作。如果你恰当地运用了每个动作的话，就很有趣。但是你必须是骑行在一条平稳的林道上，而且要前进得足够慢，以便有充足的时间把每个动作都做好。

在高速状态下，节奏可能是这样的：

石头！减速！转弯！

在这种速度下，各个动作衔接起来，你要一次性完成所有动作，中间没有任何喘息的时间。这时你感觉很棒，你可以以合适的速度飞过平稳的林道。要想达到这种状态，你必须学会如何把各个技术叠加起来，例如，从大石块上骑下来的时候刹车。

在更高速的状态下，你跳过石块，然后借助落地的冲力来压抬转弯。整个过程变成了能量的一次简单流动，你没必要刹车，也没必要担心。

找到适合自己的骑行风格

尽管本书展示的核心技术是非常连贯的，但是如何应用完全由你做主。一定要认真练习关键动作，在掌握它们之后，要保持放松并将其融入你的骑行风格当中。你是像公路车手一样姿势紧凑，还是像越野摩托车手一样垂直站立？你喜欢低空掠过还是高高跃起？你是选择绕过大石头还是选择直接碾压过去？这些都没关系，只要你能找到适合自己的骑行风格。

啊啊啊！

或者在更高的层次上：

哦哦哦哦哦哦哦……

在这个时候，所有的技术都融合了。在进行技术性爬坡的时候，你可以在骑上岩壁的同时踩踏；在进行技术性下坡的时候，你能在飞过岩石的同时转弯。骑行的感觉变得十分美好。

当李教授学员骑行技术时，他先从小技巧开始，而后将它们整合成一个完整的大技术。随着学员在应用上的逐渐熟练，他将它们叠加起来，然后将它们结合起来。

一次一项技术

当一开始你还纠结于每一项技术的时候，最好还是一次运用一项技术，比如以下这些：

- 刹车；
- 转弯；
- 踩踏；
- 骑上陡坡；
- 骑下岩壁；
- 飞过岩石。

在这个层次，最好挑选一条平缓的林道，以便你有充足的时间一次练习一项技术。看好岩石，慢下来；越过岩石，看好弯道，慢下来；骑过弯道。然后接着做其他的。

当你感觉到这些技术逐渐叠加起来的时候，就要进入第二层次了。当你开始学习怎样从岩壁上骑下来的时候，你会在岩壁上就看着下一个弯道！这就是你战胜岩壁的时刻。

一次两项技术

随着这些基本技术印在你的脑子里，你会开始注意到它们正逐渐叠加起来并最终不可避免地同时运用了。

以下是几个运用两项技术的例子：

- 从岩石上骑下来的时候刹车；
- 飞过树根时踩踏；
- 飞过凹陷处时转弯；
- 从一条跳线转移到另一条跳线。

在这个层次，你可以应付需要采用更有技巧性动作的林道和更快的速度，你会发现自己能连贯地做出每一个动作，你可以骑得更快，而且会感觉骑车更简单了。随着所有技术应用水平的不断提高（为掌握技术所做的努力是没有尽头的），你需要学习如何组合更多的技术。

一次3项或更多技术

似乎最优秀的车手总是在转弯和飞越。这是因为在最高的层次，一切都变成了一个复杂且美丽的循环，而它需要全身心的投入。最能体现车手技术的林道和最酷炫的瞬间需要 3 项或以上的技术在同一时间完美地释放。以下是一些 3 项技术应用的例子：

- 从陡坡上以及岩壁上下来的时候急转弯；
- 冲刺和转弯时跳上垂直的岩石。

一个有趣的现象是，很多越野车手都不敢跳下落差，而跳下落差其实很简单！很多越野车手都能处理陡峭多石的"之"字形道路，实际上这种道路更有挑战性。

跟随本书不断学习的同时，花些时间学习基本技术。随着你对基本技术的掌握，将它们叠加起来最终同时应用。你会骑得越来越快，感觉越来越简单，甚至会觉得更加有趣。

虽然李和别人在 10 多年前就一起完成了本书的首版，这之后他一直在努力寻找关于山地车骑行的小技巧并试着用一种大家容易理解的方式将它们表达出来。在

一次 3 招：骑车下山、转弯以及飞越岩壁，这才是山地车骑行最大的乐趣。

那个时候，他的骑行充满了自我意识，有条不紊，而且不是很流畅。

过了大概一年的时间，李的大脑和身体吸收了新的知识，他的骑行也变得比以往更加快速和平稳。2010 年本书第 2 版出版以后，他更加深入地探索基本技术，同时尽可能地将一切整合在一起。

作为长期不间断学习的回报，李的骑行技术比以往更好，学习带来的回报比他 25 年的骑行生涯以及 10 年的骑行教学生涯带来的都要多，只要在学习，他就能获得快乐。我们建议你也这样做。

免 责 声 明

　　骑行山地车有风险，你可能会摔坏装备，也可能伤到自己。但正因为如此，骑行山地车才令人振奋。要量力而行，同时要注意穿戴与自己的骑行类型相符合的防护装备，头盔和手套是必备的。如果你觉得自己可能会摔车，那不妨戴上护膝、护肘、护甲和全盔。我们还建议你戴上护目镜。

　　最好的技术和装备也无法保证不会出现摔车和受伤事故。如果你骑车受了伤，要多从自身找原因，要努力骑行并敢于冒险。

　　欢迎来到激动人心、充满乐趣的高水平山地车世界。请记住，成为一名出色的车手是一个长期的过程，要有耐心，走一步看一步，还要玩得开心！但是在外出骑车前，要先确保你的车能够担此重任。

1

选择你的武器

骑山地车的时候，车子应当成为你身体的一部分。你与山地车、林道之间的界限开始模糊之日，就是你流畅骑行生涯的开始之时。为了能在骑行中获得最大的乐趣（与流畅性），聪明的人都会选择一辆符合自己身材与骑行风格的山地车，并通过调整使之完全适合自己。

要想在这项运动里取得进步，装备的重要性不可忽视。更好的装备能为车子提供更快的速度、更大的抓地力，并能让车子通过以前对你来说十分困难甚至不可逾越的地形与障碍。无论你平常在什么地形上骑车，或者喜欢在山地车上干什么，我们都相信最新的科技能让你的骑行更加愉快。现在，你需要了解多种装备，做出正确的设定，并结合新学到的技术，来征服你喜欢的各种地形。

购买合适的山地车

山地车的档次一直在提升：更轻、更高效、更耐用、更有趣，而且最重要的是，对于不同的山地车风格分类更加细化了。如果你认真对待骑行这项运动的话，你就会意识到山地车的选择在很大程度上反映了你本人的品性，而且这也是你选择体验这个世界的方式的一份声明，至少是体验骑行世界的一份声明。

买最好的。顶级的车架和组件比低端产品更好用也更耐用。李的一套 Shimano XTR 套件为他服役了好多年，在这期间他换过好几辆车。他的几副 Shimano 脚踏已经用了几十年，他的 FOX 前叉和避震器也用了差不多的时间。只要你细心维护，它们就能用一辈子。不惜成本地选择一辆顶级山地车，例如一辆 Ellsworth Rogue 60 XTR 或者一辆 Specialized S Works 能消除一切装备不好的借口，让你闭上嘴好好学骑车！

除非你买不起最好的。除非你是有品牌赞助的车手或者钱多得不在乎，否则一辆 1 万美元的山地车就像一辆福特 F-150 猛禽：太棒了！但是它很可能超出了你的需求。

只要从声誉良好的零售商（超市不算！）那里买一辆品牌不错的山地车，你就会觉得物有所值的。如果你想得到最好的性能却不想花太多钱，可以看看次顶级产品。在 Specialized 的产品线里，一般会有 Expert 款式，Ellsworth 的次顶级系列为 Ellsworth Epuphany Alloy Shimano SXL。如果你想要获得更高的性价比，还可以看看中级产品，Specialized 提供了 Comp 款式。

从当地的车店买车。你可以在网络交易平台找到很划算的商品，尤其是零配件。但是实体车店的店员能帮你选择合适的山地车，另外还能帮你测量、调试。如果你找到了一家车店，店里的老板和员工都很有经验，而且也能提供你所需的配件，那么和这家车店建立良好的关系吧。与网上购物相比，在实体车店你确实需要多花点钱，但是这种体验和便利性的价值，远远超过你省下的钱。在下次骑行前，不妨把网上买的山地车送到车店检修一番，看看车况如何。

除非你宁愿在网上买车。几十年来，我们一直在支持当地的车店。尽管我们非常重

视它们，但现在是时候在网上购买山地车了。

事实上，做山地车生意十分艰难，这一行竞争激烈且利润率低，很少有车店能雇得起经验丰富的专业人士。正因为如此，现在越来越难找到能够为产品增加附加值的车店了，尤其是当你的周围没有很大的山地车市场的时候。

与此同时，在过去的几年中，直接面向消费者的品牌例如 Canyon、Commencal 以及 YT Industries 已经证明了它们能以优惠的价格为消费者提供优质的产品和卓越的售后服务。Guerrilla Gravity 等小公司可以以较低的销售成本进入市场，并且可以按照消费者的需求生产和交付山地车。

即使像 Trek 和 Giant 这样的大型品牌也开始开展混合项目，即在线上订购然后在线下提车，可见互联网在山地车世界有着巨大的应用潜力。如果线上购车可以帮助你以可接受的价格买到优质山地车，那太棒了！如果你足够聪明，也会与当地的车店建立良好关系，原因有两个：你要帮助自己的邻居，他们像你一样也要养家糊口；当地的车店也能帮助你。如果你在去犹他州摩押的前一天需要给刹车换油怎么办？

谨慎对待升级。 不要担心车上的组件，尽管骑就好。以下是最重要的升级项目。

● **更短的把立。** 对于大多数山地车来说，一根更短的把立能有效地提高车手的操控性、自信心以及安全性。如果你的山地车装配了长于 90 毫米的把立的话，在离开车店之前就换掉它（或者换个大车架）。更多细节请参考本章的"把立"部分。

● **宽度合适的车把。** 车把应当和你的身体相匹配。更多细节请参考本章"车把"部分。

● **坐管。** 如果你还没有升降坐管的话，赶紧买一根，真的。

● **车座。** 坐在塑料砧板上骑车可没什么乐趣可言。

● **轮胎。** 根据路况选择合适的轮胎。

提车之前应该可以更换合适的车把和把立，这些可以问问车店的工作人员。其他的一切零部件，除非损坏或磨损殆尽，都不要更换。

硬尾车还是全避震车

以前，人们根本没有选择，因为那时候还没有避震器这种东西。当避震前叉第一次出现时，速降车手们很快就装上了它，但是轻量派依然坚持传统风格。而现在，几乎所有山地车都配有避震前叉了。同样，当后避震器出现时，它也只受到了速降车手的青睐。随着避震器设计的进步，而且质量越来越轻，现在从低端车到高端车都安装了后避震器——无论是用于纯粹的速降还是长途山地越野耐力赛。

与配备同样组件的全避震车相比，目前硬尾车仍然更轻便，也更便宜，尤其在 3 种特定路况下表现更佳：在平坦路面的 XC 越野，平坦路面的土坡腾越和 4 人争先赛。更轻更硬的车架能向路面传导更多能量，所以有些车手坚持使用硬尾车参赛。

布莱恩现在骑的 Ellsworth Rogue 60 在大多数路况都能满足大部分车手的需要。

在几乎所有非铺装路面（如泥土路或岩石路）上，全避震车都能让你骑得更快，而且在崎岖地形骑行时感觉更舒适、操控性更高。虽然全避震车增加了一些质量，或许还损失了一点能量，但是它增加了骑行乐趣。对于大多数车手而言，选择全避震车是大势所趋。

尽管全避震车逐渐成为山地越野的不二之

避震器的利与弊

避震器的优点

单单一个理由就能使山地车避震器成为必要装备：好用。但究竟是如何好用呢？（提示：它不只是能让你在动作失误时少遭罪。）

- 使骑行更顺畅；
- 改善操控性；
- 提高刹车效率；
- 让你能承受更大冲击；
- 培养"爱的正弦波"；
- 架在车顶上看起来很酷。

避震器潜在的弊端

正如生活中没有绝对完美的事物一样，山地车也是如此。避震器确实非常棒，不过它还存在以下弊端。

- 增加了车体质量；
- 增加了复杂性；
- 损失了能量；
- 性能降低（某些情况下）；
- 增加了购买和维护成本。

选，但是许多狂热的车手仍然热衷于全硬山地车，即没有前避震器和后避震器的山地车。全硬山地车特别轻便、高效（在平坦路面上），那种纯粹的流畅感是全避震车无法匹敌的，只要地形选择合适，一切都会得心应手，一旦选错了路况，就要小心了！

轮胎也可以避震。现在的 plus 系列山地车配备了 2.7~3.2 英寸（7~8 厘米）宽的轮胎，胖圈山地车配备了 4.0~4.8 英寸（10~12 厘米）的轮胎，硬尾车和全硬山地车的避震器性能都比以前更好（也更有趣），大多数胖圈车的车主都喜欢采用硬架和硬叉。此外，plus系列硬尾车骑起来都出人意料地有趣。

了解避震器的设计

如今的长途越野山地车的下坡能力和爬坡能力分别强于以往的速降山地车和 XC 越野车。尽管山地车设计师不断创新，但是山地车避震器设计一直都包含以下几个元素，每个元素都有其优点和潜在的弊端。

FSR连杆（Horst连杆）

原理：由 4 根支臂组成，在后下叉的末端有一个转点，后轴与后上叉一起转动，这使链条长度在整个避震行程上基本保持不变。

优点：减少避震过程中链条的长度变化和刹车反馈量（刹车时轮胎与地面的摩擦力相对于避震系统的转点形成力矩，造成拉伸或压缩）。如今 Specialized 的专利已经过期，其他厂商也开始采用这种设计。

缺点：这样的兼顾性设计会使后避震器随着踩踏而上下震动，必须借助后避震器的阻尼来消除这种震动。

适合地形：避震器能完美地发挥作用的起伏路、需要经常踩踏和刹车的崎岖路面。

代表品牌：Ellsworth、Transition、YT Industries、Specialized。

单转点

原理：最简单的设计。一根粗大的摇臂围绕一个转点转动，转点通常位于接近中盘或大盘的位置。

布莱恩小课堂

随着全避震山地车的发展，选择硬尾山地车而不是全避震山地车的理由已经不多了。

如果你经常压抬或土坡腾越的话，硬尾山地车是理想之选。

如果你主要在平缓的林道以及防火道骑车，或者你的预算不足以选购全避震山地车，那么硬尾山地车是一个适合你的选择。

在赛事中见到硬尾山地车的时候只有XC越野赛、双人回转赛，以及4X赛，但是，最近全避震山地车也进入到了这些比赛中来，因为它实在是太棒了。

过去，过重的质量和较低的踩踏效率抵消了全避震山地车的优点。如今，随着全避震山地车质量的减轻以及能将每一次踩踏传递出去的高效踩踏平台的出现，我们很难找到硬尾山地车的优点了。

优点： 简洁，轻量。设计者可以设置不同的转点位置，以此来实现各种车辆的特性。

缺点： 大幅度的链条张力变化和强烈的刹车反馈，尤其是链条与转点不处于同一直线上时最为严重。

适合地形： 平缓的林道或速降骑行。

代表品牌： Orange、Mountain Cycles。现在山地车很少使用单转点结构。

多连杆单转点

原理： 这种车架设计了多根支臂和多根连杆，但是后轴固定在后下叉上。主转点的位置通常较低，靠近小盘。

优点： 轻量、坚硬，调节功能多，减震率范围大。

缺点： 尽管多了几根支臂，但工作方式类似于单转点设计。当链条与转点未处于同一直线上时，可能出现链条张力变化和刹车反馈。

适合地形： 起伏路、平缓及崎岖路面。

代表品牌： Trek、Kona、Guerrilla Gravity。

虚拟转点

原理： 这种设计利用多组连杆，使后轴按 S 形轨迹运动。S 形轨迹的"肚子"位置是自然预压值的位置，链条张力也倾向于将后避震器拉回这个点。

优点： 因为链条会把后避震器拉回并维持在自然预压值位置，所以使用虚拟转点后避震器的山地车踩踏效率非常高，即使长行程款车型也是如此。

缺点： 会有一些刹车反馈和踩踏反馈（避震系统工作时后下叉的长度会发生改变，从而使链条被拉伸，将力量传导到脚踏上）。避震曲线在行程末端的下降速率非常快，因此在末端很容易打底。

适合地形： 起伏路、平缓及崎岖路面，这时需要有效保持踩踏效率。

代表品牌： SantaCruz、Intense。

DW连杆

原理： 这种"防尾部下沉"的设计可以防止车手在踩踏时身体后移而压缩后避震器。

优点： 减少踩踏时的上下震动，同时维持骑行的舒适性。

缺点： 轻微踩踏反馈。

适合地形： 起伏路、平缓及崎岖路面，需要有效保持踩踏效率。

代表品牌： Ibis、Turner、Pivot。

哪个最好

虽然我们都有自己的最爱，但实际上所有现代山地车的设计都非常好。在当地的车店试骑一番，挑一种最适合你骑行风格和地形，以及你买得起的最好车型，调好后避震器，开始学习骑行技术吧。

布莱恩的 Ellsworth Rogue 40。

哪一款轮径最适合你

这本书的第 2 版在 2010 年出版,如果你那时是一名山地车手,骑的应该是 26 英寸(66 厘米)轮径的山地车。唯一的例外是一些有远见的 XC 车手,他们尴尬地骑着 29 英寸(74 厘米)轮径的车型。

让我们快进到第 3 版。如今,26 英寸的车型几乎已死,29 英寸则随处可见,而新出现的 27.5 英寸(70 厘米)的山地车已经占领了大部分市场。现在的成人山地车有以下 3 种轮径:

轮圈直径	轮圈外径	总直径（2.3英寸或5.8厘米的轮胎）
26 英寸	559 毫米	26.8 英寸
27.5 英寸	584 毫米	27.8 英寸
29 英寸	622 毫米	29.3 英寸

轮胎的宽度也在随着轮圈的直径一起变大。现在有以下几种基本宽度的轮胎可供选择。

标准： 2.5 英寸 (6.4 厘米) 或更窄,大多数为 2.0~2.3 英寸 (5.1~5.8 厘米)。

宽胎（plus）： 2.8~3.2 英寸 (7.1~8.1 厘米)。这是最新的规格,也是大多数车手的最佳选择。

胖胎： 3.5 英寸 (8.9 厘米) 或更宽。4 英寸 (10.2 厘米) 的适用于泥地和雪地。寒冬骑行时以及沙滩车手使用宽达 4.8 英寸 (12.2 厘米) 的轮胎。

不同的轮圈直径以及轮胎宽度给予了我们很多选择。科技一直在进步,以下是如今在成人山地车界最流行的车轮和轮胎的尺寸（注：单位都为英寸,1 英寸 =2.54 厘米）：

- 26 标准；
- 26 plus；

- 26 胖胎；
- 27.5 标准；
- 27.5 plus；
- 29 标准；
- 29 plus。

不同厂家生产的轮胎宽度和直径都有很大不同，同一生产商的产品也会有细微的差异。在下图中，轮胎的直径和宽度依次增大。看看哪一款最适合你？

轮胎和车轮大小的比较。

外径（英寸）

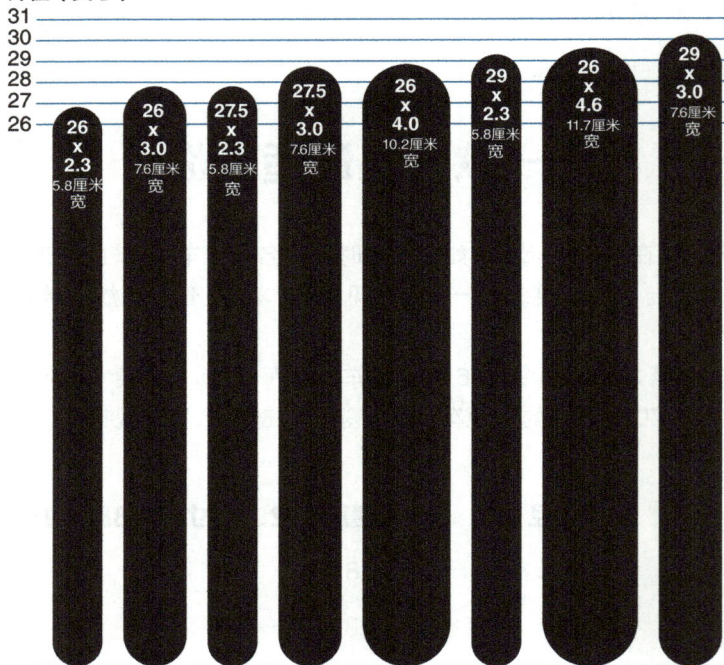

来源：乔·巴克利 (JoeBuckley)，（Specialized Bicycle Components 公司）

外径的作用

大车轮比小车轮更容易通过障碍。从工程学的角度来说，大车轮是比复杂的避震系统更简单的解决过障碍问题的方法。当你将车轮的轮径从 26 英寸（66 厘米）更换为 29 英寸（74 厘米），即便二者配备同样的避震行程，后者骑起来也像是有人把林道熨平了一样。在经过散碎的障碍的时候，大车轮能让你感觉至少多了 2.54 厘米的行程。

大车轮一般更重，加速也更慢，但是它更容易保持速度。我们把这称作"货运火车效应"。

小车轮更轻，加速也更快，但是它的"货运火车效应"较差。

轻量且结实的小车轮比大的便宜。碳纤维的 29 英寸轮组也能做到轻量且结实，但是通常更贵。

更大的后轮会减少操作空间。 如果你在非常陡峭的地形上骑车的话，后轮的胶粒很有可能蹭到你的臀部。这就是李喜欢有小胶粒的 29 英寸后轮的原因。

大车轮与地面的接触面更大， 因此在外胎和地形都相同的情况下，大车轮要比小车轮过弯能力更好。

大个子应该骑大轮车。 如果你够高，最好选一辆配备 29 英寸车轮的山地车。车架与轮子是成比例的，因此大轮径山地车比小轮径山地车更加适合你。

作为一个技术优异到可以忽视自身身高的人，LLB 教练凯文·史提勒就经常将臀部置于 27.5 英寸的宽胎后轮之上，但是他看起来并不在意这些。

小个子应该骑小轮车。 矮个子的人很难适应大轮子的山地车，他们真的没法适应 29 英寸以及长途骑行用的 27.5 英寸（70 厘米）轮径的山地车。如果你真的很矮，试试老式的 26 英寸山地车或者 24 英寸（61 厘米）的儿童山地车，有些真的很棒。

体重大的人应该骑小轮车。 在同样的结构和成本下，小轮子要比大轮子结实。如果你的体重较大而且想买一辆中低价位的车，考虑一下较小的轮径吧。体重大的人能骑 29 英寸吗？当然可以！但是你最好买一对优质的车轮。

宽胎的作用

更宽的轮胎能支持更低的胎压， 这也就意味着宽胎的减震效果会更好，抓地力也会更大。

更宽更软的轮胎比避震器更容易吸收颠簸。 轮胎是最先遇到障碍的，而且它很容易变形——这一切都在避震器开始移动之前发生。这使得全硬以及短行程山地车骑起来更加舒适，也能让长行程山地车，例如李的 Stumpjumper 6Fattie 骑起来像魔毯一样。

更宽的轮胎更重， 这会让它们比窄轮胎拖脚。大轮胎会使车轮明显增重。因为车轮旋转不停，而轮胎在车轮的最外面，所以你能感觉到重轮胎的额外惯性。

2.3 英寸（5.8 厘米）、3 英寸（7.6 厘米）……每一种尺寸都有不同的适用地形。

为了减轻轮胎的质量，大多数宽胎和胖胎山地车轮胎的编织层都很薄。这对雪地、沙地以及普通的林道骑行来说没问题，但是在多岩石地形中骑行的进攻型车手需要更耐用的轮胎。缺乏耐用宽胎的现状使得耐力和速降车手一直在使用标准宽度的轮胎——这种情况在既宽又轻还耐用的轮胎开卖后会立即改善（但是很可能不便宜）。

在某些特定的泥地里，宽胎会不受控制地漂移和侧滑。英国车手可能喜欢能直接切过表面的窄轮胎。

29-

冬天的时候，李通常骑一辆装配了29英寸碳圈以及34C轮胎的硬尾车。这种山地车在公路、平缓的林道以及压抬场上跑得很快，也能很快地过弯。但是在石头多的地方也会很有趣吗？李并不想知道。

在极为平缓的林道上，宽轮胎的滚动速度更慢，但是抓地力更大，你可能认为这可以增强车手的自信，或者认为这样很无聊。窄轮胎的滚动速度更快，但是抓地力更小，这可能很有趣，也可能很吓人。哪个更好取决于你。出于趣味性和安全性的考虑，李希望他的妻子和女儿使用宽胎。

做出妥协。选择轮胎风格的时候，你其实是在做出妥协：如果想更容易通过障碍，那么轮胎的尺寸和质量也要随之增加；如果想增加抓地力，那么轮胎的质量要增加（而且耐久性可能变差）。

不同车轮的优势

现在所有高质量的山地车都很棒，它们能呈现设计师想要的骑行体验。轻量且高效，结实且好玩——不管你想要什么，它们总能满足。如果你不知道选什么尺寸的轮圈以及轮胎的话，那么感谢这个时代吧。

每种车轮都有其独特的优势，某一特定类型的车轮在特定类型的山地车上表现最好，山地车行业正围绕着这种情况展开工作。下表比较了常见的车轮尺寸。

车轮尺寸（内径，英寸）	直径（毫米）	直径（英寸）
26×2.3	681	26.8
26×3.0	706	27.8
26×4.0	734	28.9
26×4.6	752	29.6
27.5×2.3	706	27.8
27.5×3.0	729	28.7
29×2.3	744	29.3
29×3.0	767	30.2

26标准

在几年的时间里，最初的山地车轮胎尺寸就从占主导地位到了几乎销声匿迹的地步。对于大多数车手来说，更大的车轮意味着更轻松的骑行和更多的乐趣。

尽管 27.5 英寸（69.8 厘米）的轮径似乎应该比 26 英寸（66 厘米）大 1.5 英寸（3.8 厘米），但实际上它只比 26 英寸大 1 英寸（2.5 厘米）。所有人都因为这 1 英寸大惊小怪！

26 英寸的轮胎主要应用在土坡腾越、压抬场、通过障碍以及双人回转对抗赛上，这些风格的骑行得益于小轮径山地车的快速、结实和强力压抬。

26plus

如果你把 3 英寸（7.6 厘米）宽的轮胎装到了 26 英寸的车圈上，它的直径和 27.5×2.3（英寸）就差不多了，但是缓冲和抓地力更大。（相比于 27.5plus 来说）更小的车轮直径带来了更耐用的编织层，而且不会增加太多的质量。从事这一工作的一些人，例如在科罗拉多州博尔德 The Fix 车店的家伙们，猜测这种搭配会受到耐力和速降车手的青睐。想象一下 26plus 搭配超过 6 英寸（15.2 厘米）的避震器和 3 英寸的轮胎吧！太疯狂了！

26胖胎

具有 4 英寸（10.2 厘米）及以上宽度的 26 英寸轮胎被证明是应对雪地、沙地以及其他松散表面的最好解决方案。越来越多的车手一年四季都在使用胖胎山地车，他们在夏天使用 4 英寸宽的轮胎，下雪天使用宽至 4.8 英寸（12.2 厘米）的轮胎。根据轮胎尺寸的不同，胖胎山地车的轮径十分接近（偏大或偏小）29x2.3（英寸）。

警告：大多数采用超宽轮胎的山地车都装配了超宽曲柄，这使得两个脚踏之间的距离要比标准值更大，这会伤害部分车手的膝盖（李也在其中）。在买一辆胖胎山地车之前最好试骑一下。

27.5标准

这是"乐趣"山地车的标准尺寸，其中包括林道山地车、耐力山地车以及速降山地车，还有为小个子车手设计的 XC 竞赛山地车。27.5 英寸的车轮像魔术一般结合了 29 英寸和 26 英寸车轮的所有优点，以闪电般的速度改变了这个行业。正如布莱恩所说，和 29 英寸标准相比，27.5 标准的车轮：

● 加速更快；

● 操控性更好；

● 允许生产商采用在大车轮上不可能实现的设计（比如更短的后下叉、更长的避震行程和更低的车头）。

27.5 标准目前是激烈的林道和耐力骑行的轮胎选择。本图为布莱恩的 Ellsworth Rogue 60。

和 26 标准相比，27.5 标准的车轮：

- 惯性更大；
- 抓地力更大；
- 市场已经证明了一切，大多数车店都有 27.5 英寸车轮在售（没有 26 英寸）。

27.5plus

这个轮胎尺寸有保证！在装配 3 英寸宽的轮胎以后，你能得到与 29 标准车轮接近的外直径和额外的缓冲。结果就是车轮能更容易地滚动，更平缓地过弯，更神奇地滑行，而且还不会增加过多的质量。

装有 27.5plus 的硬尾车在有经验的车手胯下会更加平稳，对于初学者来说它们也是完美的山地车。双避震器搭配 27.5plus 车轮，骑起来会让人感觉又多了一道避震防护，同时还能保持轻量与速度。李目前的座驾是 Specialized Fuse 6Fattie 硬尾车以及 Stumpjumper 6Fattie 软尾车。这些山地车轻松征服疯狂林道的能力使他震惊。

目前，plus 系列是在能保证正常脚踏宽度的前提下可以安装的最宽的轮胎。对于李来说，这是最棒的选择，他的 27.5plus 车轮能在铺装路面、土路以及积雪上完美地工作。

29标准

目前它是用于 XC 越野和短途林道的山地车标准，29 标准的大直径和窄轮胎带来的轻便快速能让你轻松前进。当 27.5 英寸和 29 英寸车轮的胎宽和避震行程相同时，得益于更大的车轮，29 英寸的骑行感觉会更加平缓。配有短行程（100~130 毫米）避震器的 29 英寸山地车在熟练的车手手里可以变成一台好玩且敏捷的机器。为什么？因为车轮能吸收小障碍带来的冲击，而车手的四肢会吸收大障碍带来的冲击。这样的结果就是用一台轻便且快速的机器完成一次平缓的骑行。

本书第 2 版的读者或许记得布莱恩这样谈论过 29 英寸的山地车：

在 27.5plus 的硬尾车上，27.5 英寸的轮径加 3 英寸的宽胎这样的组合使车手骑起来很快，在多岩石的地形中它们还能提供额外的缓冲。抓地力呢？好极了！

这种车适合又老又懒的人，他们需要一些帮助。如果你喜欢积极主动的骑行，那就不需要一辆 29 英寸的山地车。

哈！布莱恩用一辆配有 120 毫米避震器的 Ibis Ripley 29 英寸山地车赢得了 2013 Kamikaze 速降比赛。就像我们之前所说的，短途用的 29 英寸山地车在对的人手里会成为一件合适的武器。长行程的 29 英寸山地车，前后避震行程均为 160 毫米，也能完美征服大部分林道。如果你技术足够熟练，能用身体吸收较大的冲击，除了特别复杂的地形外，一辆长行程的 29 英寸山地车要比速降山地车速度更快（也更有趣）。艾伦·格温就用一辆 29 英寸山地车赢得了海獭古典速降比赛。

29plus

拿一个 29 英寸的车圈套上一条 3 英寸宽的轮胎，你就会得到 29plus 的车轮。目前这种冠军轮径在需要大惯性和大抓地力的 XC 越野和远征车手中特别流行。

轮圈宽度

随着轮胎变得越来越宽，轮圈也开始适应它们，抑或相反。更宽的轮圈支持更宽的轮胎吗？反过来呢？下面是一些想法。

轮圈内宽

当涉及轮圈宽度的时候，最有意义的数字就是轮圈内宽了，即法兰两端之间的距离。这个宽度决定了轮胎胎壁之间的距离，也能影响到山地车轮胎的形状。

在过去的几年里，轮圈内宽的范围从用于 XC 越野的 20 毫米到用于更加激烈骑行的 25 毫米不等。过去的轮圈要比现在的窄得多。

XC 赛车手使用的轮圈大概 15 毫米宽。作为最先出现的也是最受欢迎的速降轮圈之一，Sun Rhyno Lite 的内宽只有 22 毫米。

更强韧、更轻的材料以及更优秀的结构使得轮圈在变宽的同时不会增重，如今的铝合金轮圈比以往任何时期都要棒。如果你有机会，一定要尝试一下碳纤维轮圈，它们轻量、结实而且特别耐用。

轮圈宽度在不断变化，以下是一些参考。

老标准：20~25 毫米；

新标准：25~30 毫米；

plus 系列：30~50 毫米；

胖圈：50~100 毫米。

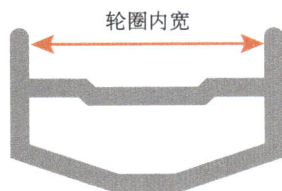

宽胎的优点

宽胎能让山地车保持更低的胎压，就如我们之前所说过的，低胎压能带来更多的缓冲和更大的抓地力。这是因为轮胎的支撑面更宽了。

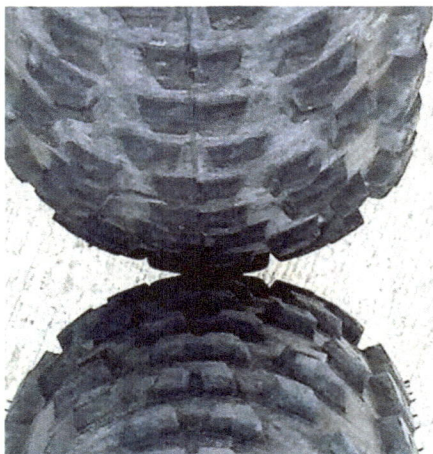

顶级轮胎 Specialized Purgatory 27.5 x 3.0（英寸）装在 38 毫米宽的 Roval 轮圈上，它比初级的 Purgatory 轮胎更宽更扁，后者装在 30 毫米宽的轮圈上。

宽胎更宽更扁的外形使得更多的橡胶与地面接触，因而山地车能进一步增强前进和刹车时的抓地力。

你可以在车架和前叉允许的情况下使用更宽的轮胎，你会感觉非常棒的。可以翻看一下本书前文关于 plus 车轮的部分。

宽胎的缺点

宽胎就意味着要使用更多的材料，也就意味着更大的质量，轻量的宽胎也会比普通版本更贵。

宽胎更宽更扁的外形使得更多的橡胶与地面接触，这会增加滚阻。

在多岩石的地形下，宽胎的轮圈遭受损伤的可能性更大，这是因为轮圈的边缘更靠近轮胎的边缘。

轮胎和轮圈的搭配

以下数据来自于 DT Swiss，这些信息只适用于 DT Swiss 的轮圈。如有疑问，请咨询相应的轮组生产商。

你理想的轮胎是什么样的？

布莱恩：我的理想轮胎能在每一种路况下都提供最好的抓地力，能像公路车的车胎一样快速滚动，比管胎还要轻，而且永远不会破。很明显这只存在于梦中，但是我的山地车的前轮采用轻量且有大抓地力的WTB 2.5 Convict，后轮采用轻量且快速的WTB 2.4 Trail Boss，在我的大部分骑行经历中，它们表现得非常好。前轮采用31~35毫米宽的轮圈、后轮采用29~31毫米宽的轮圈使得这些轮胎有一点扁平。

李：我喜欢王冠形状的轮胎，例如Specialized Ground Control 27.5 × 3.0的轮胎。当我与地面垂直地骑车的时候，只有轮胎的一条窄线接触地面（见左图）；当我刹车或转弯的时候，轮胎会被压扁，与地面的接触面也就更大。

Specialized Ground Control 27.5 x 3.0（英寸）轮胎与地面的接触部位。

轮圈宽度（毫米）	轮胎宽度（英寸，1英寸=2.54厘米）
20	1.10~2.5
22.5	1.35~2.7
25	1.5~3.0
30	1.85~3.5
40	2.35~4.2
55	3.2~5.0
75	3.2~5.0
100	4.0~5.0

正如你所见到的，每一种轮圈宽度都对应了一定范围的轮胎宽度，反之亦然。

简单的建议

选择能与轮胎兼容的最宽的轮圈，这样轮圈的质量足够轻，能让你享受骑行。

如果预算较多，你就可以选择更宽的轮圈，并尽量保持其轻量。

如果你买了一辆新车，要知道它的轮圈和轮胎是为原本的目的而设计的。

当你比较同一种风格的山地车的不同车型的时候，要注意轮组的升级。更轻、更宽、更结实的轮圈能比其他配件给你带来更多的乐趣。

布莱恩在2016 BC自行车赛中使用29英寸山地车，和同伴一起赢得了团体冠军。

布莱恩小课堂

车轮和轮胎的尺寸或许是山地车这项运动里最有趣也最有争议的话题了。当本书的第2版出版的时候，29英寸山地车刚刚开始流行，而我对此做了一些很多人认为是消极的评论。

那时候我看不到29英寸山地车的任何优点，但是经过一段时间的骑行之后，我改变了看法。现在我对它们的印象很好，能看到它们的优秀之处，并且也常常选择它们参加某些比赛和骑行活动。

但是我依旧想指出29英寸山地车在如今的一些缺点。

- 它们在加速时不如小轮子的山地车快。
- 它们不容易兔跳。
- 它们转向不灵敏。
- 它们不容易腾空。

如果这些你都不在意，那29英寸山地车会是一个很好的选择。一旦提起速来，它们的前进速度非常快，也能更好地通过障碍，轮子不会轻易地卡在洞里，抓地力更大，而且我尤其能感受到前轮胎额外的制动力。是的，29英寸山地车在某些方面十分出色，我也根据路况的不同经常选择它们（李：我觉得布莱恩的意思是那些没什么加速、兔跳、转弯以及飞越的比赛，有些比赛只要保持好速度就行）。

选择与骑行风格相符的山地车

有多少种骑行风格，就有多少种山地车。如果你不能像某些人收藏鞋子或高尔夫球杆一样收藏山地车，那就挑一辆适合你典型骑行风格的车子。随着山地车种类的不断增加，做出正确的选择也变得越来越困难。

尽管每家厂商对于自己的产品都有一套独特的分类方法，但也存在一些通用叫法。

像李的 S-Works Stumpjumper 6Fattie 一样的林道 plus 系列山地车，能提供优秀的避震性、抓地力以及总踩踏效率。

XC硬尾车

硬尾车覆盖了所有等级范围，包括从入门级到高端竞赛用车。经过多年的演变，硬尾车的车架设计和车架几何结构已经趋于完美。如果你喜欢骑行在平坦的林道，硬尾车就是你的不二之选。如果你经常骑行在铺设好的路面，偶尔会玩一玩平坦的林道，那硬尾车也同样适合于你。

XC软尾车

你是否想在越野路上风驰电掣？XC 软尾车配有 3 ~ 4 英寸（7.6 ~ 10.2 厘米）的避震行程，头管角度陡直，操作

富人的尴尬。
以下是一些山地车合集。

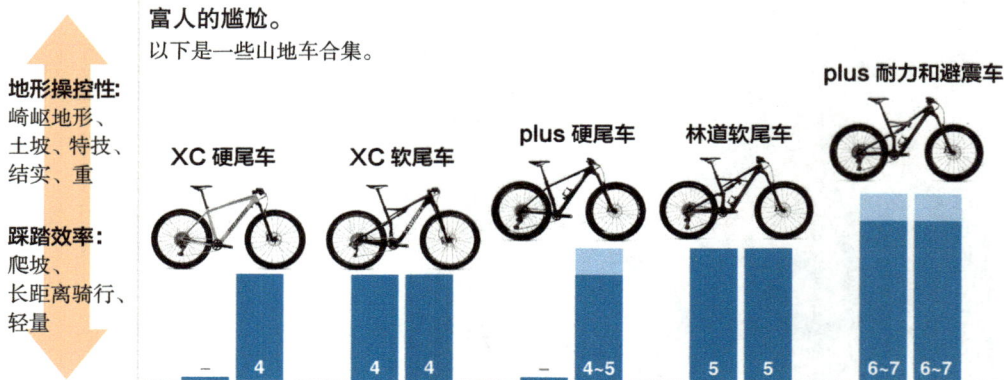

地形操控性：
崎岖地形、土坡、特技、结实、重

踩踏效率：
爬坡、长距离骑行、轻量

XC 硬尾车　—　4
XC 软尾车　4　4
plus 硬尾车　—　4~5
林道软尾车　5　5
plus 耐力和避震车　6~7　6~7

避震行程（英寸，1 英寸 =2.54 厘米）
（这些是目前的"标准"，不同厂商之间可能有差别）
plus 车型骑起来感觉像有额外几英寸的避震行程。

空间大，能轻松通过坡度和缓的地形，操控
更敏捷，踩踏更有效。

plus硬尾车

如果你想在林道上获得简单且低成本的
自信，plus 硬尾车就是你的理想之选。装有
3 英寸（7.6 厘米）宽轮胎的硬尾车反应迅速、
轻量、便宜，有着硬尾车的效率，而且骑行
平稳、舒服，还能像软尾车一样激发车手的
自信。一举多得！李认为这应当成为所有初
学者、骑行爱好者以及儿童的首选车辆。

plus 硬尾车（例如李的 Specialized Fuse）基
本适用于任何地形，而且也非常好玩。

如果你能所向披靡，知道如何用硬尾车
压抬，也知道该在什么地方花点儿钱升级，
那一辆 plus 硬尾车就是无人能挡的选择！李很爱他的 Specialized Fuse，它能轻轻飘过
岩石，也能流畅过弯，厉害极了！

林道越野车

林道越野车是各种林道骑行的热门之选，它具有优越的爬坡性能，在长距离骑行时
舒适又高效。它的避震行程为 10.2 ～ 12.7 厘米。如果你想在不同的路况下享受骑行的
乐趣，这就是你要的车。

配有 10.2 厘米行程的 29 英寸车或 12.7 厘米行程的 27.5 英寸车也能带来相同的体
验。如果你喜欢轻松、平稳、高速的骑行，试试大轮子和短避震行程山地车；如果你更
喜欢碾压过障碍的快感，试试小轮子和长避震行程山地车。

plus软尾车

在标准林道车和耐力山地车之间出现了一种新型的山地车：plus 软尾车。这头"野兽"
最大的特征是更宽的轮胎（一般为 2.8~3 英寸，即 7.1~7.6 厘米）以及适中的避震行程。

plus 软尾车能提供更好的舒适性和抓地力，同时也没有长行程车过重和效率低下的
缺点。这是一个全新的世界，敬请关注。

耐力车（以前叫作全地形车 ）

如果你爬坡从来只是因为接下来能有激烈的下坡，来这儿报到吧！和林道车相比，
耐力车有更倾斜的几何结构（即更倾斜的头管角度和座管角度）以及更靠后的骑行位置，
在陡峭崎岖地形上行驶具有更高的稳定性。它的避震行程一般是 15~17 厘米。耐力车

能胜任简单的特技表演，但真正擅长的是应付自然界的崎岖地形。这种车也非常适合那些想在林道上骑行的速降车手和自由骑车手。

配有 12.7 厘米行程的 29 英寸车或 15.2 厘米行程的 27.5 英寸车也能带来相同的体验。如果你是一名喜欢用身体吸收大冲击的追求平稳的车手，试试大轮子和短避震行程山地车；如果你更喜欢碾压过障碍的快感，试试小轮子和长避震行程山地车。

速降车

速降车用于流畅地冲下崎岖道路。速降车在设计时更注重速度，而不是为了更好地展现车手勇猛的骑行风格。它也更偏向于在接坡面落地，而不是落在平地上。你当然能用速降车冲过深沟，但是面对 16 千米长的上坡时可要三思啊！装备有 20 厘米以上避震行程的结实车架，能使车手很好地掌控速度，还能经受住较强的落地冲击。

大多数速降车都是为了在滑雪胜地获得乐趣和在赛场上获得胜利而设计的，它们的长轴距的作用在你快速前进的时候能发挥得非常出色。如果你没有达到竞赛的速度，速降车能给你带来更多的乐趣。在技巧熟练的人手里，一辆速降车基本上可以征服任何地形。

自由骑山地车

随着车手的骑行风格变得越来越平缓（越过沟壑比跳下悬崖更为流行），山地车变得更结实，专门用来进行自由骑的山地车几乎已经销声匿迹。根据骑行风格和级别的不同，从事这项运动的车手们都转向耐力车和速降车了。

土坡腾越硬尾车

作为越野硬尾车狂野不羁的"表亲"，土坡腾越硬尾车比越野硬尾车更结实，头管角度更倾斜，前叉行程也更长。优异的操控特性使它成为土坡腾越迷、城市牛仔、纯 4 人争先赛车手和压抬场车手的首选。对于很多生活在城市的车手，如果预算有限，那一辆土坡腾越硬尾车就是一个实惠又多用途的好选择。

双人回转对抗避震车

向后倾的几何结构车架、7.6 ~ 12.7 厘米的避震行程和较低的五通高度，这些特征让双人回转对抗避震车在过弯时就像行进在轨道上一样稳当。双人回转对抗避震车牺牲了一些土坡腾越硬尾车的强度和效率，但是增加了抓地力和容错度。

许多障碍技巧车手也使用这种车，主要是因为它和土坡腾越硬尾车类似，但有更大的容错度和后避震行程。

胖胎车

胖胎车使用 4.0~4.8 英寸 (10.2~12.2 厘米) 宽的轮胎，能让车手们探索全新的林道（有的地方根本就没有路）。它们中的大多数都没有避震器。但是有一些，尤其是夏天征战泥地的车辆会有前避震器。一些"怪兽"车辆，例如 Salsa Bucksaw 配有前后双避震器。

如果你住在经常下雪的地方，例如科罗拉多州的博尔德，胖胎车似乎是一件很时髦的冬季装饰品。如果你能熟悉驾驭它们的方法，那么胖胎车能够在常规赛道上变得超级好玩和快速。

不知道该买哪种

如果你专注于特定的项目（例如 XC 越野、压抬场、耐力、速降或者滑雪），选一辆为此专门打造的山地车。

如果你是一名山地车手，这也就意味着你喜欢在不同类型的道路上获得快乐，选一辆 plus 硬尾车或者林道越野车吧。如果你生来就喜欢速降，那就选一辆耐力车。

女性专属山地车

大约 10 年前，大型山地车公司似乎意识到："嘿，世界上一半的人可都是女人啊！"他们看到了一个尚未开发的市场，于是开始制造专门针对女性的山地车。尽管有些公司只是对山地车做了一些"缩小和美容"的工作（缩小男士山地车尺寸并喷上艳丽的涂装来吸引女性），但是一些优秀的公司则开始认真研究，并最终制造出了真正能为女性提供优越性能的山地车。现在，大多数著名山地车公司都生产专门针对女性的山地车。

尽管有些女性骑上"男士"山地车也挺合适（标准山地车是专为男性设计的），但许多人还是得益于专门针对女性的设计。普通女性的身材比男性更矮小、体重更轻，女性的躯干和手臂也较男性短。如果你的身体符合这些特征，一辆专门针对女性设计的山地车可能更适合你。

以下是一些常见的女性专属山地车的设计理念。

车架。更短的上管，适合相对较短的躯干。和男性相比，女性往往有相对较长的双腿和较短的躯干。

为什么 29 英寸山地车通过障碍时更顺畅？

相比小轮径车轮，大轮径车轮通过突起障碍时滚动切入角更小，这使得大轮径车轮滚动更平缓，阻力更小。

下图为通过 10 厘米大小的立方体障碍的近似滚动切入角。

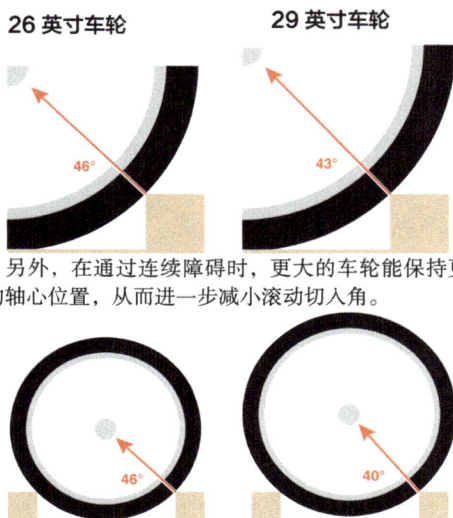

26 英寸车轮　　　　**29 英寸车轮**

46°　　　　　　43°

另外，在通过连续障碍时，更大的车轮能保持更高的轴心位置，从而进一步减小滚动切入角。

46°　　　　　　40°

玩玩小轮车（BMX）

我们不建议你去最爱的崎岖单人径（即仅容单人通过的小道）上骑小轮车，但会建议你把小轮车作为提高山地车骑行技术的终极手段。

和土坡腾越硬尾车相比，小轮车有着令人难以置信的灵敏性和刺激性，可一旦失误，车手也会遭受严重的后果。与山地车相比，小轮车要求车手能做出更快、更准确的动作。研究表明，当你提高了快速动作能力时，也能同时提高慢速动作能力，但是反过来却不行。难怪每个小轮车手都是很棒的山地车手，反之却未必。

李的继子伊恩·马丁，喜欢骑20英寸的小轮车玩耍。

如果你是骑山地车出身的成年人或青少年，你需要一辆Pro或是Pro XL尺寸的小轮车。接下来就是选择车轮的尺寸了。

20英寸（51厘米）——装有20英寸车轮的小轮车被认为是唯一"正宗"的小轮车。如果你能驯服这样一个喜怒无常的"野兽"，那你骑山地车就会易如反掌，那帮骑小轮车的小不点儿们也不会一直拿你寻开心了。

24英寸（61厘米）——这种车轮的轮径是24英寸的。老实说，真正的小轮车手认为24英寸车很没劲儿，因为比起20英寸车，它反应不够灵敏、容错度大，但是这正好适合山地车手！

大多数成年山地车手都会认为20英寸车太小了，至少一开始都这样认为。从24英寸车开始，再下降（升级）到20英寸车是个好主意。无论是整个冬天都骑小轮车还是只是偶尔骑着玩玩，都会对你提高山地车骑行技术有奇迹般的帮助作用。

当你和孩子骑车的时候，骑一辆小轮车吧。记得装平踏！

较低的跨高高度。尽管和男性相比，女性有着相对较长的双腿，但是鉴于身高，实际腿长还是比男性短些。更轻、更细的车管减轻了山地车的质量，同时让体重较轻的车手骑起来更有弹性。

车把。更窄的车把适应更窄的肩膀。在训练营里，李经常看到身高不到1.6米的女性用着不知哪个天才卖给她的28英寸（71厘米）的速降车把，简直就像抓着一根扫帚柄的两头。现在想象一下她怎么骑车，真可笑。

把立。更短的把立适应更短的躯干。这是件好事，因为缩短把立长度是提高山地车操控性能的一个简单方法。

这辆 Specialized 的女性山地车专为腿更长而躯干更短的女性车手设计。

曲柄。更短的曲柄适应更短的腿。许多 XS 尺寸的山地车却装上了 M 尺寸山地车用的 175 毫米长的曲柄。如果曲柄太长，许多女车手会发现为了能蹬直双腿，她们不得不摇摆臀部。正确长度的曲柄约为 165 毫米，能让女性更顺畅、更强劲地踩踏。

最棒的辛蓝纳用这个等式来确定曲柄长度：

$$最理想的曲柄长度 = 跨高 \times 0.216$$

如果你的腿很短，简单算一下——165 毫米的曲柄你甚至都嫌长！那么对你来说，曲柄越短越好。

车座。女性车座通常会更宽一些，以适应她们更宽的骨盆。

把套。把套直径更小，适应更小的手（很多男性也喜欢使用较小的把套，因为更容易抓牢）。

刹把。行程更短，让较小的手也可以够到刹把。许多女性要很费力才能够到标准刹把，使用行程更小的刹把能使她们更容易操控山地车，也能减轻肌肉紧张感。

避震器。前叉和后避震器的弹簧与阻尼强度专门为身体轻盈的女性设计。注意避震器要根据自身体重调节好，否则会骑得很艰难。

轮胎。许多女性山地车装配了轻量、滚动性能更好的外胎，能将骑行时的施力充分转化成前进的动力。但是如果换成大齿胎就能获得更多的乐趣。

颜色。颜色是区分性别的最好方法。女性山地车几乎都是粉色或淡紫色的，或许还有点淡蓝色。但要记住：合适第一，颜色第二。

改装男士车给女士用

你很喜欢这辆山地车，但是骑着却不舒服。如果你发现骑车时身体明显过度伸展或者紧绷，那就试一试升级以下项目（最重要、最简单、最经济的列在最前面）：

● 非常合适的车座；

- 短把立；
- 窄车把；
- 细把套；
- 短行程刹把；
- 短曲柄。

另外，尝试一下降低胎压吧。如果你的体重比男车友轻30%，那么胎压也可降低30%。这样做会让你骑起来更顺畅，过弯时抓地力更大。

了解车架的几何结构

杂志评测和产品使用手册通过列举各种数字对我们进行狂轰滥炸，但我们大多数人唯一能理解的数字只有价格。如果你买的是成品的山地车，车辆的角度和尺寸要符合预

布莱恩的车库

布莱恩的林道和比赛通用山地车

- 2016 27.5英寸 Ellsworth Rogue 60，用于耐力和激烈的林道骑行。
- 2016 27.5英寸 Ellsworth Rogue 40，用于全能的林道骑行和马拉松。
- 2017 New Enlightenment 29英寸 硬尾，用于XC比赛。
- 2017 Evolution Convert 29英寸 140毫米，用于不怎么激烈的耐力比赛和高速的林道骑行。

李的车库

自从plus系列轮胎出现以来，李就加固了他的林道山地车。他的Fuse和Stumpjumper 6Fattie的适用范围下至休闲的林道骑行，上至激烈的耐力骑行。

第一舰队

- 2015 S-Works Stumpjumper 硬尾，适用于公路、压抬、教学以及林道休闲骑。
- 2016 Specialized Fuse Pro 6Fattie 硬尾，适用于平缓休闲的林道。
- 2016 Specialized S-Works Stumpjumper FSR 6Fattie，适用于从平缓到令人疯狂的林道。

第二舰队

- Specialized P3 土坡腾越硬尾车，适用于压抬场以及和女儿一起骑行。
- 2014 Specialized SX 双人回旋对抗避震车，适用于压抬、飞越、双人回转以及越过坡面障碍。

期的骑行目的。尽管山地车的品牌和种类多种多样，但挑选到适合自己的才是最重要的。因此，了解影响骑行的车架的规格与参数是有好处的。

头管角度。

头管角度

头管角度对车手的骑行体验影响最大。角度越大，说明头管越陡直；角度越小，头管则越倾斜，前轮越向前偏移。

如今，XC 越野车的头管角度高达 70 度，而速降车则为 63.5 度（越野摩托车也是，二者的数值竟然一样），大多数林道车的角度为 66~68 度。

头管角度大的山地车更灵活，更容易转向，在爬坡时也容易维持方向。它的缺点是在陡峭地形下坡时会感觉不稳，难以操控。

在高速前进以及路况崎岖的情况下，倾斜的头管使山地车更稳定。这一设计的缺点是不容易转弯，而且一旦开始转向，就很容易转弯过度。你可以找个停车场感受一下：当你在爬坡过程中偏离预定路线时，头管角度小的车比头管角度大的车更难回到正确路线，在低速急转弯的时候，你得花更多力气。

现在许多前叉可以调节行程（即可调整车头高度）以便爬坡。RockShox Pike RCT3 Dual Position 的行程可以从 160 毫米调到 130 毫米，FOX 36 TALAS 可以分别调到 160 毫米、130 毫米或者 100 毫米的行程。车头下降 20 毫米会让头管角度增加 1 度的同时降低五通高度 5~10 毫米，这对爬坡很有利，但是注意不要让脚踏撞到地面。

我们对头管角度的建议：如果你喜欢冲下陡峭崎岖的山坡，那就买头管角度小的山地车，然后可以把前叉的行程调到最长，或者降低五通高度，这样可以使头管角度更倾斜。而头管角度大的车适合平地骑行，总体来说也会骑得更轻松，但是下坡时难以操控。

李现在不再使用可调行程的前叉，因为他想要进行连贯的操控，另外，他总是在下长坡的时候忘记把行程调回来。

五通高度

五通高度决定了车身与地面间隙的大小以及身体重心离地面的高度。重心越低（五通位置越低），车子的过弯性能就越好。

但要注意，过低的五通会使脚踏和牙盘撞到石头、倒木等凸起的物体。如果车子的五通位置比较低，你就必须要时刻注意脚踏的位置。如果地形崎岖不平，你就应该使用压抬技术。

五通高度。

关于拖曳距的一切

你准备好享受只有真正的山地车骑行爱好者才能体会到的乐趣了吗？

拖曳距是转向轴延长线到前轮与地面的接触点的垂线距离。拖曳距越长，车子在高速时也就越稳定，但低速时会变得迟钝。超市购物车的拖曳距很短，我们都知道它跑起来是什么样的。

拖曳距由以下两个因素决定。

①**头管角度**，我们刚刚说过。更倾斜的头管能增大拖曳距，更陡直的头管会减小拖曳距。

②**前叉偏移量**，即前轮中心和转向轴之间的距离。更大的偏移量意味着更短的拖曳距，更小的偏移量意味着更长的拖曳距。

前叉偏移量

头管角度

拖曳距

大多数山地车前叉的偏移量为42~51毫米。用于26英寸车轮的前叉标准偏移量为42毫米，27.5英寸的标准是46毫米，29英寸的为51毫米。对每种山地车尺寸来说，这些是最常见的前叉偏移量。

有些前叉的拖曳距更长。比如李的 Specialized Fuse plus 硬尾车上装的 FOX 34 的拖曳距是51毫米，Cannondale Trigger 29（李骑过这辆车，它棒极了）的拖曳距为60毫米。

如果给一辆头管倾斜的山地车配备更大的前叉偏移量，那它就会变得出奇稳定且灵活，单凭设置的头管角度是无法做到这一点的。这招在大号plus车以及29英寸山地车上特别有用。

你应该做什么？基本上什么也不用做，你的山地车在出厂时就设定好了拖曳距。当你升级前叉的时候，检查一下新前叉的拖曳距就好。

长行程山地车的车体与地面的间隙较大，这是在设计中考虑到避震器的预压值以及要应对崎岖地形的结果。双人回转车和4人争先赛车应对的是平坦的赛道，所以车架的五通位置比较低，有利于实现最佳过弯效果。

我们对五通高度的建议：为了取得最好的操控效果，在和你的骑行风格及地形相匹配的前提下，选择五通位置最低的山地车。如果五通高度可调节，那就尽可能调到最低，只要不让脚踏一直撞到障碍即可。

　　提示： 更高的五通高度能更好地征服陡峭且需要采用骑行技术的山坡。李经常使用一根超长的前叉，这使得他的山地车的头管角度变得倾斜，五通高度变高，以应对科罗拉多州的技术性爬坡。当他转弯时，他把车压在地上，这样五通高度就能变得很低。

后下叉长度

　　后下叉越短，车手自身的重量就越容易施加在后轮上，车辆前后的杠杆比例也就越大。

　　短的后下叉能够增强车手压抬的能力，从而使骑行变得更好玩。如果你想如野兽一般碾过压抬场，像精灵一般在树林里腾越，买一辆后下叉短的车吧。如果你想用一辆速降车越过障碍，短后下叉的山地车骑起来就如同摩托车一般畅快。

后下叉长度。

　　长的后下叉将你置于车辆中心的位置，这能创造出一种平衡感，即高速下骑行稳定且容易转弯。如果你想以平稳的速度穿过所有混乱的地形，选择长后下叉的配置吧。

　　聪明的山地车设计师选择不同长度的后下叉来实现他们想要的骑行风格。如果选对了适合当地林道的山地车风格，你会很开心的。在一种骑行风格下（比如耐力车），仔细选择合适的后下叉长度能获得你想要的感觉。

座管角度

　　陡直的座管角度例如 XC 越野车的座管角度会让你处于脚踏正上方，从而获得最高的踩踏效率。小角度座管则会让身体向后移一些，有利于下坡，虽然你仍然可以踩踏发力，但是不如使用陡直座管那样来得高效。

　　传统的车型，座管角度和头管角度基本相同，这是为了符合预期的骑行类型。两个角度都很陡直，适合 XC 越野；两个角度都很小，适合速降。但现

座管角度。

代的耐力车应用了一种折中的方案：倾斜的头管角度（66~68 度）用于下坡，陡峭的座管角度（73~74 度）用于踩踏。

　　由于座管角度决定了车座和脚踏的相对位置，所以它对踩踏方式有重要的影响。虽然在几乎任何座管角度下，你都可以学好踩踏，但是你很难在座管角度相差很大的两辆车之间转换。

　　如何知道自己是否对座管角度敏感？感觉一下当骑上一辆车时自己是变强了还是变

弱了。当你换车后膝盖是否不适甚至疼痛？如果是，那就先确定哪一辆车最好骑，并以此作为标准，把其他车调到相匹配的状态。

关于车座角度

布莱恩： 在山地车上很难找到完美的车座角度，因为你需要考虑很多因素。避震系统的预压和骑行时地形的坡度变化会显著改变车子的车座角度。通常我都会将车座前移并将座鼻压低，以便使自己正好处于五通上方，这使得我在下压的时候能产生更多力量。

李： 在过去的几年里，我到哪儿都骑头管角度较小的山地车。当我试着骑公路车或者角度很大的XC越野车时，我感觉自己变弱了，膝盖也更容易受伤。当知道是什么问题后，我就把所有车的车座都调到相同的前后位置，现在感觉好多了。

依据自己的骑行风格调校山地车

只有少数人能够为每种情况（XC越野、速降、土坡腾越、超级翻山赛、CX等）都准备一辆不同的山地车，大多数人只能选择一种山地车来应对。

科技的快速发展让如今的山地车更加专业化，如特别轻量和高效的XC越野车，特别结实而且避震行程非常长的速降车。同样的科技也让"中庸"的车款比以往更通用。现代的林道越野车或者全地形车的爬坡能力可能比老式的XC越野车更好，而且绝对比10年前的速降车的下坡能力更强。

如果你只能选一辆车，那就选最适合你骑行风格的车型，再进行个性化配置，满足自己的特定需求。

以下罗列的是对山地车骑行效果影响最大的配件。

李的S-Works Stumpjumper 6Fattie上装着我们能买到的最好的零件。他随后更换了更短的把立（35毫米），反装了车把（为了降低握把高度），换上了更大的碟片（前碟片200毫米，后碟片180毫米）以及气压后胆（为了增加支撑力和打底阻力）。

升降座管

我们将它排在首位有两个原因：①升降座管能让你通过车把

上的按钮来调节车座高度；②骑行的乐趣在车座降低以后会变得更多。越来越多的山地车都配有升降座管，如果你的车还没有，快去买一根，为此增加的质量和花费绝对值得。

把立

我们以前骑山地车的时候，一根 150 毫米的把立是林道骑行的标配，100 毫米的把立有些短。如今，把立变得越来越短，典型的林道车配备 60~80 毫米的把立，速降和耐力车配备 40~50 毫米的把立。

对于大多数车手和山地车来说，一根短把立在提升操控力的同时也不会导致踩踏效率的降低。去看看本章山地车设置的部分吧。

车把

大多数山地车的原装车把都是有它的目的的：窄车把用于 XC，宽车把用于速降。这有一定的道理，但是它忽视了车手的感觉。我们认为，车把应该适合的不是车手的骑行风格，而是车手！

轮胎

更轻、滚阻更低的轮胎让车手骑起来感觉更快，更重、抓地力更强的轮胎让车子功能更强。轮胎制造商提供了多种不同的轮胎供消费者选择，从超轻 XC 轮胎到宽大的 DH 轮胎，其间的变化非常大，因此要选最适合自己骑行风格的轮胎（或者视具体情况更换轮胎）。

车轮

不管什么山地车，装上更轻的轮组都能跑得更快。如果你的目标是快速加速，那装备更轻的轮组和轮胎就是最有性价比的升级了。更轻、更快可谓是山地车升级的首要目标。对大多数车手来说，更轻、更快的车轮只有好处而没有坏处，只要它们够结实，但它们的价格也更贵。但如果你想要骑得更狂野，或者想配备大号轮胎，那就应该使

布莱恩小课堂

降低车座已经成为一种趋势。根据林道的不同，降低车座的次数可能比变速还要多！现在的升降座管如此之好，所有的山地车都应该装一根。我能想到的不装升降座管的唯一理由就是尽可能地减重。但是在我看来，这个地方并不应该减重，因为它带来的收益要远远超过那一点质量的影响。降低车座有以下几个好处。

1.重心可以更低。降低重心能更容易地过弯。

2.身体移动到车座后面能更容易地通过陡峭的上下坡。如果不能将身体的重量施加到车座后方，通过这种类型的地形只会难上加难。

3.车座顶在臀部上的时候飞越和兔跳会感觉不自然。你需要弯曲膝盖，然后向前冲才能离地，落地时还要屈膝以便吸收冲击。当臀部的位置很高的时候，活动的范围就很有限。

4.最后同样重要的是，停车时还能坐着把脚平放在地面上是一件很惬意的事情。如今的山地车都很高，即便是踮着脚尖我们也很难触及地面。

用更宽的车圈。

布莱恩的补充：我当然想给所有的车都装上更轻的车轮，但是我也希望我的车轮能经得住我的折磨。轻量化的轮组通常不耐用，所以我一般用结实的轮组。

你把车停在我的轮子上了！

有一天在犹他州给一群高中生上完课后，李把他的Specialized Enduro 29停在了土路边上。其中一个学生的爸爸开车过来感谢李。他开着一辆全尺寸的雪佛兰皮卡，然后停车的时候……前轮压到了李的Roval碳纤维后轮上！这位父亲敷衍地道了个歉，然后开车离开了。但是你知道吗？车轮一点事也没有，过了半年李仍然在用。

刹车

好的刹车和等质量的黄金价值相当。"好"的意思是有力、可控且连贯——不管是被冻在雪地里还是在长下坡上被摩擦产生的热量烫得通红。熟悉且可靠的刹车能极大地提高车手的自信心。李不能尽全力骑车，除非手底下抓着他熟悉的 Shimano XTR 或者 XT 刹车，它们就像他的安全气囊。

传动

对一般的骑行来说，配有宽齿比飞轮的单盘（1x）传动系统简单耐用。现在的单盘传动系统采用正负齿或高齿来稳固链条。可锁死后拨可以减少链条击打车架的现象，同时也几乎可以完全防止掉链。

如果你需要更多的齿比选择来满足高速巡航或爬坡的需求，试试带可锁死后拨的双盘系统。你能拥有更多的齿比选择，链条也会更加可靠。

至于速降、耐力以及其他的疯狂骑行，最好还是使用单盘系统。对于土坡腾越、压抬场以及坡面障碍，都可采用简单耐用的单速传动系统。

前叉

增加前叉行程会使车子的几何结构更向后倾斜，从而让车子在高速状态下更稳定，能应对更大的冲击，骑起来也会特别舒服。因此大多数车手都会增加前叉行程，没几个人会减少行程。

前叉的行程可调功能，使你能够根据路况调节前叉。减少行程可以应对更精准的爬坡和技术性骑行；如果想冲坡更稳定，那就把行程调到最长。

气叉比弹簧叉更轻，如果你能够把车骑上山，就选气叉；弹簧叉比气叉更顺滑，如果你的车子都是被抬上山或是运上山的，就选弹簧叉。

　　更有刚性的前叉（具有更坚固的叉管和轴心）在激烈、高离心力的骑行条件下能提供更精确的操控力。不管骑什么车，这一设计都会让你受益良多。随着前叉内管的增粗——举个例子，从有 32 毫米内管的 Slide 前叉，到有 34 毫米内管的 Trace 或 Sweep 前叉，再到有 36 毫米内管的 X-Fusion Metric 前叉——你的自信心会不断增强。一根有弹性的前叉能传达出一种粗犷感，而你可能在它不工作以后才能发觉到。

　　注意：尽管看起来很滑稽，但是 Cannnondale 的左撇子前叉非常硬而且很好用。

后胆

　　这是最难升级的部件，因为它必须要和你的车架相适应。你可以咨询一下车架或后胆的制造商，或者与专业的第三方后胆公司取得联系。

　　把内置油壶的后胆（例如 X-Fusion Stageto）更换为外置油壶的后胆（例如 X-Fusion Vector Air），能在长且障碍多的下坡上获得更多的调整功能和更好的表现。当你从一名林道车手变为一名耐力车手的时候，这是一个很明智的升级。

避震器优化调节

　　对前叉和后避震器进行个性化调节，可以大幅提升骑行表现，尤其是在你比"标准"车手瘦小得多、高大得多、慢得多或者快得多的情况下，因为避震器通常是为普通车手量身打造的。

　　李骑一辆带原装避震器的 Specialized Enduro 好多年了，而且他也很喜欢。但是在 Push Industries 调校过车子后避震器后，虽然他还是在原来常去的那条岩石路段骑行，但是感觉就好多了。具体来说，Push 优化了后避震器的阀门，让避震油在快速撞击直角障碍时能流得更快。所以说你要是不去尝试，就永远不知道为你优化后的避震器有多给力。

　　像 FOX、Rockshox 以及 X-Fusion 这样的大公司所提供的高端避震系统都适用于多种骑行风格。如果你需要特别的调节，这些公司或者避震服务中心都能提供帮助。

山地车设置

　　因为每个人的体形和骑行风格都不同，所以应该个性化地调校好我们的车子。大多数的山地车都可以按照车手自己的偏好设置，但还是有一些需要提示的地方。

布莱恩小课堂

对于我来说，要多骑几次车才能明白怎么调整山地车。每次我调试一辆新车的时候，都会带上几个扳手和一个便携气筒去进行几场"调车之旅"。

骑行中不要着急赶路，因为你有很大概率会停下来调整车座的高度或角度、调整刹车、在把立下面减少或增加一个垫圈、松一下后胆、给前叉打点气等。

多进行几次这样的骑行，直到把车调到在经常骑的路上感觉良好为止。

对于我来说，真正调好一辆山地车要花很多时间。不论我骑过同一条林道多少次，我都会重新调整胎压、避震、轮胎尺寸等。林道的条件一直在变化，而这就需要对山地车进行微调，我一直在寻找最完美的设定。

大多数情况下（除非是要去比赛），选择一个合适的设置然后一直使用它就可以了。当你发现骑行毫不费力、车子能轻松掠过崎岖的地形、过弯流畅、抓地牢稳，就说明你的车调好了。

操控系统

如果刹把和变速拨杆设置合理，你能以最小的力量达到最好的操控效果。大多数新车的设置都不靠谱，所以一定要重新调整。

刹把

李在过去几年手把手地指导过数以百计的车手，99% 的车手的山地车刹把都安装得太远、太高了。车店的设置通常是错误的，但是很少有人知道这一点。合理的刹车设置对人的操控力和信心影响很大。

偏内还是偏外。现在的刹车只用一根手指就能实现操控，你应当用食指而不是中指（中指既不方便也容易引起误解）来进行操作。正确的刹把位置是，当你伸出手指时捏住的应该是刹把的末端，这应用的是杠杆原理。捏刹把的末端而不是中间位置能使刹车效率翻倍，你应该能够完全捏下刹把而不碰到中指。

倾角。伸手刹车时，你的前臂、手腕、手掌、手指应该处于一条线上。一般来说，如果你需要在平地适度地刹车（比如XC越野），刹把的方向大概是 45 度朝下；如果你需要在陡峭地形上猛力刹车（比如速降），刹把的方向要更水平一点。亲自试一试。注意：设置好刹把位置后，变速拨杆要安装在很容易够到的位置。

变速拨杆

首先，要把刹把安装在正确的位置上，这是最重要的；其次，再看变速拨杆安装在哪里更合适（如果用的是一体刹把／指拨，就没有太多选择了）。

很多山地车的原装设置都是变速拨杆在内、刹把在外。因此，当你设置好正确的刹把位置后（向内收），你可能就碰不到指拨了。如果有这样的问题，不妨把变速拨杆安装在刹把的外侧。

安装调试时，你可能需要把小小的变速视窗拆掉。如果握把时你的指关节会碰到变速拨杆，则需要把变速拨杆向内（把立方向）推。

如果你买的变速拨杆和刹把不是同一个公司生产的，要把它们完美配合在一起可就不容易了。如果你不得不做出妥协，记住首先要确保刹把的位置正确。

车座

你与车的所有接触点中，车座绝对是最"敏感"的。选择一个你喜欢的车座，然后把它装到你所有的车上。

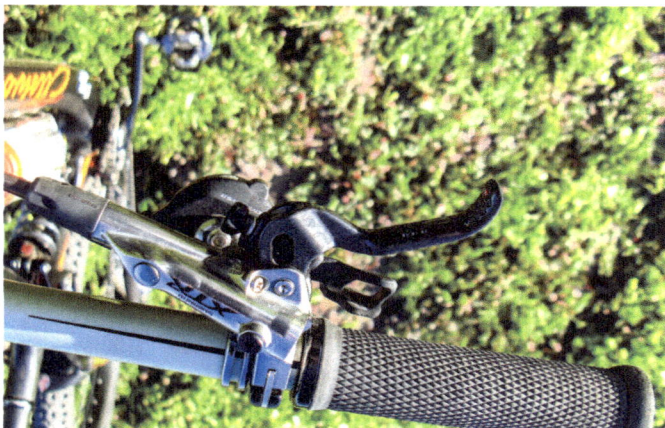

当布莱恩的手放在把套外侧的时候，他的食指刚好能够到刹把末端，非常完美。

宽度

大约 125 年以前，自行车车座从马鞍演化而来。不单单是为了坐下去这么简单，自行车的车座还必须达到微妙的平衡：既要提供足够的支撑让你感觉舒适，也要让双腿能活动，而且为了让你能自由活动，车座还要足够窄。

一般来讲，比赛选手会选较窄的车座，老爷爷老奶奶们会选较宽的车座。事实就是这样，追求轻松休闲的车手享受舒适感，追求运动表现的车手可就得忍受痛苦了。

但是车座的学问可不止这些。车座应该支撑着人的坐骨，也就是骨盆的底部。如果车座的尾部太窄，身体受压迫的地方就是坐骨之间的软组织（这可不是闹着玩的！）；如果车座太宽，又会妨碍双腿活动。所以，关键是找到一个适合你身体骨骼结构的车座。

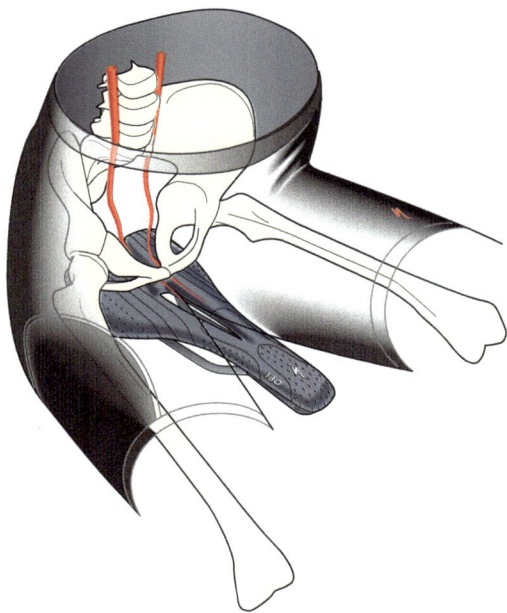

最理想的车座应该能够支撑坐骨，从而使体重不会压迫软组织，否则你会感觉疼痛或者有麻木感。

在过去几年中，一些公司推出了能测量坐骨的设备，同时也提供了一系列不同宽度的车座，以适应车手的骨骼结构。你坐在一个硅胶垫之上，然后车店技术人员会测量你的坐骨宽度，测完之后，他们会根据数据选定适合你的车座。经过精确计算而选出的车座会恰好在你需要的位置提供支撑，所以除了舒适度之外，这个车座会更小、更轻，也便于自由活动。

　　为了买到适合自己的车座，我们鼓励你多去尝试。别因为看起来很时尚就去用最窄的车座，不妨尝试多种车座，从中找到一个最适合自己的。

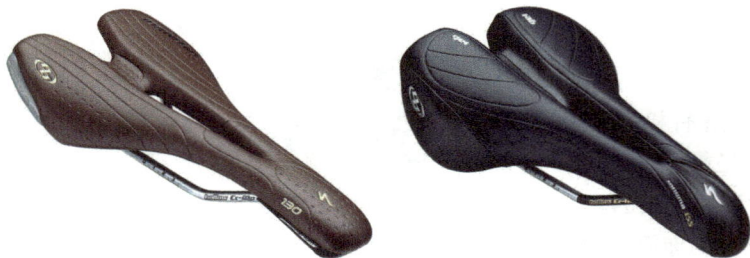

光滑的 Specialized Phenom（左）是专为活动便利和强力踩踏设计的。更宽、填充材料更多的 Sonoma Gel（右）则是为较休闲的骑行设计的。这两种产品都有不同的宽度可选，能满足不同车手的需求。

填充物

　　说到车座的填充物，这可是把双刃剑。

　　尽管柔软的填充材料都能带给车手良好的感觉，但是坐的时间长了之后，坐骨会顶在坚硬的底板上，填充材料则开始压迫软组织。这样不仅很难受，增加的接触面积和摩擦力也会让你的骑行速度慢下来。

　　如果填充材料太薄，所有的体重都会施加在坐骨上，这样软组织和车座的接触面积就很小，这其实是件好事，但是这也会令人很不舒服，特别是对于那些很久才骑一次的车手。

穿上骑行短裤

　　除了挑选合适的车座之外，一条骑行短裤也是必备品，除非你能忍受臀部擦伤或者疼痛。骑行短裤的垫裆能支撑坐骨，起到缓冲震动和排汗的作用。

　　别担心，你没必要穿得像一根橡胶香肠一样。如果你不想只穿着一层薄薄的化纤织物骑车，那就穿一条带有衬垫的宽松山地骑行短裤，或者紧身裤外再套一条旧短裤。反正也没人想知道你里面到底穿的是什么。冬天的大部分时候，李在骑行短裤外面穿一条瑜伽裤。

　　踩踏越轻，骑行裤的填充物就应该越多。比赛或专业短裤的填充物都比较少，这让车手在发力的时候感觉尤其舒服。

如果你的速度不快，那臀部的压力就比较大，你最好买一个软一点的车座；如果你的踩踏足够用力，能把自身的大多数重量转移到脚上，那最好买个硬一点的车座。

车座角度

多数情况下保持水平。调整车座使得其前后端处于同一平面上，你可以使用水平仪来帮助调整，以节省时间并保证准确。

座鼻朝下有利于爬坡。如果骑行路线中有大量爬坡，那就把车座鼻端略向下调，这样可以让身体的重量施加在厚实的车座尾部，尤其是在车子朝着坡顶向上行的情况下。如果你打算骑一辆长行程的山地车爬坡，更要让车座鼻端向下，这样当后避震器压缩时，车座才不会妨碍你。

座鼻朝上有利于下坡。如果是速降、飞越等激烈的骑行类型，不妨把车座鼻端上调。当车朝向坡底或者位于起点闸门后面时，车座鼻端应处于水平位置，而且你可以利用车座鼻端控车，当你需要重心后移时，也不会被车座尾部阻挡。

前后位置

车座相对中轴的前后位置对你的踩踏有着极大的影响。一般而言，当脚踏位于3点钟位置时，膝盖下的骨凸点应该正好位于脚踏轴的正上方。然而，在经验丰富的车手和山地车调试员的眼中，这并不是真理，而只是一种习惯。

不同的前后位置对踩踏方式影响很大。

● 车座更靠前，意味着更多使用股四头肌和膝关节。

● 车座更靠后，意味着更多使用臀大肌和髋关节（膝盖随着年龄的增长而退化，因此李的车座也越来越靠后）。

● 车座靠前，有利于爬陡坡。

● 车座靠后，有利于下坡，但这并不能取代完美的身体位置。

当然你必须做出妥协，踩踏是最最重要的，所以要把车座调到让踩踏更有力、更舒服的位置上。设置好后，你就可以开始学习过弯、压抬和跳跃了，如果能有一根升降座管就更好了。

不同山地车之间换骑

由于车座的位置决定了使用的肌肉以及关节活动的角度，我们建议你把所有车的车座设置保持一致。

1. 挑出最重要的或骑着感觉最好的那辆车。如果你是 XC 越野赛车手或者耐力赛车手，就一定要挑选你的比赛用车。

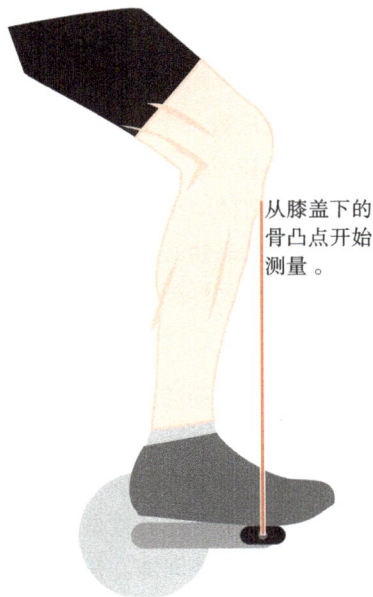

从膝盖下的骨凸点开始测量。

传统的车座前后位置调节方法：要求从膝盖下的骨凸点拉出的铅垂线应通过脚踏轴心。

2. 找个朋友帮你做个铅垂测量。记录膝盖和脚踏轴的相对位置。

3. 把其他自行车也调成和这辆车相同的设置。

注意要把所有"坐着"踩踏的自行车都调成相同设置：XC 越野车、全地形车、公路车、公路越野车。对于像土坡腾越车和速降车这种不需要多少踩踏的车，上述内容就没那么重要了。

调整方法

松开座杆端的锁紧螺栓，使车座在座弓上前后滑动即可对车座位置进行调整（注意：如果车座位置过于偏离中心，你的体重可能会压坏车座或座杆）。如果调节幅度需要超过例如说 1.3 厘米，不妨尝试用一根后飘座杆（座杆向后倾斜）；身材高大的车手对后飘座杆很是推崇。

传动系统

早期的山地车有 3 个盘片和 6 片飞轮。那个时候，这种齿轮范围被认为十分巨大：18 种齿比可以让你爬上所有的山！但事实并非如此，尤其是如果你像李刚开始骑车的时候一样超重，但是这些山地车帮助了很多人探索新的林道和新的生活。

如同轮径和避震行程一样，山地车手们也有很多传动系统可以选择。每一种设定都有它们的优点。哪一种最适合你呢？

单盘（1x）

短短几年间，最流行的传动系统就从三盘变成了双盘，最后成了单盘（1x）。单盘传动系统只有一个盘片，通常是 28~32 齿，后方搭配宽范围的飞轮。最常见的飞轮范围是 10~42 齿，但是 Shimano 最近发布了 11~46 齿的飞轮，SRAM 发布了 11~50 齿的飞轮。SRAM 还宣布他们准备裁掉前拨研发团队，很明显他们要专注于单盘了！单盘系传动系统采用正负齿或高齿来保证链条的稳定。在林道、耐力、plus 以及胖胎车上，单盘已经成为标配。

优点

让车辆更简洁。 没有前拨，升降座管的拨杆能完美地放在前指拨应在的地方，去掉一个变速器和夹环通常能减重。

让车手少分心。 少一个拨杆就能少动脑子。

如果你十分强壮或是不着急，这样的齿轮范围没什么问题。

更大的离地间隙。 在复杂的需要骑行技术的地形表现出色。

没有前拨，制造商们能更容易地制造出长行程、短后下叉、宽轮胎的山地车，我们认为这是单盘普及的重要原因之一。

一些新车只能装配单盘传动系统，如果你的车是这样的，那就没问题了。

缺点

目前，多数情况下，单盘的齿比范围比多盘要小，你不得不在低爬坡挡和高速挡之间做出选择。提示：我们大部分人都应该选一个小齿数的盘片练爬坡，然后学习压抬、趴低，以及在下坡时猛踩。

这并不是一件时髦的事，但是并不是每一名车手都能强壮到一整天使用单盘的低挡位。虽然单盘的齿比变得越来越低，但是双盘能提供更低的齿比。

把你的单盘耐力车变成双盘的

如果你用的是三盘式牙盘，但是只安装了中间的盘片，可以把小盘装回去。

速降时，使用主要用到的那个盘片。它的齿应该能保持链条的稳定。

爬坡时，例如在不计时的耐力赛中，手动把链条放在最小的盘片上，你就有更低的齿比了。因为你爬得很慢，链条就不太可能掉下来。

竞赛速降单盘车

速降、旋转对抗以及其他竞赛速降车都有单盘传动系统，但是盘片要更大，飞轮也更小。举个例子，36 齿的牙盘搭配 11~28 齿的飞轮能带来更高的齿比和更密集的挡位。这些山地车基本都有导链器，一些速降车的飞轮只有 7 片，从而能够降低变速范围。

单盘。

双盘（2x）

尽管单盘传动系统现在看来很酷，但是对一些 XC 和林道车手来说，双盘设置是更明智的选择。

优点

更大的齿比范围。对于双盘的设置，你可以使用 22 齿的盘片和 40 齿的飞轮，这种设置能用极低的齿比把你拉上山，同时还能保证达到不伤膝盖的踏频。李的身材不错，但是在他家旁边的山里，也就是科罗拉多州的博尔德，他肯定会喜欢他的 Shimano XTR 24/40 的齿比。同时，你也能获得最高为 36/11 的齿比，这是在公路和平缓的林道中的完美选择。

更高的安全性。前拨和可锁死后拨预防了大部分跳链的情况。然而，如果你需要更稳定的链条，可以安装一个导链器或者紧链器。

更实用。很多周末勇士（尤其是那些爬大山的），如果他们放下自尊把他们的单盘换成双盘的话，都会获得更多的乐趣和更少的痛苦。你是想给别人留下深刻印象还是想玩得开心？现实点吧。

双盘。

缺点

你要操控两个变速器，大多数车手已经这么干了几十年了。目前的飞轮允许你长时间使用一个挡位，只需要在地形剧烈变化时变速。

升降座管的指拨要装在车把上方，除非前拨使用转把操控。

质量和复杂性增加，更小的离地间隙。

三盘（3x）

三盘还没死呢！

优点

最广的齿比范围。你既能有 22/40 的低齿比，也能有 46/11 的高齿比。如果你的骑行环境包括土路、公路或单人径林道，则极为完美。如果你在上班和周末时骑同一辆车的话，给它装备三盘

三盘。

传动系统和两套轮组怎么样？一对公路用，一对山地用。

你可能已经有一辆了。这样的话，好极了！接着骑。提示：如果你骑车动作很猛而且不用大盘的话，把大盘换成护盘。

缺点

更重，更复杂，离地间隙更小。

酷酷的孩子们可能笑话你（但是你能在爬坡和公路上完胜他们）。

单速（1x1）

如果你追求的是终极的纯粹、简单、低速扭矩和高速踏频，那你只需要一对齿轮。没有变速拨杆，没有变速器，不用担心链条敲击车架，你需要费心思的东西可真不多。

大多数单速车都采用大约 2:1 的齿比（如前面 36 齿，后面 18 齿）。车轮越大，齿比越低。

单速车也可以很快。几年前，马克·威尔骑着单速车在一次 24 小时耐力赛中创造

了最快单圈纪录。这一部分是因为他是个怪才，同时也因为他踩得很快。

单速车应付中等坡和起伏地形时表现非常好，而且在飞坡场、山地车公园、压

尽管单速传动系统在林道车上不常见，但是在土坡腾越车上它们表现得十分完美。

抬场上也很好骑。如果追求极致，你可以去看看 Gates 的皮带传动系统：它更结实，更安静，比传统的单速链条传动系统更可靠。

警告：如果你选择单速车，就踏入了一个光怪陆离的小圈子——你骑着配了硬叉的硬尾车、穿着羊毛骑行服、喝着啤酒的概率会呈指数增长。

导链器

当本书的第 2 版出版的时候，李还是一名速降车手，他的大部分心思都花在保证链条的稳定上了。后来，他变成了一名 Obi-Wan 式的林道车手，可锁死后拨使他的链条稳定可控。结果就是，李不怎么在意导链器了，现在也没什么人用了。

你需要导链器吗

如果你是林道新人，那基本用不上。可锁死后拨避免了跳链，在减小噪声的同时稳定了链条。

在下列情况下你需要一个导链器。

你的骑行非常有力。我说的是速降和耐力骑行。

你骑得非常有力而且没有可锁死后拨。我们的建议：在纠结于导链器之前先升级后拨，Shimano XT 是最好的选择。

你的链条经常掉。

你需要一个护盘，可能还需要一个导链器。

你需要什么类型的导链器

以下是由低等到高等的选择。

简单的上导链器。适用于单盘林道车。将 Woolftooth Gnarwolf Chainguide 等导链器置于前拨上方，并将链条稳固安装在盘片上。

国际标准导链器（ISCG）规格的上导链器 + 护盘。这是针对林道车手的一层保护。如果自行车支持，请安装 ISCG。上导链器在盘片上方用于稳定链条，碳纤维护盘能滑过岩石和原木从而保护牙盘。

举例：Gamut USA Trail SXR。

好的双盘下导链器＋护盘。

ISCG 规格的上下导链器。当你冲下较难通过的地形的时候，链条开始跳动，这个时候它可能从盘片下面脱落。在这种情况下，你就需要在盘片的上下方都能导链的直装式导链器了，它只能和单盘传动系统搭配。

举例： Gamut USA Trail S。

双盘下导链器＋护盘。这一组合多年来一直是李的最爱。如果你的车是双盘，那前拨已经在盘片上方固定着链条了，你需要的是一个结实的下导链器。这样的传动系统，尤其是搭配了可锁死后拨以后，稳定又全能（李能证明这一点）。

举例： Gamut USA Dual P20s。

单盘导链器＋护盘。现在我们进入了速降的世界，像 Gamut USA P 系列的导链器能装在 ISCG 安装座或者五通法兰上，上下导链器和转动护盘将链条牢牢地固定在盘片上。虽然这是使链条位置最稳固的做法，但也是最重的选择。

你需要多少导链器

这要看具体情况。如果在意质量大小，那就选择最轻的导链器，然后逐步升级，直到链条能稳固地位于自行车上。

轮胎

轮胎应当是山地车和地面的唯一接触点。不是你的肘部、膝盖或下巴，而是车子的轮胎。

理想的轮胎应该足够轻量以拥有良好的爬坡能力，足够耐用而不会漏气，有足够的抓地力使得你不会摔到肘部、膝盖和下巴。和生活一样，选择轮胎也是一门学问，它能提高你的能力，让你学会在必要的地方妥协。

柔软的橡胶化合物能够改善轮胎的过弯抓地力，但增加了滚动阻力。而一些轮胎有坚硬的中间胎纹胶粒和柔软的胎侧胶粒，克服了上述缺点，厚厚的编织层在提高了轮胎的耐用性的同时也减少了"蛇咬"（pinch flat，即撞击石块等有尖锐棱角的障碍时，由

在轮胎和地面之间会发生很多疯狂的事情，最好不要去想这些。

于胎压不足导致受挤压的内胎被车圈两边挤破而出现两个小孔，看起来像是被蛇牙咬破了，故称"蛇咬"）情况的发生，但是增加了轮胎的质量。因此轮胎的选择必须要与你的骑行风格相符。如果你使用中等硬度的化合物和中等厚度的编织层，那在大多数路况下你都能骑得很开心。

你是什么样的车手

是时候正确认识自己了。

你能否自信地过弯？曲柄的位置、倾斜的角度和划过的弧线是否都是最好的？

抑或你是在恐惧中过弯？笔直地骑着车子希望能有最好的结果？通过对这些问题的如实回答，我们能得知哪种风格的轮胎最适合你。我们会使用描述性的术语，如圆胎、圆方胎以及方胎，而不是判断性的术语，如初学者、入门者和专家。

圆胎

因为初学者和胆小鬼们都习惯于在转弯的时候笔直地骑车，而不是让车子倾斜，所以他们的轮胎要有均匀分布的胶粒就显得非常重要，尽管这些轮胎在松散的泥土中永远都不会具有最大的抓地力，但实际上它们还是很好用的。圆胎在坚硬的路面上能让人感觉安全可靠，这使得它们成为压抬场、土坡腾越以及自行车公园骑行的理想之选，在这些地方连贯性要比抓地力重要得多。

举例：WTB Ranger、Specialized Ground Control。

圆方胎

真的有"圆方"这个词！这是一个具有正方形和圆形属性的数学形状。

大多数山地车手都怀着不同的信心和激情骑过不同种类的赛道，有时候他们会冲出弯墙，有时候会在碎石地上滑倒。他们虽然不知道如何用好摩擦力，但确实需要它，他们需要一种能在所有角度上都能正常工作的轮胎。

轮胎中间和侧面的胶粒间有一条沟槽，它足够宽以便侧边的胶粒可以填充进来。在轮胎处于不同角度时，侧边也有足够的胶粒来保证摩擦力。

举例：Trail Boss、 Specialized Purgatory。

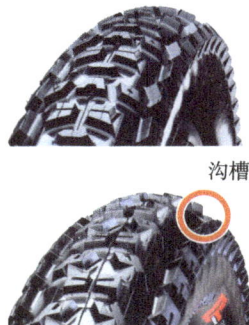

沟槽

Specialized Purgatory 圆胎（上）与 Specialized Eskar 方胎（下）。

方胎

真正的专业车手要么以垂直的角度碾过岩石，要么以极端的角度滑过弯道。他们只需要用到轮胎中央和两边的胶粒，这样就打开了轮胎的沟槽，侧边的大胶粒便暴露出来，功夫大师们得以展现他们的过弯绝技。

如果不把车子倾斜很大角度，你会感觉车胎抓地不实、不稳定；当你在坚硬路面过弯时，你会感到轮胎在蠕动。

举例：WTB Convict、Specialized Butcher。

你需要多少胶粒

我们刚刚说到轮胎的形状，它上面的胶粒是均匀分布的，还是大多集中在中间和两边？

现在让我们来聊聊胶粒的分布情况和大小。

大胶粒一般分布较分散，这使得它们能嵌入松散的地面。

小胶粒分布密集，这能让它们压实在坚硬的地面上。

在松散的地面上要用大齿胎。

在坚硬的地面上用小齿胎。

轮胎越宽，胶粒越小。很多 plus 轮胎和胖胎都使用宽的小齿胎，这样的轮胎能快速通过拥有松散地面的林道，抓地力也比你想象的要大。

做出妥协。如果选一条轮胎都能成为你人生的主要挑战之一，那你可真是个幸运的人。

中间是刀，两边是锯

这些年来，布莱恩设计了好几款签名轮胎：Maxxis Bling Bling Dual、Kenda El Moco 和 Kenda BBG Pro。这些轮胎中间的胶粒都很小，侧边的胶粒都很大，中间由一条沟槽隔开。当你获得过多次世界冠军，更快的骑行和更猛的过弯已经成为你的追求。布莱恩不需要中间那些过渡胶粒。

这种轮胎适用于林道、耐力以及速降车手，他们需要低滚阻和大过弯抓地力。

其他品牌型号：Schwalbe Rock Razor、Kenda Happy Medium、Maxxis Minion SS、Specialized Slaughter、WTB Riddler。

该换成真空胎吗

大概是的。现在的真空圈和真空胎搭配得天衣无缝。过去那种提心吊胆的日子已经一去不复返了，只要把轮胎装到轮圈上，倒入补胎液，打上气，你就可以将车骑走了。

为了增加气密性，真空胎内侧使用更多橡胶，胎唇也更加柔软，适用真空胎的车圈的外表面没有辐条孔，车圈的形状设计也有助于实现空气密封。应用最普遍的真空胎标准是 UST。许多 UST 车圈和轮胎只需要使用落地式打气筒就能轻松装上。

胎面类型划分

胎面类型	优点	用途	举例
光头胎或矮粒胎	滚动极其快速，在铺装路面及坚硬的土地上抓地力非常大	轮滑公园、土坡腾越、新压抬场	Maxxis Grifter、Maxxis、Holy Roller、Specialized Compound、Specialized Rhythm Lite
半光头胎，胎侧有胶粒	滚动非常快速，过弯抓地力一般	非常坚实的林道或赛道	Maxxis Pace、Kenda Short Tracker、Specialized Renegade
小号轮胎，胶粒分布密集	滚动快速，过弯抓地力良好	干燥坚实的林道	Kenda Small Block Eight、Specialized Fast Trak、Maxxis Race TT、WTB Bee Line、WTB Ranger
中号轮胎，胶粒分布适中	滚动效率适当，在各种路况均有很大的抓地力	对于从干到湿的各种路况，倾斜的胶粒可提高滚动效率，胶粒间的凹槽可增加抓地力	Maxxis Ardent、Maxxis High Roller、Kenda Nevegal、Specialized Ground Control、Specialized Purgatory、WTB Trail Boss、WTB Breakout
大号轮胎，胶粒分布稀疏	滚动效率一般，抓地力极大，尤其是在松散的地面	用于所有适合速降和爬坡的地形，也适用于耐力车型	Kenda Nexcavator、Maxxis Minion、Specialized Butcher、Specialized Hillbilly（专为 DH 而优化）、WTB Convict、WTB Vigilante
尖齿胎，胶粒为尖形，分布稀疏	有很好的渗透能力和除泥能力	用于可怕的烂泥地和湿草地，在任何坚硬路面的速度都很缓慢	Specialized Storm、Specialized Hillbilly、WTB Warden

内外胎系统与真空胎系统的对比

内外胎系统
借助内胎维持气压

真空胎系统
由轮胎、车圈和气嘴构成空气密封系统

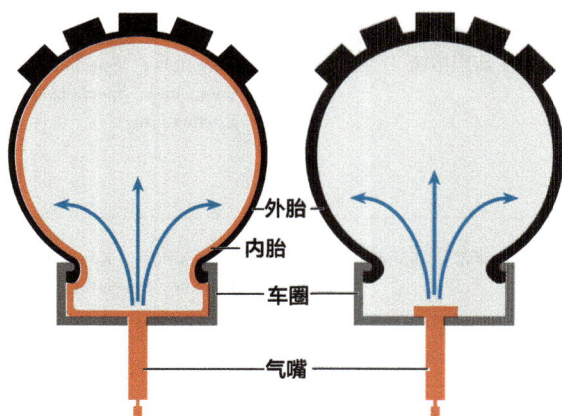

—外胎
—内胎
—车圈
—气嘴

真空胎转换系统，比如 Stan's 系统，在使用特殊的胎垫和补胎液后，几乎能让任何轮胎和车圈都变成真空系统。这是一套简洁有效的系统，但是通常需要一个气罐或者空气压缩机。

真空胎的优点

减少"蛇咬"。因为根本就没有内胎可"咬"。

自密性。如果轮胎内添加了补胎液（应该要用），胎面上微小的扎孔都能自动修复。

减轻质量。一些专用真空套装要比标准真空套装更重，所以购买时要记得检查规格（别忘了还要算上补胎液的质量）。Stan's 的产品几乎都比标准套装轻。如果你经常扎胎，一套真空胎绝对要比内外胎轻。

胎压更低。对于大多数车手而言，降低胎压能提高抓地力和操控性。当李使用 2.3 英寸（5.8 厘米）宽的内外胎时，胎压是 35 磅力 / 平方英寸（241 千帕）。当换为同样规格的真空胎的时候，胎压是 28 磅力 / 平方英寸（193 千帕）。

充　气

像 Topeak Joeblow Booster 和 Bontrager TLR Flash Charger 这样的立式打气筒都有单独的气室，因而胎压能打到大概 150 磅力/平方英寸（1034 千帕）。当开始给真空胎打气的时候，将气门连接气嘴，然后打开开关。呼！所有的空气都涌入轮胎，充满整个空间。李出门总是带着这样一个打气筒，因为轮胎经常从轮圈上掉下来，他不得不现场修复它们。

真空胎的缺点

使用比较麻烦。和标准的外胎与内胎套装相比，安装和修理真空胎要更麻烦、更复杂。根据使用的真空胎种类的不同，你需要完美的外胎和内胎，甚至还可能需要一个气罐或空气压缩机。另外，出门时最好随身携带一条内胎，以防万一。

轮胎会"打嗝"。猛烈的侧向压力会让胎唇从车圈上脱离，里面的空气就会"打嗝"。布莱恩发现在侧向土坡、高强度转弯墙等可能要"打嗝"的地方，采用真空胎的车骑起来感觉更轻，但也更慢。如果你骑车非常猛，那在平缓的压抬场、双人对抗场、土坡场以及缓坡上最好还是用一套打入高压 [40 磅力 / 平方英寸（276 千帕）或更高] 的内外胎。

漏气。如果长时间没有骑车，你很可能需要再打点气，添加一些补胎液（并不有趣）。李的双人回转对抗赛车经常一放就是几个月，所以那辆车上装的是内胎。

对于大多数山地车手来说，真空胎的优点要大于其缺点。

胎　压

正确的胎压可以平衡速度和摩擦力，平衡缓冲能力和"蛇咬"概率。多试几次，找到适合自己的胎压。先从高压开始，然后逐渐放气，直到轮胎开始扭动或者出现"蛇咬"为止。

轮胎越宽，胎压就可以越低。以下是一些轮胎的初始胎压，适用场合为真空胎、岩石偏多的地形。

标准：22~28磅力/平方英寸（152~193千帕）。

plus：15~20磅力/平方英寸（103~138千帕）。

胖胎：8~12磅力/平方英寸（55~83千帕）。

车手的体重越大，骑得越快越猛，就需要越高的胎压。这都要根据轮胎的尺寸、胎面和轮圈宽度决定。

把立

大多数山地车自带的把立在停车场和平缓的公路上用起来还行，但是对于速降来说就太长了。更短的把立能缩短你和车把之间的距离，从而增加了手臂的活动范围。手臂活动的范围越大，转弯也就越容易，刹车力度也能更大，你也能爬更陡的坡。差不多了。

如果车架的大小合适，一根短把立（35~60毫米）基本上总是能提高操控力。如果你的山地车原装的是90毫米的把立，试试换一根50毫米的；如果是70毫米的把立，试试35毫米的。顺便说一句，爬坡使用短把立也没问题。

在下坡车上，例如布莱恩的 Ellsworth Rogue 60，一根短把立既能增强操控力，看起来又很酷。

车把

以前的车把都很窄，因此，那时候骑行杂志上的文章都在告诉我们如何像设置公路车一样设置山地车！李在1993年参加了 Kamikaze 速降比赛，使用的是150毫米长的负角度把立和 500 毫米长的亮粉色车把。那是他生命中最伟大的一天，也是他成为一名速降车手的日子。

现在的车把宽度为 740~800 毫米。这过宽了，尤其是当你身材并不魁梧的时候。

最佳的车把宽度应当能在保证发力的同时给车手带来最大的手臂活动范围，而且不会损伤其肩膀。

经典的确定自己适合的车把宽度的方法是做几个俯卧撑，然后量一下两手之间的距离。但问题是很多人的俯卧撑都做不标准，因此结果也就不准确。

以下是一种确定车把宽度的简易方法。

1. 两腿跨立于自行车上。

2. 闭上眼。

3. 把手自然地放在车把上。

4. 睁开眼。

你的手在哪儿？如果是在把套上，好极了；如果是在把套的末端，换根更宽的车把；如果在变速等控制器上，把车把往里调一点然后再骑一段时间。在确定自己喜欢更窄的设置之前不要把车把截短。

如果你花了足够多的时间在山地车上骑行，注意自己身体各个部位的位置与自己的姿势，不随大流，你最终会找到适合自己的车把宽度。布莱恩使用同一宽度的车把已经很多年了，这期间他换了很多辆车。

窄一点更安全

从压抬力度和肩膀健康的角度来说，窄车把（不能过窄）比宽车把更好。这个观点虽然与当下流行的观点相冲突，但是得到了科罗拉多州博尔德的REVO物理治疗与运动表现中心的理疗师的支持。

脚踏：平踏还是锁踏

试问，还有比关于轮胎尺寸的争论更激烈的话题吗？那就是平踏和锁踏之争了。

李唯一在乎的事情就是脚重手轻，其他的一切就是仁者见仁，智者见智了。以下是平踏和锁踏的对比。

所有的脚踏，所有的山地车，以及大多数车手都很酷。 我们愿意和喜欢的人一起骑喜欢的车，并为此感到高兴。

锁踏能提高踩踏功率。 这在高扭矩（用大齿比爬坡）和最大功率（全力冲刺）的时候尤其明显，在长途骑行过程中累得控制不住自己的脚的时候也很明显。

锁踏将你的脚和车合二为一。 锁踏是一把双刃剑，它在增加了你的额外操控力的同时，也可能让你染上坏习惯。重复坏习惯的次数越多，后果就越糟糕，大多数骑行坏习惯在积累了一定时间后最终会伤害到你。

平踏要求你的脚随着脚踏移动。 猛力下坡的时候，你的脚会尝试着随地形移动，这是一件好事。踩踏的时候，你的脚也会尝试着往它想前进的方向踩踏，这也是一件好事。想要获取更多细节，请参阅第4章。

虽然你可能用任何脚踏都骑得很差劲， 但是平踏能帮你更快地养成好习惯。

当你在平踏上骑得很好的时候， 在锁踏上能骑得更好。你的脚随着林道移动，它们知道怎样能踩踏得更好。当李的踏频能在平踏上达到200转/分的时候，他上了锁踏后，第一次尝试踏频就达到了220转/分。他的脚已经知道怎样画圈，连接脚踏后施力更加集中。

我们的建议。 学着使用平踏，它们很好玩，也能让你变得更棒。当你准备好了（而且愿意的时候），试试锁踏，假装自己还在平踏上，你会比以往骑得更快、更猛。

平踏。

锁踏。

　　传统的说法是，如果你对待山地骑行足够认真，锁踏就是最高级的垃圾。在下述情况下，还是坚持使用平踏吧。

- 过度担心上锁、解锁问题。
- 惧怕锁踏。
- 喜欢平踏！

平踏能促使你在车的中间保持平衡，这也是人和车发挥最好的位置。

锁踏名称的由来

　　年轻人可能会好奇，为什么把上锁的脚踏叫作"自锁脚踏"？因为在好多年以前，还没有自锁脚踏的时代，人们把脚伸进金属或塑胶制成的定趾器，再用一条皮带把脚绑在脚踏上。这对越野骑行来说很可怕：如果皮带松了，锁踏就几乎对踩踏没有任何帮助；如果皮带绑得太紧，你又注定要遭殃。我们过去常常在山脚勒紧皮带，到了山顶再松开，但这是一个很笨的办法——如果你下陡坡时忘了解开皮带怎么办？

　　后来自锁脚踏与锁鞋组成的机械系统取代了定趾器，无论其如何演变，现在请把它叫作锁踏。

避　震　器

　　避震器调得好，骑车就是一场美梦；避震器调得不好，骑车就是一场噩梦。调试好的避震器有 3 个作用。

- 让车子和身体远离冲击。
- 让车轮随时贴附地面。
- 让你画出更大、更美的爱的正弦波（比喻骑行路线）。

高质量调试好的避震器能将吓人的乱石堆转化成爱的正弦波。

避震器设置可能非常复杂，以下介绍一些基本内容。

前叉部件

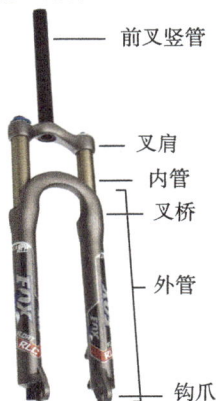

—— 前叉竖管

—— 叉肩
—— 内管
—— 叉桥

—— 外管

—— 钩爪

前叉部件：竖管、叉肩、内管、叉桥、外管、钩爪。

后避震器部件

—— 气室
—— 压力调整环

—— 线圈弹簧

后避震器部件：气室、压力调整环、线圈弹簧。

弹簧劲度系数和预压值

弹簧劲度决定了压缩弹簧避震器所需力量的大小：弹簧劲度系数越大，弹簧刚性就越大。你可以通过旋转压力调整环调整线圈弹簧避震器；至于气压避震器，可以通过增加或者排出空气来调节。

O 形环（后避震器）和扎带（前叉）的位置显示了这辆 2008 Specialized Stumpjumper Pro Carbon 正确的预压值。全碳、26 英寸（66 厘米）轮径的车轮、快得飞起，这样的车现在已经不生产了。

骑行时，弹簧的刚性要足以支撑你的体重，同时弹簧也要足够软才有预压值，这个预压值能让车轮在通过稍微凹凸不平的地面时保持轮胎贴地。避震器越软，就越有贴地的感觉；避震器刚性越大，打底的概率越低，你就能应付更大的冲击。避震器是越软越好，但是得保证不能一直出现打底的状况。如果你在每次骑行中有并且只有几次用完了全部避震行程，那这是最理想的。

大多数 XC 越野车应该有全部避震行程 25% 左右的预压值。长避震行程的速降车和自由骑车应该有大约 33% 的预压值，有些设计要求高达 40% 的预压值。通常用户手册会告诉你应该设置多少预压值。

你也可以自己试验一下。在前叉内管上绑一条扎带，在后避震器的活塞杆上套一个 O 形环；骑上车，以正常骑行姿势分布自身重量，再看看扎带和 O 形环相对全部可用避震行程移动了多少。对于线圈弹簧后避震器，先测量后避震器安装螺钉间的距离，然后坐上车，让别人再测量一次，这两者间的差值就是预压值。当然，能知道后避震器的全部行程更好。如果你把用户手册弄丢了，那就把线圈弹簧拆下来，再看看徒手能把后避震器压缩到多紧。

对于气压避震器，可以通过增减气压得到正确的预压值。至于线圈弹簧避震器，可以通过旋紧或者松开弹簧末端的压力调整环来改变预压值。如果你旋转了两圈还是不能达到足够的预压量，那就说明你需要一个更有刚性的弹簧。预压太多会让车轮在通过小障碍时不断弹跳，还会损坏避震器。如果把压力调整环松开太多，以至于弹簧在阻尼器上晃动，那说明你需要一根更软的弹簧。

回弹阻尼

回弹结构能减缓弹簧压缩之后的伸展速度。如果没有回弹阻尼，弹簧就会全力回弹，这股力量能把你弹到九霄云外。

如果回弹阻尼太大，在冲击障碍后被压缩的弹簧就无法及时伸展，随着撞击的障碍越来越多，后避震器的行程会被挤压得越来越小，使得车子的路感变得很硬。车速越快、撞击越频繁，回弹就必须越快。而如果回弹阻尼太小，车子在通过障碍和落差后就会不断上下弹跳。

在感觉弹跳不太多或者不至于难以控制的前提下，回弹应该越快越好。同时，每次更换弹簧后都要检查一下回弹阻尼设置，前叉和后避震器的回弹速度应该是一样的。

避震器设置的技巧

- 用极端情况做试验，把回弹阻尼和压缩量调到最大与最小，看看骑行感觉怎么样。
- 一次只改变一个参数。
- 记录设置的参数和相应的感觉。
- 一旦调试到理想状态，就不要再摆弄太多，多骑一骑，适应这样的设置。

压缩阻尼

只有高端前叉和后避震器才有压缩阻尼调节功能，这一功能在出厂时就已设置得很好，如果设置错误，将会影响骑行体验。

虽然压缩避震器所需的力量由弹簧劲度决定，但是压缩阻尼控制着压缩避震器的速度。压缩阻尼太大，虽然可以减少踩踏震动，但是也让减震效果大打折扣；压缩阻尼太小，虽然减震效果很好，但是避震器可能太软或者太容易打底。

要想骑得舒服，那就把压缩阻尼设置得尽可能小，但是得保证不能一直打底；若想踩踏更有效率，那就把压缩阻尼设置得尽可能大，但是得保证骑行的路感不会太硬。

一些高端避震器还提供了两种压缩阻尼：低速压缩阻尼和高速压缩阻尼。

低速压缩阻尼并非用来处理车速慢的情况，而是处理低频震动，比如踩踏或刹车形成的震动。较小的低速压缩阻尼在骑行通过小障碍时感觉会特别舒服，但是可能导致车子上下弹跳，骑行路感模糊。增强低速压缩阻尼在踩踏和过弯时车手会感觉车子更硬朗，也能缓解刹车下沉的情况，但是它对小震动的反应不够灵敏。

避震器逼近调节法

这个创意来源于Fox Racing Shox的马克·费茨西蒙斯，原本用于DHX后避震器的ProPedal调节，但是对所有的避震器设计都是适用的。

从最极端情况开始，比较你的偏好值（红色）和中间值（蓝色），再比较新偏好值和下一个中间值，以此类推，直到选定了最终的设置量，调节完成。

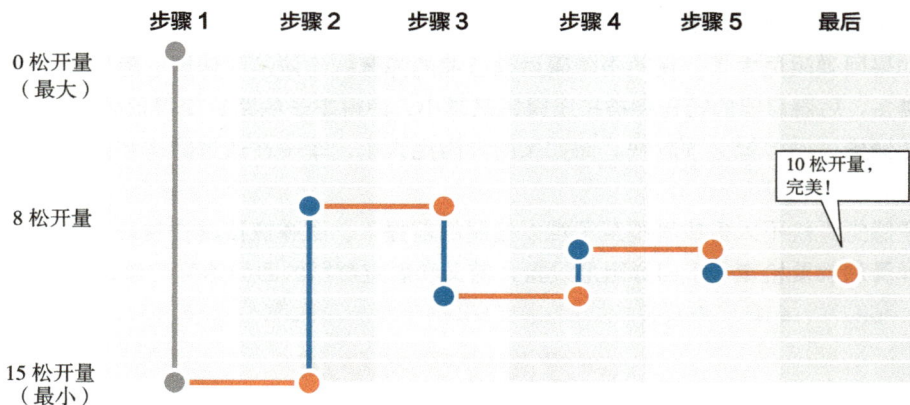

| 步骤1 | 步骤2 | 步骤3 | 步骤4 | 步骤5 | 最后 |

0 松开量
（最大）

8 松开量

10 松开量，完美！

15 松开量
（最小）

Fox Racing Shox的马克·费茨西蒙斯发明了这种好方法。他负责与Fox的精英选手合作开发新产品。

对任何参数或某些装备都可以用逼近法调节，包括回弹阻尼、压缩阻尼，甚至是踩踏平台。所谓逼近调节，简单说就是你要比较两种不同的设置，选择自己喜欢的那个，然后不断调节，直到最终选定令你满意的设置。比如说一共有15格的调节量。

步骤1：分别旋转到调节量最大值和最小值。

步骤2：哪个感觉更好？如果15格都松开感觉更好，那下一步就是比较松开15格和松开7格的效果。

步骤3：这两个哪个感觉更好？如果松开7格感觉更好，那下一步就是比较松开7格和松开11格的效果。

以此类推，直到你选定了最后的设置量。

提示：从非常小的低速压缩阻尼开始尝试，一次增加一格的量，直到车子在踩踏时不会弹跳。

高速压缩阻尼并非用来处理车速很快的情况（尽管通常是在狂飙时起作用），而是处理高频震动，比如你撞上一块石头或者从屋顶跳下形成的震动。较小的高速压缩阻尼让车子更容易用完所有行程；较大的高速压缩阻尼限制了行程，但有助于防止打底。

提示：从非常小的高速压缩阻尼开始尝试，一次增加一格的量，直到车子不会严重打底。

快 速 解 读

"增加回弹"意味着加强回弹阻尼，让避震器回弹更慢。压缩阻尼同理，"增加压缩"意味着加强压缩阻尼，让避震器压缩得更慢。

根据你的骑行风格优化避震系统

避震器设置对骑行方式有着巨大的影响。购买了合适的前叉和避震器只是开始，接下来还有很多优化工作要做。下面给出一些我们的建议。

根据主要路况调整。如果在你 2 小时的骑行中，需要爬 1 小时 45 分钟的坡，那就要把避震器调得更硬些，这样有利于爬坡；如果你骑行的是小石子路，那就要调得软一些；如果路线上有 100 个落差，那就调硬些。

布莱恩南加利福尼亚州老家的林道上有许多小石子，他把林道车调得特别软，所以通过中小型凸起障碍时不会太颠簸。他让车子自行处理小石子路面，当偶尔遇上高离心力的弯道或者要冲下落差时，他就利用手臂和双腿吸收冲击力。这时避震器虽然打底了，但是不会把车弄坏。

李的老家在科罗拉多州，那里的林道有许多大石头，但是大石头之间是平缓的路面。因此他把自己的林道车调得特别硬，能够应对高离心力弯道和更大的冲击。对于小障碍，李处理得比较粗略，但这是他必须做出的妥协。

对于土坡腾越，避震器要够硬。在土坡腾越时，你需要处理高离心力弯道和潜在的冲击。你不需要担心如何通过弯道和崎岖的路段，因为你根本就不用骑这些路段——或者说只需要滑行到下一个土坡。

你的身体强壮吗？骑车风格强劲吗？下面介绍一个常规方法：现

布莱恩小课堂

我不喜欢任何所谓的"踩踏平台"（即由两种阻尼系统保障踩踏效率的技术）。只有在公路爬坡时，我才会把避震器调得足够硬，否则，我希望它尽可能灵活。

我尽量使用更换弹簧的方法来达成目标。在必要时，我才通过调整阻尼进行优化。例如，如果我的前叉运作顺畅柔润，但是经常下沉或者打底，那我可能会增加压缩阻尼；如果我往前叉里打气，反而会降低前叉的柔润程度。

调节好的避震器能让技术型车手冲下普通人需要速降车才能完成的下坡。布莱恩在演示如何操作。

在就出门骑上车，尽你所能地上下弹跳，看看你用了多少避震行程。如果避震器严重打底，那就将其调硬；如果只用了一小部分的行程，那就调软。这并不科学，李相信他应当以自己的力量用完 90% 的避震行程，剩下的 10% 用来弥补意外的错误导致的损失。

车子避震行程短，你只能选择调软或者调硬。 因为短行程山地车没有多少调整余地，要么将车调整成一辆很软也很容易打底的车子，要么调成一辆通过崎岖路段时比较颠簸但不会打底的车子。

车子行程长，你就能软硬兼顾。 因为长行程车子能提供更多的操作空间，可以从一开始的超软设置顺畅地过渡到不会打底的硬度，这是长行程车子的真正优点。布莱恩说：“车子行程长，那么无论调节什么，都会更容易。如果行程只有 7.6 厘米，就很难让避震器既能设置到超级柔润，又能设置到相当硬朗，因为没有足够的调整空间。但是如果车子的行程是 20 厘米，就会有很多调整空间将避震器从柔润调到足够硬。”

打底没关系。 你的车子有 13 厘米、15 厘米甚至 20 厘米的行程，你为此花了钱，还辛辛苦苦把车子拖上山，如果不能充分利用全部行程，那可就太冤了。在平常骑行的一些地点，你就应该让车子打底，虽然不能很剧烈，但是应该用完所有的行程。布莱恩说：“这就像我以前骑小轮车时选齿盘一样，我希望在第一条直道的尽头准备拐入第一个弯道时能以最高速冲出，因此我挑选了大小合适的齿盘。如果你选了一个最大的齿盘，却根本骑不动，那又何必改装呢？”

尊重车架。 每个车架的设计都有独特的杠杆比率，用来支持车子的预期用途。车架生产商很有可能和后避震器生产商合作生产，所以你不必为自己车子的后避震器设置是否合理伤脑筋。

啊！让金属互相打击吧！如果没有用完所有的行程，那就不是真正在生活。

别在前叉上犯傻。 尽管每个车架都有专属的后避震器，但是理论上你可以装上任何你想要的前叉。但别装得太高，否则会破坏车子的几何结构，并且一旦出问题，它不会在保修范围内。但也别装得太低，虽然很少有人安装较短行程的前叉，但很多人会将可调行程的前叉调低，从而使其有利于爬坡。

留心可调的前叉。 可调前叉对爬坡和下坡有很大的帮助，但是很多人忘了在下坡前调高（或者解锁）前叉，浪费了完美的泛用优势。此外（很少被提及），如果车前端太低，一些后避震器设计确实会让踩踏更糟糕。布莱恩说他和里奇·谢利在他们的山地车上就有这种体验。

别乱折腾。如果你想骑车参赛或者旅行，应该根据不同的赛道或山路调节避震器。但如果你像我们大多数人一样，一直在当地的山路骑行，那在调好避震器之后就别再动它了。不要因为自己表现不好就怪车子不好，调好参数，学习体会，然后放心使用。

一辆刚调试好的车确实很棒——漂亮的车架、设置完美的避震器、精准的操控性。但是一辆新车只是一个物件，它还需要一些伟大的骑行经历——一次与死神的擦肩而过、路人的惊鸿一瞥和车手因片刻的流畅骑行而欢欣鼓舞——来获得生命。一辆完美的车不只是一堆昂贵零件的简单组装品，它还是一个独立的个体，是你的一个朋友，是你生命的一部分。

答 疑 解 难

在你遇到问题提问之前，首先要确保避震器的预压值（和弹簧劲度系数）是正确的。

问题 1：在撞击凸起障碍或从路缘跳下之后，车子上下弹跳。

解决方案：增大回弹阻尼。

问题 2：在通过第一个凸起障碍时感觉很好，但是经过连续撞击后，路感变得生硬。

解决方案：因为你逐渐用尽了避震行程。要减小回弹阻尼。

问题 3：打底的情况过于频繁（即使弹簧劲度系数设置正确），踩踏时出现过度弹跳的状况。

解决方案：增大压缩阻尼。

问题 4：车子通过大的凸起障碍时感觉不给力，通过小的凸起障碍时又没什么反应；通过弯道时抓地力不足，车子没能用完全部行程。

解决方案：减小压缩阻尼。

阅读用户手册

现如今，避震器的设计可谓五花八门，上面还有各种各样的旋钮，包括压缩、回弹、低速压缩、高速压缩、可调行程、锁死前叉、加、减……而且没有统一的标准。

气压设计还包括正气室和负气室部分的设计，更不用说空气量调整和气压调整了。

因此，不管你认为自己是多么的经验老道，一定要阅读用户手册或浏览官方网站。如今，厂商们对产品的初始设定越来越好，所以，你可以遵照他们的建议行事。

2

人车合一

以极快的速度冲下山确实挺好玩的，但是让我们现实一点。布莱恩花了好几十年的时间才和他的山地车合二为一，根据自身的经验，他知道自己还有进步的空间。而李到目前为止教授了大概 5000 名车手，他教过的人下至初学者和"专家"（注意此处的引号），上至专业选手和世界冠军，包括越野公路车手、XC 越野车手、林道车手、耐力车手以及速降车手，这其中有男人、女人、老人、小孩等。

尽管每个人都是独一无二的，但人与人之间还是有一些相似之处的。

● 想骑得好就必须把动作做好，你的身体要能完成特定的动作。

● 最重要的动作与人的关系要比与山地车的关系紧密得多。我们这里所说的动作是指广义的动作，也就是那些能帮你搬家具、追逐小鹿、逃离狮子捕捉，以及冲下坡的动作。

● 李教过的 98% 的车手的动作都不标准，只骑自行车的人通常是最差劲的运动员。李教过的最好的运动员都不是自行车手：刚刚退役的美国职业橄榄球大联盟（NFL）的中后卫、当过体操运动员的母亲、聪明的健美运动员等，这些人知道怎么做动作。

● 如果你能做好动作，我们就能教你骑车；如果你不能做好动作，就不能骑车。你的动作做得越好，车也就能骑得越好。懂了吗？

准备好才能少遭罪

根据以往的教学经验，我们可以负责任地说：

有些人比自己意识到的更加优秀。他们对自己要求过于严格，而且没有意识到骑车多么有趣。如果你是这一类人，那你很可能是一名女性。

大多数人没有自己想象的那么优秀。他们的每一次骑行都是一场赌博，因为他们意识不到自己离受伤只有一步之遥。如果你是这类人，那你很可能是一名男性。

在舒适区（乐趣和流畅并存的区域）发挥好的关键在于理解身体究竟要在山地车上做什么，然后学着去做。

大多数人在车上表现得很无知、僵硬且消极。

你越了解自己的身体，骑得就越流畅，就能越主动地处理路况，山地骑行也变得更加安全和有趣。

李正在一条陌生的林道上骑车，突然他遇到了向右的急转弯，他的身体立刻做出了训练时的动作——这感觉棒极了！如果他能少犯错，那你也能！

好消息：一切都很简单。对你来说骑行可能不容易，但是它确实很简单。如果你足够认真，总会成功的，你也会少遭罪，车骑得会比以往更加出色。

掌控你的身体

本书介绍到这里，我们甚至都还没上车呢！我们可以在车下练习一些骑行动作，你在地上做得越好，在车上就能做得越好。

站起来

为了能在有趣的地形上获得理想的操控力，全身的重量都应集中施加在脚踏上，手臂不应该有任何压力。这样能将身体的重量均匀地分布在两个轮子之间，也就是它应该在的地方。

本书的第 1 版提出了"重脚轻手"的概念，这是平衡自行车最简单的方法，它也成了山地车世界中的真理。在这一版的书中，我们把它带入了下一阶段，请接着读。

重量和功率

你知道重量和功率之间的区别吗？

采用重脚轻手的骑行方法，我们不会把自身的重量压在车把上，但是我们通过车把输出大功率。

掌控髋关节

在车上最重要的活动模式——也是很多专家认为的车下的活动模式——就是髋关节的屈伸。

● **髋关节弯曲**。这是在给枪上膛：臀部后移，准备开火。

● **髋关节伸展**。砰！发射！像两足动物一样站立。

关于髋关节弯曲

弯曲髋关节，或者说在低进攻姿势下，将双膝置于双脚的上方，然后将臀部向后移，这使得上半身趋于水平，降低肩膀的位置。这看起来难道不像山地车的进攻姿势吗？

髋关节弯曲能让你下坡更猛，具体有以下作用。

使身体的重量施加在双脚之上。这使得你能安全地处在车子中间的位置。

将身体的重量聚集在臀部而不是股四头肌。

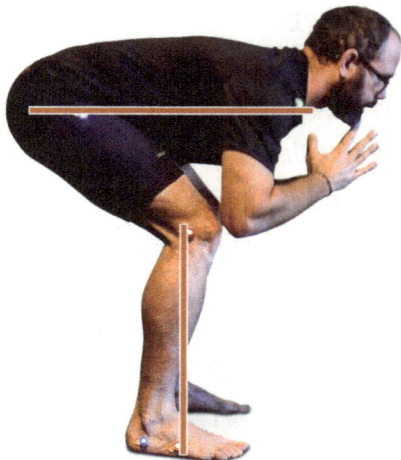

髋关节弯曲：肩膀与髋关节平齐，膝关节与脚掌中心对齐。

这能增强你的力量，况且股四头肌也没有那么强大的力量。

躯干保持水平并降低肩膀。这使得你有一定的移动范围来调整车把的角度。

为一次有力的髋关节伸展"上膛"。一般来说，手掌离臀部越远，扭矩就越大。

深度的髋关节弯曲在任何需要增加手臂移动范围的时刻都必不可少。

例如：

- 骑下某个物体；
- 刹车；
- 转弯；
- 压抬。

弯曲髋关节的时候，你就已经创建了能够真正产生力量的动力链和活动范围：释放强有力的髋关节伸展动作！

布莱恩能够做出山地骑行中的完美的髋关节弯曲动作，这一动作在每次骑行时给予他莫大帮助。

关于髋关节伸展

在一次髋关节伸展过程中，你要先从弯曲的姿势开始，利用核心肌肉，然后把髋关节往前推！结束时应当高高站立，双手贴近髋关节。

在车下做髋关节伸展动作时，硬拉是最典型的练习之一。在使出巨大的力气伸展髋关节的时候，还要尽力保持身体的稳定，包括腿部、臀部、上腹部、背部以及肩部——这些有大块肌肉的部位——都需要保持稳定。

当把上半身的动作加进来的时候——也就是说，把髋关节往前推的同时把手向后拉——会用到背部所有的大拉力肌肉，核心区也要发力。人类的许多活动都有着同样的动作模式：举重、划船、登山、压抬、跑步、跳跃、追逐、逃跑以及生育，它镌刻在我们的 DNA 中。

硬拉以髋关节弯曲开始，以髋关节伸展结束。来自科罗拉多州博尔德的 REVO 物理治疗与运动表现中心的戴恩博士在做示范。

　　硬拉做得越好，你就能在做许多对人类有重要意义的事情时表现得越好，这就是很多教练把硬拉视为力量练习之王的原因。

　　"硬拉动作是我们日常生活中使用的功能性最强的动作，尤其是在山地自行车中，"REVO 创始人之一，李的物理治疗师、教练，同时也是一名真正的下坡手戴恩说道，"在动态运动中硬拉动作可以改善臀部、大腿和躯干的肌肉募集，从而提高身体的稳定性和功率输出，以及整体骑行能力。力量改善一切。"

当布莱恩还是 BMX、4X 以及双人回转对抗车手的时候，他的髋关节伸展动作帮助他获得了较快的初始速度。本图中，这个动作帮助他跳上大石头。

　　髋关节伸展驱动着每一个山地车骑行动作，例如：

- 闸门起步和冲刺；
- 压抬；
- 压抬 – 后轮骑；
- 兔跳；
- 飞越；
- 技术性爬坡。

　　髋关节伸展对我们在自行车上做的所有有趣的事情来说都至关重要，你要么掌握它，要么就一辈子受罪吧。

推拉车把

　　当你从岩壁或者障碍上骑下来时，车把会向前移动远离你。如果你推得不够快或者不够远，车把就会把你往前拉，最终你的脸会与地面亲密接触。这一点也不酷。

每次你撞到障碍或者车子向上移动的时候，车把会向后移动靠近你。如果你拉得不够快或者不够用力，它就会把你推到后轮上。如果后轮撞上障碍足够狠的话，你就会从车把上面翻出去。更不酷了。

在崎岖地形上保持平衡和安全的唯一方法就是随时根据地形调整车子的角度。这就是说要粗暴地推拉车把，同时还要保持平衡，弯曲髋关节。

当你在车下练习的时候，（你应当）把自己塑造成一只移动的、动作平稳且强壮的怪兽。因为你是一名山地车手，所以尤其要注意以下动作的要点：

- 站在脚踏上的时候弯曲髋关节；
- 站在脚踏上的时候伸展髋关节；
- 保持髋关节弯曲的同时拉车把；
- 保持髋关节弯曲的同时推车把。

骑车的时候当然还会有其他动作，但是以上这些是主要动作，务必熟练掌握，经常练习，使动作做得更好。你会骑得更好，而且你也能轻松地搬家具。

LLB 的教练凯文·史提勒以低而漂亮的姿势靠近这个岩壁，然后只是向前推把就顺利地通过了。

地 狱 脚 踏

当并着脚做髋关节屈伸感觉不错的时候，你可以切换成骑车的姿势进行练习：两脚间距大概350毫米。这很困难！你会搞不懂自己是怎么骑车的。

学习如何接触山地车

山地车能给你带来巨大的快乐（或痛苦），不过在你深有体会之前，你先要学会如何接触它。首先，你的身体有 3 个部位会接触到车子，而且每个接触部位都各有其作用。

脚踏

这一对小小的旋转平台是人车关系的基础。当你站在脚踏上，全身的重量将会通过五通以 45 ：55 的比例分布于前轮和后轮。原因在于以下几点。

- **前后平衡**。将自身的重量适当地施加于两轮之间，置于前轮的重量略小于后轮。

- **低重心**。当身体重心离地面约30厘米时，控车最灵敏。

- **身体最大的肌肉群支撑着巨大的体重。**

- **双手轻握车把**。这是高效骑行的关键之处。请接着往下读。

当科尔文·睦实冲过多岩石的弯道的时候，他把力气都用在了脚上，这样他的手就能随着车子移动了。

车把

不管你信不信，车把不是用来支撑上半身的，而是有很多别的用途——弯道中侧倾、上坡拉起、下坡推下——所以依赖车把的支撑越少越好。原因在于以下几点。

- **更加舒适**。因为手部神经和肩部肌肉受到的压力减小了。

- **操控更佳**。车子转向会更容易。当过弯或者撞到障碍的时候，你只有轻握车把才能自由地调整前轮方向。

- **行动便利**。如果你倚靠在车把上，这说明你下坡的意志不够坚定，动作不够积极。如果能保持车把的灵活性，你就可以平稳地推、拉、转向、倾斜，甚至飞过高的障碍。

最重要的是以下几点。

- **完美的平衡**。身体前倾在车把上方时，前轮会变得更重；身体后倾拉车把时，前轮又会太轻。

科尔文·睦实正在通过乱石堆，但是他的手指正在和把套开茶话会。

除非你要练习专业级的拉车把动作，否则双手应该平衡自然地放在车把上，这样可以使自身的重量通过五通传导至前后轮，达到完美状态。

当你通过倚靠在车把上来缓解内心的焦虑或者支撑体重的时候，就不能同时用车把来控车了。因此，要一直保证脚重手轻!

车座

我们和车座的关系应该是很亲密的，但我们不应该太频繁或重重地坐在车座上。车座并不是一个座位（至少不是你喜欢坐的那种），但它确实有 3 个功能。

布莱恩小课堂

坐着过弯的时候把车座降低一点（大概7厘米）有时候还是有好处的。坐在车座上能让你发出的驱动力直接传送到后轮上，从而帮助你完成过弯并踩踏出弯。

休息。当你用力踩踏时，你使出的所有力量都将施加在脚踏上，若能一直保持这样的状态，那当然是件好事，但是在踩踏的力度较小时，你可以坐在车座上休息一会儿。但要注意，你踩踏的力度越小，身体就会越重重地坐在车座上。

这是个恶性循环!你觉得越不舒服，踩踏的力度就会越小；踩踏的力度越小，你就会越重重地坐在车座上；越重重地坐在车座上，你又会越不舒服。如果你感觉自己累垮在车座上，那么请打起精神来骑得更卖力一点。如果你实在没有力气了，那就下来推车吧。

踩踏更有效率。即使你没有完全坐在车座上，车座也有助于使你踩踏更流畅，并节省了用于支撑上半身的力量；同时，在踩踏推过上死点时，车座的尾部可以提供支撑。

操控。以前有一种没有车座的小轮车，其目的是最大限度地减轻车体的质量，布莱恩 [著名的前自行车越野（BMX）车手] 认为它确实很难操控。即便你不坐在车座上，你也需要用车座来控制车的左右运动。坐在车座偏后的位置能增强车子爬坡和拐弯时的后轮抓地力。

"我只是不想碰到车座。"科尔文·睦实说道。这是冲坡的一种好技巧。

走路也算数!

李住在海拔大约20千米的科罗拉多州博尔德市。从市中心到他家要经过一个约3.9千米、最大坡度17%的上坡。在度过漫长的一天后，如果累得臀部离不开车座了，他就会走回家。布莱恩的家也在山上，但是他从来不走回家。

如果你一直坐在车座上，就会把自己发挥的空间局限在平坦的路面、舒缓的弯道和轻柔的刹车上。在通过崎岖路面、急转弯或急刹车时，要起身离开车座，哪怕只是轻微收力，也比完全坐在车座上好。总而言之，要站在脚踏上，利用车把操控，偶尔利用车座休息和辅助操控。

进 攻 姿 势

这部分要仔细阅读，因为这是实现完美骑行的关键因素。

尽管山地骑行是（也应该是）一个动态过程，但你应该有一个非常平衡的基础骑行姿势，也就是各种动作可以从此处开始并返回此处的姿势。我们称之为进攻姿势，因为这个姿势使你能主动向林道"进攻"，而不是受林道摆布。

当你摆出进攻姿势时，就可以快速连贯地做出推、拉、侧倾、扭动等骑行动作。你的身体重心越居中，在各个方向就有越多的活动空间，也就能更主动地向林道发起进攻。

准备好面对一切。
当李进入一个全新的地段，他的身体自动切换到了平时训练的准备姿势，他的S-Works Stumpjumper也被他完美地调教好了。他不会感到一点疼痛！

肘部位于把套后方；抬头，目视前方，躯干保持水平，肩膀放低，髋关节向后弯曲。

完美进攻姿势的要点

本书前两版的读者可能会注意到这条建议要比以往简单得多：你进行的髋关节弯曲训练越多，其他的事情就越能自己很好地解决。

脚重手轻

动作：几乎在所有情况下，你都应该想象自身的重量是沿着一条红色虚线从肚脐传导到五通上的。当你骑行时，应巧妙地前后移动臀部，从而保持双脚重、双手轻。

原因：这是确保实现身体前后的姿势完美平衡的最好方法。平衡并不是靠臀部和车座的关系或者肩部和车把的关系实现的，真正关键的是要做到脚重手轻。

髋关节高度弯曲

动作：将膝盖保持在脚掌的正上方（理想状态是在五通的上方），髋关节向后弯曲，头部向前向下以保证手掌没有压力（查看本章之前的"掌控髋关节"部分）。对髋关节弯曲动作掌握得越好，膝盖、躯干以及肩膀就能越好地完成它们的使命。

原因：这是人类通用的准备姿势，在这一姿势下，身体平衡、方便活动、容易发力。你已经准备好了。

躯干保持水平，肩膀放低

动作：尽力弯曲髋关节！髋关节弯曲得越厉害，肩膀就会压得越低，上半身就会更加水平。将髋关节和脊柱保持在一条直线上。腰部弯曲会降低操控力和功率，也容易使你受伤。

布莱恩小课堂

"脚重手轻"这个词很好，但它并不是百分之百准确。在很多情况下我们要保持手重。例如，你要推前轮经过一个带转弯墙的弯道，还要有足够的抓地力并且重新定向；或者，你要在进入弯道前的陡坡时用力刹前闸，你要通过前轮来进行主要的刹车动作，驱动的力量就会传递到你的手上。

原因：肩膀离车把越近（假设你髋关节完美地弯曲且平衡），控车就越容易。如果林道很平缓，身体直立骑车可以节省体力；当林道变得崎岖的时候，压低身体可以保护自己。

真的不是你的肚脐

正如整形外科医生杰夫在李的一节课中明确指出的，身体的重心实际上并不是你的肚脐，重心实际在"S1（第一骶椎）前面"。

离我们的目标足够近了！

永远都要让肚脐保持在五通正上方！

降低车座！

车座位置越低，髋关节就能弯曲得越多，手臂和腿的活动范围也就越大。手臂和腿的活动范围越大，你的自信心和操控能力就越强。

随意把车座调高——如果你想当只小绵羊的话。

肘部居中

过去我们常说"肘部向外"，结果，成千上万的山地车手看起来像是越野摩托车手。既然现在我们对山地车操控、人体动作以及肩膀健康有了更深的了解，我们就应当说"肘部居中"。

动作：假设你的车把宽度合适，将肘部置于把套的正后方。当你用力拉车把的时候，肘部会向内靠拢；当你用力推的时候，它们会向外张开。这没问题。

原因：这种中性的姿势能帮你用上胸部和背部的大块肌肉进行推拉，你能骑得更快更猛，肩部的关节也会更轻松。

大多数时候，肘部都应当位于把套的正后方。那我们之前肘部向外的建议呢？那是不对的，李说他很抱歉。

抬头向前看

动作：抬起头，就像要把下巴往前伸一样，目光尽量放远。这可能说起来很容易，但这是最重要也最容易被忘掉的事情。

原因：① 平衡，低头盯着石头只会让重心向前移，这绝不是一件好事，尤其在遇到大石头的时候；② 信心，你不是在低头道歉，要勇往直前；③ 预判，你看得越远，对地形的反应时间就越充分，这是避免摔车的关键。

完美的练习

这个姿势一开始会让你觉得别扭，而且你会感到肩膀、后背、臀部、腘绳肌和小腿都不如自己想象的那么强壮、有弹性。但你一定要坚持下去，可以每一次练习都专注于一个动作。最后，进攻姿势会成为你的本能反应，而你也会体验到前所未有的狂飙快感。

开始练习时，要留意一些常见错误。

骑行姿势太高。你觉得已经很低了，但还不够，要再低一些！

姿势太僵硬，动作不够积极。这只是基础姿势，在实际骑行中，你会从进攻姿势变成别的姿势。要保持姿势平衡，但要放松、灵活。

太过向前或向后。你的双手正在下压或者上拉，对吧？我就知道你会犯这样的错误。无论发生什么事，都要保持双手轻握车把。

臀部不够靠后。就像车座后面有块玻璃似的，大家都不想将臀部往后移。臀部要后移！摆出进攻姿势时，将上半身放平并保持完美的平衡，臀部会稍微超出车座。这个姿势很完美。

膝盖向前。在科罗拉多州博尔德的 REVO 物理治疗与运动表现中心，硬拉的时候把膝盖向前推通常被认为是个错误，旁边会有满身肌肉的医生冲你大吼（李就被吼过）。当你的膝盖向前移动的时候，臀肌不再发力，股四头肌开始发力，你的肩膀开始上移，大腿有灼烧的感觉。在完成一次长长的速降以后，你是否注意到自己的股四头肌有灼烧感？是的，可能是你的膝盖和臀部太靠前了。

良好的进攻姿势是骑好车的关键因素，如果你某天表现得很糟糕，那就回去复习一下进攻姿势的要诀：

- 脚重手轻；
- 大幅度髋关节弯曲；
- 肘部居中；
- 抬头向前看。

注意：无论你在做什么，或者无论你骑得多慢，良好的进攻姿势都会使你看上去很快。

一切技术的基础

当李传授骑行技术时，总是从进攻姿势开始。无论是新手还是老手、年轻人还是年长者、男性还是女性、要比耐力还是比冲坡，进攻姿势总能帮你更优雅、更有力地做出每一个动作。

进攻以外的姿势

现在用以下概念武装我们的头脑吧。

- 骑行（有趣的那种）是动态的。林道总是在改变角度和方向。
- 如果你总是处在同一姿势，那通常是错误的姿势。
- 下一阶段的山地车功夫不仅要求掌握进攻姿势，还要掌握其他姿势。

到了课程的这个阶段，我们要开始更多地讨论动态的动作而不是静态的姿势。让我们把以下 3 个姿势牢牢掌握，然后开始流畅且有力地在它们之间切换吧。

1. 直立；

2. 高弯曲姿势；

3. 低弯曲姿势。

是的，我们又下车了。如果你在房间里的地毯上都完成不了这样的动作，又怎么能在呼啸着下山的山地车上完成呢？

直立

在杂货店站着、在街上走路以及全力踩踏和压抬的时候，直立姿势很有用。

直立：产生高扭矩的最有效方式。

尽力将脚掌中心、膝盖、臀部、肩膀以及耳朵保持在一条直线上。你的臀部和脊柱是一个单元！它们不管怎样都要待在一起。你越擅长直立站着，你就能把其他的动作做得越好。

高弯曲姿势

如果你是坚持使用高车座的公路车、越野车或者 XC 车手，那这个姿势是你唯一能控制住车的姿势。这个姿势能将你的臀部后移（不碰到高车座），并且能压低肩膀以便操控。

即便你的车座很低，这也是在平缓的下坡或者是想节省体力时的理想姿势。每当你从踩踏的姿势转变为控车姿势的时候，就用它吧。

高弯曲姿势：高车座情况下必不可少的姿势，很容易做出该姿势。

- 向前旋转时臀部后移，躯干保持水平。

- 膝盖保持相对伸直。

- 躯干尽可能保持水平。你的肩膀越低，手臂用来刹车、转弯以及下陡坡的活动范围就越大。这个姿势要求腘绳肌松弛。大多数骑行者的腘绳肌都很紧绷，所以他们很难把肩膀压低。

低弯曲姿势

低车座能让你做出更低的姿势。如果你想用最大的操控力冲下山坡，用这个姿势吧。

● 向前旋转时臀部后移，躯干保持水平。

● 膝盖稍微弯曲。

● 臀部和躯干更靠近脚（以及五通）。

如果你能把肩膀和臀部置于同一高度，那真是棒极了。记住：肩膀越低（同时要和臀部对齐），下坡时手臂的活动范围就越大。

低弯曲姿势：通常是真正有趣的事情发生的姿势。

三者合一

每次练习一个动作，熟悉了以后，开始练习动作之间的转换。

1. 直立，高弯曲姿势，低弯曲姿势，高弯曲姿势，直立……

2. 姿势 1、2、3、2、1……

3. 随时随地循环往复——用牙线清洁牙齿的时候，看山地车视频的时候……

把这些动作和做动作的感觉镌刻在你的身体里，在下次骑行的时候应用这些姿势——不对，是这些动作。

| 1. 直立。 | 2. 高弯曲姿势。 | 3. 低弯曲姿势。 |

布莱恩小课堂

即便你一直都把座管放低，你也不想一直弯着腿骑车。双腿是避震器的延伸，有的时候它们应该伸直，有的时候应该弯曲。它们依据地形活动的次数越多，你也就有越多的行程可以使用。

找到平衡感

你正沿着树林里的单人径往下冲，有一根倒木横在路中间。你的耳朵感觉到下坡的加速作用——气流声，皮肤感受到了压力和寒冷，而你的肌肉和关节告诉你，你正压低身体伏在车上，自身的重量完全施加在脚踏上，车把在轻握的双手中舞动。经验告诉你，如果你的车以一定的角度撞上倒木，轮胎将会打滑，最终导致摔车。

所有这些信息（可能还有更多）在你的脑子里交汇，大脑经过分析之后发出一系列指令：减速并以正确的角度接近倒木，然后兔跳——所有动作都在一瞬间下意识地完成。

你每天都在做惊人的平衡动作，比如怀里抱着东西时用脚踢开门，或者让狗用一条皮带拉着你玩轮滑。人是很擅长保持直立平衡的。如果你保持放松并且本能地把臀部降得足够低，你会惊讶地发现自己处理路况的能力非常强。即便如此，有几件事还是要牢记。

放松

紧张是平衡的敌人，不管在不在车上都一样。

但是，当你紧张的时候，别人大喊让你放松，有用吗？

没用！这完全是浪费时间，还会增加你的压力。你紧张是有原因的：通常是不恰当的姿势、不熟练的技术、错误的轮径或是以上三者共同作用的结果。

如果你是个放松型的人，那就没什么问题；如果你是个紧张型的人，你也没办法让自己冷静下来。减少紧张感最好的办法就是专注于身体应该做的事情：回弹，侧倾，推，拉。当你做这些事情的时候，你不可能紧张。

保持移动

在弹簧单高跷上保持平衡很容易，这时腿部、髋部和核心区都在发力。但在定杆上保持平衡就很困难了：哇！只有手臂在动，而且你既紧张又害怕。

观察一下最好的车手。大部分车手都有弹跳的风格，就像在海浪中腾跃的海豚一样。他们可能不会告诉你这一点，但是他们都在学着与地形一起起伏：飘过岩石，滑过弯道。这种有意的重—轻—重循环能提高车手的操控与平衡能力，而且很好玩！

鹿会撞到树上吗？

李的邻居德米特里是科罗拉多州博尔德的一名物理教授，也是一位水平高超的滑雪爱好者。有一天晚上他喝了点酒，说道：

"当一只鹿逃离狮子的时候，它会撞到树上吗？

"不会！

> "它有自己的导航系统，这是经过几百万年的演化得来的，这个导航系统能带领它以全速穿越树林，帮它活下来。
>
> "人类也有同样的系统，只不过我们想得太多。"

置身事外

在山地车冲坡时，车手头脑中进行计算的过程实在太短暂太复杂了。如果你的主观意愿介入了，就会把事情都搞砸。你一旦开始思考"我最好保持直立"，那一切就都完了，尤其在你试图突破技术瓶颈或者恐惧时会特别困难。你或许能够在星巴克门口毫不费力地玩定杆，但要在狭窄的道路上保持平衡难免会内心慌乱。不管你具有多高的水平都需要最基本的技术。在你成为功夫大师的过程中，要相信自己的身体能够完成你交给它的事情。

朝着你想前进的方向看去

当你看着某个地方时，你就是在告诉自己的大脑和身体要往那儿去。当你盯着一块可怕的石头时，你就会不由自主地低下头并朝着石头直接撞上去。正如每个机动车驾驶培训班的培训人员都会说的："看着你想前进的方向，向着你看的方向前进。"

额外福利：当你接近林道上的下一个物体的时候，稍微看一眼下下一个物体。即使只是提前了几微秒才发现它，你也能告诉大脑有个东西出现了，这样才能无缝衔接地处理。作为一名熟知大量词汇的作者，李把这叫作"扫视"。

练习

练习，不仅是练习骑行，还要练习平衡，比如尝试定杆和慢骑。在健身房里做单脚练习，洗头的时候单脚站立，任何提高平衡感的动作都有利于骑行。

将自身的重量施加在双脚上

想象你正沿着一条路跑步。你穿过覆满蕨类的平地，爬上布满树根的山坡，冲下满是沟槽的山谷，跳过松软的树桩。你在上坡时身体向前倾，下坡时身体向后仰，转弯时向侧边倾斜。你只要让身体的重量保持施加在双脚上，就能保持平衡，顺利通过一切地形。

在车上保持平衡也是同样的道理，区别就是双脚把身体的重量传递到了脚踏上，接着顺着曲柄传递到了五通，然后是车架、车轮，最后传递到了轮胎与地面接触的位置。

如果你能用双脚保持平衡，臀部和手部都不受力，自身重量的 45% 施加在前轮，55% 施加在后轮，这样就很完美，也是一个巨大的成就。

这就是说，你还有很大的进步空间。只要能把重心保持在两轮之间，你就不会摔到臀部（或者脸）。

注意：侧倾平衡能否实现完全取决于转弯力。关于过弯的更多信息，请参阅第 5 章。

在平地上，注意手的摆放位置，并且想象从肚脐到五通有一个钟摆。

平地

在平地上你会有很多前后移动的余地，只要把重量施加在脚踏或车座上，你就不可能从车上向前或向后飞出去。也就是说，如果你把重量施加在脚踏上，车子就会有最好的刹车和转弯状态。脚重手轻！

● 如果身体太向前倾，双手在车把上会倍感压力，前轮将会卡在障碍上，而过弯也变得不稳定。

● 如果身体太向后倾，双手会有拉拽车把的感觉。前轮会太轻，导致抓地力不足，后轮又会重重地撞击障碍，从而将你往前弹，这种情况非常可怕。

上坡

坐姿爬坡时，要将躯干向前压，以将部分身体重量施加在前轮上。当坡度像图中这么大时，你的手臂会有拉伸感，因为身体的重量吊在车尾上方。

没几个山地车手知道如何像这样爬坡，但是一旦你学会了如何将自身重量传递到脚踏上，这就会变得非常简单。

坐姿：要弯曲手臂，同时将上半身向前倾，使重心位于车子中央。落在车座上的身体重量越轻，那么落在脚踏上的重量就会越重，这样表现就会更好。在特别陡峭的坡道中，你可能只会坐在车座的前端。有些车座品牌设计成车座前端向下弯的样式，从而使你坐在前端时感觉舒服些。长把立有利于爬坡。

- 如果上半身太向前倾，双手会感到压迫，而后轮容易空转。
- 如果上半身太向后仰，双手会有拉拽感，而前轮会晃动不稳。

站姿：将身体向前拉，直到在脚踏上方达到平衡。

- 如果上半身太向前倾，会感觉双手在推车把，后轮就会打滑，或者出现前空翻摔车。
- 如果上半身太向后仰，会感觉双手在拉拽车把，前轮会上浮并左右晃动。如果后轮撞到障碍，车子就会完全停下来。

下坡

下陡坡的时候你感觉应该把身体向后推。这也有一定的道理：你不想前空翻，于是就把自己往后推，对吗？

不是的。

如果推得过于靠后——这也是一名紧张的新手很容易就会做到的事——前轮就会变得太轻而不受控制，后轮则会极为沉重。当这沉重的后轮撞到障碍上的时候，你可能会从车把上面飞出去。是的，身体过于靠后能让自己被发射出去。

尽管专业车手们靠前和靠后都没问题，但是我们普通人还是应当练习在脚踏上保持身体平衡。

在下陡坡的时候，尽管站在脚踏上然后把车把往前推，直到所有的重量都施加在脚踏上为止。

- 如果身体过度前移，双手所承受的压力就会很大，前轮会

布莱恩小课堂

如果在爬陡坡的时候车子有足够的抓地力，你可以站起来然后上半身向前倾，把自身的重量压在手上，从而让腿更轻松。

然后，当然了，如果车子无法获得足够的抓地力，当上半身前倾的时候，你需要坐在车座的前端，然后将力量传送到后轮。

下坡：臀部后移，肩膀压低，脚重手轻。

过重，而后轮会漂移，前空翻摔车是迟早的事情。

● 如果身体过度后移，双手会有拉拽车把的感觉，前轮会太轻，而后轮会太重，每次下坡时都感觉车子在被往下拉。

为了在脚踏上达到身体的平衡，滑行下缓坡时，应该站在脚踏上，同时让双手分担一些压力。要将身体向后移，直到双手能轻松握着车把，这种姿势最好。

虽然在有些情况下需要推拉车把，比如后轮滑、兔跳、压抬、飞越、高难度过弯等，但默认的姿势应该是：脚重手轻。

如果坡非常陡，一定要站在脚踏上！

面对这种非常陡的下坡，布莱恩的身体后移得非常多，同时手臂伸直，保持脚重手轻。

无论山坡有多陡，都要记住用双脚保持身体平衡，同时双手保持轻松自然。（你是否发现了一个共通的道理？）

在坡面非常陡峭的情况下，手臂要伸得非常直，而且身体要非常靠后，但是重心要一如既往地位于脚踏的上方。

如果坡面特别陡，而你又恰好在刹车时，站在脚踏上几乎是不可能的。这种情况下，尽力就好。

陡下坡＋大力刹车＝重心极低且靠后。轮胎碰到了臀部？那是第三道刹车。

刹车

刹车，就如同溜坡一样，是少数几个应该把身体的重心移到五通后面的情况之一。减速时，惯性动能会把你的重心往前带，因此刹把捏得越用力，身体就越应该后移。

如果后移程度不够，后轮可能会打滑（这可能是因为刹把捏得太用力了），或者会翘起（这肯定是因为身体太靠前了）。如果你骑的是全避震车，刹车时后避震器会拉伸，前叉会下沉，这样会导致头管角度变陡，车子变得不稳定，而此时却正是需要稳定操控的时候。

如果身体过度后移，前轮就会四处打滑，就像打水漂的石头。如果前轮锁死而且突然卡住，你就会像那打水漂的石头一样飞出去。

刹车的时候，后移身体重心并把重量施加在脚踏上，而不是车把上，参阅第 3 章关于刹车的内容。

加速

毫无疑问，你很难控制好自己力量的运用。你起步时总是把土溅到朋友们身上，把石头崩得到处乱飞。不仅如此，在你加速时前轮还会抬高。

在 4 人争先赛（4X 赛）的出发斜坡上翘着前轮冲出去并不会有致命危险，但是在天然林道上你就必须得控制好力量的输出。当你全力前冲时，身体要向前移，尤其是在爬陡坡时（详见第 4 章"冲刺"部分）。

利用全部操作空间

高级别冲坡，我们花很多钱在装备上的那种，就全是关

为了在加速上陡坡的时候保持身体的平衡，身体应向上、向前。一个可怕的鬼脸能增加 50 瓦输出。

于骑车做出各种转向的同时用双脚保持身体平衡的内容。如果你想为一辆 1 万美元的山地车正名，那就学着用上身体的每个部位和全部的操作空间。

- 学着在站立的时候保持身体平衡。
- 在高弯曲姿势的时候身体应感觉舒服。
- 让低弯曲姿势成为面对危险时的本能反应（改掉碰见危险时将车往后、往上拉的错误动作）。
- 骑过障碍的时候，把车把往后拉。
- 骑下岩石的时候，把车把往前推。
- 转弯的时候，身体尽量倾斜。
- 后空翻的时候，利用双脚保持身体平衡！

在使用全部操作空间时，身体感觉越舒适越好。身体要不断移动，千万不能只保持一种姿势，不管是在弯道中、爬坡中还是其他时候。路况一直在变，你也得随之而变。

向下施力和向上收力

你是否见过动作非常流畅的车手（比如布莱恩）在崎岖的路面上飞掠而过？他们飞掠乱石的过程就像是流水淌过瓷砖表面，他们跳过倒木的样子就像是海豚跃出海面，他们甚至不用踩踏就能加速。他们可能把灵魂卖给了魔鬼，但更可能是他们通过策略性的施力和收力来完成了这些动作。

试试下面这个试验。

1. 骑上车，把座管降低。你能想到这些已经很不错了。

2. 调整到高弯曲姿势，确保脚重手轻。

3. 沿着平坦的路面骑行，例如停车场的沥青路面，或者摩天大楼的楼顶。双脚保持水平。

在车上的动作越流畅，你获得的快乐就越多。就是这样。

4. 想象自己在一张蹦床上，开始上下弹跳，手臂自然放松，所有动作都由腿部完成，能让髋部全部投入则更好。

5. 找准身体和车子的契合时机。XC 或者林道车都有短小快速的回弹，耐力或者速降车有巨大慢速的回弹。

6. 感觉自然的轻重循环，注意听重轮胎的声响，感觉轻轮胎的漂浮。

好习惯能救命

当李在加利福尼亚州的丰塔纳指导InCycle速降车队时，队长带我去体验他们经常比赛的赛道。他对路线很熟悉，所以冲得很快，我则是专注于享受越野的流畅和偶尔的大石头路段。我和他一起骑，玩得很开心，但是他突然在一块大石头后面消失了。

当轮到我爬上大石头时，夕阳直射入眼，我什么也看不清楚。我只记得要"压低身体"。

我把速度减到很慢，并保持双手轻握车把。幸运的是，翻过大石头之后是条直道，接着车子落入了一个很急的发卡弯。如果我当时身体站直，动作又僵硬，我的下场会很难看的。但是我保持慢速而且动作流畅，最后的骑行体验很不错。

这个故事告诉我们：无论发生什么事，特别是在陌生的路况下，都要摆出进攻姿势，这样你才有活动的空间，并能流畅地通过障碍。

3. 重。 　　　　　　　　2. 轻。 　　　　　　　　1. 重。

　　你能轻而易举地完成此动作之日，就是你上林道之时——全新的骑行境界在等着你。你可以针对地形压抬、在弯道获得抓地力、跳过倒木、掠过乱石区以及飞越土坡。

　　以下是进入全新境界的关键。

　　要么轻，要么重。假设你的体重为 68 千克。当你穿越乱石区时，试着让它变成 0 千克；当你切弯时，要试着让它变成 136 千克。

　　你是一道正弦波。骑行时你应该形成一种正弦波似的振动——重、轻、重、轻，而不是仅仅坐在或者站在车上。这样不仅更好玩，也能给你带来更好的骑行体验。

　　与地形相契合。你是一道正弦波，道路其实也是正弦波。即使是最崎岖、最不可预测的路段，也有一个整体的上下、左右的流畅节奏。你应忽略掉细节，找准整个路段的节奏，调整好自己的频率，在相对平缓的路段施力，在崎岖的路段收力，画出一条爱的正弦波。

　　伸展手脚。因为手脚活动的空间是有限的，所以必须安排好要如何利用它们。当你准备跳过一块大石头时，要快速并用力下压。当你准备在舒缓的弯道获得抓地力时，要轻柔地慢慢下压。

　　要果断！大多数车手在车上活跃度不够，要果断地改变方向。比如飞越和兔跳这样的动作需要快速强劲的施力，然后突然释放压力并急剧收力。你必须果断坚决地完成这些动作。你用的力气越大，效果越好。

　　预估避震器的反应。当你下压准备兔跳时，要对车子预压，这样才能保证在起飞时避震器会处于完全压缩状态，而且力量最好能贯注到地面上，而不是施加在弹簧或是避震器上。车子的行程越长，预压和释放需要的时间就越多，你飞得也就越远。在波动的状态下骑车，这样当你遇到倒木的时候就能有足够的能量越过它。

　　立体思考。在学会了随着路面起伏而施力和收力之后，二维空间的骑行对你来说已经不够用了。不要只局限于平坦路面，要上下弹跳，让重心四处移动。

　　实际应用。请阅读第 3 章的"刹车"、第 5 章的"切弯"、第 8 章的"压抬"，还有第 9 章的"兔跳"和第 10 章的"飞越"部分，当你学会了如何控制身体的重量之后，你将能在更高层次上运用这些技术。

　　本书的前两版也包括了变轻和变重的部分，轻和重是相对的。如果你想变轻，首先

在上图中，李预压他的山地车来准备兔跳。在下图中，他兔跳过岩石，而且动作十分轻盈。

你要变重；在那之前，你还得变轻；而在更早以前，你还得变重。

当你骑车的时候，试着处在连续不断的轻重循环中，幅度不必很大，用腿和避震器的力量做几个轻微的弹跳就好。调整好时间和发力的大小来适应林道的高低起伏。

比如：

- 准备刹车的时候变轻一点；
- 刹车的时候变重一点；
- 在接近看起来比较好过的排水沟的时候变轻一些；
- 在通过排水沟的时候变重一些；
- 在兔跳过参差不齐的岩石的时候变得非常轻；
- 在落地并转一个生死弯的时候变得非常重。

轻，重；爱，恨；好，坏。拥抱这些对立面吧。

上车和下车

上车和下车似乎是最基本的技能，它们也确实是这样，但是上下车有简单的方法，也有困难的方法。如果你是一名初学者，我们希望下面介绍的这些技巧能帮你简单启动并安全停下。

上车

你正在一条可恶的山路上推车，路况在逐渐变好，你决定骑上去而不是推上去。

1. 选择一个相对低的齿比；太低的话你无法前进，太高的话你踩不动曲柄。1：1的比例就不错，除非是非常陡的上坡。

2. 把车放在林道上坡的一侧。

3. 把腿从上管上跨过去。这时车子的灵活性和升降座管能给你提供帮助。

4. 把一只脚放在位于低侧的脚踏上，另一只脚放在道路边的高处。

5. 尽可能坐在车座上。如果不行就用一只脚撑着地，另一只脚放在脚踏上。

6. 将发力的脚踏倒转到1点钟的位置。

7. 准备好了吗？一气呵成踩到底，顺势坐稳。开始踩踏吧！不要担心上锁的事，把脚放在脚踏上，过会儿再上锁就行。平踏可以减少你的焦虑。关于踩踏的建议，请参阅第4章。

专业建议：为了获得额外的动力（以及更多坐在车座上的时间），当一只脚踩踏时，支撑脚可以向后蹬地。

下车

你好不容易爬上了那座山峰，现在正在从另一边下去，然后你看见了一段很大的落差。"不是今天啊！"你自言自语道。你减下速度准备推车。

1. 运用绝佳的刹车功夫来减速。参阅第3章。

2. 停下来的时候，把脚从脚踏上抬起来然后前伸一点。

3. 与此同时，臀部向前从车座上离开，将部分重量转移到车把上。

4. 车一停下就把脚撑在地面上。

5. 现在你安全地停下了，把另一只脚放在地面上。把惯用的腿从车上迈过来（车座已经降下来了，对吗？），然后像老板一样走过这块区域！

专业建议：这就是另一个要往远处看的重要原因了——安全下车需要一定的时间。从车上被甩下来？那就很快了。

那公路越野的上下车呢？如果你会用山地车下坡，那为什么要去玩公路越野呢？

哈！开玩笑的。

答　疑　解　难

问题1：手臂很疲劳，而且眼睛都快震花了。每次撞上障碍时，情况就会变得更糟糕。

解决方案：这是因为身体太靠前了。你需要把身体向后移一些，直到手掌没有压迫车把的感觉，保持双手轻握车把。这时候，身体的重心位于车架的中央。

问题2：在高速撞击阻水栅栏之类的障碍

准备好陡坡起步；支撑脚置于坡上，另一只脚放在1点钟位置，脑子里想着幸福，眼睛看向未来。

跳之前先观察：特里·尼基在佛蒙特自行车公园停车检查一段大落差的时候，身体前移并把一只脚伸出来。该地位于科罗拉多州的博尔德市。

布莱恩小课堂

这些都是真实有效的问题和解决方法，但是其中的一些问题可能是由于不正确的车辆设置引起的。或许一根更短或更长的把立就能改善身体的平衡，增加回弹阻尼也能让车子不再上下弹跳。

时，你觉得后轮会向上翘起，甚至还有可能前空翻摔车。

解决方案： 不管你信不信，这是因为身体太靠后了。要将臀部向前移，直到双手没有拉拽车把的感觉，保持双手轻握车把。这样可以让你的身体处于居中位置。

问题3： 爬山的时候，肩膀或者肱三头肌感觉很疲劳。

解决方案： 这是因为你将过多的力量压在了车把上。你要坐直一些，让更多的力量施加在脚踏上。同时，你的车架尺寸和把立长度可能不正确，所以应该去专业的车店调试一番。

问题4： 坐姿爬陡坡时，前轮就像大风天中的气球一样晃动。

解决方案： 这是因为重心太靠后了。要将身体压低，并把身体向前拉，直到前轮恢复抓地力。

问题5： 很难保持平衡。当试图过弯或者翻越障碍时，你会发现自己一直前后摆动车把并且左右晃动膝盖。

解决方案： 要放松，保持视线向前，眼睛看得越远越好。如果低速给你带来困扰，那么就加速吧。

如果你想骑得更好、更快、更安全，那就必须放松下来，充分探索操作空间，学习正确的进攻姿势，并学会在脚踏上保持平衡。这会使你在车上的每一个动作都得到提升，而且这也是提升骑行表现的关键所在。

3

控制速度

刹车，毫无疑问，是最重要的骑行技术。恰当地使用刹车技术能保证你的安全，增强你的自信心，而且从整体来看，还能让你骑得更快。

慢 下 来

必须要学会刹车技术的理由有以下几点。

骑行的速度要合法而且要对社会负责任。尽管我们不能过分强调要遵从最快 25 千米 / 小时的规定，但是我们要共享山道，共享世界。

保持控制力，特别是在崎岖的路况下。如果你速度过快以至于路面都看不清了，那就应该减速了。慢速加控制是好事，而快速加失控肯定是件坏事。

为弯道做好准备。入弯的速度越快，过弯的难度就越大。速度快 2 倍，难度就提高 4 倍，所以要减速，除非你很享受冲进毒橡树丛的感觉。

因为你感觉自己太快了。每次你感觉速度过快的时候，肯定真的过快了。要慢下来。

要成为刹车大师，首先你必须理解下面的要诀。

降低感知速度。让自己感觉骑得慢的最简单方法是什么？向前看得更远，要看到远方的机会而不是临近的威胁。

刹车的时间越短越好。如果你一直捏着刹把，糟糕的事情就会随之而来：轮胎打滑、避震器变硬、轮组受冲击、肌肉紧张。该刹车时就用力刹车，然后放开刹把继续滑行、压抬。刹车就像吃冰激凌：在合适的时间吃很享受，但是一年四季都在吃可就不好了。

把一根手指搭在刹把上。除非是在爬坡，否则你应该把食指搭在刹把上，需要减速时，只用食指捏刹把即可。现代的刹车系统非常强大，用一根手指就能控制速度，而其他手指则专门用来抓牢车把。详见第 1 章的"刹把"设置部分。

不管变得多疯狂（或有趣），刹车把上只能放食指，至于其他的手指，它们是用来握把的！

用哪根手指刹车？如果刹车系统设置良好而且力道很强，那么一根食指应该就能控制好速度，拇指和其他 3 根手指则用来抓牢车把。在最有趣的情况下，食指用力刹车而其他的手指会很轻松地握住车把。

在直道刹车。刹车时轮胎必须垂直于地面。如果在轮胎倾斜时刹车，车轮要么直立起来，要么就会侧滑出去，不管哪个都不是好结果。当你成为预压刹车大师的时候，你可以在弯道中刹车，我们稍后再讲。

在路况良好的地面刹车。要寻找抓地力良好的平稳路面，在良好的黏土路面刹车比在湿滑的树桩上刹车要好。布莱恩有一次冲下一个山坡，那个山坡非常陡，抓地力又非常大，所以当他刹车减速时，扬起的尘土落了他一身。高速骑行时在湿滑的淤泥地面刹车会很危险，有时不只是浪费手指力量这么简单。当你成了专家的时候，就能在崎岖的岩石上刹车了，但目前最好还是在好路面上刹车吧。

前后刹都要用。不管什么时候刹车减速，都要均匀使用前后刹。要慢慢地刹车，从而给自己留出调整姿势的时间。继续往下读。

别怕用前刹。很多人害怕用前刹，但只要刹车得当而且保持平衡的姿势，就几乎不可能出现前空翻摔车的情况。

拖住后刹。如果你刹车是为了避免加速（而不是减速），试试拖住后刹，这在下陡坡的弯道上特别好用。

重心放在脚上。这是关键！当向前的刹车力量不断累积时，身体要往后下方移动，从而使所有力量都施加在脚踏上而不是车把上。这样前后轮的抓地力都会非常大，同时前轮能顺畅地滚过障碍。

轻轻地刹车。如果突然用力捏刹把，后轮就可能打滑，只有小学二年级的小朋友才会觉得这很酷。要慢慢捏刹把，使得刹车力量逐渐累积，同时臀部后移，从而将力量施加在脚踏上。动作的关键在于把握流畅的转换

正确的刹车：身体围绕着五通向后转，手臂放松，前后轮都要下压。

时机。当摆好用力刹车的姿势后，就要用力捏刹把以实现刹车目的，然后在放开刹把的过程中，身体要前移恢复成中立的进攻姿势。

练习不会打滑的全力刹车。练习时要不断尝试各种身体姿势和刹车力量，并要了解在不同路面上的刹车距离分别是多远。你对自己快速安全冲坡越有信心，就能骑得越快，也能减少浪费在轻捏刹把上的时间。记住：在快要打滑的临界点刹车力量最大。

永远别让前轮抱死。你需要用前轮操控方向，如果前轮打滑就无法转向了。因此一旦前轮有抱死的迹象，就要轻轻放开刹把，直到前轮再次开始滚动。

及时适时刹车。石头、裸露的树根、坑洞、沙地、碎石路和泥地很容易让前轮卡住或者抱死。当路面变得崎岖或者松软时，你必须不断及时适时地刹车——在平稳或者有黏性的地面刹车，在崎岖或者湿滑的路面放开刹把。如果你想骑过一块大石头，那么在接近石头之前就要用力刹车，然后放开刹把让车轮自由地滚过石头。

对轮胎施压。如果向轮胎施加双倍压力，抓地力就能倍增，刹车距离也能减少一半。刹车前身体稍微向上抬，以减小轮胎所受压力，然后在刹车时把车子往前下方压，这样

能把轮胎牢牢压向地面。你会惊讶地发现刹车力量非常强大，而且轮胎不会打滑。

保持控制。在陡峭的下坡道上，放开刹把几秒意味着"啦，啦，啦……"变成了"＄＾％＆％！！！"，所以眼睛要看着前方，并在急转弯、大石头等难点前刹车。就像我们之前说过的，如果坡度超级陡，你可以拖住后刹。

羽毛是属于鸟类的

很多人都会告诉你要轻捏刹车，也就是小心翼翼地调整刹车的压力：压力有时候高有时候低，从来调不出真正的控制力；对于压力的调整，满足于一般的使用即可，不必追求极致。

这不是我们骑车的原因。

不要轻捏。

认真地刹车，然后做别的事。

不要让蜥蜴脑控制你的刹车

现在我们正在和一位聪明到能阅读这本书的人的思维交谈，在外面骑车的时候，你的思维随时都在做出重大决定，例如我应该往哪儿走，我车子的轮径对不对，我是不是有爬坡王的节奏，与此同时，大脑下部的蜥蜴脑正在掌控你的身体。蜥蜴脑掌握的是我们的本能，它主要目标是：①不死；②在某些时候生孩子。如果你现在死了或者残疾了，以后是生不了孩子的。

你是否注意到自己偶尔会在不想刹车的时候刹车了呢？你可能在下一个长坡，或者在岩石丛中挪动——卡在了弯道中间。当这些情况发生的时候，很多车手都会做出评价："我真是个废物，我要是再勇敢一点就好了。"如果你是一名男性，很可能会怪自己的车不好。即便如此，你还是在进行评价，而这必须要停止。

如果你的蜥蜴脑感觉需要刹车了，然后有些事情出了问题，你也确实需要刹车了，那就刹吧，但是要正确地刹（我们很快就要说到它了）。

与此同时，让我们先搞明白为什么蜥蜴脑感觉它需要让你慢下来。

骑得太快。这听起来像是废话，但是真的与速度有关。如果你骑得不好——这倒是很常见，任何速度都像是要把你抛向生命的终点。所以，你慢下来了。

姿势不对。98%的人姿势太高、太靠后，他们的重量施加在膝盖和股四头肌上，而不是大腿和臀大肌上。蜥蜴脑知道你不是个运动员，你也没准备好做运动员该做的事，例如跳过石头，切过弯道。所以，你慢下来了。

关注点不对。如果一直盯着自己害怕的东西（横在林道上的湿原木、"之"字路边上的悬崖），你会更害怕的。所以，你慢下来了。

没用好功夫。如果你在转弯的时候不倾斜身体，飞下落差的时候不推车头，登上岩

轮胎最关键

　　如果你想拥有能增强自信的终极刹车力量，就要照下面介绍的这么做。

● **使用大轮子**。车轮直径越大，接触面就越大，轮胎滚过障碍时也就越平稳——尤其是在颠簸的路面刹车时。

● **使用宽轮胎**。轮胎越宽，接触面就越宽。胖胎意味着更低的胎压，这使得接触面（和摩擦力）更大。

● **使用胶粒大且分布合理的轮胎**。光滑的XC轮胎可能让你在公路上感觉更轻松，但是真正的大齿胎能救你的命（至少感觉是这样，这也不错）。

3英寸（7.6厘米）宽的 Specialized Purgatory 能轻松应付岩石和泥土。知道自己能在需要的时候刹车给予了李快速通过有趣地形的信心。

壁时不拉车把，蜥蜴脑就能感觉到这些动作不对而且可能会杀死你。所以，你慢下来了。

　　我们基本上是在描述那些你不会再想经历的糟糕骑行。这本书里的每一项技术都能帮你骑得更好。你的蜥蜴脑感觉越安全，无意识的刹车就会越少，刹车也能让你变得出色而不是平庸。

4个步骤实现完美刹车

1. 从压低的进攻姿势开始。

2. 当你慢慢捏刹把时，身体要向后下方移动，让身体的重量落于脚上。

3. 脚后跟要下沉，从而将所有力量施加在脚踏上，用力刹车，双手要轻轻抓住车把。

1. 较低的进攻姿势。	2. 慢慢地捏刹把，同时臀部要向后下方移动。	3. 用力刹车并把所有力量都施加在脚踏上。	4. 逐渐放开刹把，并恢复到平衡姿势。

进入速度：38千米/小时	刹车距离：3米	离开速度：10千米/小时

4. 逐渐放开刹把时身体要向前移，重心应该一直放在脚上，双手也应该一直保持放松。

注意：你可以在崎岖的地形上用力刹车的同时保持双手放松，诀窍在于用双脚保持身体平衡。

这是非常完美且实用的刹车技巧。先在水平的铺装路面上练习，然后逐渐过渡到水平的土地、有坡的土地，最后是崎岖的土地。当你准备好了，进入下一阶段吧。

刹车进阶：变重

当你用自身的力量刹车的时候，摩擦力的来源就只有一个，也就意味着刹车的力度被轮胎和地面之间的摩擦力所限制。如果林道路面很松散，那你控制速度的能力就进一步被限制了。

当你学会了如何在刹车的时候把车变重，就能形成是原来 2 倍甚至更大的摩擦力，也就意味着刹车的力度只会被你自身的力量所限制。你变得越重，刹车的力度就越大，尤其是在松散的地面上。

重刹车的技巧和普通刹车一样，只不过你要在轻重之间不断变化。做出这种变化需要时间和空间，所以你要向前看并带着目的去骑车！

1. 接近刹车点时，向下压来使车子变重，所有的压力都应当从你的臀部传递到脚踏上。双手放松！

2. 让身体向上弹来使车子变轻。

3. 随着身体下落压力变大，平稳但有力地向双脚施压，同时前后轮都要刹车，身体向后转动。这是个复杂的动作，也是个有趣的动作。

4. 在施加的压力最大的时候，用力刹车并确保所有的力量都在脚上，做出大角度变化。

5. 在恢复正常姿势的时候逐渐松开刹把。

避震器伸展。　　　　　　　　　　　　　　　　　　　　　　　避震器压缩得非常厉害。

重点：如果你能将自身的力量变成原来的 2 倍大，刹车距离就能减少一半，如果有汽车恰巧从你面前经过，这项技能就可以救你命。它能帮你处理技术性下坡，帮你赢得比赛：当"绵羊"们轻捏他们的刹车的时候，你已经在全速前进了。

从现在开始，只有一种刹车方法：完美且大力度。每次都要这样刹车，即使是在公路上。当你真的需要慢下来处理危机的时候，蜥蜴脑会记住这个新的习惯，你会平安无事的，你也能因此骑得很快。

粉 碎 胖 胎

问题：你的plus轮胎在大多数情况下都有巨大的刹车力，但是在沙地和土地上容易漂移，这很麻烦。

解决方法：用力刹车，把轮胎压进土地。

在陡坡上刹车

在平整、水平的地面上刹好车固然不错，但是你真正需要的是在崎岖的陡坡上刹好车。

用力刹车。真的，越感觉紧张，你就越要完成好轻重的变化。

在不那么崎岖的地方刹车。当你相信自己能够把车砸进一个虚拟的减速洞的时候，压抬过去，然后在相对平坦的地方刹车——又快又狠。

大角度刹车。悬挂在肚脐上的钟摆应该摆过五通，这相当于调节刹车力度以及落差的角度的一把标尺。因为每辆车、每个人能做的动作的角度范围都是有限的，所以这是在下陡坡时放下刹车的好理由。

做到最好。如果林道真的很陡而且你刹车非常用力，那重量就不能施加在脚上了。在布莱恩家附近的速降林道上就是这种情况，

在陡峭、松散、多石头的地方刹车：降低重心，双脚保持平衡，用力刹车，然后接着骑。

在这种情况下，你的重量会向前传递到手臂和前刹车上。嘿，怪不得许多山地车的前碟片要比后碟片大呢。

了解自己的极限

因为李的肩膀受过伤，他必须要脚重手轻地骑车。上一次李和布莱恩一起骑车的时候，布莱恩带着李从他家旁边的一条最疯狂的速降林道上骑了下来，那是在加利福尼亚的拉古纳海滩。

哇，那里真的很陡！从几乎垂直的落差下来就是乱石堆。

尽管李想给布莱恩留下深刻印象，但他的肩膀在进行完周末教学后隐隐作痛。李知道他做不出大角度的动作，也无法承受落地的冲击。所以他掉头回去了，让布莱恩出尽风头，虽然不开心，但是李不得不先照顾好自己的身体。

了解自己的刹车距离

如果你想把握合适的刹车时机和地点，就需要知道自己需要多少空间来减速或者停车。随着经验的积累，你的刹车敏感度会不断加强，但是吸取一些前人的经验总没什么坏处。

搭配大碟片的 Shimano XTR 刹车（以及多年的刹车技术）给予了李足够的信心，他知道自己随时都可以在需要的时候慢下来。

一切都是数学！ 刹车距离是胎压、避震器行程、刹车力量、重量分布和速度等参数经过复杂的数学运算得出的结果（过程就不说了），同时也不要忘了技术的因素。

山地车设置。 说到抓地力，胎压很高的半光头胎就像是叛逆少年，而胎压较低且布满胶粒的轮胎就像第一天上学的小朋友（它们抓住地面的情况就像孩子牢牢抓住妈妈一样）。避震器设计灵敏的长行程山地车的抓地力最好，碟刹则是标准配备。任何设置发生变化都会影响刹车效果，所以要把车子调校成自己喜欢的样子，然后一直骑、骑、骑！

小心强大的刹车力量。 虽然我们认为没有所谓的过于强力的刹车，但是把现代碟刹交到错误的人手里也是有危险的。如果猛捏刹把时身体僵硬不动（大多数人都这样），强力刹车时后轮会打滑，也就意味着失控了。如果身体太靠前（同样很普遍，尤其是在陡峭崎岖的地面上），强力刹车甚至会导致前空翻摔车。当你把车子的碟刹升级为 20 厘米的碟片时，就务必要小心，要真正地学会把刹车力量转移到脚上。为了能真正应用惊人的刹车力量，学着在刹车的时候预压轮胎，从理论上来讲，这能使你获得无限的摩擦力。

了解自己的避震器。 后避震器通常能增加抓地力和减少刹车距离，但有些后避震器设计在刹车时会变硬，让原本好骑的山地车变得很难骑。车轮会打滑，身体也可能遭受冲击。如果你有这样的山地车，一要避免在崎岖地面刹车，二要真正地保持双手平衡自然。

滚动摩擦力。 骑行在又厚又松的泥土地面时，车子就像是一头懒惰的牛在犁地，所以你不用怎么刹车。这就像滑粉雪一样，你尽管朝下冲，粉雪小颗粒自然会调节好速度。在坚实的地面上，车子会滚动得比保龄球还快，因此所有的减速都来源于刹车（除非摔车，这样会很惨）。

个人力量。 本书的前两版涵盖了在不同的路面和轮胎阻力下刹车距离的计算方法，忘了数学吧，把注意力集中在自己身上：用力且完美地刹车。唯一的限制就是你的技术和力量，但它们是在不断增长的，所以没有限制！

对不起，兄弟，我不得不撞树

一次，李和查德·布朗骑车，布朗是一名NFL中后卫球员，也是一位非常优秀的下坡手。他们当时在科罗拉多州的Trestle自行车公园冲坡，李不得不在山底等他。

查德几分钟以后出现了："对不起，兄弟，我刚才骑得太快了，所以我只能撞树来减速。""伙计，"李说道，"山地车手可不做这种事！"

速度最具杀伤力。如果在计算刹车距离的公式中加入速度因素，你会发现它对结果有着极为重要的影响。如果抓地力减半，刹车距离就会翻倍，这没什么大不了的，但如果速度加快1倍，刹车距离就会增加4倍！所以速度越快，提前预判就越重要，更重要的是应对轮胎施加压力以获得最大抓地力。

加速或减速。下坡的时候，尽可能地多溜车、压抬以及猛冲。这更有趣，而且实际上比捏着刹把一路下来再道歉更安全。到了该慢的时候——转弯前，乱石区前，或者是公园管理员面前——大胆地慢下来。用力刹车，慢下来，然后接着冲坡。

有目的地刹车

不需要加速的时候，你会乱踩吗？当然不会。所以你为什么要无缘无故刹车呢？

要怪就怪恐惧心理，我们大多数人只要一紧张就会减速。刹把就像我们小时候的变形金刚玩具，它安慰我们说一切都很安全。实际上，当我们刹车时对车的操控力反而是下降了，手一直拉着刹把会让山地车难以控制，用力刹车甚至会导致摔车。看看前面的章节，不要让蜥蜴脑控制你的刹车。

只有在真正需要减速时才刹车。如果你对现有速度感到紧张，那就不要一直拉着刹把，而应该用力刹车减速，接着再让车子滚动前进。如果你再次感觉到危险，那就再次刹车。把这句话写到你的车把上："少刹车，多压抬。"

骑车时出问题通常不是因为刹车不够频繁，而是因为太频繁了。在不稳定的路况下，一次错误的刹车就会导致侧滑或者前空翻摔车的惨剧。

你要记住以下几点。

● 刹车不当或刹车过多是破坏车子操控性的罪魁祸首。

在图中的情况下刹车是可以被原谅的，但这是个糟糕的主意。李已经慢下来了，现在他正专注于让他的山地车通过险峻的岩石山谷。

- 除非你是刹车大师，要不然都会紧张而且身体不平衡，但这可以通过练习改正。
- 刹车"吃掉了"一部分"抓地力馅饼"，剩下的抓地力才能用来过弯。加大刹车力度能让"馅饼"更大，但是最好在转弯前刹车。
- 如果车轮不能旋转自如，车子就会撞上障碍，而不是滚过或者掠过障碍。
- 某些种类的避震器会在用力刹车时锁死，此时撞击障碍的冲击力会更大，这可不是什么好事。

把这句话贴在冰箱上："用力刹车减速，接着继续滑行和压抬。"

攻克刹车颠簸带

刹车颠簸带是什么呢？想象一下有好几千名车手经过的一处弯道，四处乱弹的轮胎铲起一片片尘土，最终堆积成一个个凸起障碍。一开始只是一道道褐色车辙，久而久之就变成让车子摇摆不稳的结实的障碍了，真让人伤脑筋。刹车颠簸带在大多数人都想刹车的地方形成，在上面刹车越用力，结果就会越糟糕，那该怎么办呢？

不要在刹车颠簸带上刹车。其他人都在这个地方刹车并不意味着你也得这么做，还有许多更好的地方可以刹车。

刹车颠簸带！最好从外围通过它们，这样你甚至都不用刹车。

- **刹车颠簸带外侧。**这是个好主意，因为你可以在全新的地面上刹车，而且此处还有一个更宽的入弯口。
- **刹车颠簸带内侧。**如果外侧没有空间，那么可以在内侧刹车，然后再过弯。这需要完成一个急转弯，但是比"快速进入刹车颠簸带后用力刹车，再处理急转弯"的通过方法好多了。
- **在刹车颠簸带之前。**如果你坚持要走颠簸的路线，但是希望从其表面掠过而不是直接撞上那些凸起障碍，那就得在刹车颠簸带前刹车，然后再轻轻地滑行通过。这会损失一些速度，但是保证了骑行的舒适性，所以适合休闲骑行。
- **在刹车颠簸带之后。**是的，就在刹车颠簸带之后。大多数车手的刹车时间都太早而且太久，所以在弯道之前的路上产生了许多凸起障碍，而真正进入弯道后却没有多少颠簸地带了。因此，你可以选择快速掠过刹车颠簸带的主要部分，然后用力刹车，接着再折入弯道。

如果好一点的刹车路面都有刹车颠簸带，那你别无选择，只能刹车、保持放松并利用避震器吸收震动。要注意观察刹车颠簸带，争取在最平稳的地面上用最大的力气刹车。

答 疑 解 难

问题1： 后轮太容易打滑。

不要在刹车颠簸带上刹车!
其他的刹车位置：

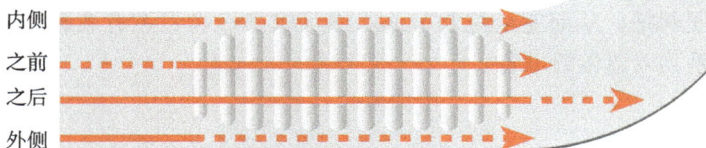

内侧
之前
之后
外侧

解决方案： 要慢慢地捏刹把，并确保身体重心后移从而重量能贯注于双脚上，同时双手保持放松。脚重手轻！

问题2： 在全避震车上，刚刹车的时候摩擦力很大，接着后轮开始打滑。

解决方案： 慢下来，涡轮！如果你过快地下压一辆全避震车，那它就会回弹然后变轻，因此打滑。感受一下车子避震的时机，轻捏、轻放刹把。

练习以下刹车技巧

刹车和其他技术一样吗？不，它实际上比其他技术重要得多。随着刹车功夫越来越高，你可以试试以下练习（来自李的指导教程）。

● 从山坡滑行而下，然后在一个规定的地点刹车，看看自己的最短刹车距离是多远。身体下压，使车子变重，将最佳刹车距离缩短一半。一开始在铺装路面练习，然后升级到松软的土路。

● 尝试着下坡时在山坡上停住，看你能多快停住。

● 从长长的阶梯上冲下，试着在阶梯底部停住。在练习时双手要轻握车把（提示：身体的姿势最关键）。

如果你能在崎岖的地面用力刹车，同时手指还能像端着茶杯一样放松，那么你将在下陡峭崎岖的山坡时非常自信。

问题3： 前轮会打滑（不管前轮如何打滑都是很糟糕的情况）。

解决方案： 如果对前后刹车施加了相同的力量，但是前轮仍然打滑，这就说明重心可能太靠后了，此时手指会有拉拽的感觉。因此要让身体往前移，直到双手保持中立——既不会有推压车把的感觉，也不会有拉拽车把的感觉。更好的办法是用力刹车！

问题4： 在崎岖路面上前轮定住了，而且身体不由自主地向前冲。

解决方案：在平稳路段刹车，然后当前轮通过崎岖路段时，要果断地完全放开刹把，调整自身平衡，把动力都施加在脚上。

问题 5：完成多次认真的冲坡练习之后，手指关节疼痛，前臂的背面也很痛。

解决方案：要调整刹把，让刹把更靠近把套，从而使手指能不费力气地前伸去拉刹把。用力刹车，少刹车。

问题 6：在长下坡过程中，前臂总是酸胀疼痛，而且颠簸得眼冒金星。

解决方案：身体要往后下方移动，让力量施加在脚踏上而不是车把上。要放松！

刹车系统是山地车上最强有力的操控机制。好好想想吧，你只要用食指轻轻一捏，就能让高速前进而且体重达 91 千克的人和车一起停下来。这就是强大力量的体现！但是刹车系统远远不只是一个控制车轮滚动的简单开关，它可以让你使用不同的力度捏刹把，从而完全控制车速。你可以在一块石头前减速、在一只鳄鱼前停下或者为一系列弯道做好准备。

4

创造强劲动力

我们山地车手也经常需要踩踏，我们也可以做得很好（至少不那么差）。当你像对待其他技术——刹车、过弯、压抬等——一样积极对待踩踏时，会发现以下几点。

布莱恩小课堂

你可能经常听到别人说"完美的踩踏周期"，这是有一定道理的，具体取决于不同的踩踏方式——坐踩、摇车、冲刺、小挡高转速或是大挡猛踩。当你在整个踩踏周期中均匀施加力量和做功时，你将获得最佳输出功率——这就是一个完美的踩踏周期。最开始你可能需要有意识地完成这些踩踏周期，你需要选择一个不轻也不重的挡位，然后练习在踩踏周期中均匀施力。

- 踩踏变得更加有趣。当你为一个目标而努力并实现它时，挑战和技巧发生了交集，趣味性就产生了。
- 爬坡变得更舒服。腰不酸了，背不痛了，膝盖也不再嘎嘎作响了（大多数时间）。
- 输出功率将突破瓶颈。当耐力提高了，冲刺能力也会提高，水涨船高的道理。

在这一章中，我们希望教会你一种简单易学而又有效的踩踏方法。我们希望你能做到以下几点。

- 建立适当的目标。只看功率和速度是武断的做法，你需要关注踩踏周期中具体且可控的方面。当你掌握了这些方面，你的功率和速度自然会提高，我们保证。
- 骑得舒服一些。有时候骑山地车确实很难，而且很痛苦，但是通过更好地踩踏，你可以消除这种与自己的身体和车子搏斗的痛苦。
- 在相同节奏下爬得更轻松。这让你骑得更远，并为耐力赛式的下坡节约体能。啊啊啊！
- 付出相同努力却爬得比原来更快。我们都喜欢刷新个人纪录的感觉。
- 更努力些，爬得更快。即使你是训练有素的精英车手，这些踩踏技巧也能提升你的极限。为了胜利！

6 年前李结识他的健身教练莱斯特·帕多时，他还在挣扎着维持 200 瓦的稳定输出，而他的峰值功率只有 1000 瓦。莱斯特让李反思他的踩踏周期，并且教会了李耐力训练的要点。现在李可以以 300 瓦稳定输出，冲刺时功率则超过 1500 瓦。

如果说知识就是力量，那么踩踏知识就意味着功率。

准备好了吗？

注 意 姿 势

你可能一整天的坐姿都是错的——不管是在工作时，还是在汽车里，或是在就餐时。你大可以选择在人群中做一个虚弱的懒汉（显然这不是一个明智的选择）。但在自行车上的时光是黄金时间，所以请注意姿势。

请不要无力地撑在车把上。理想状态下你的双手应该是不受力的，有一点上提车把的力量也可以，但身体永远不要向前倾，否则会毁掉你的姿势，降低你的功率，使所有动作痛苦不堪。李在军校的时候，拔河输掉的一队就会被罚做俯卧撑，为什么呢？中尉说这会让他们在下次比赛时更强壮。这个惩罚对车手也是个不错的主意，所以下次你要是在爬坡时又塌腰了，就罚自己做20个俯卧撑。

利用核心力量。再次强调，不要塌腰！你知道腹横肌是哪块肌肉吗？可能不清楚。它像腰带一样绕着你的腹部，连接着肋骨和髋部。当你踩踏时，试着使用腹横肌的力量，内收髋关节，向前、向内收紧腹部。你的核心越稳定，输出功率就越高，腰背受伤的风险就越低。

保持髋关节和脊柱呈一条直线。在车上不要直着腰而后驼着背去够车把，要保持髋部和脊柱呈一条直线，利用核心肌群使脊柱稳定在中立姿态（保持脊柱的生理曲度）。如果你不清楚我们说的是什么，可以去上一节瑜伽课，然后就会明白了。

总结。不管你是在坐踩还是在摇车，是在平路巡航还是在冲上陡坡，好的踩踏姿势都是一样的。

● 抬起头目视前方，爬坡时和下坡时都要这样，尤其是当你爬得很快时。

● 保持髋关节和脊柱呈一条直线，不要弯腰驼背，利用核心肌群将骨盆、脊柱、肋骨连接成一个有力的整体。

不管你是在坐姿踩踏还是在站姿踩踏，都要保持髋关节和脊柱呈一条直线。

● 手尽量少受力，手臂放松，摇车时你需要提拉车把以增加扭矩，但这是后话。

● 踩得越用力，就越倾向于将髋关节向前旋转，这是正常的也是有利的，只要保持脊柱和髋关节呈一条直线就好了。

● 如果累得不能维持正确的姿势，就停下来歇一会儿，我是认真的。如果弯腰驼背，你会浪费很多能量，同时也会感觉很糟糕，这时最好下车推着走一会儿，等能保持姿势的时候再上车。李的邻居们看到他推车上山时会取笑他，但他骑车又不是为了在邻居面前要酷。

坐 姿 踩 踏

坐姿踩踏的两个相互交叉的行程。

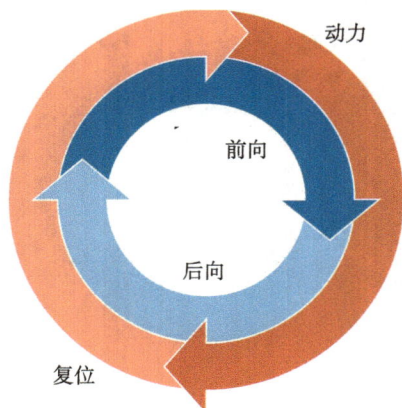

动力

前向

后向

复位

坐姿踩踏是自行车运动中最基本的技术，你的坐姿踩踏动作做得越好，就越能获得骑行的乐趣。

下压脚踏的肌肉比提拉脚踏的肌肉力量更大。 在这一版中，我们不再关注在踩踏的复位行程中向后和向上提拉脚踏，而注重尽量延长踩踏的动力行程并加大踩踏力量。如何做到这一点？就像我们随着林道上的障碍移动双脚，我们也要学会随着曲柄的运动进行踩踏。

在踩踏时有两个相互交叉的行程：

1. 动力行程和复位行程；

2. 前向行程和后向行程。

实际的踩踏角度随身体姿态、地形和踩踏方式而发生变化，但为了便于理解，我们将其类比为表盘，简化取其 12、3、6、9 点钟分析。

动力行程从 12 点钟到 6 点钟方向。

复位行程从 6 点钟到 12 点钟方向。

前向行程从 9 点钟到 3 点钟方向。

后向行程从 3 点钟到 9 点钟方向

（以上均为顺时针方向）。

实际的角度（即表盘上的时间）随你的姿势而变化。当你在爬陡坡时，动力相将从 11 点钟开始；而当你身体前伸冲刺时，动力相从 1 点钟开始。

脚和脚踏的角度。

以坐姿踏频 90 转 / 分、输出功率 250 瓦为例。

踏频越低、扭矩越大，脚踏的角度变化得越快。

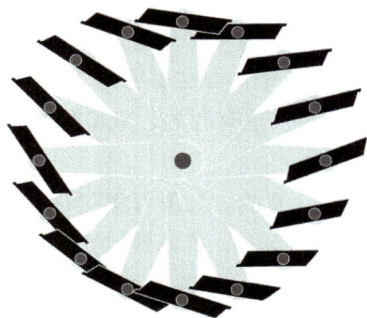

动力行程和复位行程

你应该已经知道这两个行程了。

动力行程

所有骑过车的人都很熟悉动力行程：如果你想往前骑，就向下踩脚踏，就这么简单。

复位行程

一侧的脚踏被驱动向下时，另一侧的脚踏则向上复位。很多人都曾被告知在复位行程中要提拉脚踏（包括这本书前两版的读者），但研究发现，除非你是在极高扭矩下输出，例如在自行车越野（BMX）赛发车时或者在用大齿比爬技术性路段时，否则这样做并没有显著的优势。而尽量延长动力行程并加大踩踏力量则可以获得最大效果——事情变得有趣起来。

前向行程和后向行程

人们对这两个行程的认识带来了踝部施力技巧的革新，你需要在上死点下沉脚跟，在下死点下压脚面。这做起来更加简单：主要向脚踏移动的方向施力就可以了。这里李要感谢莱斯特为他打开了新世界的大门。简单地说：

脚踏向前运动时，你需要下沉脚跟；

脚踏向后运动时，你需要下压脚面。

掌握踩踏练习的动作

你可以找到各种各样更有吸引力、更复杂的练习方法，但下面这些是我们最喜欢的，它们可以优化踩踏行程。在学习过程中，先在骑行台和公路上练习，然后将踩踏技术融入到林道骑行中。如果你在爬坡过程中感到痛苦时，这些练习很值得关注。

从坐姿开始。可以坐着完成这些动作之后，再开始站立练习。

练习1：推过上死点

当你将一侧的脚踏推过上死点时，相当于提前开始了动力行程，同时也消除了另一侧脚踏的死行程，这都是好事。

如果你想向前推脚踏，需要把脚放在脚踏的后方，下沉脚跟做到这一点。

1. 当脚踏通过9点钟方向时，开始下沉脚跟，以将脚踏推过上死点。

2. 想象将脚跟在通过9点钟前降到脚踏轴心以下，这样才能将脚踏推过上死点。这可能永远都不会发生，但这是理想的目标和有益的想象。

3. 只要可以，马上向前推脚踏！接下来推得更早些，尽可能利用臀部肌肉。

4. 尽量使你的脚跟在3点钟方向位置最低。

这是最好、最有效的踩踏练习，请一定要掌握！

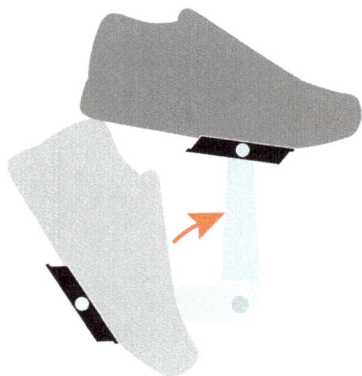

踩踏练习：推过上死点，在9点钟到12点钟方向注意下沉脚跟。

注意 齿比越大、踏频越低，脚跟下沉得就要越低。尝试用不同的速度练习。

当你能在每次通过上死点时保持脚跟下沉，就可以开始下一个练习。

练习2：向下伸展踝关节

从3点钟至6点钟方向，你的脚踏在向后运动。如果你留意自己的踩踏动作的话，会发现此时你在向前推脚踏，这浪费了很多能量！

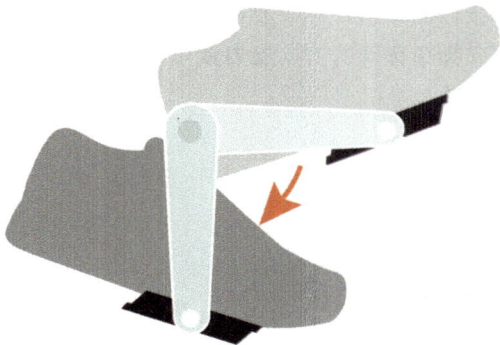

踩踏练习：向下伸展踝关节，在3点钟到6点钟方向注意下压脚面。

你的目标是：保持脚掌在脚踏前面，将脚踏向后推向下死点，因此你需要下压脚面。

1. 脚踏一旦通过3点钟方向，立即开始跖屈踝关节，即下压脚面。

2. 在向6点钟方向踩踏的过程中继续下压脚面，通过下死点时脚尖的位置应该最低。

3. 在6点钟到9点钟方向的踩踏过程中你的脚跟会持续上抬，但这是屈膝的结果，主动下压脚面的动作主要发生在3点钟到6点钟方向。

这个练习很棘手。你需要努力使脚踏在通过下死点时不受压力，当脚踏能流畅地滑过下死点向后运动时，这就对了。当你每次都能在向下死点踩踏时下压脚面，你就可以开始下一个练习。

练习3：同时动作

这个练习对车手的技术要求很高，连介绍起来都很难。李练了好几年，最后终于练成了，他爬坡终于不像以前那么差了。

1. 一侧沉脚跟，另一侧压脚面。

2. 一侧压脚面，另一侧沉脚跟。

感受两侧截然相反的动作。用一侧压脚面的力量帮助另一侧脚踏向上，并沉下另一侧脚跟，教会你的双脚相互配合。从低踏频开始，逐渐提高踏频。

这个练习真的很难！但它会帮助你骑得更流畅、更有力，尤其是当你站起来以大齿比摇车时。你不需要特别注意动力行程中间的部分，你显然知道如何向下踩脚踏。如果你着重练习动力行程的起止点，你的动力行程将更长、更有力，你的踩踏动作也不再那么差，甚至你可能变得善于踩踏。

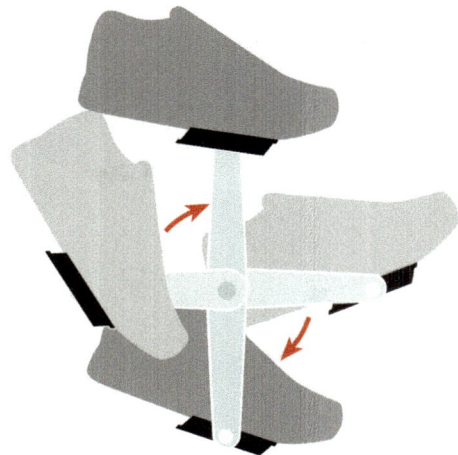

踩踏练习：推过上死点的同时向下伸展踝关节，在9点钟到12点钟方向下沉脚跟，同时在3点钟到6点钟方向下压脚面。这很难！

使用椭圆盘

网上有些人在问李对椭圆盘的看法。

李试用椭圆盘前的态度："我的踩踏行程这么完美，才不需要椭圆盘的辅助呢，这玩意是给不会踩踏的家伙们用的。"（有点像布莱恩用29er赢下比赛前对29er的看法。）

现在李正在使用OneUp Traction椭圆盘，他对这一事物有了更深入的认识。

什么是椭圆盘？

Shimano Biopace椭圆盘：生产于20世纪80年代初至90年代初期间，这种盘片在曲柄水平位时直径小而在曲柄垂直位时直径大，这样做的目的是让你在曲柄水平位（即"甜点"）时踩踏的角速度更快，然后以更大的角动量通过上下死点（即曲柄垂直位）。

如今的椭圆盘与之相反，盘片在曲柄水平位时直径大而在曲柄垂直位时直径小，这意味着你在甜点时齿比更大而在上下死点时齿比更小。

以一个32齿椭圆盘为例，甜点有效齿数为34齿，死点有效齿数为30齿。

椭圆盘的潜在益处

更平滑的功率输出。这是椭圆盘目前最大的卖点。大多数车手在曲柄水平位时输出功率突然增大，而椭圆盘通过在甜点增加齿比来使输出扭矩更平滑，这在理论上可以在爬松土坡时减少打滑现象（但实际上打滑更多是因为平衡做得不好导致的）。

李的XC硬尾山地车上的OneUp Traction椭圆盘，曲柄处于动力阶段时直径最大。现在李正在写书，没有洗车。

延长在最佳输出位置的时间。当后轮转速恒定时，曲柄的转速在甜点附近降低，因此你可以有更长的时间获得有效输出。

缩短通过死点的时间。当后轮转速恒定时，曲柄的转速在死点处最快，从动力行程到复位行程的转换过程得以加快。

你可以使用一个更大的齿比。因为你在甜点的输出能力明显更强，你可以在椭圆盘上使用一个更大的等效齿比，生产商会建议你购买一个比你平时使用的圆形盘片多两个齿的椭圆盘。

根据你的目的，你可以通过一个更大的椭圆盘骑得更快或者用相同齿数的椭圆盘骑得更轻松。在家附近训练时，李可以轻松驱动多2个齿的椭圆盘和更小的飞轮，而在长距离训练中，使用同一等效齿比而骑得更轻松则是一件令人愉快的事情。

人并不是完全对称的，我们生来就善于施压，我们的腿更善于下蹬而非提拉。椭圆盘则可以延长下蹬的过程而减少提拉的过程。

你踩踏技术越差，椭圆盘带来的提升就越大，它可以减少不良踩踏习惯带来的害处。用了椭圆盘，你不均匀的、像风钻一样的踩踏周期可以帮你爬上更大的坡，在爬松土坡时少打滑。

你对踩踏周期的掌握越好，就越能感受到椭圆盘带来的好处。当你在学习前文所述的踩踏方式时，椭圆盘可以帮你更快地滑过死点，同时帮你更好地练习在甜点附近的踩踏动作。

椭圆盘的潜在危害

与众不同。总有人不喜欢与众不同。

更大的负担。使用椭圆盘时你在甜点实际使用了更大的齿比，此时你的身体将承受比平时更大的压力，这可能伤害膝盖（但你可以降挡，然后高踏频狂踩）或是拉伤肌肉（去健身吧）。

降低爆发输出。当你试图让前轮轧过大坎时，大齿比可能会降低你的爆发力，你可以通过使用更大的飞轮来补偿（或者增强自己的力量）。在写这本书的时候，李仍在适应椭圆盘。椭圆盘并不昂贵，但它可能大幅提高你的输出，如果你对此感兴趣的话，不妨试一试椭圆盘。

大卫·西古尔德森在冰岛雷克雅未克附近的火山上向我们展示了爬上极陡坡的完美姿势：站直，保持身体平衡，用力。

站姿踩踏

我们稍后再讨论为什么要站姿踩踏或是什么时候应该站姿踩踏，现在我们先关注如何进行站姿踩踏。

大多数车手都能在车座上很好地踩踏，但他们离开了车座就表现得很糟糕。这就是很多车手甚至在面对技术性爬坡时也拒绝把臀部抬离车座的原因，即使坐在车座上会使爬坡更加艰难。这样会浪费能量，减少乐趣。

车手不善于站姿踩踏主要是身体的平衡性和协调性不好的结果，常见的错误姿势有以下几个。

重心太靠前。你的后轮是不是开始打滑了？别往车把上趴了。

重心太靠后。你的前轮是不是控制不了方向了？你是不是开始背痛了？别像倒挂在车把上一样。

感到无力。如果你本来就身体虚弱，那你还是别骑车了。如果你平时都很强壮，只是离开了车座就浑身没劲，我打赌这时你的手臂和腰都是弯着的。请翻回去看第 2 章介绍的正确的骑行姿势，姿势好了一切就都迎刃而解了。

告诉你一个好消息：解决方法很简单。

站姿踩踏技巧

像坐姿一样踩踏。姿势不应该影响你的踩踏动作，不管是看起来还是感觉起来。

练习站姿和坐姿踩踏。努力在不同姿势下保持相同的踩踏行程。

坐姿到站姿的熟练转换。尽力做到平滑过渡，甚至在转换过程中也保持一致的输出。

当你练成功夫大师之后，甚至都不会注意你是坐姿还是站姿，你的平衡感让你感受不到姿势的区别。

平衡

站姿踩踏同其他姿势一样，也要保持脚重手轻。

如果你一站起来后轮就打滑，那说明你的重心太靠前了。99% 的车手懒得通过双脚保持平衡，他们会把自身的重量施加在手上。这种姿势导致他们紧张，浪费了能量，而且一遇到障碍他们的前轮就会被狠狠顶一下。

如果你一站起来前轮就控制不了方向，或你感觉到手臂在向后拉，那说明你的重心太靠后了。这种错误不太常见，但会极大地加速疲劳。

保持手不受力。在踩踏中练习、在坐姿到站姿的转换过程中练习，试着保持双手一直不受力。你最好在骑行台、公路或是平顺的林道中练习。你练得越熟练，就越容易应对技术性爬坡。

就像我们一直强调的，让脚来支撑身体，用手来控制方向。

冰岛的火山上铺满了松散的岩石，而且很滑！解决办法：完美而平衡的爬坡姿势。这是李在家门口的公路上练就的。

挺直躯干

大多数车手会弯曲手臂缩成一团。这样太弱了！你会用这种姿势搬起一箱书吗？不要再这样做了。

尽量站直。坡越陡，你想用的力气越大，髋部就该越靠前，你就应该站得越直。

布莱恩在爬坡过程中表现出惊人的平衡能力。

布莱恩示范如何用合适的姿势爬上很陡的坡。

挺直的躯干让你能在缓坡上平顺地输出，也能帮你爬墙。你可以在简单的路段稍微放松些，但千万不要养成习惯。

当你要冲刺或是要全力输出时，需要用挺直的躯干辅助施力，我们稍后再讨论。现在需要注意的是：

- 下沉脚跟，将脚踏推过上死点；
- 在下死点压脚面；
- 保持髋部和脊柱稳定，在任何时间都要保持躯干挺直；
- 把自身的重量施加在脚上。

祝你玩得开心！

冲　刺

山地骑行中某些时候需要干脆而平顺的大功率输出，例如比赛发车和冲线时、抬前轮和技术性爬坡时。在这些时候，你需要精确冲刺。

当我们说"冲刺"时，指的是产生远高于通常情况下的输出功率。对于我们而言可能是 1000 多瓦，对你而言可能是 500 瓦，精英 BMX 车手则可能是 2000 瓦。

冲刺可见于以下形式。

- 在 XC 比赛时发车冲刺，以率先进入狭窄的赛道。
- 在耐力比赛的最后一段用尽最后的能量。
- 在跳下落差前猛踩半圈保持车头抬起。
- 冲上特别陡峭的爬坡（例如犹他州林道上滑溜溜的大石头）。

真正的冲刺和一顿狂踩的区别是什么？你只要多用点腿劲就能踩得更猛，但你身体的其他部位可能还没有行动，甚至是放松的。但当你冲刺的时候，全身都要参与进来，从车把到脚踏都要作为一个整体的一部分参与进来。身体参与得越多，输出功率就越高，感觉也越容易。

下面是帮助你输出最大功率的一些小建议。

锁定你的核心

踤踏需要利用核心力量，而冲刺需要你把核心锁定。所有人都应该熟练掌握锁定核心各部位的顺序。以下是一个从最深层肌肉开始的方式。

内收髋部。这可以激活腹横肌，稳定腹部。

挺直腰部。这个动作有点难，它可以激活多裂肌，稳定脊柱。

收紧小腹（将耻骨向尾骨靠近）。这个动作就更难了，有点像女士的凯格尔分娩练习，但应该更用力。对男士而言，如果你的动作做得对，就可以感到睾丸上提而排尿不受阻。这个动作可以稳定盆底。

这 3 个动作可以稳定你的身体内部，也就是你的深部核心。这些肌肉的活动应该是本能的，但它们经常偷懒怠工（这可以导致严重的腰痛，李就体验过，不过已经康复了）。所以请时刻练习锁定核心的步骤：骑车、工作和驾车时都可以。你练得越熟练，你就感觉自己越健康和强壮。

当你调动了核心肌群后，进行如下练习。

收紧肩部。胸大肌和背阔肌内收并下拉肩胛骨，然后试着向下掰车把，提示自己"掰弯车把"和"外旋肩关节"。收紧肩部可以将你的肩部与躯干紧密相连。如果你感觉肩部肌肉保持紧张而上肢活动自如，那就对了。

锁紧躯干。简单地说，就是收紧肋部和髋部的所有肌肉，练习瑜伽和普拉提对此大有裨益。下面是锁紧躯干的一种方法。

- 尽量伸展躯干。
- 将肋弓尽量抬离髋部。
- 将肩胛骨尽量靠近髋部。
- 长时间保持上述姿势时身体各个部位之间的距离，并确保整个姿势身体前后部的距离相等。
- 最后固定这个姿势，就像准备在上腹部挨一拳一样。

很好，现在你已经准备好冲刺了。时刻练习——在健身房、在车上、在工作中，当然也包括在你准备冲刺时。很快，**锁紧核心**的动作将成为你的本能动作。在用力做动作前都要锁紧核心，包括压抬、后轮滑、兔跳、飞落差、搬箱子和打狗熊，你会变得更强壮、更不容易受伤。

最近，李带领客户们在犹他州的一条高难度赛道上骑行。当他滑进了一条水槽，看见水槽对侧的岩壁时，他感到自己的核心自动锁了，然后他不经踏踏，只靠压抬就跳上了岩壁，这种感觉真好！核心训练奏效了！

所有力量瞬间爆发

锁定了核心之后，你就为发力做好了准备。为了产生最大的扭矩，我们建议你在低速下或静止状态下练习。

爆发的第一步需要大部分身体在同一时刻参与进来，主动脚在曲柄 1~3 点钟方向开始发力是最理想的情况。

利用臀大肌。跟臀大肌比起来你的股四头肌真是弱爆了。当你需要最大扭矩的时候，把髋部前移，就像在做硬拉一样，用力！

但不要把整个身体前移！要把自身的重量施加在脚上而不是手上。尽量挺直身体，这时你的髋部自然会前移。

锁定双手。在你髋部前移时，要将车把向后拉，髋部向手靠，手向髋部靠，感受你的双手通过锁定的核心与双脚的连接——还有它们之间的对抗。当你的动作做得十分完美时，你不会感觉是身体的某个部分在用力，而是感觉全身都在发力（而力量像是凭空产生的，啊，这太深奥了！）。

踩碎脚踏。当你把髋部前移时，股四头肌就知道该干什么了，它们会用力向下压，你会感受到明显的加速。

以上这一切都发生在第一个踩踏周期的动力行程中！专业的 BMX 车手会花费大量的时间训练这个动作，而聪明的山地车手也应该把它练好。

一侧脚踏接近下死点时，将髋部快速后移，将另一侧脚踏划过上死点。

另一侧再次发力。髋部向手靠，手向髋部靠，全身用力，全力输出，感受全身的力量，感受力量从空中而来。

重复。当你继续加速时，你的扭矩将逐渐减小，臀大肌的作用将减少。如果你继续高速踩踏，你将会坐到车座上，像电动机一样发出嘶吼。这时你已经不是在冲刺了，你实际上是在用力踩踏。

冲刺最开始时要像 BMX 发车一样。前 BMX 车手格雷格·罗梅罗现正在训练奥林匹克运动员，他向我们展示了完美的臀大肌发力动作。

变得善于冲刺

很少有山地车手花时间练习冲刺，真为他们感到遗憾。

通过减肥与健身，你可以骑得更快，但这是有限度的（会受基因、工作、老婆孩子影响）。但如果你的冲刺能力提高了的话，你的最大输出功率可以大幅提升。李现在已经突破了 1800 瓦，正在向 2000 瓦努力。这是个小目标，可以通过少量的专注练习达到，而且你不需要离家很远就能练习。

你的全力输出功率越高，你使出一半力气时输出的功率也就越高、动作越流畅。

你不可能不经练习就掌握全力输出功率的方法。你的能力储备越强，能骑的林道就越多，越能减少失误，从而获得更多乐趣。

踩 踏 练 习

以下练习有助于提高踩踏效率并打破训练的单调性，每个练习做 20~60 秒，中间穿插轻松的踩踏练习。要记住，这些是技巧训练，而不是间歇训练，所以要专注于技巧，至于练到吐那是以后的事情。注意要在骑行台上或者安全的道路上做这些练习，而且之前务必要先热身。噢，还要多吃蔬菜。

单脚踩踏。将一只脚收起，用另一只脚踩踏，在踩踏过程中要保持动作连贯，链条的张力不要时大时小。你会惊讶地发现自己的动作经常有停顿而且不稳定——原来自己的踩踏这么差劲！当你从未用到过的肌肉自动参与到踩踏过程中时，你同样会感到惊讶。

功夫挑战：你能用平踏单脚踩踏吗？

高阻力。调到重挡位慢慢踩踏，保持 50~60 转/分的踏频。阻力会迫使你动用所有的肌肉来保持踩踏循环，而且低踏频能教导大脑以正确的顺序发出正确的指令。这也是一个极好的力量练习方法。

功夫挑战：你能单手扶把站立起来做这个练习吗？

高踏频。把车调到轻松挡位，然后尽可能快地踩踏，臀部不要离开车座。要达到 100 转/分、120 转/分甚至 150 转/分的踏频，无论多快都行。这个练习可以练出完美的踩踏行程。

你可以一次同时进行以上 3 种练习。在非赛季期间，强化单脚踩踏动作；当你积蓄力量开始为赛季做准备时，要增加高阻力练习；在赛季期间，要强化高踏频练习。

冲刺：站直还是弯腰？

　　你所需的扭矩越大，你就得站得越直。我们建议你注意掌握这个方法，因为很少有车手知道如何伸展身体并获得最大扭矩。想象一下冲出起点或冲上岩壁的情形。

　　当你在不太紧张的情况下使用小齿比踩踏时，可以趴得比较低，这个姿势更符合空气动力学，而且让你的手臂有充足的空间去应对冲击。想象一下XC赛冲线或是冲过平地乱石区的情景。

左：李弯腰使用高踏频攻上一个中等坡度的爬坡；右：随着坡度变得更加陡峭，李站得更直以获得更大的扭矩。当爬坡特别陡峭时，你甚至得刻意将臀部后移给车把留出空间。

利用以下技巧产生巨大功率

　　先掌握踩踏行程中最有力的部分。下向行程的动作通常是很自然的，注意用力向前推脚踏，但动作不要超过下死点。接下来要注意将脚踏向前推过上死点，这是踩踏行程中第二有力的部分，而且可以有效延长踩踏有效输出的时间。如果你可以将脚踏流畅地推过上死点然后向下踩到底，你的踩踏行程将会非常有力并且不会有停顿点。

　　流畅地衔接。不能让你的肌肉干完自己的活就被动松懈下来等待下个周期，要努力让每块肌肉工作间的衔接尽可能流畅。如果你踩踏得好，应该感觉整条腿（最佳情形是整个身体）是作为一个整体来工作的。

　　高速踩踏。高踏频（大于80转/分）对腿部的压力更小，并且也允许爆发输出。如果你在骑行台上的踏频能达到100转/分，你在林道上也能轻松达到90转/分的踏频。

　　双腿飞转，身体不动。要做到只利用帮助你爬坡的肌肉（包括核心肌群），其他肌肉的出力都是浪费能量。不要耸肩，也不要死死抓住车把，微笑着面对爬坡。

稳定核心。腹部肌群可以将躯干和髋部牢牢地连接起来，如果你的核心不稳定，你的肩部和髋部之间的部位将会随着踩踏摇摆，这会浪费你的能量，也可能导致腰痛。在冲刺时要练习锁死核心，在中等强度的爬坡时锁紧力度不用那么大。渐渐地你将学会根据情况调整核心锁定的力度，而且在任何时候都能十分投入。

腹式呼吸。在长距离中等强度的骑行中，呼吸要深要慢，要让你的腹部随着膈肌下移而扩张。

当你全力冲刺时，腹部应该处于锁死状态，这时候就要使用胸式呼吸。

骑行的关键就是踩踏。不管你是要奋力爬上王冠峰的 401 林道，还是要奋力踩踏通过奥运会越野赛道上的馒头坡，或是要从出发闸门冲出，抑或是要创造斜躺山地车在地面上滑行的最快纪录，这些踩踏技巧都有用。

尽早改掉坏习惯。如果你已经骑车 10 年，每周骑 5 小时，平均踏频 80 转 / 分，那你已经踩了超过 1000 万个踩踏周期了，如果你的踩踏动作一直错误的话，那你已经养成了十分严重的坏习惯。从养成正确踩踏习惯的角度看，长痛不如短痛。如果你骑得太累了，踩踏都觉得难受而浑身松散无力，那就结束当天的训练或者溜车回家。

大部分爬坡是坐在车座上进行的，所以要练好技术，享受沿途的风景。

布莱恩小课堂

如果你在踩踏的 2 点钟到 6 点钟方向时上提车把，你将获得最大的输出功率。

正确的齿比可能是获得最大输出功率的最重要因素。如果齿比过大，不论你对车把的施压和踩踏力度多大，都不能产生足够的动力，你会被过大的阻力挡住而无法快速提速。

如果你的齿比太小，也同样不能产生足够的功率，这时你的脚踏无法给你足够的反作用力。我们用"砍树"来形容这种情况，就像斧头落空劈过空气，踩踏的下向行程落空了，无法有效产生动力。

坐姿踩踏

坐姿踩踏可以帮你以最经济的方式爬上长坡，并穿过广阔的平原。在林道平顺时都要坐姿踩踏，请记住以下几点。

利用好车座。在上死点向前推脚踏时，将臀部向车座后部推。当你向前推脚踏的力量很大时，要用力向后拉车把，这可以帮你保持身体稳定并将力量传输到地面。这样的对抗动作也有助于激活核心——这是件好事。

保持抓地力。当后轮打滑时将重心后移，前轮失去方向时则将重心前移。当你爬滑溜溜的陡坡时，要将臀部后移，保持后轮抓地力，同时前屈身体，使肩部尽可能靠近车把。

放松肌肉。在车座上前后移动，这样可以利用不同的肌肉踩踏。向前坐可以更多地利用股四头肌，而向后坐可以更多地利用臀大肌和小腿的力量。通过轮换使用肌肉，你能在更长的时间内保持力量。

布莱恩小课堂

坐姿踩踏最节省能量，踩踏行程也最稳定。一般而言，大多数踩踏都是坐姿的，所以要把坐姿踩踏练习得好一些。

站姿踩踏

如果你的后背开始变得酸痛，或者你想冲上一个短坡，或者同伴开始提速冲向林道入口，你就需要站起来踩踏以获得更大输出。当臀部离开车座，你已经练好的踩踏行程中的动作就容易变形，要想办法保持正确的踩踏动作。

路线（白线）如此陡峭而转弯又这么急的时候，站骑是保持动力并同时转向的唯一方法。

保持流畅。不要在下死点停顿。

锁定核心。锁定核心以对抗巨大的踩踏力量，保持从手到髋部的稳定。你可能每次只用一侧的脚踩踏，但你的双手和髋部都要同时锁定。

更多地运用腹肌。利用核心肌群稳定上半身，并将扭矩从肩膀传导到臀部。不要光顾着训练强壮的手臂和双腿，却忽视了连接二者的桥梁。

利用髋部肌肉。大多数新手只会用股四头肌发力。如果你懂得运用臀大肌的力量，并且从臀部而不是从膝盖施力，那么你将能够使出更大的力量。你的臀部可不是用来展示的，而是用来出力的！

升挡。坐姿踩踏的挡位相对于站姿踩踏的力量而言太轻了，如果你往上升一挡，就可以保持抓地力、维持骑行姿势，并能骑得更快。小技巧：如果斜坡的抓地力良好而且还有急弯，那你应该保持站姿骑行并在弯道中升挡。

身体站直。抓地力足够时尽量站直，髋部靠前，肩部在髋部正上方。这样你就不会浪费腰部的力量来维持躯干稳定，而且此时的踩踏最有力量。

动态增加抓地力。这是本章前述冲刺技巧的延伸。当你利用核心力量将车把与髋部锁紧时，就在车的前半部（从车把到五通）和后半部（从五通到后花鼓）建立了一个杠杆。前半部的力臂约为后半部的2倍，因此当你对车把施加45千克力（441牛）的拉力时，就对后轮施加了90千克力（882牛）的压力，这极大地增加了后轮的抓地力，也对你的功率输出有益。

布莱恩小课堂

站起来你才能产生爆发力：不管你是要在飞越前加速，向对手进攻，还是用大齿比爬陡坡。

由于大部分时间你都在坐踩，站起来换用不同的肌肉踩踏也是件好事。

一般而言，我站姿踩踏的时候会调高两个挡位，这时我的踏频会降低，但是仍可以维持速度，甚至比原来更快些。我站姿踩踏时心率会升高，所以持续进行这一动作的时间不会很长。

BMX运动造就了伟大的冲刺手。在丘拉维斯塔奥林匹克训练场，奥运会亚军迈克·戴全力投入，用完美的姿势向我们展示了冲刺技巧。他近来在山地车赛事中屡屡获奖，你认为这和他的冲刺能力有关系吗？

冲刺

爬长坡时，你必须在小挡位尽可能高效

地踩踏，没有什么必要多费力气，不是吗？但是冲刺的关键就在于毫无保留地输出最大力量。不管你要冲过终点，冲上陡坡，还是超车，都需要你冲刺而不仅仅是坐着使劲踩。

选择正确的齿比最重要。冲刺的时间很短而力量很大。当你只有几次踩踏的机会时，你最好让这几次踩踏都发挥作用。选一个比平时大一些的齿比，然后快速踩踏。

瞬间爆发。投入 100% 的力量踩踏，尽可能快地加速。要通过尽量少的踩踏达到最大踏频，最开始试着踩 10 个周期，然后试着用 5 个周期达到目标。

疯狂下踩。你可以等完成加速之后再进行完美的踩踏。现在，把注意力放在向下踩踏上。精英 BMX 教练格雷格·罗梅罗通过对一个车手的情况进行研究后发现，这个车手如果担心上向行程的话，他的输出功率反而会降低。这个车手用力向下踩平踏时，比用力向上提拉锁踏骑得要快。

三重伸展。同时伸展髋关节、膝关节和踝关节，将髋部前移，肩膀离脚越远越好。这是罗梅罗给出的建议，他帮助吉尔·金特娜和迈克·戴赢得了 2008 年奥运会的奖牌。

运用全身的力量。当你伸展下肢时，躯干直立并将车把向后拉向髋关节，就像硬拉动作的上半身动作。难怪那么多 BMX/4X/DS 车手都喜欢硬拉训练。注意：练硬拉的时候先保持动作到位，再加大负重。

不要急着换挡。等到感觉现有挡位太轻时再变速，每次都是。

高踏频获胜

一个老生常谈的问题是：我是该用低挡还是高挡。好吧，这得视情况而定。

每个人的腿长、膝关节的健康情况、踩踏技巧都不相同。有些人喜欢用小齿比高踏频，有些人喜欢用大齿比低踏频（最强壮的人用大齿比高踏频）。李精神抖擞的时候喜欢用小齿比高踏频，但筋疲力尽时（原因诸如缺乏睡眠、工作太累、训练过量等，主要就是这些）喜欢用大齿比低踏频，他认为这是因为高踏频需要更多脑力。

我们每个人都有不同的动力带（Power Band），也就是我们踩踏平顺有力的踏频范围。齿比太小时我们的腿会上下弹跳，就像在"砍树"；齿比太大时，我们的动作会向陷入沼泽的长毛象一样迟缓。

动力带越宽越好，你的车子既不应该像笨重的柴油拖拉机，也不应该像高速旋转的二冲程越野摩托车。我们希望你是一台调教良好的皮卡发动机，既能快速启动，又能在中段稳定大功率输出，还能高速冲刺。

目前运动科学研究人员发现，最大功率一般在踏频为 120~130 转 / 分时达到，而踏频为 60 ~ 70 转 / 分时踩踏效率最高。

练习高踏频最好的地方就是家里，在电视机前的骑行台上。滚筒骑行台的训练最贴近实际情况，但固定骑行台更容易上手。电视上放节目的时候就中等速度踩踏，便于看节目，广告时间就开始狂踩！选一个小齿比，能踩多快就踩多快，数一数1分钟之内能踩多少下，然后休息一下，继续看节目。你在骑行台上踩得越快，在林道上就骑得越快、越流畅。

近年来变速变得更简单了

在这本书面世之前，大多数山地车使用1X传动系统。自行车制造商省去了前拨，把变速变得更加简单。

只需要记得换到大飞轮可以踩得更轻松，换到小飞轮就要踩得更重（速度也更快）。

现代的后拨可以在极大的张力下变速，但你最好在开始爬陡坡之前的空当儿换好挡，尽量不要在使劲爬坡的过程中换挡。

持续稳定输出时，高踏频会让心肺系统承受负担，但是双腿能轻松狂踩。在同样的速度下，标准体质的车手在踏频为90转/分的情况下会比踏频为60转/分的情况下坚持踩踏更长时间。要不断试验，找到适合自己的最佳踏频。在厚厚的沙地上，齿比要小；在覆满潮湿苔藓的地面上，齿比要大。一开始你能骑得很轻快，但随着疲劳感的加剧，踩踏就会变得缓慢沉重。

当踩踏周期循环得越来越流畅，踏频也会随之增高。刚开始骑车时你可能骑60转/分的踏频都很费劲，而经过几年专注的练习，你可以用100转/分的踏频快速踩踏，冲刺时踏频则可以超过120转/分。

需要加速时，能踩多快踩多快。如果你的踏频从60转/分提高到120转/分，你使用相同齿比的速度能增加一倍。变速意味着改变抓地力，踩踏力度的降低，还有掉链风险的升高，所以少换挡是最好的换挡方法，只要能保证有效功率输

布莱恩小课堂

大多数情况下你会站起来冲刺，但如果冲刺时间超过20秒，你多半会坐下来继续冲刺。

很多种情况下都要进行冲刺，但我认为最重要的事情是你应确保在开始冲刺前选择了正确的挡位。

冲刺时人们最常犯的错误是挡位选得过大。你需要在合适的阻力下踩踏，如果挡位过大，你将不能快速踩踏。

大多数自行车有10～12片飞轮。冲刺前先搞清楚你在用什么挡位，然后选一个既能快速加速，又不至于让踏频突然升高的挡位。当你感到阻力很小时，变到下一个小飞轮上。

你当然要尽力踩脚踏，但别忘了利用躯干和上肢的力量加大踩踏力度。让我来解释一下。假设你坐在一个没有椅背，也没有任何把手的椅子上，如果没有与之相抗衡的力量，你很难用力向前推。这时车把就起了作用，你可以在踩脚踏的同时用力上拉车把，这样一边提拉，另一边下踩，就增加了踩踏力度。

李说："布莱恩即使不是山地车史上最好的冲刺手，也是其中之一。"

出值满足要求就行。有几台赛车的发动机能在低转速下输出高功率？没有。它们要使用高转速，你也一样。下面是你要进行的练习。

● 练习尽量快速踩踏。顶级 BMX 车手的踏频可以超过 200 转 / 分，怪不得他们不需要变速器。

● 通过试验找到自己的最佳踏频。

● 骑车时通过换挡维持最佳踏频。

　　你认为你已经达到高踏频了？根据精英 BMX 教练格雷格·罗梅罗的说法，踏频达 180 转 / 分以上才是真正的高踏频。他说职业车手贾森·理查德森曾经达到过 225 转 / 分的踏频。经过大量练习，李可以达到 220 转 / 分，布莱恩要是看了这本书估计能练到 250 转 / 分！

来自专家的训练建议

　　莱斯特·帕多是博尔德运动医学中心的专业教练，他教会了李如何管理自己的状态（主要是告诉李什么时候不能继续训练）。他是速滑、冰球、铁人三项和自行车项目的认证教练，而且与博尔德的许多耐力赛精英选手一起工作。莱斯特曾经是世界级的竞速滑冰选手，如今却更喜欢在土路上骑车。

　　在 PowerMax 室内骑行训练开始前，李和莱斯特一起坐下来聊天，莱斯特分享了他的几个改善骑行体能的基本观点。

你是想骑行还是想训练？ 这是要问自己的第一个问题。骑行仅仅是骑行，而训练是带有特定目的的骑行。如果你只是想骑行，那太好了，尽情地玩吧。不过你要知道，如果带着特定目的训练，你会骑得更快、更有乐趣。

大多数人在该放松时骑得太认真。 "如果看环法赛车手的心率表，你会发现大多数情况下都是 120 下 / 分。" 莱斯特说道，"但他们不可能 21 天都维持这个心率水平。" 当然你也不能每天都这么骑，到了该休息的时间，就让自己好好休息。

大多数人在该认真时骑得太放松。 该认真骑行时，你就要全力以赴。莱斯特的 PowerMax 训练方案的关键就在于间歇训练——时间长而强度高，或者时间短而强度非常高。它们以不同的方式刺激你的身体，这也是提高速度的关键。我们应该这么去想：如果训练中从未做到，又怎么会在比赛中做到呢？难道在某个周日的休闲骑行中能做到？

扩大速度差距。"轻松日" 和 "艰难日" 之间的差距越大越好。很多车手每天都以相同的中等速度训练，虽然练得很辛苦，但也只能练到中等速度。正确的做法是你应该在某些天特别卖力，另外几天特别放松，像这样挑战和恢复反复交替能帮助你骑得更快。

小心团队骑行。这是许多人选择骑行的原因，也是我们训练的目的。但是要当心，团队骑行会刺激你骑得更卖力或者更久（或兼而有之），以至于超过了合适的训练量，如果每周来上几次就更糟糕了。正如莱斯特所说："我从博尔德往外骑，有个家伙穿着赢来的彩虹衫（世锦赛冠军荣誉衫），我也看得出这是他的高强度日（骑得很卖力、认真）。如果我试图跟上他，那就是自找苦吃。"

耐心和坚持。"不要想一步回到过去，或者一步实现未来的目标，而要从当下开始。"莱斯特说道，"你不应该前进一大步却后退两步，而应该迈着小步一直前进。"

从大量的低强度训练开始。在赛季开始或者刚回归骑行时，要进行 6 ~ 8 周简单的长距离骑行，然后逐渐增加距离，这样可以帮你增强整体体能，还能减去多余的脂肪。当你进入高强度阶段时，就会感觉好得多。

但要保持速度。你已经在赛季中提升了力量和速度，那么为什么要在冬天损失殆尽呢？在低强度阶段，每 7 ~ 10 天要完成 1/2 ~ 2/3 的速度练习。通过保持强度但减少训练量的方法，可以保持上一赛季的速度，并为下一赛季打下基础。

注意：这通常比重复基础里程要有趣得多。

不要一直爬坡。要记住，你确实需要在某些天轻松一些。"骑山地车很难骑得放松。"莱斯特说，"山地车非常有趣，所以人们总是骑得飞快。"

循序渐进地递增，然后稍大幅度地递减。如果你正在为重要的骑行或比赛做准备，在训练时就要逐渐增加时间和长度，然后在正式比赛前逐渐减少。以 120 千米的骑行为例，大多数车手会每周增加距离：60 千米、70 千米、80 千米、90 千米、100 千米，然后再达到 120 千米。正确的做法是，你应该先尝试增加训练量，然后提前 3 周减量：60 千米、70 千米、80 千米、90 千米、100 千米、80 千米、60 千米，然后再达到 120 千米。这样既保持了耐力，又可以充分恢复体力，到了比赛时你就会更加精神焕发、更加强大。

答 疑 解 难

问题 1：无论怎么尝试，我总是在爬坡时赶不上队友。

解决方案：训练时要学得聪明一点儿，并善于利用骑行技巧。如果你的队友仍然能在爬坡时打败你，抱歉，他们可能在基因上就比你强。但是没关系，你可以学习在下坡时超越他们。

问题 2：每次骑行一开始时就很辛苦，特别辛苦。

解决方案：你不能从停车场就开始狂冲，要慢慢开始，逐渐地增加强度。在热身之后，你要加入几个短而猛烈的冲刺，使身体各部分的肌肉都活跃起来。要确保自己在碰到第一个陡坡之前就已经出汗并且准备好了摇车爬坡。每次骑车之前，李都会在车下热身至少 20 分钟，这同时属于体能训练、力量训练以及部分热身内容。只要进了林道，他就要大干一场了。

问题 3：我的股四头肌已经很疲劳了，但是臀大肌仍然很放松。

解决方案：臀部要向车座后方移动，并注意从臀部发力将大腿往前推。这会唤起你的臀大肌——身体中最强壮的肌肉——并让股四头肌休息一会儿。

问题 4：爬坡时很吃力，而且感到身体很不舒服。

解决方案：注意身体的姿势，要伸展上半身，让手臂尽量保持放松，然后流畅地踩踏，这会有很大好处。换句话说，如果你感到非常疲惫，或者姿势走样了，那就很容易受伤。先从体能练起吧。

问题 5：站姿爬坡时，肱三头肌由于用力而变得疲劳。

解决方案：臀部要后移，这样自身的重量才会全部落在脚上。爬长坡时，双手要轻松握住车把。要想拥有极限动力，那么在每次下踩时都要拉车把。

问题 6：我感到疲劳和虚弱。

解决方案：你确实已经疲劳又虚弱了，该起来训练了！但是不要训练过度，否则就是挖了一个更大的坑让自己跳。

你应该听说过"要更聪明地工作，而不是更努力地工作"这句话吧？我们鼓励你去训练，从而让踩踏更有力量，但是你要学会更聪明的踩踏，这样才能享受自由的速度。就像不应该冲下悬崖并指望自己学会着陆一样，你也不应该为了成为出色的车手而踩断曲柄。要注意踩踏行程，完美的高速踩踏是一名山地车手最宝贵的财富。

5

切过所有弯道

人们天生就喜欢过弯。滑雪、旱冰、街头摩托车、赛车、过山车、山地车……我们喜欢这些运动的原因之一就是它们都有一个又一个持续的转弯：左弯，右弯，入弯，出弯，嗖！嗖！过弯过得好意味着骑车骑得好，骑车骑得好则代表着人生美满。

布莱恩小课堂

流畅过弯的关键是要了解自己的装备，深入理解地形，保持较低的重心，并合理平衡前后轮的承重。这种平衡是在了解轮胎所能提供的抓地力的前提下进行的。

如果你对特定条件下轮胎的抓地力没有基本的了解，那可不是个好兆头。这些知识你懂得越多，你就越能清楚地判断自己能骑得多猛而不摔车。

快速解读前方地形的能力对过弯也十分重要，它能帮你判断恰当的过弯方式。如果你提前发现前面有可以当作弯墙的水槽，或是在水平弯道上布满碎石，你就可以提前几秒判断如何过弯。

保持较低的重心是任何过弯的要素。这是很简单的物理问题。铺设路面上的赛车，不论是汽车还是摩托车，重心都尽可能低。在山地车上我们也尽量降低五通高度，但还有限制因素要考虑，比如在骑过岩石时不能磕到脚踏或者牙盘。

在两轮之间合理分配自身的重量可能是过弯中最困难的部分。在过弯和刹车时，你施加到前后轮的压力要达成微妙的平衡，以获得合适的抓地力。

了解弯道基础知识

骑过一个弯道的过程，可以从转弯半径、弯面斜向以及仰角等方面进行综合分析，并有很多值得大书特书的内容。不过其实过弯可以简化为 4 个步骤：准备过弯、入弯、实现过弯和出弯。

急转弯更难通过。
32 千米 / 小时过弯时的侧向力

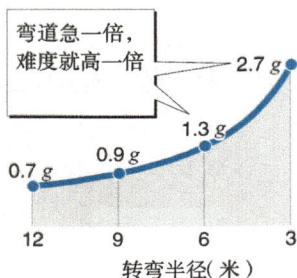

弯道急一倍，难度就高一倍 → 2.7 g

1.3 g

0.7 g　0.9 g

转弯半径（米）　12　9　6　3

速度越快，过弯就越难。
转弯半径为 6 米的弯道的侧向力。可怕的过山车能产生高达 3 倍重力加速度的加速度。

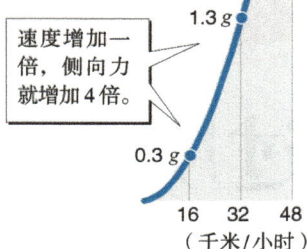

3.0 g

速度增加一倍，侧向力就增加4倍 → 1.3 g

0.3 g

16　32　48
（千米/小时）

准备过弯

成功的过弯取决于路线正确，而路线的选择在进入弯道之前就开始了。

尽可能向弯道内望去。如果你沿着弯弯曲曲的单人径悠闲骑行，那么可以绕过红杉树的树干瞥见 3 米远的地方。如果你正冲下佛蒙特州满是白雪的速降赛道，那么可以沿着赛道绳看见前方 30 米远的地方。注意查看路面以及别人常走的路线，并决定好从哪儿入弯以及从哪儿开始刹车。

高阶玩法：开始入弯后马上扫视下一个弯道的起点，找一找有没有能支持你转向的弯墙或是可爱的空地。

进入预定路线。过弯已经开始了，你可以自主选择内侧、中间或是外侧路线（参见本章后面"明智地选择走线"部分）。

提示：你估计常常走弯道外侧。

判断速度。你需要不断练习才能知道在不同弯道可以用多大的力量刹车。车子的抓地力越差、转弯半径越小，速度就应该越慢；抓地力越好、转弯半径越大，速度就可以越快。但要注意，随着速度的提高，转弯的离心力会成倍增加。这意味着速度增加了一倍，过弯难度就提高 4 倍。除非地面有黏性或者弯道有转弯墙，否则请降低速度。

提示：你过弯的压抬完成得越好，就能获得越大的抓地力，就越不会害怕急弯和弯道上的松土。

在直线前进时减速。除非你已经是大师级的车手，否则最好把转弯和刹车动作分开来做。

弯前减速。如果你想骑得快，就在入弯前一刻短时用力地刹车，从而保证有更多的时间用于高速前进。入弯速度要慢，这样你才能顺利过弯而不把自己吓倒。不管你骑得多好，你只能在一定速度范围内过好弯，如果超过了那个速度，你就会紧张（或者直接吓倒），而且会降速（还可能摔车）。

大家找一找艾伦·格温断链条之后赢得速降世界杯冠军的视频，他当时不能指望出弯踩踏，看看他在进入高难度弯道前速度减到多慢、出弯时速度又是多快！

李这个夏天基本上都在美丽的法尔曼山地车公园骑车。他在双人回转场地骑了上百圈，很多场地上都有电子计时装置，他在每条路线都争分夺秒。当他在最急的转弯前狠狠刹车时，他可以在 22 秒内骑完一圈，但如果他入弯速度过快，转弯过程就变得很暴力，而成绩却会掉到 24 秒以上，如果他过弯时完全失控，就更慢了。

2009 年在格兰比举办了美国国家速降赛，同时也举办了洲际压抬冠军赛。那条赛道看着简单，但处理起来十分棘手，而且其中一个弯墙不够陡，不足以提供每个人所需的向心力。换句话说，那个弯道既平，土又松，又粗糙，李当时过得很挣扎，出弯后又不得不努力重新提速。

那天比赛的前三名是：

1. 布莱恩·洛佩斯，你大概听说过他；

2. 绰号"超快"的乔恩·瓦特，他是当地自行车界的传奇人物，这个绰号真是很恰当，他现在在 SRAM 当工程师；

3. 李·麦考马克，这大概是他车手生涯的巅峰，他比布莱恩慢了 1/10 秒。

赛后布莱恩透露说自己在那个弯道前减速了。李入弯过快，只能在弯道中疯狂减速；而布莱恩冷静地控制住了速度，然后完美过弯，高速出弯，再夺一冠。

弯前减速很聪明！很管用！

入弯

现在是时候启动过弯了。对于舒缓的弯道，你应该轻巧地侧倾车身；而对于急转弯，你应该侧倾得更快，但起始动作要像波浪一样轻柔流畅，不要像用力合上书本一样。

放开刹把。大多数车手冲进弯道时都会紧张，而且紧紧捏住刹把。于是他们的车子要么会侧滑，要么会直立起来沿着一条切线冲向毒栎树。如果你突然开窍决定在弯道放开刹

高速进入弯道：看着前进的方向，姿势放低，外侧脚在下，开始侧倾车身。

把，那么骑行技术就会立刻大幅提高。

摆好进攻姿势。进攻姿势会使得身体位于正中央，而且保持完美的平衡。身体压得越低，手臂的活动范围就越大。

向弯道内倾斜。弯道骑行越急、越快，倾斜的程度就应该越大（详见本章"正确的侧倾角度"部分）。

看着前进的方向。在加利福尼亚州摩托车安全基金会的课程中，授课人员会教你"头跟着转"。当开始过弯时，要沿着林道向弯道出口扫视。保持前进并注意重要的细节，但是眼睛要一直扫视弯道。可怕的障碍会吸引你的目光，但是你必须抵制住这种诱惑。当你转动头部时，身体会自然而然地向头转动的那个方向倾斜，而车子也会随之侧倾。

要有耐心。如果你进入的是一条新林道，不要直接冲进陌生的弯道内侧，而要增大入弯角度并在入弯前查看路况，这样通常会更安全、速度更快。

实现过弯

过弯时，你的任务是保持抓地力和遵循预定路线。要记住过弯是个动态过程：需要通过不同路面，而且会撞上一些障碍。如果此时你在车上一直严格保持单一的姿势，那么你就会偏离原有路线并沿着一条切线冲向仙人掌。实际上，你应该保持手臂和双腿放松，让头部和躯干朝向要前进的方向。身体要活动起来，这样车子才会遵循预定的路线转弯。

最终，过弯会成为一个全身协调的流畅动作。你会同时侧倾车身，调整脚踏位置，髋部转向目标方向，把车子牢牢压在路面上。这是一个复杂而美丽的动作，你最后会练成的。但我们得先看看以下这几个建议。

降低重心。你看过几辆F1赛车有向上凸起的装备？没有，一辆也没有！因此你也要降低车座，弯腰使躯干与地面平行，然后尽可能压低身体。你趴得越低，重心就越低（当然），而且手臂操控车把的空间也越大。

分布自身重量。像往常一样，保持身体位于车的中间，脚重手轻。如果感觉前轮要侧滑，就向前压车把以增加前轮抓地力；如果感觉后轮侧滑，还是向前压车把增加前轮抓地力。没错，做同一件事。只要前轮有足够的抓地力，你成功过弯的机会就很大。

放开刹把！如果你在入弯之后才发现速度过快（糟糕），可以利用后刹减速或者让后轮打滑。但是不管怎样都不要碰前刹。如果真的碰了前刹，前轮就会侧滑然后摔车，或者车子会直立起来然后搞砸过弯，两种后果都不妙。

专业车手的提示： 当你学会了过弯压抬，就不用像往常一样大幅减速了。由于你可以使车子增加抓地力，也就可以在过弯的同时刹车。如果你不确定自己有没有这种能力，那你就还没有准备好。

向下施力。 在切弯时把车子往下压可以大大增加抓地力。在通过长而舒缓的弯道时要慢慢地逐步下压，在通过急转弯时就要快速用力地下压。许多顶尖高手——特别是速降和双人回转对抗赛车手——通过急转弯时，就像是跳着进去接着再弹出来。他们在入弯时使车子稍微跳起以减轻轮胎的压力，然后再将轮胎用力压向弯道顶点，从而获得了最大下压力量和最大抓地力。

哈！布莱恩好像已经冲到了赛道的边缘，但他姿势低而平衡，而且在狠狠地把车压向地面。

通过连续弯道时，要在弯道中向下施力，然后利用弯道间的轻盈骑行瞬间把车子摆向另一个方向。这非常像滑粉雪：往右用力，中间轻盈；往左用力，中间轻盈……一直反复着冲下山道。

用力量而不是重量

抬车把时，很重要的一点是要知道此时的重量和力量的区别。

重量是指你僵硬的身体过于靠前或过于靠后时，被动施加在车把上的力。这两种情况下，发生在你前轮上的事情将同样降临在你的脑袋上。这个感觉可不好，如果你前空翻摔到了脑袋，那就更糟糕了。

力量是指你在前后轮之间均衡分配自身体重的前提下，主动地下压或上拉车把。这会让你拥有更强的控制力，这种感觉好极了。

换句话说，重量是指倚靠在别人身上，而力量是用拳头打人。别靠在车把上，揍它们！

下压过弯。 要学会这个动作，通过增加压力，你可以增加车子的抓地力，从而提高速度（和安全性）。

1. 把车推进弯道，这个力量来自臀部，就像硬拉开始时的动作一样。

2. 把车拉出弯道，这个力量来自背阔肌，就像划船的动作一样。

1. 接近过弯点时要降低重心。	2. 过弯时，要向地面施压以增强抓地力。

在弯道之间保持轻盈。 这个技巧有利于衔接两个相近的弯道。技术性单人径路线永远不会一成不变。

1. 把车子推入第一个弯道。

2. 把车子拉出弯道，向上收力的同时向新的弯道侧倾车身。

3. 把车子推进下一个弯道。

4. 重复，保持精神振奋！

1. 在第一个弯道里向下施力。	2. 向上收力，转向，并向另一个弯道侧倾车身。	3. 进入下一个弯道，重复以上动作。

出弯

弯道的结束是另一种路况的开始。如果接下来的是直道，等车子转正后就开始踩踏；如果接下来的是另一个弯道，你应该已经在向上收力并侧倾车身了。干净利索的出弯是过弯中最重要的一部分，它取决于之前的一切细节处理。

一慢、二看、三侧倾、四切弯

摩托车安全基金会就是按下面介绍的内容教路骑新手的。

1. 接近弯道前减速。

2. 扫视弯道寻找最佳线路。

3. 向弯道侧倾。

4. 转动油门加速。

不过自行车没有油门，所以可以变成一慢、二看、三侧倾、四切弯。

自行车是如何转弯的

在非常低的速度下（低于步行速度），可以通过转动车把来操控前进的方向。而在高速情况下，你必须朝着预定方向侧倾车身才行。侧倾车身比转动车把更为可靠。当你转动车轮时，车轮通常会撞上地面的不规则物体，从而偏离预定的方向。如果选择侧倾车身，车轮就会像一个由橡胶包裹着的圆锥体一样滚过弯道。转动车把过弯，轮胎容易打滑；而侧倾车身过弯，轮胎会遵循一条既定的路线前行。

转向。
转向路径的角度通常比车轮角度小很多，因为轮胎和地面之间总会有些打滑。

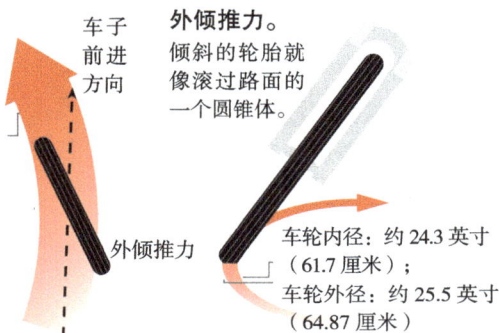

车子前进方向

外倾推力。
倾斜的轮胎就像滚过路面的一个圆锥体。

外倾推力

车轮内径：约 24.3 英寸（61.7 厘米）；
车轮外径：约 25.5 英寸（64.87 厘米）

侧倾车身时，车把会自动跟着转动，这个转动量是由自行车的几何结构决定的，而且很完美。如果故意阻止这种转动趋势，车子将会沿着直线前进。如果转动量过多，前轮又容易陷入地面。

那么应该怎么做呢？双手应该轻握车把，然后让车子自由行动。它比你更知道该怎么做。

趁现在练习一下：

1. 出门找块空地；
2. 单手扶住车座；
3. 向前推行；
4. 向一侧侧倾车身；
5. 车子的前轮会立即转向那一侧，车子也会完美地转向；
6. 向另一侧侧倾车身；
7. 车子的前轮会立即转向另一侧，车子也会完美地转向。

这一点非常重要！如果你想转向，必须侧倾车身，但不一定非要转动车把。实际上，转动车把不是一个好主意。双脚保持平衡，向目标方向侧倾车身，让前轮去完成它分内的事。

掌握改变方向的艺术

李教过上千名车手，包括入门级和专业车手，教他们怎样更快、更漂亮地过弯。以下是李在线上和线下课程中的几个教学要点：

1. 将车身相对身体侧倾；

2. 通过腿部力量向自行车施压而双手保持中位姿态；

3. 利用髋部力量过弯。

一位资深滑雪教练曾经告诉李，要想象你的肚脐上有一个手电筒，你想去哪儿，就把哪里照亮。

我们每次学习一个动作，在熟练掌握一个动作后加入下一个动作。想象用一个流畅而有力的动作把自行车牢牢地钉入地面。

请牢记：

● 自行车靠侧倾过弯；

● 车把在车身侧倾后自然随动；

● 过弯最主要的问题是车手太蠢。

只要不恰当地对车把施力，转弯就不会顺畅。保持脚重手轻！

第一步：侧倾车身

如果你的右脚是主动脚，你可能已经意识到过左弯比右弯更容易。当你一开始练习这个技巧的时候，就从容易的那一侧开始。接下来当你掌握了如何过左弯后，你身体的对侧也会学到一些技巧，你也就准备好了过右弯。如果你的主动脚是左脚，就从右弯开始练习。

入弯前压低身体。你的姿势越低，手臂的活动范围就越大，就能过越急的弯。实际骑行中，你无法记住每一个弯道，也不知道针对每个弯道你需要趴多低，所以每次都要趴低，更低！

将右脚伸直到 6 点钟方向，在入弯前把自身的所有重量都压在右脚上。这能帮助你侧倾车身，并保持髋部和膝关节弯曲。

注意：这是一个练习。很快你需要在侧倾车身的同时伸展外侧脚。

检查你的平衡情况。你的手有没有受力？你的手指可以活动吗？

通过下压内侧车把形成侧倾角（对于左弯来说，就是下压左侧车把）。

车把以前轮接地点为圆心做弧形运动，

通过伸展（而不是伸直）内侧手臂侧倾车身。保持身体姿势不变，让车子在你身下移动。

顺着这个弧度轻轻下压车把，如果你下压车把的轨迹与该弧度不同，你就会失去平衡。

臀部不要和车座一起移动！以右脚为支点保持身体平衡，从右髋到脚踏保持一条清晰的力线（你应该能感受到臀大肌发力）。

感受自行车转弯的过程。多么流畅！太酷了！

练习趴得更低，侧倾角度更大，转弯更急。

很快你就会发现，那些看起来无法通过的发卡弯只是几何学问题。

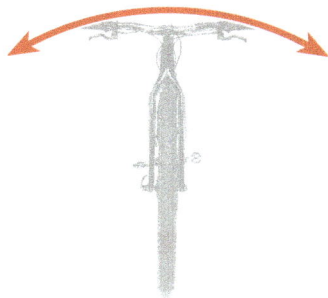

车把以前轮接地点为圆心做弧形运动。

第二步：向车子施压

最终你将学会如何根据具体情况以外侧脚在下、双脚水平或双脚之间形成某种角度过弯（参见本章后面的"一侧脚在下还是双脚水平"）。现在我们要练习外侧脚在下，因为这是最好学的，而且从安全角度讲，养成这个动作习惯更可靠。

向外侧脚施压的同时会为车子提供在你身下侧倾的空间，而且能增加压力，进而提高抓地力，从而提高安全性。

准备好了吗？下面我们开始练习。

用力下压外侧脚，同时下压内侧车把入弯。这两个动作应该同时进行。

保持膝盖弯曲！很多车手喜欢把外侧腿伸直，但这样外侧腿就既不能减震也不能压抬了。你应该趴低，保持髋部在后方，用力下压脚踏，但保持关节灵活。如果你感觉到臀大肌在发力，那就对了。

如果你一下子把外侧脚伸直，那就会

通过逐渐伸展外侧腿并向脚踏施压，你就能在弯道中向脚踏施压。保持外侧腿弯曲，灵活应变。

瞬间用光所有下压的能量，你只能滑行过弯。要练习通过逐渐释放前脚的压力来改变曲柄角度，脚要灵活！

时间把控：手和脚要同时伸展。这确实很难，所以你应该先在停车场练习，而不是直接跑到高难度林道里。

布莱恩小课堂

优秀的走线可以简化地形，让你付出较少的努力就能骑得更快。我最近去了海獭经典速降赛的场地，和我的朋友一起试了赛道，他是专业越野摩托车手，也是山地车专家。我跟着他下了一次赛道，然后告诉了他几处走线，它们可以让他更快地通过技术路段，并简化过弯。

下一轮他跟着我下山，发现换了几处走线的帮助竟然如此之大，便啧啧称奇。我经常自然而然地选择较好的走线，而不太能理解其他人选择的路线。显然，选择走线是需要特定技巧的，但大多数时候只要把注意力集中于赛道上，去解读地形，就可以选择出合适的走线。还要知道，赛道把你带去的地方不一定是你应该去的地方。

第三步：利用髋部力量

如果你能侧倾车身并向外侧脚踏施压，你的过弯技术就不错了，但我们可不是达到"不错"就行的，是吧？

当你的手臂和腿部动作都做得很熟练后，你需要加上髋部的扭转。实际上，你是在向弯道中扭转整个上半身——髋部、躯干和头部——但这个动作是通过髋部力量完成的。

想象一下你的肚脐上有一个手电筒，你想去哪儿就把哪儿照亮。

把臀部向外侧甩，向脚踏施压，同时头部要扭向出弯的方向。

把车子拧到地面里去。这个动作很有力量，能让你的过弯动作更漂亮。

如果你的动作一开始不协调，那很正常。从车把侧倾开始练习，练成之后加入向脚踏施压的动作，这两个动作做好后再加入髋部扭转动作，尝试3个动作同时进行。最开始你可能感觉有点复杂，但当大脑把这些动作整合起来后，这套动作就会变得简单起来，你的过弯动作也会变得空前有力。

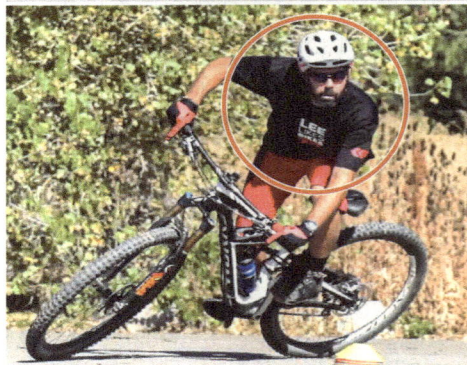

让你的髋关节以及整个上身朝向要去的方向。髋关节驱动＋重胎＋车身倾斜＝漂亮的转弯。

从此之后，都要这样过弯：侧倾，下压，扭动髋部。不同的弯道需要不同的侧倾角度和施力，单脚或双脚，但过弯的基本原理是相同的。以上就是培养良好习惯和熟练掌握技巧的方法，对每个弯道都适用。

明智地选择走线

好路线会带来顺畅、迅捷和舒适的过弯感受，而拙劣的路线则导致急停急动、过弯缓慢。

以下这几件事真令我们吃惊。

● 那么多车手都不知道他们要往哪儿骑，也不知道为什么。

● 选一条正确的走线是多么简单。

● 多加注意后，骑车的感受会有很大的提升。

每次入弯前思考一下走线（最终这个过程会在潜意识下完成）。你可以从以下 3 种基本方法中挑一种，它们各有优劣。

提前入弯 —— 从内侧入弯

在这种情况下，采用"提前的入弯点"或者叫"提前的弯道顶点"，从内侧快速入弯，直接冲进弯道。

优点：可以以最快的速度入弯。你可以守住内侧，防止有些对手趁机超车。

缺点：在通过弯道顶点之后，你必须经过一个之前看不见的急转弯，此时很容易转弯过头或者在出弯时失去对速度的掌控。这是属于毛躁青少年的路线 —— 莽撞入弯，然后速度减慢。

弯道顶点提前会搞砸大多数过弯，除非是那些越来越宽的弯道（这种弯道叫作"转弯半径递增弯道"）。如果在出弯口有漂移的空间，那么可以提前入弯。如果快速路段之后接着是乱石区之类的慢速路段，那么可以以最快的速度冲进弯道内侧。此时，缓慢的出弯速度并没什么坏处，因为反正得在乱石区减速。

中性入弯——切一道光滑弧线

采用"居中的弯道顶点"，从外侧以中等速度入弯，切过弯道中点，然后从外侧出弯。在抓地力良好的半径恒定弯道，采取中性入弯的方法比选择其他任何路线的过弯速度都快。

优点：这是从数学角度看最完美的路线，在整个弯道中你都能保持最快速度。

缺点：你无法看清出弯口，抓地力不佳和看不见的障碍都会给你带来麻烦。

慢

—— 提前的弯道顶点

快

中等速度

居中的弯道顶点

快

快

延迟的弯道顶点

慢

延迟入弯——直角过弯

这种情况采用的是"延迟的弯道顶点"，应该先减速，从外侧入弯，接着转弯，然后再加速出弯。

不同转弯半径的弯道顶点。
虽然过弯有很多变数，但在以下3类弯道中，图中所示的路线往往是最快的。

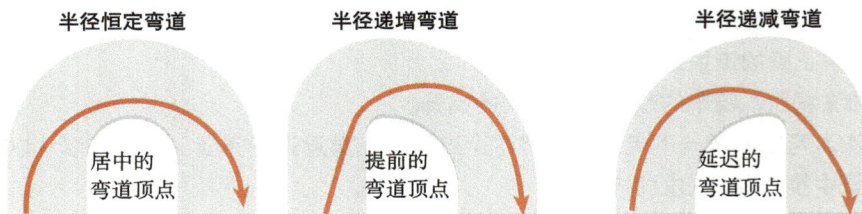

半径恒定弯道　　半径递增弯道　　半径递减弯道

居中的弯道顶点　提前的弯道顶点　延迟的弯道顶点

最后一个弯道是最重要的。

1. 第一个弯道采用延迟弯道顶点，让第二个弯道（半径恒定弯）有流畅的居中的弯道顶点。

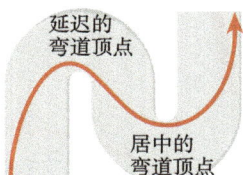

延迟的弯道顶点

居中的弯道顶点

2. 第一个弯道采用延迟的弯道顶点，让第二个弯道（半径递增弯）有延迟的弯道顶点。是时候踩踏了！

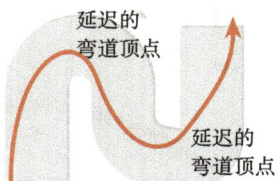

延迟的弯道顶点

延迟的弯道顶点

3. 流畅的头部走位。

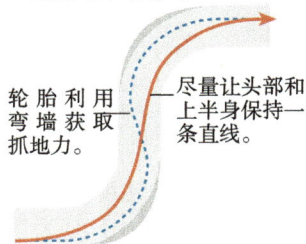

轮胎利用弯墙获取抓地力。　尽量让头部和上半身保持一条直线。

优点： 你可以在确定路线之前向弯道里看很远，出弯时走的是一条相对较直的路线，所以可以较早开始踩踏并以最大速度出弯。这是属于谨慎的老手的路线：他们知道什么时候该减速，而且把爆发力留待最有用的时机施展。如果弯道出口没有漂移的空间，那么延迟入弯就是唯一可选的路线。

缺点： 没有。

虽然中性入弯通常更快，但是延迟入弯通常是最安全、最聪明的选择。在陌生的林道、泥泞路面和不介意有人从内侧偷偷超车的情况下，可以使用延迟入弯。如果弯道之后是一条直道，要提早开始直角过弯并尽快开始踩踏。

注意随机应变。如果有块石头需要躲避或者有个弯墙可以利用，那该怎么做就怎么做！

连续弯道

你在拉斯维加斯附近的查尔斯顿山的山脚蜿蜒前行，沙漠向着四周绵延数千米，到处都是约书亚树，它们像是把手插在口袋里的一个个人。林道在林间绕来绕去，前面是一眼望不到头的弯道。你进入了自动导航状态：向左、向右、向左、向右，但是没有注意到前面的急转弯。你向左切弯之后——哇！——已经来不及接上右弯了，于是你一头冲进那些叶子像剑一样的树林里……

弯弯曲曲的林道会迫使你改变常规的过弯选择，因为第一个弯道的最佳路线往往让你在下一个弯道遭殃。连续弯道的最后一个弯道是最重要的，为了准备好过最后一个弯道，你可以在其他弯道上做些妥协。

如果你对道路不熟悉，那么应该从外侧入弯并利用直角过弯通过第一个弯道。比如，在一段先左后右的连续弯道里，应该先从非常靠右侧的位置入弯，切过第一个弯道顶点，然后从尽可能偏左侧的路线出弯，从而为接下来的右弯做好准备。

在一段连续的急转弯中，头部和上半身应保持一条直线，让车子完成过弯，也就是头部笔直向前，让车子在你的身下完成转向，想象自己只是一个沿着林道漂浮的脑袋。

连续转弯中，尽量保持头部笔直向前，让车子完成转向。

如何在水平弯道中用力刹车？

回答1：别这么做！

在通过一个水平弯道的同时用力刹车是极其困难的，因为这时车子根本没有足够的抓地力，更不用说能施展什么技巧了。如果在弯道上突然出现一个障碍，首先要转正车身，然后再用力刹车。如果你已经熟练掌握了第3章讲解的刹车技术，那么你就能在撞上障碍之前控制住车子了。

回答2：学会用压抬动作过弯。

这是最高阶的骑行技能之一，一旦你学会了如何让车子在过弯时变得更重，你的车子就可以获得更大的抓地力，避免不必要的刹车。

正确的侧倾角度

要想顺利过弯，你需要向弯道内侧倾斜，同时保持自身的重力与动能的平衡。弯道越急、骑行速度越快，侧倾的程度就应该越大。如果你倒向弯道内侧，说明过度侧倾了；如果你从弯道摔了出去，说明侧倾的角度不够。

不同弯道的过载与侧倾角度。

转弯半径（米）

	1.5	3	4.5	6	12
重力加速度（g）过载 侧倾角度 8	0.30 18°	0.17 9°	0.11 6°	0.08 5°	0.04 2°
16	1.35 53°	0.68 34°	0.45 24°	0.34 18°	0.17 9°
24	3.03 72°	1.51 56°	1.01 45°	0.76 37°	0.38 21°
32	5.37 79°	2.68 69°	1.79 61°	1.34 53°	0.67 34°
速度（千米/小时）48	12.10 85°	5.05 81°	4.03 76°	3.03 72°	1.51 56°

巡航
狂飙
失败

上面的图显示了在不同弯道和速度下的重力加速度过载和侧倾角度。你知不知道当以24千米/小时的速度通过4.5米转弯半径的转弯墙时，你的身体会侧倾45度而且承受1倍重力加速度的过载这看起来可能有点无厘头，但是这个知识很有用。如果你不确定可以用多快的速度过弯，那就停下来检查一下边坡。如果转弯墙的角度（或者车辙）与你的速度及转弯半径相匹配，那你就可以很自信地过弯。当然，你可以比边坡处允许的速度还要快，但是需要更强大的抓地力。

对于每一个转弯半径和速度的组合，只有唯一的一个侧倾角度能平衡离心力和重力。你可以用不同的方法达到同样的倾斜度，而且这些方法适用于不同的情况。

同倾。身体和车子的侧倾角度相同。当你的侧倾角度和转弯墙的倾斜角度相匹配时，你可以直接下压轮胎并且稳稳过弯。同倾的方法适用于水平弯道，但是地面必须像口香糖一样有黏性。

外倾。车子比身体的侧倾角度大。在通过水平弯道、斜面向外弯道或者在任何身体倾斜角度超过地面角度的情况下，外倾的姿势能带来更大的抓地力和稳定性。要将自身的重量施加在外侧脚踏上，这样可以让轮胎贴住地面从而避免打滑。对于任何抓地力不足的弯道，外倾是最好的过弯姿势；实际上几乎在任何弯道上，外倾都是最好、最安全也是最快的过弯姿势。要按这种姿势练习过弯，它永远不会让你转错方向的。对于可能存在抓地力不足的转弯，这是最好的选择。

内倾。身体比车子的侧倾角度大。车身侧倾角度越大，轮胎与地面的接触面积就越大。当你在潮湿的窄木道上过弯、在斜面向下的弯道上小心翼翼前进或者从湿滑的转弯墙上高速通过时，内倾是个好选择。

　　额外福利：脚踏离地面较远，因此可以更早开始踩踏！

1. 身体和车子的侧倾角度相同。　2. 车子比身体的侧倾角度大，这是波比·瓦特的常规过弯姿势。　3. 身体比车子的侧倾角度大。

　　最安全的常规过弯姿势是车子比身体的侧倾角度大，按照这个姿势过弯就永远不会出错，因为：① 车身侧倾角度更大，回转力也更大；② 通过下压脚踏可以产生更倾斜的侧倾角度；③ 如果车子出现弹跳或者打滑的状况，你可以在车子上方控制住局面，而不会随着车子一起摔倒。

聊聊两个角度

　　当我们在自行车（或摩托车）上转弯时，存在两个角度。这两个角度有时相等，但大多数情况下它们并不相等。李在他的教学课上会这样解释这两个角度。

过弯角

　　在本书中，我们将分析车身侧倾角度和转弯半径之间的关系：侧倾角度越大，转弯半径越小。我们不主张转动车把，而选择侧倾车身，让前轮做它该做的事情。

　　转弯半径大相当于车身侧倾角度小。

　　转弯半径小相当于车身侧倾角度大。

这和单板或双板滑雪的转弯很像，事实上它们完全是一回事。

为了压过这个弯墙，李需要大约 45 度的过弯角（也叫侧倾角）。

平衡角

压弯时，车手与自行车作为一个整体，需要合适的侧倾角以平衡重力和惯性力（离心力）。

例如，当你以 24 千米 / 小时的速度转过一个半径 4.5 米的弯道时，你将受到 1 倍重力的惯性力。这种情况下，你将受到 1 倍重力加速度向下的重力和 1 倍重力加速度向弯道外的离心力。为了平衡这两个力，车手和自行车需要向弯道内侧侧倾 45 度。如果你需要 3 倍重力大小的向心力（这是李测到过的最大值），车手和自行车需要侧倾 68 度。

过一个会受到大约 2 倍重力的弯道需要 60 度左右的平衡角（车手和自行车整体与弯道平面的夹角）。

试着让一个弹珠在半球形的碗里打转。弹珠的速度越快，它在碗壁上的轨迹的位置就越高，因为此时碗壁的角度更大。同理，骑得越快的车手在弯墙上的位置也越高。

在一个小圆圈里尽可能快骑，注意你的身体会自然地向圆心倾斜，这就是你的平衡角。

两个角度的相互作用

车身和身体侧倾角度相同有时是数学上的最优解，最好的例子就是弯墙角度与所需平衡角相等时的情况。

注意：如果你在 45 度弯墙上继续侧倾 45 度，那你就不是在过弯而是在压抬了，这是另一个话题。

过弯角和平衡角相同的情况很少见，鉴于此，我们认为下述方法是最安全的过弯方式。

1. 依据转弯半径将车身倾斜足够的角度。

2. 双脚保持平衡，我们的身体天生就适应双脚站立。当你集中精力把自身的重量向脚踏上压的时候，你自然就会获得正确的平衡角，即使这个角度高达 68 度。

在大多数弯道中，过弯角会比平衡角大。高手总是把车子压得比身体更倾斜就是这个道理。这种方法也能给地面更大的压力，从而使你的车拥有更大的抓地力，所以总体而言更安全。如果轮胎打滑，你也在车子中间，你就不会摔得很惨。

额外福利：因为你的身体没有完全与车子合为一体，你可以通过调整车子的角度轻松调整走线。

说道自行车高手，在布莱恩·洛佩斯的速度下，这个弯墙形同虚设。布莱恩采取了很大的过弯角，但平衡角并不是很大。

逆转向的实质

与通常的认知不同，逆转向并不是在侧滑过弯时把车把转向另一个方向，它是利用陀螺回转力和车子的几何结构让你向弯道倾斜，当你的转弯速度很快时就需要逆转向。下面就教你如何逆转向完成快速左转弯。

1. 让车轮稍微向右转。在很短的时间内，车子会向右转。

2. 车子几乎立即向左倾斜。一旦车子出现倾斜，要开始向左转弯。

3. 由于转向轮偏转角的作用，车轮会向左转帮助你完成过弯。瞧，你正在向左转。

4. 不用你做任何努力，车子自然能保持侧倾角度。即使双手放松车把，你还是能切弯。如果想要有更大的侧倾角度，就将车把往右推；如果想要有更小的侧倾角度，就把车把往左推。要确保车轮转回弯道内侧。在高速弯道试试这一招，超级酷！

逆转向进入左转弯。

| 1.你需要有一定的速度。 | 2.稍微向右转车把。 | 3.车子将会向左倾斜。 | 4.放松，车把会自动向左转。你在切弯啦！ |

摩托车安全基金会的培训人员指导学员说："要左转，推左把。"当你的身体向左转弯朝内侧倾斜时，要将左边的车把往前推。逆转向和侧倾之间能够互补，很快你就能像一名职业车手一样过弯了。

李的建议：光想着这些动作会把你逼疯的，只要集中精力把内侧车把向弯道里推，逆转向自然就会发生。

一侧脚在下还是双脚水平

过弯时该一侧脚在下还是双脚水平，抑或在两者之间的某个位置？

外侧脚在下可以给你的车子最佳的抓地力，如果你过一个路面松软、斜面向外的弯道时感到紧张，那就由外侧脚踏施压，这对大多数人而言是最安全、最好学的。如果你一直用这种方法过弯，就不会出什么岔子。

双脚水平最方便压抬。如果你在一个完美的弯墙上过弯，不需要担心压弯。这时你可以保持双脚水平，这样可以让你施展更大的力量，同时活动范围更大（你没有把外侧腿伸直175毫米）。

如同你想象的那样，**采用两者之间的角度**可以获得一定的抓地力和一定的压抬力量。当你的技术水平和信心提升后，你可能更喜欢用压抬过弯而不是单纯压弯；当你对过弯有100%的信心时，双脚水平压抬过弯；当你感觉需要一部分压弯的动作时，可以试着把外侧脚从水平位向下压大约45度。

额外福利：两侧曲柄呈一定角度比水平位更容易获得更大的侧倾角度。转弯越急，两侧曲柄所形成的角度应该越大。

过弯时脚踏的角度。

外侧 脚踏在下	两侧 脚踏水平	两侧脚踏 呈一定角度
最大的 抓地力	最方便 压抬	一定的抓地力， 一定的压抬力量

达到最高水平时,无论你骑到哪里，一切都是动态变化的，包括脚的位置。开始先使用安全可靠的外侧脚在下的方式，当你建立信心之后，练习压抬弯墙，之后再体会在水平转弯中压抬——双脚水平，或以不同的角度。

布莱恩小课堂

对于过弯时哪一只脚在前我有自己的理论。这套理论是我以前常在圣胡安林道骑行时形成的。那条林道在最下面有很多发卡弯：左弯、右弯、左弯、右弯。过这些弯道就已经很难了，想骑快点就更难了。

我的习惯是右脚在前，然后我发现自己向左转过发卡弯比向右转更舒服。

如果左脚在前左转弯时车子开始向外滑，再用左脚踩踏，车子侧倾更大，更容易侧滑。

如果右脚在前左转弯时车子开始向外滑，用右脚踩踏，车子会开始立起来，这样就不容易侧滑了。

这是我在抓地力极限挑战时采取的预防性安全措施。如果你确定不会打滑，那么左脚在前过左弯没有任何问题。

但如果我在挑战极限，最可能的危险是向内侧摔倒。外侧脚在前时，我可以狠踩一脚把车子立起来，这有点像骑摩托车时猛转油门。

虽然我习惯于右脚在前，但左脚在前骑车是一项重要的能力。即使左脚在前时不十分自然，我也得学会这样骑车。在BMX或4X赛中，我常常在第一次飞越前只剩踩半脚的时间，然后必须在左脚在前时起跳。或者比如说你在林道上，踩踏出弯后突然发现前面有个大落差，此时你不习惯的那只脚刚好在前面，你该怎么做呢？是急刹车不下落差了，还是闭眼冲下去？

我现在在塞罗纳（和李打着电话）。这里的林道上到处都是大石头和随机分布的岩壁。能用任一只脚在前骑车是一个重要能力。

看看现在优秀的滑雪选手和滑板玩家，你无法看出他们是不是弱侧脚在前。

你的技术储备越充分，面对紧急情况时处理起来就越得心应手。

为什么最快的速降车手不在弯道前换脚？

李：布莱恩，我们俩对于过弯时哪一只脚应该在前有不同的理论。我认为我的方法适合教一般车友，这也是我的工作；你的方法有助于以最快的速度极限过弯，这是你的工作。

如果你观看速降世界杯，你会发现大多数车手在过弯时不会换脚。你认为这是为什么呢？

布莱恩：首先，我之前用外侧脚在前通过的是一种特殊情况下的慢速急弯。大多数速降世界杯赛道没有那种慢速发卡弯。

在速降世界杯比赛中，你可以在赛道上试骑10次以上，所以你可以熟练掌握赛道的所有细节，并找到最舒服的骑法（可能就包括将习惯用的脚放在前面）。

在那种赛事中，你的注意力集中在以最快的速度骑完全程，所以你会使用最自然的技巧。如果一个顶级速降车手好好练习在不同弯道调整脚的位置，他会练得很好，而且也会习惯于任一只脚在前。还没有哪位速降车手这样做，但我认为无论谁这样做了，都会骑得更快。

布莱恩小课堂

正如布莱恩所说的，超过95%的弯道都是双脚在脚踏上通过的，如果他把一只脚伸出去，说明他不确定轮胎会抓住什么地方。他说，这是一种保险措施，对部分弯道还是有用的。然而，除非林道上到处都是弯墙，甚至也许是急发卡弯，否则过弯伸脚不应该是一个习惯。

理想情况下，在入弯前内侧脚应该处在前方。首先，对于大多数人而言，倒转脚踏更容易控制对压弯的施压。其次，从双脚水平的压抬改为外侧脚在下的压弯或是其他角度很容易。

永远都不要让内侧脚在下。

内侧脚该伸还是缩

伸出脚有利于通过长长的不稳定弯道。但我们说的是内侧的脚，外侧的那只脚要踩在脚踏上，臀部也要坐在车座上。伸出内侧脚，让其悬空掠过地面，这样能稍微降低重心，而且将更多自身的重量施加在后轮上。后避震器在身体的重压下能发挥作用，并且轮胎的抓地力会很强大。如果你想看这个动作的实际应用，可以看克里斯·科瓦里克的视频。即使不会有那么多好处，把脚放下来也会让你感到更安全，对吧？

越野摩托车风格：为了在非常不稳定的弯道里将额外的重量施加在前轮上，你可以把内侧脚向前伸到前轮附近，这能让抓地力向前轮转移。另外，如果你的确需要用脚支撑地面，你的脚也不会被甩到后面去。

布莱恩演示越野摩托车风格的过弯。

转弯墙攻略

对于许多不是从小轮车训练场上成长起来的山地车手而言，转弯墙很吓人，但它能带来终极的过弯体验。海獭古典双人回转对抗赛的赛道有一些极佳的转弯墙。你从出发斜坡上冲下，巧妙地闪过几个草地篱栅，直接冲下下坡直道，然后落进了巨大的 100 度左转弯道。你承受了很大的离心力，感觉脸上的肌肉都扭曲了。你在出弯时踩了几下脚踏，然后"砰"

转弯墙
正外倾角

的一声——你遇上了 3 个一组的土坡，接着完成一个完美的 180 度大转弯……如果你骑过这条赛道，那你一辈子都不会忘记。

即使没有专为比赛设计的转弯墙，你也可以享受到正外倾角的妙处。找一找别人常走的路线、车辙、小边坡，以及任何车轮可以施压的东西。骑上一个流畅、弧度完美的转弯墙会让你感到你的车在自动完成过弯。

放开刹把。和其他任何弯道相比，你可以以更快的速度骑过转弯墙。如果边坡足够陡，你实际上能以超乎想象的速度安全过弯。

精准地侧倾车身。陡峭的转弯墙允许有很大的侧倾角度。每个转弯墙都有一个"完美"的过弯速度，在这个速度下的侧倾角度能让轮胎垂直压向地面。例如，一个转弯半径为 4.5 米、边坡为 45 度的弯道的完美过弯速度是 24 千米/小时。如果达到了完美侧倾角度，你甚至都不需要轮胎抓地力。即使轮胎抹上超滑的特氟龙（学名聚四氟乙烯），你也照样能顺利过弯。如果车子速度太快以至于侧倾角度超过了转弯墙的边坡，那你就需要像在水平弯道一样弥补车子抓地力的不足。因此，保持外倾的姿势总是一个好主意。

尽量骑得更高。 大多数转弯墙的底部最平，而顶部最陡。要让自己的侧倾角度与边坡相匹配。如果速度慢，那就从较低位置通过；如果速度快，那就从高处通过。

额外福利：最快的车手能沿着转弯墙顶部骑出一条位置很高的狭窄车辙。如果你的速度够快，可以沿着这条转弯墙路线前进，那就能像踩着风火轮一样过弯。

继续踩踏！ 这很难理解，但是如果转弯墙不太崎岖，其实你可以坐着骑完弯道。法国传奇速降车手尼克·富尔洛斯一直就是这么做的。

注意路线。 在完美、连贯的转弯墙上，你不用担心弯道顶点是提前、居中还是延迟，只要沿着弯道的边坡前进就行。尽管如此，你也可以选择从高处入弯，然后向下俯冲加速出弯。一定要仔细查看转弯墙，如果转弯墙的入口陡而出口平，那就从高处入弯，然后向下冲出；如果转弯墙的入口平而出口陡，那就从低处入弯，然后利用速度冲上边坡。

布莱恩小课堂

我一生中骑过无数疯狂的弯墙，其中印象最深的要数圣迭戈的YMCA。那里有一段有趣的小飞越和压抬线路，然后进入一个几乎垂直的180度弯墙。你速度多快都不用担心失去抓地力，身体可以完全倾斜通过。

自行车教练的风格：李知道边坡角度与自己的侧倾角度相匹配（这条赛道是他建造的），所以他直接把车子往下压。

世界冠军的风格：布莱恩通过转弯墙的速度非常快，他的侧倾角度甚至超过了边坡角度，所以他把转弯墙当作水平弯道来处理，保持车子的侧倾角度大于身体的侧倾角度。

水平弯道攻略

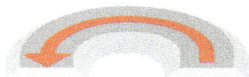

转弯墙可以随意玩，而水平弯道就需要技术了。轮胎以小角度蹭过地面时容易打滑，此时就需要掌握让轮胎保持抓地力的技术。

水平弯道
外倾角为零

使用好轮胎。 在湿滑弯道中间时，20 美元的车把和 50 美元的车把根本没什么区别，但是 20 美元的轮胎和 50 美元的轮胎的区别则显而易见。正确的轮胎尺寸、编织层、胎纹和橡胶化合物能提供更大的抓地力。抓地力很重要，但更重要的是信心，要相信轮胎，相信你自己。

小贴士：选一个最宽的、胎齿最多的、橡胶最黏的轮胎。可以考虑升级为胖胎。

过左急弯而右侧是悬崖时，最好把注意力集中在转弯方向上，不要理悬崖。李在犹他州的摩押玩得很开心。

车子比身体的侧倾角度更大。 过弯时注意将自身的重量施加在外侧脚踏上。

向下施力。 当要急转弯或者要用直角过弯方法通过舒缓弯道时，应该先向上收力，接着再用力把轮胎压向地面。

大多数水平弯道并非完全平坦。 要去找一找沟渠、车辙或者任何可以当作小转弯墙的东西。

你家后院的游乐场

压抬场非常好玩，其中最好玩的就是转弯墙。你可以随时在后院学习过弯和体验极大的离心力。如果说重复练习是"技巧之母"，那压抬场就是"切弯之父"。

详见第 8 章"压抬场：继单人径之后最炙手可热的地形"部分。

李正在冲进自己家后院的一个转弯墙。此时各个角度准确，他通过车子完美地施力。

布莱恩小课堂

过水平弯道很棘手，这很大程度上取决于弯道的路面和车胎，但也涉及身体姿势、车手自身重量的分布、侧倾角度和重心位置。

有时伸出内侧脚保持平衡是有益的，但这取决于你的速度和你感受到的抓地力有多大。当路面松软或光滑时，这样做通常能在你挑战极限时给你增加一点信心。

保持双脚在脚踏上总是最好的选择，因为这能让你准备好应对出弯后的情况（踩踏路段、飞越地形或落差）。如果你不需要考虑在上述情况发生前，在合适的位置重新上锁或重新踩上平踏，那么可以更快地出弯。

因此，即使伸出内侧脚以更快过弯有时看起来更合适，你也必须要考虑到出弯后的情况，综合判断这样是不是真的能让你更快。

向外侧脚踏施压总是很关键，一般而言此时外侧脚会处于6点钟位置，因为此时重心最低。但你必须小心控制施加在外侧脚踏上的力量，因为这样增加抓地力是有限度的，过度施压超过这个限度，轮胎就会打滑。学会适当地用压抬增加轮胎抓地力肯定需要些时间，也需要你掌握轮胎的特性。这是一个需要谨慎平衡的动作，而一旦你掌握了，它可以让你以最快的速度征服那些弯道。

斜面向外弯道攻略

斜面向外弯道不仅需要车手具备所有水平弯道的通过技术，而且还有其他技术要运用。当身体的正外倾角和地面的负外倾角相结合时，抓地力堪称噩梦。

斜面向外弯道
负外倾角

速度要慢。由于地面与轮胎的接触面积更小，所以轮胎很有可能打滑。

选择延迟弯道顶点。在非常靠内侧的位置达到顶点，然后在出弯时让车子往下漂移。如果你已经预料到会出现漂移，那就没什么可怕的了。在弯道出口处通常会形成车辙或者边坡，你的前辈们最终在这里获得了抓地力，所以你也要好好利用！

与水平弯道相比，此时的姿势要更低、更放松，要往前看得更远。虽然地面的不稳定性容易让人紧张，但你必须保持放松。你就是切弯机器，切弯吧，相信自己！

更加侧倾车身。尽量向下侧倾车身，同时要下压轮胎。

尽管斜面向外弯道在现代林道上越来越少见，很多工程师还是会利用这种弯道的排水功能。你要做的是侧倾车身，使劲把轮胎压向地面！

选择正确的脚踏

平踏和锁踏相比，大多数车手更喜欢锁踏，但一直用平踏的车手肯定体会到了它的好处。有些车手会根据路况在平踏与锁踏间切换。当赛道平整时他们喜欢用锁踏，但当赛道充满弯道时他们更喜欢用平踏，因为可以随时把脚从脚踏上拿下。

水平脚踏和自锁脚踏在功能和给你的感觉（或心理作用）上的区别在弯道上体现得最明显。哪一种脚踏更好？这取决于你自己。

以前柯蒂斯参加职业速降赛时感觉用平踏更有信心，现在他用锁踏参加耐力赛。

你的信心。如果你害怕打滑，或者因为推得太用力而使车子出现打滑的迹象，水平脚踏会使你在处理问题时更有信心；如果你认为自己能完成过弯，或者过弯时很少伸脚，那么用自锁脚踏好处更多。

你的风格。如果你习惯于不断踩踏（公路车风格），那就选用自锁脚踏；如果你更喜欢伸出内侧脚（摩托车风格），那就用水平脚踏。除非经常要解锁，否则用水平脚踏过弯也没什么真正的优势。

你的心情。我们俩（布莱恩和李）都根据骑行类型选择脚踏：林道骑行时用自锁脚踏，要压抬和飞越时用水平脚踏。我们建议你先用水平脚踏体会细微差别并建立信心，然后结合自锁脚踏的力量和操控方法来应用这些技术。记住：一名优秀的车手可以驾驭任何配置的任何车型狂冲。

李经常用平踏骑公路车和骑行台，这可以帮助他提高踩踏技术，而且让他感觉不那么无聊。

尽量在较平的路面过弯。找一找水平地面，或者更理想的，可以用来直角过弯的边坡地面。

发卡弯攻略

发卡弯在所有过弯中是最难的。

熟练掌握所有核心技术。过发卡弯时，你要同时做 4 件事。

1. 爬上或者冲下陡坡。发卡弯从来不会修在草坪上。

2. 转一个非常急的弯。修一个发卡弯很费劲，建造者只会把它修得刚好够宽。

布莱恩小课堂

　　我参加速降世界杯比赛的时候，每次比赛都会有很大的斜面向外弯道，而且外侧没有护栏。当然了，你总是可以再沿着弯道加上些泥巴和树根，让它更"变态"些。

3. 控制速度。如果是下坡，那你转弯前肯定要刹车，而且可能需要把后轮抱死甩尾；如果是上坡，那你正在踩踏。

4. 很可能还有上下落差。可能是岩石、树根、树干或者阻水栅栏，具体取决于你住在哪里。

　　这4件事是要同时进行的！如果你上下陡坡、转急弯、平衡刹车力，或者上下落差不熟练，那你不可能把它们同时进行。每个

常规发卡弯路线。
下坡

上坡

分项掌握得越好，同时做起来也会越好。如果你在一个很难的发卡弯面前感到害怕，那一定是有原因的，这说明你还没有做好准备，下车推吧。

　　趴低一些，更低一些。 急转弯需要手臂有很大的活动范围，在陡坡上拐弯（发卡弯都修在陡坡上）需要更大的手臂活动范围，在有落差的陡坡上拐急弯需要的手臂活动范围比在陡坡上拐弯还要更大，所以要趴低！更低！

　　大幅减速通过下坡发卡弯。 通过下坡发卡弯时要有一个较慢的速度，放松地刹车，不要拿急刹车事故吓自己。

　　选择延迟的弯道顶点。 对于下坡左转的发卡弯，要从非常靠右侧的地方入弯，利用边坡直角过弯（就像一个小型转弯墙），然后冲出弯道出口。选择提前的弯道顶点将是致命的错误，因为外侧的出弯路线往往是悬崖。

　　所有动作都要正确。 低姿势、注意看、侧倾、转弯——这些比以往更重要。

　　利用沟渠。 如果沿着舒缓的发卡弯的外侧有一条雨水沟，那就把它当作一个转弯墙。如果沟渠在内侧的路线弯很急，那就让后轮处在沟渠内，而让前轮从外侧通过。如果沟渠位于一个很急的发卡弯外侧，那就让后轮进入沟渠，同时向内侧转弯。轻捏后刹可使后轮遵循既定路线行进（当然仅限于封闭赛道）。

在弯道中控制速度

　　有时候你需要减速，此时需要同时使用前后刹车，具体内容详见第3章"控制速度"。

　　另一些情况下，比如陡峭的下坡弯道，你必须控制速度。此时，甩尾是可以接受的。不要用前刹，否则会妨碍转向，使用后刹以达到合适的速度。

通过高难度发卡弯。

如果弯道非常急，就尽量选一条靠外的走线（使可利用的宽度更大）。看着转弯的方向，别看悬崖下面！

1. 尽可能从外侧入弯。	2. 放慢速度，并向弯道内侧侧倾。	3. 相信自己的车子并向弯道尽头看去。	4. 如果必要，可利用整条道路。	5. 更加侧倾车身以完成过弯。

这个发卡弯入口有车辙印，出口也很陡。①利用车辙印刹车并开始入弯；②松开闸的同时侧倾；③松开闸，一口气通过剩下的弯道，爽！

　　伸出一只脚。有时候伸出脚并把车子甩过一个急弯是值得的。比如出弯口接着一个下坡，车子就能很快恢复速度。如果是水平的出弯口，你在找脚踏时可能会损失一点时间。南加利福尼亚州的圣胡安林道有数十个陡峭的发卡弯，当布莱恩跟随别人冲下圣胡安林道时，他们利用出脚过弯的方法往往会在弯道甩开他一些（但是他踩两圈就能追上了）。

　　前轮骑！如果发卡弯地面抓地力良好，而且弯道很急但是平缓，那么可以利用前轮骑将车尾甩向一边。你不需要甩尾180度，只需要甩到能让你瞄准弯道即可。

　　沿发卡弯爬坡。只有陡峭的山坡才会有发卡弯，因此上坡时要尽量选择最外侧的路线以降低坡度，同时让后轮有空间向里转向。过弯时先猛踩几脚提升速度，以便在转弯时继续保持合适的车速，将臀部移到车座边缘并侧倾车身。如果因为有沟渠或者树桩而无法踩踏，那就要确保在入弯时有非常高的速度。千万别碰刹把！

在松滑地面侧滑过弯

　　注意不要在公共林道上侧滑。只有在赛道上才能使用这些技术，而且要少用。如果你的车子能在过弯时不打滑，速度通常会达到最快。一般而言，如果有转弯墙，那就直接骑过弯道；如果有足够的抓地力或者空间让你带着动量过弯，那就选择切弯。只有当你想利用直角过弯通过又慢又滑的弯道时，侧滑才会有意义。侧滑的作用是能让车子朝向新的方向，然后继续滚动前进。

当你沿着右侧路线冲下布满碎石的双人径时，前方出现了一个水平左弯。如果从弯道内侧切过，前轮肯定会往外打滑。这时就要准备侧滑通过。记住：侧滑的关键在于转向而非减速，因此在入弯之前，车子要达到合理的速度。

这个路面松软的斜面向外弯道需要速降世界冠军史蒂夫·佩特独特的漂移技巧。

1. 用力捏后刹使后轮打滑。注意图中佩特在入弯时选择的主路线非常靠近外侧。

2. 让车子向一侧打滑（注意侧倾）。

3. 身体前移使前轮贴住地面，不要碰前刹！

4. 当后轮甩到预期位置之后就放开刹把，后轮会获得抓地力并带着你冲进弯道。好极了！

做好轮胎打滑的准备。如果抓地力良好，你是不会选择侧滑过弯的，对吧？如果这时车轮出现打滑，那就放开刹把，同时将车把朝着想要前进的方向转动。

其他注意事项：

● 可以用一点"后轮侧踢"的技巧帮助车轮打滑；

● 可以利用侧滑到达入弯口，然后放开刹把并流畅通过剩余的弯道；

● 如果速度够快，你可以保持半打滑、半切弯的状态；

● 控制打滑的难度很高，所以要在安全的地方使用平踏进行练习。

压抬转弯墙获取额外速度

如果你碰到的急转弯有陡峭的边坡和突然的变化，那么可以对弯道压抬，把它看成两个馒头坡之间的凹陷。稍一思考，你就会发现转弯墙其实就是一个侧倾的凹洞。为了获取额外的速度和抓地力，可以试着冲进弯道并在弯道内部压抬，然后在出弯时保持轻盈。当你感觉车子变轻盈时，就要注意开始踩踏并为下一个弯道做好准备。阅读第8章你可以了解更多关于压抬的细节。

这个路面松软的斜面向外弯道需要佩特独特的漂移技巧。

入弯时向下施力，出弯时收力，在弯墙上加速。

处 理 漂 移

　　山地车的轮胎会"跳舞"，它们能滑动、蠕动、打滑、弹跳以及漂移。在不稳定的路面高速飞奔时，轮胎就会"跳舞"。你也许认为自己会逐渐习惯这种"舞蹈"，但是当车子失去抓地力而且轮胎开始打滑时，大多数人还是忍不住会害怕。不需要很多摔下山崖或者撞上毒橡树的经历，人们就会患上打滑或者说漂移恐惧症。

　　无论刹车多么到位、路线多么得当、压抬多么有力，车子最终还是会在弯道漂移。不过不必害怕，因为实际上轮胎本来就从未完全抓牢地面。在过弯时，轮胎时而抓住地面又时而滑动。在铺就好的路面，轮胎胶粒每 1/10 秒蠕动 1 毫米，你甚至都觉察不到这种移动；在坚实的沙土地面上，轮胎每秒可能会滑动 2.54 厘米，这没什么大不了的；在布满岩石的地面，轮胎可能每过几秒就滑动 30.48 厘米……啊，好吓人！尽管前轮侧滑让人感觉很不安，但只要保持放松的低重心姿势并且让车子自由活动，那么轮胎将会重新获得抓地力并实现成功过弯。这时，每秒发生 10 次漂移还是每分钟发生 1 次漂移就没什么区别了。

　　"抓地—滑动—再抓地"是一个自然的过程，要适应这个过程并做好准备。

　　仔细查看弯道。如果你看到路上有砾石或者大理石，那么在过弯出现问题时就不要太惊讶。关于速度也是一样的道

北欧漂移过弯技巧

这里有个小诀窍：比如说你想要侧滑进入左转弯，那么你先将后轮滑向左边（朝向弯道内侧），然后再把车尾甩到右边进入弯道。这个先左后右的甩动能为入弯增加更多能量。

请看拉力赛车手的操作视频。

布莱恩小课堂

压抬过弯时，你可以在不可能踩踏时加速。入弯时，你得能解读地形，同时处理弯道，并决定在哪里使出最大的力量，在哪里收力出弯。

当你施力进入弯道深处时，整个身体实际上是被推入了弯道，这时你就增加了速度，这和在土坡的下坡施力是一个道理。

把握好时机是这个技术的一切，而整个动作又很快。一旦你感觉自己已经达到最大的重力加速度，就该收力弹出弯道了。

出弯的过程就像在土坡的上坡收力一样。

理：快速冲进水平弯道或者斜面向外弯道本来就是自找倒霉。

瞄准一个更急的路线。这使你有漂移的空间。你可以选择较宽的路线，但是接着收窄路线可能会导致你摔车。

额外福利：你很可能不是第一个滑过这个弯道的车手，在大家最终获得抓地力的地方也许有一个边坡或者至少有一个小土堆，你应该好好利用它。

侧倾车身，同时身体在脚踏和轮胎上保持平衡。这样能使你掌控局面。过度向弯道内侧倾斜容易打滑，就像朝倒立的扫帚的底部踢一脚一样。

在滑动中保持平衡。前后车轮应该能一起滑动（这就是人们常说的"双轮漂移"）。如果你能完美地在双脚上保持平衡，车子就会作为一个整体漂移。这感觉很棒！如果在右转时前轮突然打滑，那就在滑动中转向（向左）直到前轮获得抓地力，然后再轻轻地把车轮转回右边。如果后轮打滑，那就把自身的重量施加在前轮上。只要前轮保持抓地力，它就能将后轮拉回预定路线。

保持放松。是的，已经说了一万遍了。你越挣扎着抗拒滑动，侧滑就会越严重，车子必须能够自由行动。放心，经过一些练习后，铺满碎石的弯道就会像柏油路一样可以预判。

暂时失控没关系

找一个松滑且没有障碍的水平弯道，在这个弯道里骑得越来越快，直到车轮开始漂移。只要保持放松的低重心姿势，你会发现轮胎将重新获得抓地力，而你也将安然无恙。

注意：练习时要使用护具和平踏。

法国式过弯练习

1.找一个出弯口是上坡的弯道。

2.以各种方式练习——以不同的入弯速度、不同的路线、向上收力和向下施力等方式练习。

3.用向上滑行的高度来衡量成功与否。越高越好！并记住滑行最高的那一次是如何做到的！

答 疑 解 难

问题 1：当我开始过弯时，车子还在直线前进，我努力了半天但最后摔车了。

解决方案：这种情况很常见。首先要确保自己在入弯时保持较低的进攻姿势，然后侧倾车身，并且让车把自由转动（车子直线前进是由于没有让车把自由转动，最后的摔车是由于过度转动车把）。

问题 2：我总感觉自己要摔向弯道内侧……有时确实摔了。

解决方案：对于你的速度和弯道的弯度而言，你侧倾的角度太大了。可以减小一些侧倾角度或者加快速度，我们的建议是加快速度。

问题 3：我直接冲过弯道，但却沿着切线撞上一棵约书亚树，我已经猛捏刹把了。

解决方案：大多数时候只需更加侧倾车身就能解决问题，只要让车子自由进入弯道，就很可能完成过弯。如果这个方法对你没有用，那就减慢速度并沿着一条更温和的弧线前进。同时，一直看着你想前进的方向，要看到出弯口之外的地方。

问题 4：前轮出现侧滑。

解决方案：很可能是因为你太紧张而且身体向后移（这是自然的本能——让脑袋远离危险！）。入弯时双手要保持放松。如果前轮开始滑动，压把（用力，而不是自身的重量！），直到前轮重新获得抓地力。只要前轮保持足够的抓地力，就不用担心后轮会如何。

问题 5：在通过水平弯道和斜面向外弯道时总是不太顺利。

解决方案：要更加侧倾车身并将自身的重量施加在外侧脚踏上，选择更顺畅的路线，通过下压轮胎获得更大抓地力。

问题 6：在转弯墙里，我需要向边坡上方转动车把才能维持预定的路线。

布莱恩小课堂

前面我说过要掌握轮胎特性和解读地形，处理漂移也是如此。做到了这两项，你就能知道在什么时候可以让车子漂移并保持控制，什么时候必须停止漂移以防摔车。受控制的漂移是一种艺术，也是最好的感觉之一，而不受控制的漂移则会把你送到命运的手中。

　　解决方案：你骑得太慢啦！要么加快速度，要么就从转弯墙底部通过，转弯墙底部不会太陡。

　　问题 7：不管什么时候轮胎出现打滑，我都很害怕。

　　解决方案：要么减速不用漂移，要么在可控情况下练习漂移。滑动是山地车的天性，我们建议你要慢慢适应这种滑动！

　　山地车骑行中，弯道最为变化多端。转弯半径、弯面斜度、高度、地面情况、速度以及路线的各种可能组合让人难以捉摸。由弯道的形态可以判断出这条林道是世界级林道还是普通休闲林道，也能鉴别出优秀的车手和普通的车手。如果你能找到最佳路线并搭配正确的速度，同时还能获得最大的抓地力，那你就能在全世界最好的林道上尽情狂飙了。

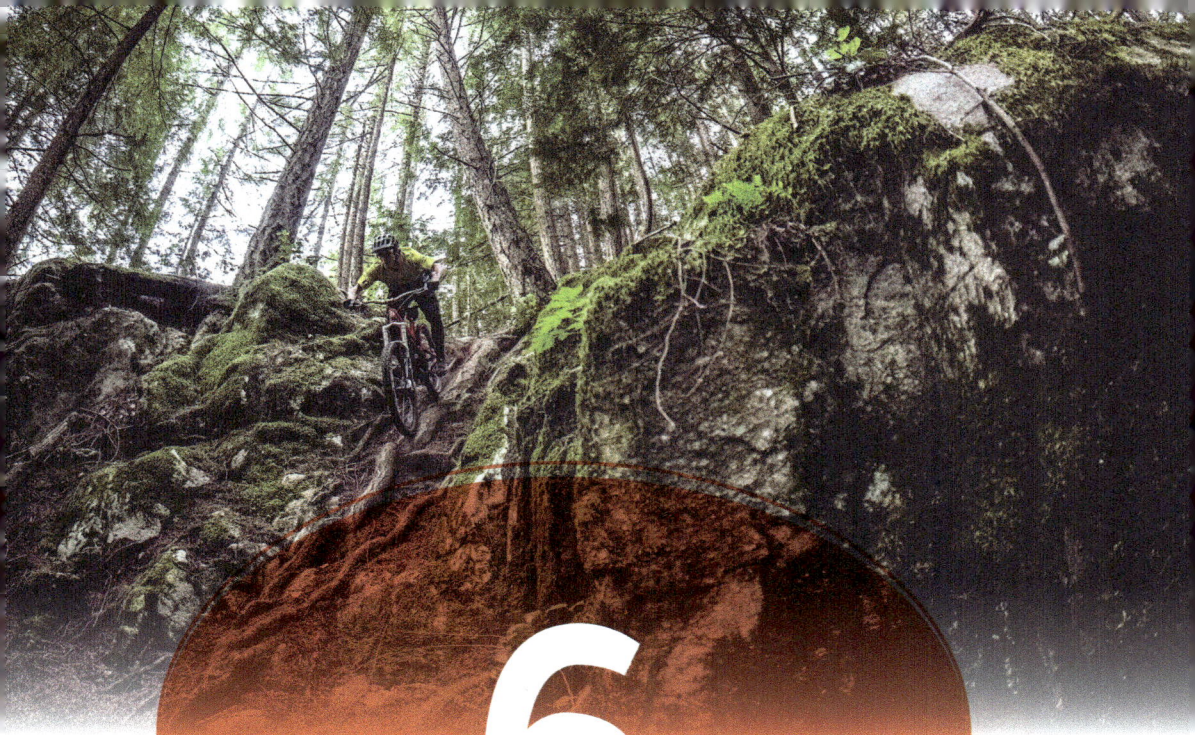

6

骑下所有障碍

山地骑行最棒的，也是对新手来说最恐怖的一点在于，骑车碾过所有疯狂的东西：陡峭多沙的斜坡，垂直嶙峋的岩壁，甚至是又高又远的落差。

记住，不管是滑下山坡，骑下岩壁，还是飞过怪兽般的悬崖，你都应当使用同样的基本技术，唯一的区别在于山地车的角度和轮胎与地面之间的间隙。

比想象的简单

为了能安全地享受从平顺的林道上骑下来的乐趣，你必须：

● 双脚保持平衡；

● 用手臂控制车子的角度，使之与地形契合；

● 用双腿减小高度变化并吸收冲击。

这些原则适用于土路、林间、石堆以及空中。

常见错误

很多人都能顺利通过障碍，但其中的大部分人都是用自己的力量和装备弥补了技术上的不足。你肌肉的力量和车子的避震器纠正了大部分错误，但并不是所有的，这就是为什么我们要追求完美的骑行。以下是 4 种最常见的错误下山姿势。

太高了？没问题。太僵了？没问题。在 2004 年李推过他的舒适区。

1. 不够低

为了在陡坡上做出需要的角度，你需要将臀部大幅后移并尽可能地把肩膀往车把靠。如果身体压得不够低，你就找不到合适的角度。压低点，再低点。

2. 太靠前

那些认为自己能够骑过障碍的车手经常犯这种错误。当手掌感到压力的时候，你就知道自己太靠前了。车把下落的时候会把你也带下去，你会感到自己的眼睛和脑袋都在下落。一个落差通常不致命，但是连续一串的落差会将你的重心不断前移，如果你掌握不好平衡，车子最终会失去控制，你也会从车把上飞出去。

3. 太靠后

这是最常见也是最危险的！这种情况在过度紧张或者接受了错误教学（或两者）的人中比较常见。

● 蜥蜴脑本能地把你往后拉，你就像个蹩脚的滑雪运动员一样。

● 包括认证自行车教练在内的很多人都告诉你要往后仰。

● 你不想前空翻，所以往后仰看起来很合理。对吗？错了！

注意讲话人

　　确保你把自己的身体和思维托付给了正确的人。你的下一位认证山地车教练曾经是一位优秀车手吗？还是只是个一知半解的家伙？

　　当手指感到拉力的时候你就知道自己太靠后了。当你的平衡点位于五通之后的时候可能发生这些坏事。

　　车把和躯干之间产生拉力，当车把从岩壁边下落的时候，它会把你也拉下去。

　　后轮特别重，当它碰到小的障碍或是岩壁边缘的凸起时会产生强大的冲击，接着会产生同样强大的回弹。

　　结果就是你会从车把上面飞出去。这可不好。

4. 太僵硬

　　如果你太靠前或太靠后，车把和身体之间的拉力会让你的手臂变得僵硬。如果你感到害怕，蜥蜴脑能让你的身体不自觉地变得僵硬。

　　当脑袋和眼睛在遇到障碍时发懵的时候，当下落差时脑袋感觉往下掉的时候，你都能感受到。那种"哇哦"的惊呼不是因为兴奋，而是因为脸朝地上摔受到了惊吓。

　　根据李的经验，一个紧张的人是学不会放松的。真正的紧张来自于恐惧，来自于蜥蜴脑。唯一的克服方法是在能力范围内骑车并且专注于动作的完美应用，在经过几次安全的重复后，蜥蜴脑就能跟上你的动作并使身体放松啦。

简单而糟糕的事实

　　如果在车上太靠前，你会遭到痛击然后从车把上面飞出去。

　　如果在车上太靠后，你会遭到痛击然后从车把上面被抛出去。这更糟糕！

　　用这个概念武装头脑：缓坡面和大落差在本质上是一致的，唯一的差别在于角度的变化、腾空的时间以及风险的大小。

　　双脚保持平衡。

　　不要——往后——仰。

　　先易后难，循序渐进。

　　玩得愉快！

下落差时保持完美平衡。

下落差时太靠后。

啊！

不好

滑 行 下 山

车手们很多时候都不敢骑下陡峭的林道，而这些林道要比想象中的容易很多。降低车座高度是必需的，把重心移到车子后方也是下陡坡必备的要素。

但是，我经常看到有些人移得太靠后了，这使得他们操控和使用前刹车变得困难了许多。如果想要使用前刹车并获得抓地力的话，最好在车把上施加一定的压力。尽管是在有很多大坑的崎岖路面，你也应该松开前刹，然后让前轮滚过这些地段。

拖着后刹减少打滑也能起到作用。在某些地形里，一旦后轮开始打滑，你只能开始加速，否则后轮会难以控制。在这种情况下，放开刹车通常是恢复操控力的唯一方法。有时候问题在于你速度太快而且很难慢下来，因为每一块区域都是独一无二的，但是出色的刹车操作能让速度慢下来，也能让你保持操控力。

你正在亚利桑那州凤凰城附近的沙漠中的一条陡峭多沙的林道上追逐你的哥们。他比你踩踏得更用力，但是你骑得更聪明并借助弯道获得了额外的速度。在一条从未见过的林道上骑车是多么美妙的事情啊！林道随着山脊蔓延，坠入浅水滩中，然后从另一边喷薄而出。你的朋友看见那陡峭松散的下坡的时候吓坏了，他捏着刹车，后轮侧滑着下到底，然后挣扎着用大齿比爬上另一边。而你只是向更远处望去，站在车上然后全力以赴地冲过浅水滩，成就辉煌，轻松通过！

对每一名山地车手来说，在平衡状态下骑过陡峭的地形是不可或缺的技巧。我们在培养你安全有力的骑行习惯，你在安全的地形上动作越熟练，在疯狂的地形上就能越灵巧地骑行。

到达山顶以后，进入战斗状态吧！

臀部后移。你一直在练习髋关节收缩，对吧？看看第2章的低进攻姿势或者髋关节收缩部分。

肩膀压低。下坡越陡，肩膀就要越低。

手轻。就像在开茶话会一样。

这是一条了不起的线路，但是这个坡太直了。布莱恩站在脚踏上收缩身体，然后轻轻地将车把推向下坡方向。

尽可能地往远处看。这样你能看到自己将要经过的排水沟。

随着车子进入下坡路段，把车把往前推，使车身角度与地形相契合。在缓坡上的动作要轻柔，而且有时候要比在陡坡上更需要技巧，因为地面对车子的回馈不够有力。

臀部位于车座后方，但是身体不要动，要让车动。

手臂伸直。坡道越陡，手臂越要伸直。

头部和躯干的角度与在山顶上一样。不要让车子把你往前往下拉，在车子的中间身体保持平衡，然后把车把往下往前推。

如果臀部不在车座上，而且手掌也没有压力的话，那太完美了，就这么简单。体会那种感觉，并且四处尝试吧！

碾　下　岩　壁

当你在亚利桑那州凤凰城的仙人掌和巨石之间轻松愉快地嬉戏和放纵时，浑身是土的朋友正费劲地踩着脚踏，努力不被你甩掉。他们骑的是超级昂贵的全避震山地车，而你只用单速硬尾车就拉爆了他们。功夫取胜！

林道的上上下下和忽左忽右的节奏带你进入了精致流畅的状态。林道非常流畅，也好预判……然后突然间——哇！——一块岩壁挡住了道路。在半秒的时间里，你了解到了如下信息：落差大概60厘米高；有一处回旋余地，但是沙子特别多，而且布满了婴儿脑袋般大小的石头；岩壁下面是一个简单的下坡连着一个有弯墙的弯道。

你的蜥蜴脑选择了一条精致的线路。你本能地收缩身体，把车把从岩壁上推下去，然后滑过弯道。轮胎究竟什么时候从岩壁上下来的？你没有感觉到，所以没关系。你沿着上升的方向继续前进，回首凝望，看到后面的那些伙伴正在侧滑，然后他们不得不停下来，喘着粗气，想知道你去哪儿了。

根据不同的环境，你可能经常骑过岩石、原木、树根、阻水栅栏以及其他障碍……呃，或者叫……机会。当你骑下任何突然出现的障碍，车子的前轮会突然下降，如果你没有处理好这种情况，你也可能跟着掉下来。

下山的原则仍然适用：

- 双脚保持平衡；
- 让车子的角度契合地形。

但是角度变化越大，过渡就越突然。这意味着：

- 要将身体压得非常低；
- 尽量推车把。

下面的图片是科罗拉多州博尔德法尔曼自行车公园里的一个小落差。李一开始骑得很慢，但后来逐渐加速，然后更快，就是为了向你展示如何在不同的速度下应用同样的技巧（最终你腾空了！）。

缓慢骑下岩壁。

1. 双脚保持平衡。

2. 向前向下推车把。

3. 伸直双腿，轻拉车把。

4. 双脚保持平衡。

低速

任何打过太极（这是李上大学时的一门选修课，不过他太有活力了，以至于总打不好）的人都知道低速但有目的的移动要比高速乱动难得多。出于这个原因，慢慢且完美地骑下岩壁是一项惊人的挑战。李在科罗拉多州博尔德法尔曼自行车公园展示了完美、安全且较为和缓的下岩壁动作的技巧。

1. 以低位、预备姿势接近岩壁，要低到车把的全部移动范围都在手臂活动范围以内。

2. 当前轮从落差上滚下来的时候，把车把往前往下推。前轮落下来的同时车把和五通会绕后轮旋转，但你的头部和躯干不动。如果落差出现得很突然，你推车把的动作也应当迅速。快推才能掌控车辆。

3. 后轮下落的时候伸展双腿，然后手臂轻微地向后拉。手臂的拉动幅度虽小但很重要！如果你不调整身体的角度，那落地时身体相对于车子的位置就过于靠后。这种情况下，车把会猛拉你的手臂，前轮会晃来晃去，最严重的情况下，你会从车把上面飞出去。

4. 落地以后，你应该将四肢伸展开并完美地保持双脚平衡。如果接下来还有落差，赶快压低身体！

中速

　　还是同样的落差但是车子的速度快了点——不过还不够快，前轮落地的时候后轮还在木道上。这是在不腾空的情况下骑过这个落差的最快速度。

　　技巧和低速状态是一样的！

　　1. 站在脚踏上。

　　2. 使车辆的角度与地形相契合。

　　如果你把这两点做到了，那你骑下岩壁的速度有多快根本不重要。这就是说，和低速骑下落差相比：

● 车子经过的抛物线更平，你会感到车把往前移动得更多，往后移动得更少；

● 车把的拉力不那么大了；

● 手脚做动作的时间更接近，而不是先动手再动脚；

● 整个过程更加轻松和顺畅。

中速骑下岩壁。
和低速一样。

1. 双脚保持平衡。

2. 向前向下推车把。

3. 双脚保持平衡。

高速骑下岩壁。

和低速一样，只不过腾空了。

1. 压低身体并保持平衡。

2. 飞翔：放松！

3. 站着降落。

高速

当速度快到两个车轮同时离地的时候，你就正式腾空了。尽管你的蜥蜴脑可能有不同的看法，但是低速骑下岩壁、中速骑下岩壁和高速飞下岩壁的技巧是一样的！

这超级重要。站在脚踏上，使车子的角度与地形相契合。如果你这么做，那你是否腾空根本不重要，有的时候你根本不会注意或关心自己是否腾空了。

同样的"脚与角度"原则也适用，你要用双腿尽可能地保持头部水平。以下是高速骑下岩壁与上述的低速和中速骑下仅有的区别：

● 车子腾空时的抛物线很平；

● 你不必用力推把；

● 你腾空了——大多数成年人腾空的时候都被吓坏了；

● 尽管动作很简单，从小处开始然后逐渐安全地提升还是很必要的。

一旦你掌握了在不同的速度时如何处理岩壁和小落差，你就能飞更大的落差。

飞 下 落 差

在享受了飞下以往从没见过的 60 厘米落差的快感后，你的朋友们终于忍不住问你到底在干什么，然后你告诉了他们自己的功夫技巧。

现在所有人都玩得更开心了。你依然在前面开路，带出漂亮的节奏，骑过干净的路线，展示完美的技巧。其他人都在模仿你，他们也骑得更快更轻松了。掌声送给大家！

在下一个补给点，有个人提到了那个"大落差"，那个使很多人折戟、夜不能寐的落差，而你说，"让我们去看看吧"。

林道随着山脊蔓延，然后在一个急弯后通向一个浅水滩。林道的一边是陡峭崎岖的沙坡，要想通过就必须在浅水滩里拐个急弯，太危险了。另一边是悬空的岩壁，距离岩壁 3 米远、1.5 米下有一个看起来还不错的坡道，正好能通向浅水滩的另一边。你的大脑粗略地算了一下，想象着自己的初速度和飞行抛物线。那条红色的虚线正好落在坡道上。

你开始进行起飞前的确认：我想这么做吗？是的，这会很有趣。我知道怎么做吗？是的，这和之前的岩壁差不多，只不过飞得时间久一点。我能现在就做吗？是的，我头脑清醒、身体强壮。我害怕吗？当然不了。

于是你以中等速度出发，看了眼落地点，压低身体，然后起飞。在空中，时间仿佛停止了一般……还在飞翔……还在……飞翔，你的飞行蜥蜴脑使你处在车子的中间，并让你向下推车头以契合落地点的角度。呼——你落地了，惯性带着你冲上了另一个山坡。这是有史以来你做过的最棒的一件事情，然而你感觉就像什么都没发生过一样，但你依旧很了不起。

尽管这块石头可以骑，洛佩斯先生仍决定多用点力然后降落在别处。

某某人飞下了大落差并平稳着陆是山地车运动中最吸引人的话题（仅次于兔跳后平稳着陆）。飞下落差的画面非常炫酷且备受车手们追捧，但也有潜在的风险。

好消息: 飞大落差（大不大你说了算）的技术和飞小落差（小不小也是你说了算）一样。

一旦你了解了如何控制飞行的角度和高度，飞下大落差就是一个系统而谨慎地建立信心的问题了。

注意：这部分重点讲述高速飞下落差。低速骑落差，也叫后轮下落差，更为复杂，本章稍后会讲到这一点。

布莱恩小课堂

一般来说，当你以一定速度飞下落差的时候总想尽快着陆，除非有特别的过渡点，而这个地方可能需要拉抬车把或者多飞一段才能到达。

如何飞下大落差

到现在为止，对于下面的内容你应该很熟悉了。

1. 以低位进攻姿势接近，你应该摆好角度并压低身体。你在车上的位置越低越好。

往远处看——弯道、石头、土坡，或者别的什么东西，永远不要盯着落差的边缘或者落地点。你需要让自己的导航系统去追寻未来，因为你必须要做到完美，才能有光明的未来。

不要——往后——仰。脚重手轻。

2. 前轮腾空的时候开始推车把，和低速骑下岩壁相比，动作要轻柔一点，慢慢推。

当你在飞下落差这门功夫里练到黑带的水平的时候，双手就会自然地追随车把的弧线。还在学习阶段的时候，最好还是有意识地推车把。

3. 当你腾空的时候，保持振奋并处在车子中间，调整车子的角度以契合落地点的角度。

飞下落差。

4. 双轮着陆，将自身的重量施加在脚上。好极了！ | 3. 伸展双腿的同时调整车子的角度，使之契合地形。 | 2. 往前推车把，重心放在双脚！ | 1. 身体压低并处在车子中间，髋关节开始收缩。

如果你需要飞得更远呢?

大部分情况下,我们都希望脑袋尽可能地少下垂,所以我们尽量缩小落差。也就是说,压低身体,然后伸展身体。

飞得更远的最简单的方法?再骑快些。但是速度通常是由起飞时间决定的。

如果你需要额外的助力——比如说,飞过一个坑然后落到远处的坡上——可以通过增加臀部的力量来飞得更高。

首先,学着在保持身体平衡的同时对车子施力和收力(看看第2章的"向下施力和向上收力"部分)。

然后,随着你接近起飞点,先变轻,再变重。用你的体重施压,以使车子在你起飞的时候回弹。这样得到的额外高度会让你飞过更远的距离。当你在空中的时候,把这当成一个普通的落差就好。顺便说一句,如果能把这一技巧学好,你就可以准备学习飞越了。

你可能下 0.3 米、0.9 米、1.8 米、3 米高的落差,从技术角度看,这些落差没什么区别,但是你必须足够自信才能完成每一个落差。这就是为什么我们要从小处开始然后逐渐升级,在空中的时候吓坏了可不好。

4. 双轮落地,把自身的重量都施加在脚上。很好!如果你着陆时身体处在车子中间的话,双腿能吸收冲击,脑袋可以清醒地计划下一步的动作。

重点: 它们都一样

中速的感觉比低速要疯狂,高速的感觉比中速要疯狂,腾空的感觉更疯狂!

但是这些技巧在本质上都是一样的,而且都很简单。

1. 站在脚踏上。

2. 调整车子的角度使之契合地形(或落地点)。

3. 用双腿吸收冲击,头部尽可能不动。

低速,中速,高速;岩石,原木,树根;在地面或在空中——都是一样的!从小处开始然后逐渐提升。玩得开心!

布莱恩小课堂

飞越通常是从障碍上下来最安全的方法,当你在空中的时候,就不必担心自己的轮胎会陷在坑里,卡在车辙里,或者是在树根上打滑了。

而一旦开始腾空,你就要准备好着陆并且立即加速,所以找到一个安全降落的地方并且控制速度是至关重要的。有时候飞越是必需的,当路况极为陡峭和崎岖,或是要以极快的速度冲下陡峭的障碍的时候,飞越是你唯一的选择。

它们都一样。
只管双脚保持平衡并调整角度。

1. 低速骑下岩壁。 2. 中速骑下岩壁。 3. 高速骑下岩壁。 4. 飞下落差。

后轮下落差

你带着凤凰城的哥们踏上了另一条从未去过的林道。这条道更陡也更宽，像是有人把一条普通的林道水平加宽了 25%，垂直调高了 10%。

你正在冲过岩壁，压抬过岩石，在巨石中见缝插针。这太酷了！这里没有什么和你伊利诺伊州家乡的平坦林道相似。

然后，意料之中的事发生了：你骑上了一块断崖……前面是 1 米高的落差。你的蜥蜴脑在记忆里努力搜寻……到了城市通勤部分，啊，就是它：后轮下落差。

你慢慢靠近边缘，踩下脚踏，抬起前轮，然后轻轻地跳下去并用两轮落地。真简单。谢谢你，蜥蜴脑！

"哇，"你的哥们说道，"我们要学的东西还很多啊！"

之前介绍的下落差技术十分有用，前提是你有足够的速度飞过足够的距离。但是当你速度不快地靠近边缘，而落差太高你没法骑下去的时候应该怎么办呢？

选择 1：停车，推下去，接着骑。

选择 2：用后轮骑下去。

我们现在就要告诉你，后轮下落差是一项高级技术。

1. 它总是出现在存在高风险的地方——独木桥的终点、锯断的红木树墩、高的岩壁边缘之类的地方。

看起来布莱恩准备用普通方式下这个落差，但是在最后一分钟，他决定踩几脚来抬起前轮。这叫混合滚动和后轮下落差。感谢这些技术吧。

2. 要知道失败的方式有很多种，而这项技术需要完美的身体平衡以及高超的踩踏技术。

首先，先练好冲刺（查看第4章的"冲刺"部分）。具体来说，要掌握最开始的髋关节伸展和第一脚踩踏的动作。在平地上练习这个技巧，确保：

● 你能从坐姿（或者进攻姿势）转换到完全直立的站姿；

● 你能完美地保持平衡，身体不会往前倾或往后仰；

● 前轮在踩踏的时候离地，并在腾空之前一直高于后轮。

必须掌握这些动作，才能保证下落差时万无一失。当你准备好开始后轮下落差的时候，先从低矮的台子开始，确定自己掌握以后再增加高度。

1. 缓慢地接近边缘，手臂伸直，坐着操作是最简单的。对于大多数人来说，1∶1的齿比（例如34/34或者30/30）能提供正确的压力和弹跳组合。你或许没时间变速，这也是一个用轻松齿比骑复杂赛道的好理由。

2. 在岩壁边缘，伸展强有力的髋关节，握紧车把，这能帮你在起飞的时候加速并抬高前轮。如果你需要大扭矩——你当然需要——高高站在脚踏上。

3. 腾空的时候调整车子的角度使之与落地点相契合。落地点如果是下坡的话就压一下前轮，如果是平地的话前后轮就高度保持一致。

4. 双轮着陆，将自身的重量完美地施加在脚上。

很棒！

后轮下落差的髋关节伸展。
必须把这个动作做对，先从小处着手。

1. 使用1∶1的齿比，保持平衡。

2. 当前轮到达落差边缘的时候，髋关节伸展，从手到臀部，从臀部到手。认真点！

3. 这样能把前轮抬起来。

4. 继续踩踏，直到后轮离地。

用后轮着陆会怎样呢？

这个流行的街攀技巧能帮你吸收大部分落地冲击，但是相较于双轮着陆需要更多的技巧和力量。后轮下落差时，要两轮同时落地。当你能在屋顶上安全地骑车的时候，就可以说准备好（也需要）学习后轮着陆了。

布莱恩小课堂

后轮下落差是一项必须掌握的很棒的技术，用一点点速度甚至在静止的情况下，你就能从落差的边缘踩半圈曲柄然后骑下来。正确的齿比能抬起前轮并带你下落差。

运用这项技术的时候，时机和齿比的选择非常重要，过大或过小的齿比都会导致灾难。如果齿比过大，踩半圈曲柄并不能抬起前轮，这就好比开车时挂三挡起步。如果齿比过小，结果是相反的，前轮一下子就起来了，但是动力也会瞬间消失，你不得不快速踩踏以保证前轮翘起。

答 疑 解 难

问题1： 从陡坡上骑下来的时候，肱三头肌感觉紧张或酸痛，眼睛难受，前轮撞到障碍上。

解决方案： 将重心后移，从手移到脚上。

问题2： 下坡的时候，肱二头肌紧张或酸痛，车子不能转弯。

解决方案： 重心前移，直到手指不再感觉有拉力。

问题3： 飞完落差着陆的时候，车把将人往前拉，车头不稳。人可能从车后面摔下来。

解决方案： 你落地的时候太靠后了，这是面对恐惧时的自然反应。落地时身体靠前一点，双脚保持平衡。

问题4： 骑下岩壁的时候有种"哇"的感觉，就好像惊叹号要从脑子里出来了。

解决方案： 要知道这并不是兴奋，这是你的脑袋被甩向地面的感觉。如果下山时骑得正确的话，感觉是轻松且平静的。

问题5： 从岩壁或者落差上骑下来的时候会受到猛烈的冲击。

解决方案： 很大概率是你站得太高、太靠后，而且动作僵硬。在小一点的、安全的障碍上提高技巧并恢复自信吧。

问题6： 每次练习后轮下大落差的时候都从车把上面飞出去。

解决方案： 面对你还没有准备好后轮下落差的现实吧。重新练习踩踏动作，然后从小台子上开始练习并逐渐提高。

问题7： 不敢骑下任何东西。

解决方案： 那就别骑！山地骑行赋予了你骑下有趣和疯狂东西的机会。从基本的技术开始然后逐渐提高，随着时间的推移，你的技术和信心会逐渐增加，你也能像骑下缓坡一样飞下大落差。

骑上任何障碍

很多山地车手好像就是为了下坡而活着的。但是直面现实吧：我们必须先爬上那些山丘，而且越高效越好！

有些人是强壮的爬坡手，但没几个人是技术高超的爬坡手。至于技术性爬坡，大多数山地车手都没有掌握高效有力地征服陡坡的技术。

关键在于，简单点说，就是双脚平衡且髋关节发力（是的，总会提到它）。

随着你对本章介绍的技术的深入掌握，对你来说技术性爬坡会变得越来越简单，甚至会变得有趣。

李是怎样跟着BMX车手学好爬坡的?

李跟着一名BMX车手学到了真正的爬坡技术。在和格雷格•罗梅罗教练在奥林匹克训练中心练习闸门起步和冲刺以后，他站在通向家门的坡道上，将臀部往前拉，然后感觉到了神奇且容易发出的力量。那就像——哇，我过去20年都骑得很好，但是这一招——髋关节发力，一直没用过。现在他爬坡轻松多了。

布莱恩小课堂

爬坡会用到一系列你从未想过的因素，除了最显而易见的身强体壮以外，好多技巧能帮你爬得更好。

常见的爬坡错误

大多数车手在爬陡坡或障碍的时候会出现以下情况。

如果身体太靠前：

- 手掌、肱三头肌和胸部都会感到压力。
- 前轮很重地撞到障碍上。
- 后轮打滑。

核心力量能帮你在车上站直，从而不会为了获得支撑而前倾。

如果身体太靠后：

- 手指、肱二头肌和背部会感到拉力。
- 车子在后轮经过从平路到陡坡（或陡坡到更陡坡）的过渡时会减速。你要么更用力地踩踏，要么停车。此外，你还可能从车上摔下来。
- 后避震器压缩得很厉害，经常撞到脚踏。
- 前轮不受控制地漂移。

如果你坐在车上——或者臀部在车座的附近——我们确信你太靠后了！

如果弯腰驼背：

- 弱小的肱二头肌成了动力链的一部分，从而让你变得虚弱。
- 有的时候腿会不受控制地停止踩踏，这是因为大脑感到身体系统没有在正确运转。基本上是这样的：切断腿部的动力！我们快要把肱二头肌撕碎了！
- 腰疼，尤其是中年男性。可不止我们知道这个。

没几个山地车手能在车上站直，这需要练习。

免费的100瓦！

李有时候和精英耐力运动员一起骑车，他们在长坡上能维持比李高100瓦的功率输出。当林道变得平缓，他们会拉爆李。在技术性路段使用爬坡技术，李就能跟上他们！换句话说，本章的爬坡功夫能帮助你弥补100瓦的缺陷。

轻松爬坡的关键

如果你体验过任何先前介绍的情况，那就是在浪费体力，也不会得到应有的乐趣。

不管林道从何时由平变陡，或由陡变得更陡，关键点其实很简单（仍然应该耳熟）。

1. 双脚保持平衡，脚重手轻，身体处于车子中间，使自身的重量均匀地施加在两轮上。

2. 调整车子的角度使之契合地形，这能使你在非常陡峭的路段保持平衡。

3. 尽可能地站高，这能让你发挥出全部力量。如果背是弯的，你会变弱（背也会受伤）。

只要保持双脚平衡，你就能轻松地踩踏通过陡峭的岩石并同时转弯。

爬坡的道路上可能有泥土、岩石、原木、混凝土，或是其他任何东西。当你学着在双脚平衡状态下爬坡的时候，你可以节省能量，感觉一切尽在掌握之中，甚至会享受爬坡。

踩 踏 上 山

你每个工作日在公路上骑车 32 千米通勤，也就是每天 1 小时，每周 5 天，每年 52 周，快慢难易长短的情况都有：你是个坐踩大师。但是山地骑行的情况不同，而且更难。你奋力在缓上坡上维持速度，最差劲的运动员也比你骑得快，坦白地说，这把你气疯了。幸运的是，你非常聪明，能解决这一问题。你看，爬坡就和下坡一样，是一项可以通过练习掌握的技术，于是你找了一个有平缓过渡的陡坡或是在公路上练习站立爬坡。

把自身的所有重量都施加在脚上。这样你能处在车子中间，正好是能保证后轮摩擦

当林道突然变陡的时候，站起来骑行的感觉是很好的（只要能双脚保持平衡）。为了让下一次爬陡坡时更加轻松，试着在站高的同时把身体的所有重量都施加在脚上。

布莱恩足够强壮，能爬上大多数他喜欢的坡，但是注意他是如何坐在座鼻上的。他的手臂处于紧张状态，重心很好地位于五通之后。当车子的后轮撞到石头的时候，他会失去一些动力。对我们这些凡人来说，站起来可能感觉会更好一些。

力和前轮通过性的位置。

手掌不能有压力！为了获得额外的动力，你可以把车把往后拉。不要推车把！

尽可能站高。这能让你伸展髋关节，然后使用优美的臀肌。

手掌不能有任何压力！如果需要额外的动力，抓住把套然后往后拉。不要前倾。

臀部不要靠近车座！如果坡很陡，而你站在脚踏上，那车座应该远离臀部。很多人会努力不坐在车座上。专心点，小蚂蚱。

什么时候该站着

大多数车手在坐踩时感到更加舒服和高效。如果一件事能让人高兴，那我们应当这么做。但是，你怎么能知道是时候把臀部抬起来了？

山坡太陡以至于不能保持身体平衡。如果座鼻蹭到了私密部位，把立扫到了胡子，而手臂感到了拉力，前轮不受控制，那你的身体显然太靠后了。

看到障碍时。你像一台发动机般轰鸣，功率达到了最大功率的90%，你感觉棒极了，但是前方出现了一块岩石、一条树根，或者是一滩浅水。前轮滚过那个东西的时候，车子会处于非常倾斜的角度。如果你还坐在车上，那身体就太靠后了，后轮会撞到障碍上，而你不得不用力踩踏（否则就会突然停下）。

在这两种情况下，站起来然后把重量传递到脚上，私密部位会感谢你的。你应采用一个平衡站立的踩踏风格。

从平到陡的过渡

随着练习的增加，你逐渐学会了站立时维持世界级的踩踏。看到一个渐进的陡坡的时候，你会站起来，保持平衡，然后让双脚飞翔。结果就是，山地骑行变得非常简单（也更加有趣），但是你始终在面对急速上升的陡坡时减速。岩壁、溪岸、缠结的树根……都使你烦恼，而那些胖乎乎、毛茸茸的山地车手们还在踢你的臀部。

一旦你掌握了如何在陡坡上保持平衡，你就可以开始从平到陡的过渡了（或者从陡到更陡）。从平缓的过渡开始练习，以便体会平衡的感觉和时机。

基本上来说，你需要完成以下几点。

1. 以正常的坐踩姿势前进，手臂应当伸直，轻轻踩踏，给后期发力留出空间。

2. 随着道路变得更陡，尽可能地站高，把自身的重量都施加在脚上。髋关节发力，用手臂把车把固定到位而不是把车把往后拉。在更急剧的过渡上，你还是会用手臂往后拉的。

3. 一旦道路变得更陡，髋关节就要全力以赴。躯干和头部应当平缓地前移，而不是前后晃动，而前者是良好平衡的标志。

4. 当道路变平之后，回到坐踩姿势。嘭！现在你准备好进入下一个上坡了。

你需要更多的力量来应对非常陡峭的道路或是非常大的齿比。髋部多用力！手臂固定好车把。如果你是个单速车手或BMX车手，那么髋关节发力伸展应该是你吃饭的本钱。

所有的山地车手都应当练习平衡而有力的髋关节发力动作。如果动力足够强大，前轮能从障碍的迎面飘过的时候，那你就可以准备对付更急剧的过渡了。

凯文·史提勒教练在上摩押的陡坡时有着无可挑剔的姿势。

踩踏上岩壁。

1. 在脚踏位于12点钟位置时进攻。

2. 髋部向前。

3. 在大障碍上手臂要多拉。

4. 爬上岩壁。

5. 髋部远离双手。

踩踏上陡坡面

在一定次数的练习后，你可以在平缓的林道上、陡峭的林道上、平缓的过渡地带，以及锋利的岩石边缘平稳地骑车了。你开始有山地车手的感觉了，这感觉超级棒。

但是明年春天你要去犹他州的摩押，你也听说过那里有技术性、多岩石的爬坡。如果你是最慢的车手……比那些穿着大裤衩的下坡手还慢的话……好吧，你不可能让这种事情发生。现在，是开始使用平到陡的过渡技巧和增加一些功率的时候了。

在之前的几个例子中，我们通过平缓的过渡来教你如何保持身体平衡、对齐以及找准合适的时机。在接下来的例子中，我们会遇到几乎垂直的岩壁，但技巧几乎是一样的，唯一的区别是：更大的力量。

1. 以正常的坐踩姿势接近，手臂应当伸直，轻轻踩踏，给后期发力留出空间。1：1 的齿比就很好。

选择合适的时机，髋部向前移动并打开，双手向后拉把。把前轮抬上岩壁需要时间和空间。在 1：1 齿比的低速状态下，距离岩石 60 厘米时发起进攻，这样当前轮搭在岩壁上的时候脚踏正好处于水平状态。

计算踩踏时机，以便脚踏通过 12 点钟位置的时候可以发起一次有力的进攻。

2. 进攻的时候，髋部向前移动并打开，同时往后拉车把。平稳但要用力！扭矩能把前轮抬起来。

如果你能在车子中部保持身体平衡，后轮就能正好碾过岩石。

不要往后仰，否则你会失去动力，后轮也会狠狠地撞到障碍上。

3. 车子再次水平的时候，弯曲髋关节，回到正常的姿势。此技巧能使技术性爬坡变得简单甚至有趣，多加练习。

当你掌握了把前轮抬上陡峭的岩壁的技巧后，可以学习用腿部把后轮拉上垂直的岩壁。我们接下来会讲到这一点。

飘上垂直的岩壁

让我们继续！你正踩踏着爬上最陡峭的岩石，也感觉很轻松。你开始好奇为什么自己曾经喜欢过公路骑行。我是说，公路骑行很棒，也有明确的目的，但是现在你知道了如何下坡，也就不再把公路骑行当回事了。你开始穿着宽松的衣服通勤，开始长腿毛，也开始骑山地车上班，这样可以随意跳上马路边。

最后的边界？在那些真的很需要技术的爬坡上，你想要选择常人不能完成的路线。你想骑上又高又陡的、需要腾空才上得去的岩壁。

好消息：你可以使用和骑上岩壁同样的技巧。唯一的区别？当然是更大的力量了。

你必须相信，当髋关节的力量爆发并往后拉车把的时候，你实际在：

- 创造强大动力；
- 保持平衡；
- 用杠杆原理把后轮压到地面里，一般来说，对车把施加45千克力（441牛）的拉力能对后轮施加90千克力（882牛）的压力。

前轮碰到岩壁顶端的时候，后轮会十分沉重。一样东西变重以后会发生什么呢？它会变轻，甚至像羽毛一般。你可以利用这个特点把后轮抬上垂直的岩壁。

1. 以正常的坐踩姿势接近岩壁，手臂应当伸直。

2. 进攻！挺髋拉把。

3. 前轮碰到岩壁顶端的时候，双脚向下压。这时候，避震器处于压缩状态，后轮变得非常沉重。用脚把后轮往下推以带来额外的重量，让后轮往上回弹，这很像在健身房里做跳箱运动。

4. 车子变水平后恢复正常的坐踩姿势。

当你完美完成上述动作的时候感觉非常容易，好像动用了自己的全部体力，又好像一点也没用。在极低速的情况下，这感觉像是1……2：先是髋关节伸展，然后是下压。你骑得越快，髋关节伸展和下压动作就会越连贯，将这两者结合得更加紧密，你就能骑上更大更陡的岩壁。

飘上垂直的岩壁。

1. 在脚踏位于12点钟位置时进攻。

2. 髋部前推。

3. 下压车子。

4. 抬脚。

5. 髋部远离双手。

布莱恩小课堂

过去的几年中我遇到了一些有难度的爬坡：部分是因为坡度陡、长度长、没有抓地力，另一些坡道虽然短，但是超级复杂且需要精湛的技巧、力量以及正确的齿比选择。

在拉古纳海滩有个爬坡，我们称它Speedway。它是一条防火道，大概15分钟内要爬升300米。它全程很陡，有很多又陡又松散的部分，而且只有一个用时20秒的路程能轻松踩踏并稍作休息。这条坡道很变态——我只爬过三四次，因为感觉太糟糕了。遇到这种坡道的时候，我建议车手在维持抓地力和平衡的前提下选择最低的齿比，以便为那些需要费力的部分保存能量和体力。

答 疑 解 难

问题1： 站立爬坡的时候后轮打滑。

解决方案： 把手松开！锻炼核心力量，重心放在双脚上。

问题2： 爬坡的时候前轮不受控制地漂移。

解决方案： 不要像害怕爬坡一样身体往后仰，重心放在双脚上。

在犹他州摩押跳上砂岩。

问题3： 坐踩爬技术性坡道的时候感觉非常颠簸，而且没有力气了。

解决方案： 站起来！这能省很多力气。

问题4： 前轮很容易就能滚上小岩壁，但是后轮很难：嘭！

解决方案： 如果你坐在车上，那真丢人。站起来！如果你已经站起来，再站高一点，不要往后仰。

问题5： 你在技术性爬坡时发起了进攻，也很努力，但是……脚踩不动了。

解决方案： 检查身体是否呈一条直线。我猜你肯定是弯腰驼背，手臂也没伸直；大脑切断了传向双腿的信号，以免手臂受伤。

问题6： 爬坡很难。

解决方案： 每个人生活习惯的不同导致了我们的身体状况也不一样。学着如何踩踏，然后学着如何用伟大的功夫爬坡，这能帮你发挥出身体的最大潜质。

问题7： 公路骑行变得索然无味。

解决方案： 我们为此道歉，但是一旦你踏入下坡的世界，就没有回头路了。把公路当作跑腿、训练和开会的工具。这是新的高尔夫。

身体的能力会被基因、年龄和生活方式所限制，但是爬坡技术？它们是无限的！花时间学习一下本章介绍的简单但有效的技术，你会在爬坡过程中发现更多乐趣……也能为下坡留出更多的体力！

8

通过压抬获取速度

学习了骑行姿势、刹车、过弯等基础知识后，我们现在来深入了解压抬地形的艺术和科学。为什么要学这些呢？

● 学会压抬以后，你在任何地形都能骑得更快更流畅。更快更流畅意味着既酷又安全。

● 压抬的基本技能（特别是身体上下的协调）构成了后轮滑、兔跳、飞越等高级技术的基础。技术性爬坡本质上就是一边踩踏一边压抬。

压抬技术很重要，也很有趣！

什么是压抬

压抬时，你在做 3 件重要的事情。

1. 主动让自行车的角度与地形实时匹配，骑上、骑下单个障碍的时候就是在做压抬练习。压抬连续的起伏地形使用的是同样的基本动作，只不过要多次重复并更加用力。

2. 用双腿调整身体的高度和车子的压力。在自行车上下坡时，保持头部水平。上坡时屈腿，下坡时伸腿。如果你会猫跳滑雪，就能明白这个道理。

3. 积极扫视前方的起伏地形和弯道，寻找想要做的事情比关注想避免的事情更令人满足（也更安全）。

你是否看到了爱的正弦波？轻盈上岩石，然后以碾压之势下岩石，并利用这种力量来通过下一个弯道。

压抬的好处

压抬让骑行更有趣，具体来说包括以下几点。

● **最大限度地减少或消除撞击起坡面的影响。**

● **在接坡面加速。**

● **流畅通过更大、更难的起伏，**感觉很容易。

● **所有骑行感觉都更好。**压抬时，选择路线时更激进、更自信，这能帮你进入流畅状态，发挥出最大潜能。

● **压抬动作是高级动作的基础，**例如后轮滑、兔跳、飞越、技术性爬坡、高级转弯等。

最高级别的骑行几乎是压抬一切。如果你真的想要骑好车，就练好压抬技术。

职业水平的压抬是一个高度周期化、一体化的全身运动，轮滑、兔跳、飞越也都采用相同的方式，那是我们的努力方向。但首先，我们来分别练习，这与李授课的进度相同。警告：控制髋部可能是一个挑战！

压抬第一步：双臂

正如前几章中讲到的，你应该始终：

● 双脚保持平衡；

● 主动调整车子的角度，使之与地形契合。

当你的车调整到了合适的角度，你就可以在自行车中间保持平衡；如果再强有力地推拉，则能做出压抬动作。这能让你在疯狂的地形上更安全、获得更好的操控力和更快的速度。

时机

请原谅我们。多年来（以及本书之前的版本）我们都告诉人们骑过起伏地形时用手臂推拉。这个技巧在那时没有问题，效果很好，它能吸收大量冲击，让头部保持相对水平。许多优秀的车手都这样做。

现在，我们的知识升级了。当你上下推拉时，身体通常会失去平衡，无法完全发挥出自己的能力。你准备好升级了吗？

把所有地形想象成波浪。压抬场或 BMX 场内的一组馒头坡是最明显的例子，这是一个字面意义上的正弦波。

乱石堆、原木堆和其他起伏地形可能看起来很混乱，但我们鼓励你忽略细节，感受它们的整体波形。你的身体、思想和装备能力越强，你就越能够感受到爱的正弦波，而其他人只能看到困难。

不要去想上上下下，我们来想象波谷和波峰。

当自行车通过波峰时，车把向前推，远离身体。

当自行车通过波谷时，车把向后拉，贴近身体。

在三角函数中，波形停止向上弯曲并开始向下弯曲的点称为拐点。当然，还有一个拐点，在这一点波形停止向下弯曲并开始向上弯曲。

如果你想拥有最大的力量和流畅性，那就在拐点处开始拉或推！换句话说，当波形向上弯曲时开始拉车把，当波形向下弯曲时开始推车把。这个时间点比你之前习惯的操作时间要早得多，而且需要练习！但是，它使你在速度和操控上的收益十分巨大。

布莱恩小课堂

对我来说，压抬是一项额外的技能，它不仅融入在我所有的骑行中，而且将我的骑行能力提升到一个新的水平。我会一直阅读地形，寻找路线中可以压抬的障碍或接坡面。那些有转弯墙可以利用的弯道也是我的"菜"，目的是压抬弯道来提高速度。

这些都是我能比别人更快的小技巧，我也希望通过少踩踏，更快地通过那些由于岩石或其他障碍无法踩踏的路段。只要可以压抬，我就能比别人获得更多速度，或者能更轻松地加速。

起伏地形的上身动作时机。　向后拉把 通过波谷　　向前推把 通过波峰

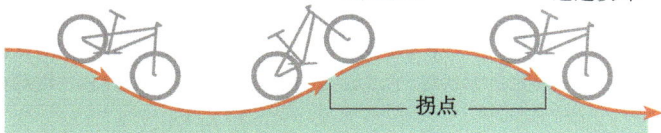

拐点

1. 拉车把通过波谷。

2. 推车把通过波峰。

练习这个动作

找到或修建一组连续的馒头坡。这是最简单、最可重复的正弦波形，也是学习压抬最方便的地方。

中等速度进入，采取身体在车子中间的准备姿势，眼睛看着这一段结束的地方。

推车把通过波峰。像上斜卧推那样将车把推过顶点。

拉车把通过波谷。像划船一样通过最低点。

记住，这是一个波。如果手臂停止不动，会损失力量，错过最佳时机。手臂决不能停下来！

推车把越用力，拉车把也越有力。做出强有力的周期性重复动作。

记住：手臂负责角度。只要调整车子的角度使之契合动作，并保持身体在自行车中间，就很安全。这是在崎岖地形安全骑行的第一步。

不要胆怯！馒头坡（或岩石）越大越陡，做动作就必须幅度越大速度越快。手脚产生的力量越大，头部感受到的冲击就越小。

手臂做动作时，你就已经准备好专注于自己的双腿。

压抬第二步：双腿

当手臂控制角度、双脚（而不是面部）保持平衡的时候，双腿负责控制身体高度和车子的压力，提供主要的压抬力量。所以，让双腿（主要是髋关节）工作起来！

警告：对于大多数人来说，髋关节是一个神秘的黑匣子，根据李的经验，很少有车手不需要大量的努力就可以通过他们的髋关节发力。耐心一点，并善待自己。

当双腿应对地形的起伏时，头部应保持完美的水平状态，这样一切都会很流畅。

激烈的压抬。

非常轻　　　非常重　　　非常轻　　　非常重

前面提到，如果你的猫跳滑雪做得很好，那么压抬时双腿做出和滑雪时同样的动作就可以了。

在一段均匀的连续馒头坡上练习这项技术，做好准备姿势，以中速进入。努力通过这些馒头坡时，不要忘记以下几点。

布莱恩正浮过一个馒头坡的坡顶，他即将辗压接坡面。

在每个坡顶尽量压低身体， 增加接下来的接坡面的推压空间。

在每个坡底尽量站高身体， 增加接下来的起坡面的提拉空间。

永远不要锁死双腿，但是应该尽可能接近伸直状态，因为双腿越接近完全伸直状态，越能激发出最大的力量。所以，记得伸展双腿！

在接坡面腿向下压。 竭尽全力。

在起坡面向上收腿。 不要提拉脚踏，用双脚感觉自行车的上升，并用双腿配合。

手臂也要动， 但是应专注双腿的动作，手臂自然配合。

头部保持在一个水平面上， 双腿随地形运动。

形成循环。 车子在接坡面被下压得越沉重，在起坡面就越轻。随着技术的熟练和速度的增加，你就好像掠过了起坡面——最终从一个接坡面跳跃到下一个接坡面。

这是安全有效的林道骑行风格。 只要地形平顺，你就可以通过身体的核心和双腿使出全部力量，而双手只配合做动作。

一旦你分别掌握了上身和双腿的动作，就可以练习全身的通力合作了。

布莱恩小课堂

李：布莱恩，你是如何压抬通过成对的馒头坡的？给我讲讲那是什么感觉。

布莱恩：我想我的回答和其他很多问题的答案一样——看情况。我以多快的速度进入馒头坡？两个馒头坡相隔多远？衔接处是什么形状？我的车是什么配置？这些都影响我采取的方式。

李：好吧，那如果是两个标准的馒头坡——30厘米高，相隔3米，且形状完美，以压抬场速度如何通过呢？

布莱恩：简单地说，接近馒头坡的时候，将车把拉近自己，上提自行车，这样在起坡面不会损失速度。前轮一旦到达坡顶，就把自身的重量几乎都施加在车把上；手臂向下推，然后是躯干，然后是双腿，直到通过衔接处的最低点。如果下一个馒头坡你还有时间这样做，那么再次重复。

压抬第三步：双臂和双腿

到目前为止，我们讨论了如何用双臂画出爱的正弦波，以及用双腿爆发出巨大的力量。这是一个很好的开始。

你可能已经注意到，手臂和双腿是同时运动的。如果你可以让自己的双臂和双腿独立完成动作，那很好，但我们希望做得更好。

拉车把通过坡底。
让双手靠近髋部，这样能借助起坡面产生强大的压抬力量。

推车把通过坡顶。
让双手远离髋部，这能让你保持平衡，并为下一次压抬做好准备。由于这个波峰（像大多数波峰一样）比波谷短，因此推把必须比拉把快。

我们的最终目标是： 通过身体的核心肌群将手臂和腿部动作联合起来，构成一个完整的动作。这样能产生真正的力量，也是最高水平骑行的关键。

从现在开始：

1. 在坡底，双腿下压，同时双手向后拉。这是发力阶段。拉把的同时向下压腿，两个动作结合得越好，储备的力量就越大。向后拉把时，车架的杠杆作用让后轮受到相当于未拉车把时2倍的力量，如果再加上强大的下肢压力，后轮就积蓄了几百千克力（1千克力 =9.8 牛）的力量。 如果一个东西先变得很沉，然后会发生什么呢？变得非常轻！这非常适合压抬、兔跳、飞越和技术爬坡等。

2. 在坡顶，双腿拉起，同时手臂向前推，这是恢复阶段。双手远离髋部，臀部后移，同时向前推把。这样将前轮推过顶点，同时让自行车更靠近身体，后轮变得超轻，从而让你有更大的推把空间。动作熟练以后，你会感觉它简单而完美。

当你通过接坡面最陡的部分时，双手和髋部相距最远，为下一个能量储备阶段做好准备。

3. 尽可能把动作做得流畅，收紧腹部和肩背，巨大的扭力将通过核心传递。如果动作正确，你会感觉到躯干和髋部的参与，感受到力量由双手通过核心传递到双脚。

动作越协调，你就能骑得越快、越顺畅，也越有力。别忘了：这种基本动作是后轮滑、兔跳、飞越、技术性爬坡等高级技术的基础。

让压抬成为骑行的一部分

你可以在任何起伏的地形上压抬——小轮车训练场、滑板公园以及任何林道上，当然还有压抬场。

你在任何障碍的接坡面下压：馒头坡、石头、树桩、倒木和阻水栅栏。

要一直扫视前方，寻找可以压抬的地形。这让你更积极主动——在可控状态下的积极进取会给你的骑行带来奇迹。

压抬能使你骑得更快、更省力。在过于崎岖而无法踩踏的地方，你可以利用压抬获得速度；当同伴或者对手正费力应付障碍时，你已经比他们快了好几秒。

在这种落差的接坡面猛力下压不仅可以提速，还可以防止落地时的冲击过大。

压抬也有利于保持控制。即使车子的速度很快，你也能通过在正面收力并在背面下压的方法避免撞上障碍，车子会更加贴近地面而不会弹来弹去。

另外，压抬也很好玩。它使你在最崎岖的林道上也能感受到流畅的美妙感觉。你听没听过有些优秀的车手在谈到一些崎岖林道时竟然说感觉非常美妙？我们敢打赌，如果他们能顺畅地冲过这些林道，那么肯定是用了压抬技术。

观看优秀车手挑战崎岖路况的视频（尤其是那个叫布莱恩的家伙的），你会发现他们一有机会就压抬。在小轮车训练场和压抬场上最容易学会压抬，因为场内的馒头坡很

压抬通过天然馒头坡。

| 4. 充分伸展身体以获取最佳压抬效果。 | 3. 在接坡面下压前轮。 | 2. 压低身体并通过地形高点。 | 1. 伸展双腿把车压进地形低点。 |

平稳，起伏也很明显，你可以心无旁骛地一直重复同样的动作。

一旦你的身体和头脑习惯于在每个起坡面收力、在每个接坡面下压，那么骑行体验将会彻底改变（变得更好）。总有一天，当你骑行在已经骑过数百次的林道上时，你会突然发现有条红色虚线直接穿越大石头而不是从旁边绕过去。没关系，就这么骑过去！即使没能很好地加速，你也能增强操控力、信心，动作也会十分帅气！

下面是几条在林道骑行过程中压抬的小提示。

寻找压抬机会。积极寻找可以压抬的路线，坑洞的下滑面以及土坡、石头、倒木和树桩的接坡面都可以利用压抬通过。优秀的车手很少一路滑行，而是一直利用地形获取速度。你越努力地扫视前方，发现的压抬机会就会越多，整体的骑行表现也会越好。

在起坡面收力。要注意起坡面的处理，冲上起坡面后最好的结果是速度减慢，而最糟糕的结果就是摔车。在接坡面下压之前，首先得通过起坡面，你可以向上收力、后轮滑、兔跳、飞越起坡面。只要你能保证在接坡面下压时有足够的活动范围，而且不会重重地撞上障碍，就可以随便选择合适的通过方法。

压抬通过小障碍。你不需要一个长斜坡，其实只需要一个小斜坡、一块岩石甚至一个小树墩就可以压抬……有总比没有好。

压抬通过崎岖障碍。如果你想利用踩踏穿越乱石区，车子的脚踏将会撞到石头，甚至还会摔车。如果你想利用滑行穿越乱石区，失去动力的车轮将会卡进石缝中。我们不建议你使用以上这两种方法。相反，你应该在较大岩石的接坡面上压抬。乱石区会以各种方式"威胁"你，但是也为你提供了许多可以压抬的接坡面。

越崎岖，越需要压抬。就像我们之前所说的，即使你不想积极寻求速度，压抬也能让车子贴住起伏的地面，车子将不再猛烈地冲撞障碍，车轮也不再到处弹跳。尝到压抬的美妙滋味后，你周一都不想去上班了。

在上坡中压抬。你可以在任何向下的斜坡上压抬，即使这个斜坡面位于整体的上坡中。例如一条向上的林道，它先下降到小溪的河床，再上升到对岸。首先像往常一样采取站姿踩踏，然后在斜坡压抬并向下冲到河床，最后在冲上小溪对岸时注意向上收力。整个过程将会非常流畅！

干净利落的爬坡技术。在起坡面收力并在接坡面下压的理念不仅适用于下坡，也适用于上坡。当你下一次碰到技术性路段，就要有意识地在穿越石头、裸露的树根、岩架和阻水栅栏时向上收力。如果能在接坡面下压就更好了，你会惊讶地发现爬坡表现变得

布莱恩小课堂

如果我速度很快，而前方出现馒头坡或阻水栅栏，我可能需要上提，跳到接坡面。这样可以让我：① 不会因为从起坡面弹起而不得不在空中弃车；②（由于是跳过去的）从更高的位置开始压抬；③（由于是跳过去，起始位置高）落地后获得更大力量。

如果压抬场的馒头坡比较陡，我也会这样——上提车头，跳到接坡面。随着速度越来越快，即使在平顺的馒头坡上，我一般也是从一个接坡面跳到下一个接坡面。

更好、更轻松了。

化身为起伏的波。要把每条林道都想象成一条正弦波，波形既可能又小又和缓，也可能急升陡降，但是每条林道都有一个总体的起伏形状和流畅感。作为车手的你应该是一道能量正弦波。当你的波形和地形的波形相一致时，你就能一路顺畅。当你的波形领先于地形的波形——保持提前一步并积极压抬——你就能达到最快车速。

立体思维。最高境界的压抬技术会把起伏地形和弯道整合成一条稳定、多维的正弦波。要先学压抬起伏地形，再学压抬弯道，注意保持放松并玩得开心。最终在某个时候，你会觉得这些技术开始相互融合。

技压群雄。一旦你学会了压抬技术，即使是面对那些能遏制其他任何人的疯狂路段，你也能顺利通过，然后若无其事地来一句："这个赛道真好玩！"

记住：一个美好的接坡面能带你走向更远处，不管是生活还是骑行。

在弯道中压抬

总有一天，你会在大多数弯道中压抬——即使是平路转弯。现在，我们来学习弯道压抬技术。

压抬过弯道（尤其是转弯墙弯道）就像压抬一个侧倾的坑洞，弯道压抬的前半部分就像是进入坡底，而后半部分就像出坡底。

弯道压抬的开始部分是关键，要在前半部分下压，在后半部分收力。

1. 压低身体进入弯道，就像是通过一个馒头坡。与馒头坡相似的是，身体姿势越低，压抬效果就越好。

2. 在弯道中伸展身体，就像是在馒头坡接坡面下压一样。当弯道弧度渐增，你就应该开始下压。要在弯道中央部分充分伸展身体。下压的力量越大、时机越准确，压抬效果就越好，完成第三步也就越容易。

3. 通过出弯口并为下一个弯道做好准备。相邻弯道的第一个弯的出弯口实际上就是一个馒头坡，所以应该按照馒头坡来处理，要把车用力向上拉，并且压低身体，接着把

1. 入弯尽量压低身体，轻盈进入起坡面。

2. 进入弯道时下压，脚重手轻。

3. 完全（且用力地）伸展身体，进入弯道中心。

4. 出弯尽量压低身体，轻盈进入弯道出口的起坡面。

车子摆向另一个入弯口。一旦进入这个循环，你就要持续做相应的动作。记住：单人径的路况永远不会一成不变。

车子对压抬的影响

你可以（也应该）用任何山地车压抬，但要知道不同类型山地车的压抬力量是不一样的。

硬尾车需要精准的动作，但是压抬效果最好。

布莱恩正在山地弯道上展示压抬技术。

全避震车的避震行程越长，灵活性就越高，但是压缩前后避震器所损失的能量也就越多。你可以像冠军车手一样用长行程山地车压抬，但是需要幅度更大、更积极的动作。

车座越低，双腿的活动空间就越大，从而可以完成幅度更大的压抬动作。不管你骑的是什么车，请把车座降低！

把立越短，手臂的活动范围就越大，压抬的力量就越强。

要记住，每辆车都是一个弹簧，就像跳水板和蹦床一样，所以要掌握车子的反应时机。要学会压缩避震器，使车子真正压向地面。

用于压抬的最理想山地车，从纯压抬角度看是小尺寸的土坡腾越硬尾车。

地面越崎岖，就越应该积极压抬

速度越快、起坡面和接坡面越大、压抬的力量越大，你就能飞得越远。为了在路况变糟糕时仍能保持控制力，你要压低身体并积极处理路况。只要积极地处理路况，骑行就能更顺畅。

压抬场：继单人径之后最炙手可热的地形

压抬场原本只是一种少人问津的训练场地，但是在过去的几年中，在自家后院、山地车公园甚至城市公园里出现了成千上万个压抬场。压抬场好玩、安全、花费低，也相对容易建造。

什么是压抬场？ 压抬场是指布满连续的转弯墙和馒头坡的环状场地，在压抬场里即使不踩踏车子也能前进，哦不，是冲来冲去。压抬场在全世界范围内遍地开花，它适合任何地域、任何车手。

为什么要建压抬场？ 对于土地管理者来说，压抬场会深深吸引那些害怕跳台、落差和窄木道的车手，压抬场可供他们休闲娱乐。对于车手而言，压抬场很好玩，可以锻炼身体，也能培养新技能。一旦车手学会了在不同的地形上压抬，就能利用路上的每个障碍来提高速度和操控能力。

谁玩压抬场？ 每个人！孩子们会来玩，经验老道的车手会来学习新技能，山地车铁杆粉丝会来尝试新的组合动作，你的家人和朋友也会来闲逛。目前，李正在科罗拉多州的各地忙着建压抬场，它们就像磁铁一样吸引着当地的骑行团体。

李的自家后院压抬场就在山边，给人的感觉好像是压抬场和单人径的混合体。

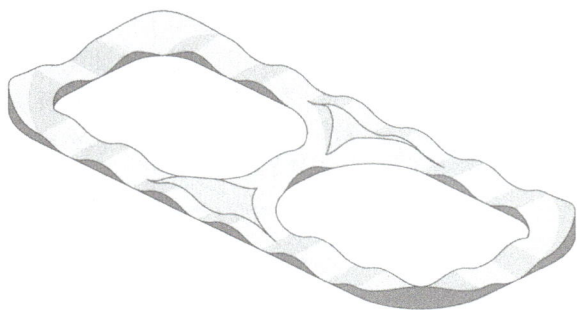

这是符合国际标准的压抬场设计图。

在哪儿建压抬场？ 几乎任何地方都可以建压抬场：自家后院、小轮车训练场旁边或者停车场旁边。只要有大于 56 平方米（或 6 米 × 9 米）的空地，你不管把它建成什么形状都行。最大的压抬场有 46 米 × 46 米，大部分压抬场约为 15 米 × 15 米。压抬场若有一个非常小的倾斜度（1% ~ 2%）时排水最理想，10% 的坡度是上限。你可以用从地下挖出来的土建造压抬场，但最好是用运来的表层土。因为表层土比较紧实，排水性较好，也能保持得更久。

布莱恩小课堂

　　根据你的愿望，压抬场可以建成基础版或高端版。两个弯道加4个馒头坡就可以构成基础版的压抬场：先是一个180度转弯，然后一条直道上两个馒头坡；再来一个180度转弯，另外两个馒头坡。

　　如果你有一块12米×6米的平坦土地，就可以自己修建一个基础版的压抬场，在那里学习基本的压抬技术。你也会了解到，在一个压抬场上骑上几圈就会累得气喘吁吁！

　　只有馒头坡和边坡的高度与形状正确，才能保证车子能安全通过。修建它们需要一定的知识。如果你愿意提供场地，通常很容易找到具有修建经验的车手来帮忙。每个车手都希望身边有压抬场，所以把想法说出来，我敢打赌，一定会有人愿意帮你的。

　　如何建压抬场？ 从外圈开始，先建转弯墙，然后在直道上分布均匀地建造馒头坡。每块地表都应该向上、向下或者向侧边倾斜，因为你不可能在平地上压抬！把一切都弄得很平稳和缓，这样能避免新手的脚踏撞到地面（可以用踩踏动作骑一遍压抬场来检查）。要增加一两条交叉路线，从而使车手能有更多选择。要利用斜坡或者排水沟排水，避免压抬场内积水。

　　开始时，要在每次骑行前都洒点水。久而久之，土壤表面会变得坚实紧致，骑感很棒！

答　疑　解　难

　　问题1： 即使通过馒头坡的速度很慢，我还是觉得自己的头部和上半身前后颠簸晃动。

　　解决方案： 要增大手臂的动作幅度，并与地形保持同步。大的起伏需要做出相应的大动作，充分利用手臂的活动范围！

　　问题2： 虽然头部和上半身保持水平，而且感觉一切很平稳，但我仍然无法加速或者保持速度。

　　解决方案： 学会使用髋部。李教过好几百名车手压抬动作，其中90%的人一开始都不能正确地运用双腿。要确保身体在两个馒头坡之间充分伸展，并且在坡的顶部充分下压（尽可

全家齐压抬

　　压抬场是最适合家庭参与的山地骑行方式。与其进行一天的XC探险，不如带着妻子和孩子在自家后院或附近的自行车公园一起运动，所有人都能参与，大家都会玩得很开心。如果你的孩子想试试XC越野，压抬场是一个不错的开始！

便携式坡道供孩子们玩耍，伴随他们成长。李的女儿菲奥娜正在骑行她的主要路线，这对于她来说是个不错的练习。

能地压低身体）。

问题 3：身体总会撞到车座。

解决方案：要把车座往下降得更低。如果车座还是不够低，那就考虑换座杆或者换车。

问题 4：还是会撞到车座。

解决方案：增加身体的弯曲度，臀部后移，躯干保持水平，为车座（和臀部）留出更多空间。

问题 5：低速压抬时感觉良好，但是随着速度的加快，开始有撞击感，动作也变得混乱。

解决方案：这是个好问题。随着速度的加快，你必须更加积极主动。继续做动作，不过要稍微提前一点，还要更用力一些。这是一个循环：上拉越用力，下压也就越有力，如此继续，你也能成为世界冠军。

问题 6：你是一名优秀的爬坡手，而且骑上自己的车时也能应付各种地形，但就是不能放松和运用压抬技术。

解决方案：这是另一个常见的问题，在 XC 越野老手中特别常见。你需要换一辆土坡腾越硬尾车或者小轮车。刚开始你会觉得怪怪的，但是这种奇怪的感觉可能会启发你的心智去掌握这种全新的骑行风格。

布莱恩小课堂

　　如果你还不能掌握压抬技术，首先看看自己做动作的时机是否正确。如果上提或压抬的时机不正确，无论你的手臂、双腿或整个身体多么用力推压，都无法获得速度。时机是正确做动作的关键，要在坡顶开始下压双腿，一直压抬到过渡部分的最低点。

压抬不只是一种不用踩踏就能加速的方法，它也是一种骑行哲学，你需要将自身与地形相融合，顺从地面的起伏并利用地形的变化。如果你不会压抬技术，山地车也会很好玩，但是如果你掌握了压抬技术，山地车骑行的乐趣将会大大增加。不管你属于哪种骑行风格，都应该学习压抬技术，因为它将带给你更高境界的享受。

9

独轮骑、后轮滑和跳跃

你第一次在一条起伏蜿蜒的技术性林道中上上下下。上坡时，你帅气后轮骑，通过湿树根和岩石；下坡时，你采用后轮滑和兔跳越过树桩和巨石。你的速度很快，玩得很开心。谢天谢地，你已经学会了让车轮抬起来跳过障碍，否则这次骑行就糟透了！

本章分为两部分。

第一部分：冲坡手

这一部分介绍的是以传统方式教授的传统技术，大多数车手（和教练）通常不需要超过这些技术的水平。

第二部分：功夫大师

这一部分的内容是为功夫大师设计的。李在他的技术课上就是这样教学的，这也是布莱恩的骑行方式。这些技术与冲坡手的技术作用完全相同，但更简单、更平衡、更有力。如果你准备挑战洛佩斯，或者不想学那些不帅气的技术，请学习这一部分。

第一部分：冲坡手

对于许多车手来说，这些技术和学习技巧简单实用。当骑行的速度更快或所做的动作幅度更大，开始感到吃力时，请学习第二部分。

初学者请注意：要一步步地学习这些动作，先学后轮骑，再学抬后轮，最后学兔跳。要在宽阔的路面上练习，从跳过小障碍开始，并要佩戴头盔、手套和护具。

抬 前 轮

对于初学者来说，最令人垂涎的（也是最令人烦恼的）一项技术就是把前轮抬起来。而学习这项技术的最佳时间是上小学之前，不过大多数人以后仍然可以学会。

车轮从不离地的人也许会问："我们为什么要抬前轮？"原因比我们妻子鞋柜里的鞋还多：凹凸不平的岩石会使车轮偏离路线，隆起的障碍让速度变慢，路缘石会妨碍我们的购物之旅——这里只是随便列举了几个。如果你能抬起前轮越过障碍，那么在任何情况下你都能保持速度和操控性。

要把后轮抬上台阶，先抬起前轮，然后钩起脚踏。图中为科尔文·睦实在做动作。

坐踩后轮骑是使前轮登上台阶的一个绝佳方法。

坐姿踩踏抬起前轮技巧

你正在抓地力良好的单人径上爬坡，突然发现前方有一个七八厘米高的树桩横在路面上。如果你选择用力撞上去，只会让速度变慢或者偏离路线；如果你能抬前轮通过并持续踩踏，后轮就会恰到好处地滚过去。

让车轮离地

这个动作的关键就在于重心后移。要实现重心后移，你可以用手臂将身体向后推，也可以用力踩踏，或是结合这两个动作来实现。

1. 从平衡姿势开始，坐在车座上，手臂微微弯曲。

2. 将肩膀向前压。脚踏的发力位置应该在大约 2 点钟的方向。

3. 利用手臂的爆发力将躯干向后上方推起，同时猛力蹬脚踏，此时前轮就会抬起。

4. 保持手臂伸直，并保持身体重心在后。不要弯曲手臂！持续踩踏。

1. 平衡姿势。	2. 向前蹲伏。	3. 向下踩并将身体向后推。	4. 保持身体后倾并持续踩踏。

重心

正确的设置

一些简单的山地车设置和调整操作能让你更快掌握后轮骑、后轮滑和兔跳的方法。以下根据重要程度排列。

降低车座。 车座越低，动作幅度就可以越大、越流畅。

缩短把立。 把车把调高，让其更靠近身体，从而获得更多活动空间和更好的平衡。

换上水平脚踏。 这是唯一能保证你不会用自锁脚踏向上拉的方法；此外，出现意外你还可以立即弃车。

保持前轮抬起

一直保持前轮抬起在林道上并不是很实用，但看起来很酷，而且要先学会坐姿后轮骑，再去学后轮滑。

要保持前轮抬起，首先要找到平衡点。这个神奇的平衡点让你感觉不到自身的重量，你似乎既无须用力抬前轮，也不会一屁股摔下来，其关键就在于达到自然舒适的平衡。以下技巧有助于保持前轮抬起。

找到平衡点。当你找到那个神奇的平衡点后，要保持轻松自在的踩踏。如果感觉要向前倒，那么踩踏就再用力一点；如果感觉要向后倒，那就稍微捏刹把；如果车开始向旁边倒去，那么身体应该向另一边倾斜。

选择合适的齿比。如果齿比很低，你可以很快地抬起前轮，但保持抬高的时间较短；如果齿比很高，抬起前轮就没那么快，但保持抬高的时间会长一些。你要找到自己喜欢的模式。如果你功夫到家，建议你最好选择正常爬坡用的低齿比。李喜欢 1:1 的齿比。因为低齿比容易实现高速踩踏，而且更有爆发力，同时保持高速踩踏能使前轮持续上举。

抬前轮过程中要保持踩踏。实现后轮骑最简单的方法就是保持踩踏，然后找准时机多踩几脚让前轮抬起。当你熟练掌握这一方法之后，可以尝试在滑行中猛踩脚踏。警告：这种上抬方法动作比较粗暴，质量较差的后花鼓棘爪的结合反应会比较慢（在重力踩踏下可能会令棘轮跳齿）。

不要停止踩踏。抬起前轮后要持续踩踏。如果你之前一直在踩踏，那么在这个基础上加快或减慢速度就会更容易。

轻捏刹把。如果用力捏后刹，前轮就会迅速砸向地面，其力量之大是你无法控制的，其实你只需要轻捏刹把即可。如果你发现自己总是刹车太用力，那就试着在骑行时轻拉刹把。这就像在持续踩踏时一样：如果你已经轻拉刹把，那么想要增减点刹车力道就会更容易。

保持放松。这一点再怎么强调都不为过，要轻轻地坐在车座上，这样才能自如地前后左右移动，要让膝盖可以自由地向内或向外摆动。如果用的是水平脚踏，你可以把脚向一侧倾斜，或者让整只脚都伸出来。

布莱恩小课堂

坐踩后轮骑是最常见和最简单的后轮骑方法。要抬起前轮，拉把的同时用力踩踏，并将重心移动到后轮上方。关键是找到平衡点，可能需要时间练习。

一开始，重心不要太靠后，应该侧重练习猛踩，让前轮抬起，这样不容易后空翻。

说到后空翻，使用平踏！这样，在寻找平衡点的练习过程中，更容易及时下车，脚也有更大的活动空间，方便保持侧向平衡。

保持一根手指放在后刹车把手上，如果过了平衡点，稍微刹车让前轮降低。刹车应该有力且利索。当你能够掌握好平衡点，就可以通过踩踏保持前轮抬起，或轻点后刹车让前轮下降。控制好动作的力度。

介于踩踏过猛和刹车过猛之间的就是平衡点，你可以在此轻松地踩踏，时不时捏一下刹车。

后轮滑

在下坡或平地上滑行时，后轮滑是使前轮通过障碍的最好方法。学会了后轮滑，你会惊讶地发现当前轮越过障碍后，后轮几乎可以通过任何障碍，尤其是在使用全避震车的情况下。要记住保持放松并保持合理的速度。

让车轮离地

这个动作的关键不在于拉车把，而在于重心的后移。从操作空间前端到后端的转移越流畅，车轮离地就越简单。

1. 从进攻姿势开始，身体越低，就能向后移得越远。

2. 将身体的重量前移到车把上，整个身体绕着中轴向前转动并用力下压前叉和前轮。

3. 双手感受到压力，然后将身体向后推，要保持手臂伸直。整个身体绕着中轴向后旋转，

当你对台阶做出了错误的判断，需要抬高前轮，可以利用后轮滑。

直到重心位于后轮的触地位置上方。如果想要车轮抬得更高，双脚就要向前推。

4. 利用身体的动能将前轮抬起。身体越靠后，身体的重心离后轮触地位置就越近，前车轮在空中保持的时间就会越长。但也不能太靠后，否则会失去平衡，也就是说你会一屁股摔在地上。

| 1. 平衡姿势。 | 2. 向前蹲伏。 | 3. 上半身后移，双脚前推。 | 4. 保持身体后倾，持续拉车把。 |

如果你能抬起前轮上人行道，那么就放心大胆地让后轮撞上路缘。车速要慢，身体要保持放松，很快你就能体会到真正无拘无束的骑行乐趣。

保持前轮抬起

由于不能靠踩踏的力量让前轮抬起，所以你只能利用完美的身体姿势和敏捷的反应。后轮滑高手们可以在各种地形上一直保持平衡，不管是要通过岩石、凸起的障碍还是小溪。

掌握以下技巧有助于学会保持平衡。

● 手臂伸直，身体向后倾斜直到找到平衡点。

● 如果想抬起前轮，就将臀部后移，或者向前踩踏（其实是同时发生的）。

● 如果想放低前轮，就将臀部前移，或者将双脚收回。

● 动作的关键在于臀部的位置，同时注意手臂要保持伸直。

后轮滑技术

预压。从平衡姿势转变到蹲伏姿势时，要迅速压低重心，接着立即向后上方推起身体。车轮、车架以及避震器的回弹力都有助于提高爆发力。

时机。一般来说，前轮在越过障碍时抬到最高是最理想的，但是时机的把握很有讲究：抬起太早，前轮会在落地时撞上障碍；抬起太晚，前轮会在上抬过程中撞上障碍。完美的上抬时机取决于速度、障碍的高度和你提起车轮的速度。多加练习后轮骑，你自然就会找到完美的上抬时机。

用硬尾山地车练习。如果用全避震山地车练习，你不仅要在后轮上方保持平衡，还要补偿后避震器的伸缩量。

问题：
前轮太低。

解决方法：
臀部向后移。

抬后轮的能力在遇到岩石时非常有用，特别是当你的速度不足以爬过去的时候。

抬 后 轮

如果想在林道上通过又大又尖的乱石路，并让旁人惊呼不已，那你必须要学会抬后轮。

抬后轮的基本动作

1. 从进攻姿势开始，越低越好。

2. 使身体重心后移，对后轮施压，你应该能感觉到力量在脚下积聚。

3. 向前猛冲。双脚脚尖稍微朝下并向后推脚踏，同时利用手臂将身体向前拉。

4. 抬起后轮。要将身体的重量施加在车把上，同时双脚放松，让后轮抬起。

布莱恩小课堂

将后轮抬起是通过障碍的关键，还可以避免扎胎，甚至避免损坏车圈。障碍的大小决定了你要付出多大的努力，但是动作都是一样的：要让后轮离地，身体重心靠前，同时握紧车把，肘部向前上方转动。

| 1. 蹲伏并使身体后移。 | 2. 向前上方猛冲。 | 3. 抬起后轮。 |

动作幅度要大。 抬后轮的关键在于施力与收力。练习时，要将身体后移到极点，然后身体猛地向前冲到极点。练习时要认真。

作弊（如果有必要）。 如果用自锁脚踏，你可以很轻易地拉起后轮，这样也很好（如果你是个女孩子），但学习抬后轮时最好不要依赖自锁脚踏。水平脚踏将使你可以摆出更好的姿势，而且从长远来看，你将会抬得更高。

注意： 当你达到功夫大师的水平，就不再需要前后摇摆身体，你稳如泰山。

后轮侧踢

后轮侧踢时，前轮要始终接触地面，同时抬后轮向一侧横扫。这本来是一年级小朋友的"大招"，但是现在对成年人来说仍然很实用。

你可以利用后轮侧踢避免撞上弯道中的石头。当你进入一个快速的水平弯道时，可以做一个后轮侧踢，当后轮回到地面时会重新获得抓地力，并帮助你冲进弯道。动作要干净利落！

如果你会抬后轮，也就能轻松地做到后轮侧踢，比如说你想让后轮踢向左侧。

1. 像往常一样，从较低的进攻姿势开始。

2. 转向并向右侧倾斜。当车子开始转向时，身体的重量要后移并对后轮施压。

3. 迅速向右前方猛冲，保持身体相对静止，而让脚下的车向左摆尾。

4. 让后轮大幅度向左侧摆动。后轮上抬的动力来自于迅速的施力和收力，而不是依靠双脚向上拉。

石块挡住了入弯的最佳路线？没问题：前轮入弯，然后摆动后轮越过石块，就像职业耐力车手麦基·富兰克林这样。

跳过小障碍

后轮滑是后轮骑的升级动作。如果想让同行的人记住你，好的后轮滑技术应该能帮上你的忙。

常规的后轮骑与后轮滑的主要区别是，后轮滑不需要踩踏；另外一个区别是，后轮骑通常是坐在车座上踩踏，而后轮滑则是站在脚踏上。

速度或缓下坡（或兼有）都是你的朋友，将车座高度降低于XC车的设定也有利于做动作。

后轮滑由于要保持站立姿势，因此平衡点与后轮骑略有不同。不让前轮下落的唯一方法是，踩脚踏，目的就是让后轮前进。这样做时，由于身体和车身的关系，手臂会同时拉把。

总之，前轮在后轮滑时比后轮骑的时候更靠近地面。由于后轮滑时速度更快，前轮更低，因此刹车的操作更为重要，如果刹车过度，需要慢慢让前轮重新抬起。更不用说的是：你肯定不希望以48千米/小时的速度摔下去！

面对高度低于牙盘的小障碍，你可以通过先抬前轮再抬后轮的方法慢速跨越。慢速通过任何小障碍时都可以利用这一招，无论是树枝、岩石，还是可怕的路缘。

1. 从进攻姿势开始。

2. 对前轮施压，当你接近木条时，身体要向前蹲伏。

3. 抬起前轮，身体迅速后移（查看本章前面关于后轮滑的内容）。

4. 身体迅猛地向前冲。一旦前轮落地，就要极用力地下压脚踏并使身体前冲。双脚下压之后要向上收力，使脚踏随之上浮。如果用的是自锁脚踏，实际上可以把车子向前拉，但这算作弊。

5. 抬起后轮。当身体继续前冲时，要把身体的重量前移到车把上。这时即使后轮不能完全跳过障碍，至少也能轻松地滚过去，因为此时的后轮很轻。

6. 恢复到进攻姿势，吸收落地冲击。你成功了！

1. 对前叉施压。接近障碍时，身体要向前压低。

2. 抬起前轮，快速地将上半身向后上方提，并伸直双臂拉车把。

3. 身体迅猛向前冲。一旦前轮落地，就要极用力地下压脚踏，接着双脚再稍微收力，让脚踏随之向上浮起。

4. 抬起后轮。身体持续前冲时，要弯曲膝盖让脚踏（以及后轮）向上浮起。

5. 落地。成功！

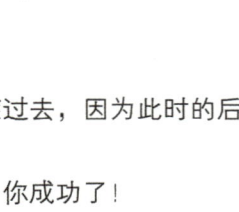

跳过大障碍

如果障碍大到足以撞到牙盘，那你必须让两个轮子都离地才能越过障碍。如果在跳过障碍时能够不损失速度，你将能享受到全新的乐趣与自由。倒木挡不住你，石头会让你微笑，路缘更是不在话下。

不要试图让两个轮子同时离地，否则跳不高，而且在面对实际的障碍时很难抓准时机。正确的兔跳包括两个动作：① 身体后移，形成后轮滑姿势；② 利用爆发力抬起后轮。

1. 以进攻姿势进入，身体越低，就能跳得越高。

2. 对前叉施压，重心要向前移，让胸部靠近车把。下压的速度越快，用来兔跳的回弹力就会越大。

3. 抬起前轮。身体重心后移，让前轮抬起。

4. 抬起后轮。这里最重要的是把握时机。在身体的重量压向后轮时，要迅猛地向脚踏施压，接着再使其向上弹起。如果此时脚踏的压力很小而且动作正确，那么后轮就会抬起。

5. 保持良好的姿态。让车以弧线划过天空，在跳过障碍上方时，车身应该保持水平。如果想跳到最高，应该将车子拉近身体。

6. 平稳落地。伸展手臂和腿以吸收冲击。让车的角度与地面平行：下坡面前轮低，平地保持水平。

通过一些不平整岩石的最佳方法是什么？不要！跳过它们！

1. 对前叉施压。	2. 重心后移，抬起前轮。	3. 对后轮施压，让后轮向上抬起。	4. 飞行时要有良好的姿态。	5. 平稳落地。

当车速太慢以至于不能完全跳过障碍时，要让车轮在障碍顶部弹过。下面是一些分类整理的兔跳技巧。

时机。 车速越快，就应该越早准备跳跃。如果你跳得太晚，后轮在上抬过程中就会撞到障碍，从而导致前空翻摔车。全速前进时，你至少应该在 6 米远的位置准备跳跃。

避震系统。由于全避震车施力和收力所需的时间较长，所以起跳的时机要更早些。而且和硬尾车相比，全避震车吸收和释放压力的反应也较慢，因此完成同样高度的兔跳就需要更大的力量。全避震车的行程越长、越软，下压过程就会越长、越慢，你可以想象成自己是在一张又大又松软的蹦床上弹跳。

车座高度。降低！因为你需要空间来前后移动以及向上迅速跃起。如果车子装有线控升降座杆，就可以为一次大跳跃迅速降低车座，然后再升高车座，继续用力踩踏。

操作空间。上管或者把立的长度越短，身体就越容易向后移，也能更有效地发挥双手和臀部的整体力量。

脚踏。如果用的是自锁脚踏，你可以轻易地用脚将车子拉起，但我们建议你还是老老实实地用水平脚踏学习兔跳。下压脚踏的力量越大，来自地面的反作用力就越大，从而跳得也就越高，这就像是在地面上双脚往上蹦。

跳上台阶。这就像平常的兔跳一样，但是没有像兔跳一样的落地动作。在台阶上落地时，双轮要保持水平。你的上半身要尽可能压低，努力将车子向上拉近身体。落地要平稳。

兔跳上台阶。
这就像越过一个大障碍的兔跳，只是此时要在最高点落地。

| 1. 向前预压。 | 2. 身体后移，形成后轮滑姿势。 | 3. 利用爆发力抬起后轮。 | 4. 将车子往上拉。 | 5. 尽量吸收冲击。 |

原地兔跳

这里介绍另一个有意思的动作，这一动作就像是踩弹簧高跷一样，以离地几厘米的高度上下弹跳，不断微调修正方向。当你熟练掌握这一动作之后，就可以向前跳、向后跳、左右跳，甚至向各种不同的方向跳。

● 在任何地方都可以练习这个动作，它可以培养身体的平衡感。

● 在林道上，这一动作让你有时间观察道路，如果有必要还可以跳到另一条路线上。如果你错过了发卡弯的过弯顶点，你可以停下来，然后原地跳个180度的转向，接着继续享受骑行的乐趣。

跳 到 最 高

你可以在任何地方做这个动作，这是一个非常棒的练习！

● 扩展动作范围。

● 掌握起跳时机。

● 增加爆发力。

● 增强信心。

● 过瘾！

即使下一次在林道上遇到了一把折叠椅，你也能一跳而过！

布莱恩正在展示跳跃的完美动作。他的爆发力让他几乎能够跳过任何障碍，哪怕再来一辆自行车。

跳上岩石台阶

你在得克萨斯州奥斯汀市的石灰岩地形上向上爬升，这条路的抓地力非常好，所以没理由要下来推车。你来到了一个30厘米高的岩石前面，你的同伴很轻松地就跳了上去，而你……我们现在就是要教你掌握同样的技术。即使你生活在气候比摩押潮湿得多的地区，这一招也能帮你自由地跳上湿漉漉的岩石、树桩和阻水栅栏。

如果你能全程踩踏，这一动作就非常容易做到。如果岩石的抬升面很陡，脚踏容易撞到岩石，那么你有两个选择：① 算准踩踏时机，在到达岩石时刚好让脚踏处于水平位置；② 先猛踩脚踏加速，然后滑行（如果没有持续踩踏，身体就必须更迅猛地向前冲）。

岩石台阶越高，前冲越用力。更多详情见第7章中"飘上垂直的岩壁"部分。

这个动作可以衍生出许多技术性攀爬动作。不要再直接撞上阻水栅栏了，要轻盈地骑过去。

1. 以平衡的踩踏姿势接近岩石，眼睛要看到障碍之后的地方。

2. 用后轮骑技术抬起前轮。

3. 将前轮放到岩石顶部，然后用力踩一圈脚踏，同时身体迅速前冲。这样能产生推进力，并使后轮变轻。

4. 把车向上提起，越过岩石边缘，但是身体不要向上抬。

5. 向前推车把，并恢复到平衡姿势。成功！

第二部分：功夫大师

布莱恩几十年来一直以这种方式骑行，李最近也开始这样骑车，这也成了他的授课方式（他花了一段时间才赶上布莱恩）。这些技术比第一部分的技术需要更多的协调性和力量，但从长远来看，你的感觉会更好。

优点

● 你总是在自行车中间保持平衡，这意味着你一直是安全的。当你按照老式的方法跳木桩，身体的重量施加在后轮上的时候碾压木桩，你可能从车把上飞出去。如果你采用新的方法，虽然可能无法完美越过木桩，但是身体非常平衡，也不会前空翻。

布莱恩拥有最好的跳跃技术：有力、平衡、轻松。

● 动态动作更简单。你需要做更少、更有力、适应性更强的动作。

● 随着技术的提高（例如，当你开始真正的兔跳时），不必学习新技术，你只需要让核心技术更简洁、更强大。

挑战

● 与第一部分的技术相比，这些技术需要更多的协调性和身体意识。许多顶尖车手都使用这些技术，是因为他们这样骑行才成为优秀运动员，还是因为他们是优秀的运动员才这样骑行呢？

● 如果你习惯了旧的方式，新的方式会显得很奇怪。改变的过程是辛苦的。

如果你看过布莱恩骑车或比赛的视频，会注意到他以可能的最高水平实施这些技术。布莱恩如此成功的一个原因在于他的基本功非常扎实，而且能以超乎常人的力量来表现它们。

你准备好吃红色药丸了吗？

好了，出发！

什么是"功夫"?

"功夫是指努力之后获得的最高技能。"

"一位伟大的诗人拥有功夫，画家、书法家都可以说他们有功夫。即使是厨师、清洁工，或者一位做事熟练的仆人，也可以说有功夫。你需要练习，准备，无尽的重复，直到你的头脑开始疲惫，骨头开始疼痛，直到累得汗流不止、无法呼吸。"

"这是获得功夫的唯一方式。"

——百眼武师台词，网飞（Netflix）公司的电视剧《马可•波罗》

推　　拉

你正沿着一条美丽的小路滑行，啦啦啦，突然之间，一块巨大的圆形石块挡住了去路。你可以放慢速度绕过去，但那不是你骑车的风格。你要骑上巨石，推拉车把，瞧，轻松越过了。

推拉动作是通过大障碍的一种简单且惊人有效的方法。

规则

1. 简单扫视障碍周围的情况，你能顺利从它上方通过，所以不要浪费时间盯着它看。

2. 进入低弯曲姿势。找到完美的体态，让你能够利用核心肌肉做推拉动作。双脚保持平衡，不要向后倾斜。

3. 到达障碍前向后拉把。记住：车把围绕脚呈弧线运动，沿着魔法弧线用力拉，用力！这样做有两个主要作用。

● 抬起前轮以免撞上障碍。

● 能将后轮深深嵌入地面。任何物体变沉重后会发生什么？没错，变得很轻。我们稍后会增加更多的腿部力量，但现在看看你的背阔肌是多么能干。

感受手脚之间的对抗。注意拉把如何给脚踏更大的压力，并感受这个力如何穿过你的核心。我们稍后会用到它。

4. 只要前轮到达障碍的顶部就向前推把。沿着魔法弧线用力推，用力！这样做的主要作用如下。

● 将前轮推向障碍的另一侧。

● 因为你站在转点上，这样会抬起后轮。没错！增加腿部力量能让你跳起来。此时专注于保持平衡，控制好自行车。

你拉得越用力，前轮越能顺畅地爬上障碍。而且你拉得越用力，推得就越有力，从而使后轮能更顺利地爬上障碍。

推拉通过岩石。
在低速状态下，你可以让前轮接近岩石的正面。

| 1. 在看到岩石的背面后进入中立准备姿势。 | 2. 当自行车碰到岩石，用力向后拉把。 | 3. 尽可能压低身体通过岩石的顶部。 | 4. 主动将前轮推到地面，不要让它拉你！ | 5. 重心居中落地，快乐地为过下一个障碍做好准备。 |

保持平衡，用力拉，用力推。

你可能会想，嘿，这感觉就像压抬场。没错！就是一回事。熟练掌握压抬技术，熟练掌握推拉技术，更炫酷的技术即将到来。

冲　击

虽然你应该专注于拉把，但是如果在这之前你发现自己已经在用力推了，也不要惊讶。当你预备推把时，就是在积蓄力量，但力量来自身体内部，而不是通过前倾和后倾身体。完成这一动作需要力量和协调性，这些也是高级车手的标志。

"感觉你向下冲，然后拉起来，"布莱恩说，"就像打沙袋一样。手臂是直的，然后把它收回来，再把它向前推。"

如果你以一定速度迎接陡峭的起坡面，在撞到岩石之前开始拉把。你的下一个目标是：将前轮推下接坡面。

功夫强力后轮骑

因为你就是那种人，你刚从一个坡上冲下来，现在就又往回骑。流畅、轻松、有力是你的风格，而这个上坡非常简单。但是那里有一块巨石，而你没有足够的速度滑行过去。无论如何，你保持坐姿直到最后一刻，发动一个强力后轮骑上到巨石正面，然后压下背面。等一下……你真的在这块巨石上获得了速度吗？是的，你做到了。

规则

1. 轻柔地扫视巨石周围，让你的周边视觉来完成这项工作。

2. 坐在车座上接近巨石。李比较喜欢1∶1的齿比（例如 28×28 或 30×30 ）。

3. 在到达巨石之前用力踩踏。同时：

● 向前推动髋关节；

● 站在脚踏上；

● 利用你的手臂将车把后拉；

● 在双脚上尽量保持平衡——是的，它很难做到，这就是功夫后轮骑与笨拙的弱后轮骑的区别。

感受手脚之间的对抗。通过核心创造的张力越大，你拥有的力量就越大。

4. 一旦前轮到达巨石顶部，向后推髋部，同时向前推前轮，通过另一面。臀部向后，手臂向前。嘭！自行车被推向另一侧，同时身体还能保持平衡。

在进行技术性爬坡和通过平坦、复杂的沼泽时，这是一个非常有用的技巧。当障碍又高又直，可以在猛力踩踏之后双腿跳跃，让后轮抬起更高。从简单处开始，循序渐进。

布莱恩小课堂

除了攀登之外，强力后轮骑还经常用于出弯或者冲刺通过馒头坡时，它使你能够全力踩踏，而这在正常情况下是无法做到的。

选择正确的挡位也很关键。拉把的同时，通过脚踏将可能的最大力量传递过去。踩踏力和拉把的完美结合能将前轮拉离地面。就像直线加速赛赛车启动时一样：后轮产生的动力使前轮离地。

功夫后轮骑。
在一个安全、舒服的地方练习。这对于技术性爬坡是个变革。

1. 在12点钟位置以1∶1的齿比进攻。　2. 强力踩踏！从髋到手，站高，粉碎脚踏。　3. 髋部向后推，双手向前推。　4. 恢复正常。不错。

应该什么时候开始功夫后轮骑

是在你撞上障碍之时，还是在撞到之前？之前多少？

在你去犹他州莫阿布之前，将你的功夫强力后轮骑练到炉火纯青的地步。布莱恩展示了这个动作，这让技术性爬坡更有趣。

布莱恩小课堂

对于真正的兔跳，前轮首先离开地面，然后后轮跟随它进入空中。让车轮腾空的唯一因素是车手的动态动作。先将身体压向自行车，然后向上爆发。首先拉把，然后用前臂把自行车向前和向外推，随着身体重心从自行车前部移向后部，后轮离地。然后，在空中保持水平，达到你需要的高度。

答案很简单。

● 要比现在的方式更早。如果用力踩踏时前轮撞上障碍，就会明显出现骑行迟缓。理想情况下，当脚踏通过 12 点钟方向时，就要开始猛力踩踏。

● 如果使用 1 ∶ 1 的齿比，那么每踩踏 1/4 圈，自行车前进约 76 厘米。

● 当前轮达到最高点时，脚踏尽量保持水平。这样能减少脚踏撞击障碍的机会，还能让你跳得更高，更容易骑上垂直的障碍。

● 当车距离障碍约 76 厘米时，开始功夫强力后轮骑。是的，就是那个时候。

真正的兔跳

你正在沿着一个树木繁茂、杂草丛生的林道飞驰而下，突然间前方出现一个树桩，你对自己说："要么跳，要么死！"所以你跳过了它。随它去吧。

这里，我们正在谈论一次真实的、真正的兔跳，足以区分优秀车手和好车手的那种，你看过的丹尼·麦卡锡尔从一个屋顶跳到另一个屋顶的那种。在第一部分中讲到的兔跳，先要做后轮滑，然后从后轮起跳。这里的兔跳，你的力量从身体的中轴位置爆发，并瞬间集聚。你有没有想过丹尼怎么能跳这么高？其实是这样的。

当你中高速前进且不踩踏时，这种跳跃的效果最好。

丹尼的原则

1. 当你的眼睛扫描光辉的未来时，也要注意一下将要跳的障碍。

2. 在障碍之前开始向下施力，将自行车压向地面。

3. 当你到达障碍时爆发。同时：

● 在双脚上保持平衡；

● 向前推髋，猛踩脚踏；

● 将车把拉向髋部。

砰！动作从髋部到手，又从手到髋部。这个动作以及其协调的方式利用最大的肌肉发力。向后拉把的时候，将后轮压向地面；与此同时，你正在推挤强大的臀肌，让后轮变得更重。现在越重……一会儿会变得越轻。

4. 你现在离开了地面，不错！

5. 当你的自行车在空中呈弧线运行时，做相反的动作：

- 双脚保持平衡；
- 向后推髋，向上拉脚踏；
- 将车把推离髋部。

兔跳过岩石。
这是一个完全集成的、真正的跳跃。如果你的速度很快，就需要提前做动作。

| 1. 先将后轮变轻，然后变重。跳跃幅度越大，后轮越重。 | 2. 爆发！髋部向前，手向后拉。 | 3. 飞！髋部向后，手向前推。 | 4. 将前轮推下接坡面，然后伸展双腿。成功！ |

使用此动作调整自行车的着陆角度。如果在平地着陆，让自行车水平；如果在接坡面着陆，将车头朝下。很好。

推髋和拉把的动作越协调，身体越能保持平衡，跳得也能越高。

你什么时候开始起跳？ 比你想象的更早！先将后轮变重再变轻（根据你的速度、空间）这需要很长时间。假设你需要 1 秒的时间可以做出功夫兔跳越过木桩，如果速度为 24 千米 / 小时，那么 1 秒前进 6.7 米。所以起跳的位置应该在木桩之前 6.7 米。没错，就是那么远！

当你能像这样跳跃时，就可以像真正的大佬一样压抬，并且可以学习安全跳跃了。

布莱恩正在演示跳跃式骑行风格。

侧向兔跳

在压抬平路转弯和兔跳之间，还有一种技术叫作侧向兔跳。这是一种在避开洞口、树根和岩石时改变线路的漂亮技术。如果你曾经看过柯蒂斯在加利福尼亚州圣莫尼卡的下坡训练视频，会注意到他只有在转弯时才不跳跃，并在处于地面上时，借机发力跳过深深的水沟。

要做侧向兔跳，首先转向你想跳跃的物体，不断对车子施压，利用这种压力来释放真正的兔跳动作。当你飞行的时候，开始下一个转向，着陆成功。 完美！

侧向兔跳分解图。

压抬 – 后轮滑

你正在挑战另一个 Strava KOM（Strava 山地王者），中途遇到两次连续的土坡，它们可能是馒头坡、阻水栅栏、岩石或其他障碍。按照你的水平，这一切都是爱的正弦波，细节并不重要。

● 速度适中，你喜欢压抬。

● 速度疯狂，你更愿意跳跃。

● 如果速度不快不慢，你该怎么办？

你应该压抬 – 后轮滑！这是遇到馒头坡时加速以及穿过狭窄空间的好方法。如果你能把动作做漂亮，也会非常性感。

丹尼的原则

1. 以不合理的速度逼近，比压抬速度快，但比跳跃速度慢。注意你即将征服的接坡面，眼睛看向胜利。

2. 对于第一个馒头坡，就像你要压抬这个馒头坡一样应对第一个起坡面。缩回双腿，吸收起坡面。

3. 当你到达馒头坡的顶部时，让前轮浮起来，双臂伸直。不要拉把，不要向后靠。

4. 征服接坡面！保持双臂伸直，将脚用力踩下脚踏，用力向前推髋，并向髋部拉把（从髋到手，从手到髋）。随着后轮向下滚动，保持前轮悬空，感受双手和双脚之间通过核心的反作用力。

5. 吸收第二个馒头坡，压抬接坡面加速。

完美的压抬 – 后轮滑技术，身体不向后倾斜，双脚保持完美平衡，利用髋和躯干的杠杆作用来驱动后轮下坡并保持前轮悬空。土坡越圆，动作做起来越容易。

如果土坡的形状不完美，你可以向后倾斜身体作弊。在这种情况下，你需要做一个平地后倾后轮滑和真正的压抬后轮滑的组合。没关系，但小心不要后空翻！将手指放在后刹把上，以备需要时能随时降低前轮。

压抬 – 后轮滑通过一个很圆的接坡面。

| 1. 吸收第一个馒头坡，让前轮浮起来。 | 2. 向后拉把时，伸直双腿（用力！）。 | 3. 吸收第二个馒头坡。非常棒。 |

压抬 – 后轮滑跳

在 BMX 中，后抬 – 后轮滑跳这个动作有时被称为喷气式跳跃。当你在亚拉巴马州的橡树山国家公园骑过漂亮的林道后，听见 BMX 场地传来喧闹声。今天正好是州 BMX 锦标赛开赛的日子。骑着你的 4 英寸（10 厘米）宽、29 英寸（74 厘米）轮径的车跑了

布莱恩在转弯的同时压抬－后轮滑通过非常矮的馒头坡。由于接坡面无法提供可以维持平衡的足够力量，因此他将身体向后倾斜。

几圈，你发现跳跃和过馒头坡感觉好极了。孩子们非常兴奋，说道："先生，我们从来没有见过这样骑山地车的人！"那个年龄跟你差不多，去年排名第一的车手就没有那么激动。事实上，他不屑的表情让你想要跟他比一场，于是，你报名参加了沙滩车组。

砰！闸门打开，你排在第二的位置到达第一个转弯。那个第一名在他的主场上正肆无忌惮！如果你能在最后一段直道领先，那么你确定自己可以在馒头坡得分点（避震大轮车型得1分）超过那个人。你全力通过倒数第二个直道，幽灵般通过第一个双坡，

在第二个双坡上冲刺。你的脑海中还有练习时跳跃过度的记忆。你心里盘算着……以这样的速度，跳跃将是一团糟。因此你吸收起坡面，强力后轮滑，从第一个坡的接坡面跳到第二个坡的接坡面。嗖！你成功提速，通过终点，骑着你的 29 英寸车成为亚拉巴马州 BMX 的冠军。

当你做喷气式跳跃时，基本上是从第一个起坡面起跳，发挥后轮最大的储能，越过第二个起坡面，在接坡面着陆。这需要很大的力量和协调性，但是呀，伙计，它很酷！

压抬－后轮滑跳（喷气式跳跃）真的太帅了。

1. 吸收第一个馒头坡，让前轮浮起来。	2. 猛力压抬－后轮滑，上半身用力拉把。	3. 腾空，准备完美着陆。

踩 踏 兔 跳

　　如果你需要跨越一条深深的水沟，但是车子速度太慢，而且也没有足够的距离让你加速，这时就该用踩踏兔跳了。这原本是一种攀爬车技术，但在林道越野时也有用，同时也是一个很好用的都市骑行动作。

　　像往常一样你需要调到合适的齿比——不能太重，也不能太轻。

　　1. 以向前压低身体的姿势进入。要算准时机，在到达水沟边缘时要让准备用力踩踏的那只脚处于最高点。

　　2. 砰！猛力踩脚踏的同时要拉车把，将髋部靠近车把、车把靠近髋部。你好，把立先生！

　　3. 腾空过程中保持身体平衡，调整落地角度。

　　4. 完美落地。漂亮！

　　如果你加速足够快而且拉车把的力量也足够强，那么后轮会带着你像火箭一样发射出去。

　　注意：第二步的向前爆发式跳起对于跳上台阶非常有用。

答 疑 解 难

　　问题 1：当我试着抬起前轮时，即使用了很大的力量也只能抬起来那么一瞬间。

　　冲坡手解决方案：要迅速将身体重心向后移，并伸直手臂拉车把。不要靠手臂拉起前轮，而要利用重心的转移拉起前轮。在低速情况下，可以利用踩踏力量抬起前轮。要随时将一根手指放在后刹上，以防后空翻。不要弯曲手臂！

　　功夫大师解决方案：学习做简单的拉把动作，让自己变强，学习如何在稳定躯干的同时推拉车把。

　　问题 2：我始终不能把前轮抬到想达到的高度。

　　冲坡手解决方案：你认为自己已经把重心移到了后方，但实际上还是不够靠后。要让臀部尽量往后移，移到车座之后、后花鼓之后，甚至后轮之后。同样注意手指要搭在后刹上。

1

2

3

4

功夫大师解决方案：不要尝试后倾身体，这不是长期的解决方案。专注于保持身体的平衡，掌握简单的拉把动作，学习如何压抬－后轮滑。

问题3：后轮好像粘在地上了，不管多用力都抬不起来。

冲坡手解决方案：在脚踏上的施力和收力要迅速，要与避震系统的反应相协调。下压的力量越大，车子的反弹高度就会越高。先将身体重心后移到最远处，然后再前移。如果用的是自锁脚踏，那就把脚踏往上提（算作弊！）。

功夫大师解决方案：学习真正的兔跳动作，在手脚之间、车把与脚踏之间产生张力。利用车架的杠杆作用让后轮变得非常重，然后非常轻。

问题4：当我尝试兔跳时，后轮没有前轮跳得高。

冲坡手解决方案：在学习兔跳之前，要先掌握抬后轮的基本要领。要确实掌握 "前—后"的时机。先推车把，接着再拉车把，然后对脚踏施力和收力，而且还要练习如何施展爆发力。你在车上跳得越高，你的车就能跳得越高。

功夫大师解决方案：你更多地使用了手臂来拉把，而不是髋部。要先使用髋部力量，然后再配合上半身。

你去参加射箭比赛的时候肯定不会不带上弓箭。同样的道理，在林道骑行时，你也不能不会独轮骑、后轮滑和兔跳。这些跨越技术是箭囊里最重要的那些箭！当林道上出现一根倒木时，就用兔跳越过；当你冲进乱石区时，就用后轮滑；当你在比赛中要穿越一组馒头坡时，就先跳过第一个馒头坡，再后轮滑行通过接下来的那两个，然后再飞过剩下的那些。你永远不知道接下来需要用的将会是哪支箭，但这正是山地车骑行的乐趣所在，不是吗？

刚开始可以先学习冲坡手技术。做好准备后，再进阶到功夫大师水平——享受更多乐趣。

10

轻盈飞越

在所有山地骑行技术中，飞越可能是最令人垂涎的，也是最令人害怕的。从腾空到落在接坡面是一种真正绝妙的体验，就像滑粉雪或掉入波浪中，或者是遭外星人绑架后重返地球。但是，正如你们中的一些人所了解的那样，飞越可能很危险。我们会说飞越真棒！但是，你应该学会如何安全飞越。所以，我们开始吧。

学 会 飞 越

跳和飞越有什么区别？这两种情况都是要让自行车飞起来，越过什么东西。跳，从平地启动；飞越，则是借助一些东西来把你投射到空中：抛台、岩石或树根。这样说吧，二者的差异似乎很小，但你的蜥蜴脑（译者注：大脑中掌控本能的部位）可能不这么认为。

学习飞越的最佳方式是什么？从小开始学习——那时你对飞越无所畏惧——然后永远不停止飞越。随着岁月的积淀，你的飞越技术越来越好，当你年龄大到经受不起摔车的时候，你已经修炼成了很少再摔车的功夫大师。这就是布莱恩走的路。

但是我们其他人怎么办呢？李根据亲身经历，可以肯定地说，飞越是可以习得的。

李的飞越习得之旅既不快也不漂亮，但经过大量的练习，他现在可以享受一些美好的时光。

他已经从最糟糕的飞越者变身成，好吧，不是最糟糕的飞越者。哎呀，其实在一个大家比较能接受的（洛佩斯之下）级别以下，李实际上是非常擅长飞越的。你会发现，飞越技术是建立在本书讲解的其他基础技术之上的。如果你一步一个脚印地练习（按照自己的节奏练习，而不是别人的），那你也可以学会飞越，而且骑行时你会比以前更加兴奋。

没有你想的那么难

在李的教学经历中，他见过许多优秀的全能车手一到飞越时就怯场，变得很窝囊，简直成了"林道上的英雄，土坡上的狗熊"。

其实，全能林道骑行比纯粹的飞越更需要技术。不管你面对的是什么路况，都同样要有信心。

职业耐力车手希德一直在加强她的飞越技术，这一次她做得非常完美——在一个简单的梯形土坡上，她专注于自己的动作而不是担心摔车。

预先必备的技巧

在飞越前，你必须能平顺连贯地运用以下技巧。

伸缩。飞越不仅仅是静态进攻姿势。你必须在飞越时完全伸展身体，在飞越的最高点身体尽量蜷缩，并且在整个过程中保持身体均衡，动作流畅且有力。

压抬。压抬可以说是所有骑行技术的核心。它教会你如何随着地形起伏而施力与收力，也使你学会了如何在身体保持位于脚踏上方的同时让车随着地形起伏。

平地与下坡骑下落差。这个技巧有两个作用：①确保你不会被飞越过程吓到；②使你独立地练习落地技巧，而无须操心起飞。

真正的兔跳。兔跳能让你学会如何向下施力和向上收力，兔跳跳得越高，腾空飞越时就越有力。它也教会了你短程飞越的技巧。如果你还不能做出一个完美的、连贯的、真正的兔跳，那么飞越——特别是在大角度的抛台飞越——不是个好主意。

用平踏完成一切动作。如果你用的是自锁脚踏，那么即使犯了许多错误，还是能完成动作。平踏能迫使你正确地施力与收力，并让双脚随车而动。

你要确保以上基本功已练得很扎实，然后从小的飞越开始，再慢慢升级。而且骑车时千万不要有压力，如

布莱恩小课堂

飞越或许是一个非常复杂的动作，因为飞越之前你必须计算很多因素：接近飞越点的速度有多快？在刚开始飞越时的动作幅度多大，生猛还是圆润，或是很突然？你的避震器对最初的飞越动作如何反应？还有，也许是最重要的，如何着陆？需要飞多远才能着陆？如何确定着陆点才能尽可能稳定着陆？着陆后的状态怎样？有很多事情要考虑。

在从未骑过的路线上，布莱恩能够几乎在瞬间考虑清楚上述所以问题（甚至更多），这正是他比我们更棒的原因之一。

与布莱恩的一段温馨回忆

大约10年前，李和布莱恩在南加利福尼亚州时，布莱恩想去一个叫绵羊山的有名的包场。李说："我一直在练习飞越！我要和你一起去！"

布莱恩说："伙计，你不会去飞里面的任何一个土坡的。"

他们来到绵羊山……布莱恩是对的。那些土坡看起来巨大无比，而专业车手们似乎能轻松地在其间飞越。李把自行车放在一边，改拍照了。

在开车回家的路上，李对于自己的一无是处感到尴尬。布莱恩一反常态的温柔："我知道你的感受，兄弟。我上周和布巴一起骑摩托车时也是你现在这样，那儿有30米高的三连坡，真的很可怕。"

李说："谢谢，伙计，很高兴知道我们都经历过同样的恐惧，我们都有自己的弱项。"

布莱恩回答说："但我飞过去了。"

布莱恩小课堂

在林道骑行中飞越的理由有很多，例如，你正在下坡，会遇到一些吓人的排水栅栏。你可以找一个小坡帮助你飞过去，或者干脆兔跳跳过去。遇到岩石也是如此。我想到我家附近的一个小岩石花园——你可以兔跳跳过去，或者骑上一块岩石，顺着岩石的坡度飞起来，越过其他岩石。

如今，带有飞坡的林道越来越常见，有梯形坡、小双坡或一组馒头坡。随着速度的提升，你逐渐开始更多地进行飞越，你也会利用飞越思维来重新审视林道（如果我飞越过那块岩石或树根，我可以越过那组岩石，在另一端落地）。

骑行中最平顺的部分是在空中，在空中没有令人难受的颠簸、岩石或其他障碍。从空中越过复杂的路面，不仅动作更平滑，还能避免扎胎、磕圈或摔车。

很多人从来不知道如何飞越，他们姿势不对，或者惧怕车轮离地，这很可笑。如果你在滑雪场骑车，还想不遇到飞越，这是不可能的。飞越如今是骑行的一部分，知道如何正确飞越是一个关乎车手安全的问题，尤其是在带有飞坡的林道上。

飞越是你在自行车上能做的最有趣的事情之一。一旦你能够体会到控制自己腾空的感受，一定想飞越的范围更大、更远、更高，不停地飞越。有趣的是，世界上最受欢迎的DH路线是惠斯勒的A Line ——全是飞坡。

果特别害怕，那就回到更小的土坡上继续练。你越有自信，飞越就会越成功，也能学得越快。

选择练习场所

新手要避免去热门的包场，原因有两个。

1.修建土坡的车手更关注自己能飞得更高、更有花样，根本不会管你需要安全的小土坡来学习。他们建的土坡又大又陡，在起飞坡和接坡之间还有深深的大坑。不知道为什么，他们总把一些奇怪的东西放进坑里：工具、锯齿状金属片和电器之类的东西。他们只关心起飞坡和接坡，至于中间是什么，他们根本不在乎。

2. 总有一大群人在那儿玩，而且大多数都比你强。如果你还有自知之明，就要么感觉自己太弱所以闪到一边围观，要么被迫尝试超出自己能力范围的玩法。俗话说得好："别盯着超模看，她们只会让你觉得自己胖。"

小轮车训练场是一个练习的好地方，那里的土坡比较圆，即使没能飞起来也可以安全地骑过去。但是因为场地开放时间有限，所以你很难进行大量练习，而且还有各种小孩围着你要签名（笑）。

越来越多的地方都建起了自行车公园，这是很棒的一件事。自行车公园理论上更安全，且通常能提供良好的学习过程。之所以说"理论上""通常"，是因为有些稍逊色一些的公园修建者并不知道自己在修什么东西。但大多数公园仍然是骑车和教学的绝佳场所。

修建自己的土坡

如果条件允许，你可以设计一个适合自己的新手专用土坡。按照下面的规格修建，可以更安全地学习飞越——不会太恐怖。下面提供一些基本建议。

- **高度：** 60 ~ 90 厘米，1：3 的高度与长度比。
- **起飞坡：** 起飞坡要柔和，从水平底部到 30 度坡顶之间的过渡要平滑。正常的土坡通常约为 45 度，花式土坡会达到 60 度甚至更陡。
- **顶部：** 水平顶部大约 2.4 米长，坡顶应该能容纳整辆车。
- **接坡：** 接坡几乎是起飞坡的 2 倍长，而且要比起飞坡角度平缓得多。这样的接坡压抬效果较差，但是能提供更大的落地区域。以后再学习精准的落地吧！
- **入坡区和出坡区：** 应该足够长、干净而且平坦，使你能够专注于飞越。

在沟里起飞让布莱恩在落地后获得了压抬动力，而且非常有趣。

一个完美的新手土坡。
这个梯形土坡看上去似乎太柔和了，但是如果能干净利索地飞过，你照样会很激动的。
起飞坡角度：30 度
高度：0.9 米

2.7 米　2.4 米　3.6 米以上

在第一个梯形土坡上，你可以专门练习起飞、飞行和落地，不用担心飞得距离太短（砸向落地坡）或者戳向一个杵着的旧铁铲的手柄。

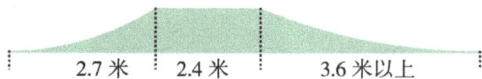

你也可以从一个单独的起飞包开始练习飞越，接着在水平地面落地，但是水平地面会比梯形土坡的顶部低很多，所以落地冲击会很大。另外，飞越的关键是要摸索在接坡落地时的感觉。第一次飞越梯形土坡时，那种美妙的感觉将超乎你的想象。

飞越前的准备工作

别逞能当"血腥"硬汉。没错，我们说的"血腥"就是指鲜血直流的意思。

- **头盔：** 最好是全盔。
- **手套：** 每次摔车后，你的手几乎都得遭殃，等双手破了皮，你会后悔莫及的。
- **护具：** 按重要性递减排序：护膝、护肘、护臀。就算穿上全身护甲也不为过。

- **平踏：**平踏可以让双脚自由活动寻找平衡，当然也有利于快速地伸脚，而且还能迫使你正确地施力与收力。

- **低车座：**这有助于压抬起飞坡和吸收强大的落地冲击。如果你使用升降座杆，肯定知道该怎么做。

- **信心：**你的基本功（姿势、压抬、下落差、兔跳）要扎实，要知道自己在做什么。如果你觉得自己无法成功飞越土坡，那就别去飞。

　　警示：每天看数百名车手在法尔曼自行车公园飞来飞去，以下事情令李惊叹。

- 有多少试图飞越的人，对飞越根本没有概念（顺便说一下，当李开始学习飞越时，他也属于这类人）。如果你无法做出一个完美的兔跳，那你就是自行车上的一大坨肉，飞包就是用自己的命在打赌。你也许能毫发未损地学会飞越技术，但恐怕很难（李在学习的过程中受过很多伤）。

- 当人们弄了一次"飞越"时，多少人会错误地认为自己很酷。用"弄"字，是因为他们砸在地面上生硬着陆，运气好才保住了小命。这么飞越可能是完全错误，甚至危险的，但是你"弄"成了，然后还会想着继续去"弄"更大的飞越。

- 当人们在更大的飞越中从车把上飞出去时，他们感到震惊，99%是因为他们每次飞越时都太靠后、太高、太僵硬。但是，因为飞小坡时，他们的Trek Remedy吸收了冲击，所以他们不知道自己的飞越多么不正确，直到他们的速度和飞越的幅度超过了自行车的吸收能力。这时候，我们只能希望他们不会受伤。

　　学会正确飞越。只有在感觉动作稳定、无压力时才能再去增加挑战的难度。保护好你的身体和头脑！

飞越的基本技巧。
平稳落地来源于放松的飞行和完美的起飞。听起来很简单？继续往下读。

起飞：随着经验的积累，你能把握该压多少，该推多少。　　**飞行：**寻找落地点，在空中调整自行车的角度。　　**落地：**让自行车的角度匹配接坡面。

起飞

　　你在起飞坡时的动作决定了你在空中的姿势。如果你对着起飞坡面收力，那就飞得低；如果对着起飞坡面施力，那就能飞得高；如果只是随随便便冲向土坡，那就会前空翻摔车。

　　完美飞行的关键在于平衡和时机。下面就教你如何在土坡上压抬以获得合适的空中高度（注意：这与兔跳类似，但是手臂更少发力）。

　　1. 在溜车的时候准备好动作姿势。身体处于脚踏上方的居中位置，手脚稍微弯曲，脚踏要保持水平。

　　2. 接近坡底边缘时，双腿弯曲蹲下身。在缓坡坡顶边缘用腿部发力，让手臂随之而动。

　　3. 到达坡底边缘时应当蹲到最低，注意后轮刚到达坡面时前轮在起飞坡的状态。

　　4. 从蹲低姿势迅速向上弹起。注意不要一直下蹲，而应在蹲下后立即上弹，就像跳蹦床一样。这是关键动作！

　　5. 骑上坡面时要用双腿下压。车子向坡面下压得越用力，飞得就越高。下压的动作贯穿于整个起飞坡面，大土坡比小土坡需要时间更长、更慢的下压。在到达坡顶边缘时要伸直双腿，以获得最高的腾空高度。

　　6. 当自行车滚上坡面时，车把会向身体靠近。在比较缓的坡面上，让车把自然向后。在陡峭坡面上，或者如果你想要飞得更高，有意识地将车把向后拉，同时用腿往下推。理想情况下，当你飞越时（以及压抬时，见第8章），这种反作用力——拉把和推腿——总是有效的。当你学习不同类型的飞越时，会学习到如何调整手臂和腿部力量，但是手臂和腿应该始终是这样的动作。

布莱恩演示完美的起飞。

| 7.在开始向前推把时向上收腿。 | 6.在骑上坡面的过程中向后拉把。 | 5.持续下压，直到到达坡顶边缘。 | 4.双腿迅速向上弹起。 | 3.在坡底边缘蹲到最低。 | 2.接近坡底边缘时蹲下身体。 | 1.以平衡姿势进入。 |

这很重要！ 手臂不仅增加了你飞越的力量，还让你保持平衡。如果在到达坡顶时不拉把，随着自行车的上升，你会被自行车往后推，然后当你的后轮撞到坡顶时你会被往前甩。这样可不行。

7. 离开坡顶边缘后要弯曲手臂，让车子靠近身体。这样能增加你对车的操控力，也能使你在空中更加放松。

放松，只是骑车而已

要记住，飞越要求的动作技巧和压抬及兔跳要求的动作技巧是一样的。当你飞越土坡时，要像跳上路缘一样放松又专注。如果你连跳上路缘都不会，那就别操心飞越的事情了。如果你真想学会飞越，那就把以下要点记在心里。

● 专注你正要做的帅动作，不要去想害怕的东西。

● 尽量让双手保持放松（李发现手臂用得越少飞越就越顺畅）。

● LLB教练凯文•史提勒的专业提示：接近起飞坡时活动手指。这证明：①你的平衡点在双脚上；②你不害怕。如果你的手指动不了，那就不要跳。

● 视线从起飞坡扫视到落地坡。

● 有一个"柔和"的专注点。如果过分专注于坡顶边缘，你要么会停在上面（因为你没有为接下来的事情做好准备），要么身体会僵硬得失去平衡（因为你的注意力集中在地面上，而身体的本能就是要回到地面）。另外，专注于任何固定点会使你的余光无用，你需要用余光来管理你的腾空！

布莱恩正骑着他的 Ellsworth 飞行。

飞行

当你腾空时，有以下这些工作要做。

双脚保持平衡。 如果你已经向前翻了，那么从起飞时起你就搞砸了。你不是船长。弃车！

在空中让自行车靠近自己。 当你通过远地点（飞行的最高点）时，应该处于一个完美的低位攻击姿势，这样可以完全控制你的自行车。在空中伸展身体被称为"死水手"，既然有"死"一字，肯定不是什么好词。

向前推把，调整着陆角度。 还记得起飞前如何拉把吗？ 在空中做相反的动作。

当身体在空中飞行时，不要试图得意地放

找准飞越时机

　　第一次踏上跳水板或者蹦床时，你会通过上下弹跳来感受跳水板或蹦床的弹性。当你跳水或蹦床时，先是会找准时机用最大的力量将跳水板或蹦床下压到最低点，然后借助最大的回弹力向上跳起。如果你往上跳得太早，那就无法用弹力跳得很高；如果往上跳得太迟，你的脚就会被跳水板猛打一下。山地车飞越也是一样的道理。时机合适与否取决于土坡的大小、你的速度和车的避震系统。

压抬类型	土坡大小	速度	避震器
慢速压抬	大	慢	软
快速压抬	小	快	硬

松，而应关注接下来的动作。这可以给你的蜥蜴脑一些有用的事情做（而不是让全身肌肉紧张地绷紧），这为利落、安全的飞越奠定了基础。

落地

　　刚开始练习时，你应该在梯形土坡的水平顶部上落地。

　　后轮先落地。这就像跳落差时在水平地面落地一样：首先要保持身体平稳，要向下伸双腿使后轮下降，然后屈膝吸收冲击力。当前轮落地时要用手臂吸收冲击。整个过程应该像飞机着陆一样，只是要更加平稳、更加安静。如果你乐意的话也可以让轮胎像飞机落地一样发出"嘎吱"声。只要感觉良好，你就可以继续学习两轮同时落地——砰！正好让你的双脚吸收冲击，练熟了以后这才是比后轮落地更简单、更平稳、更安全的落地方式。

　　找出落地点。眼睛要看着落地点，然后让车轮落在上面。这使你有一个明确的目标点，而且有利于身体为平稳落地做好准备，而不是盲目冲撞。来自生活的经验也会启示你，当你不知道往哪儿去时，你会有信心吗？

　　把车拉近身体。在空中如果你把车拉得很高而且靠近身体，那么你就能自己决定准备落地的时候何时放下起落架（伸展手脚）。如果在空中四肢已经伸展而且动作僵硬，那落地什么样子就只能由万有引力决定了

　　接坡！前轮很快就要开始落上接坡了。落地的感觉将会非常平稳、非常酷！注意不要在前轮还悬空时让后轮落到接坡前的平台上，要不然前轮会重重砸向接坡，这很可能会导致前空翻摔车。

　　落接坡时要尽量让前轮先落地，或者前后轮同时落地。在空中时，要伸展手臂让前轮接触接坡。那么此时离完美落地就只差一点点了。

　　完美落地。前轮正好落在落地坡的顶端，紧接着后轮也在相同位置落地。只要动作

完美的落地：自行车与落地坡的角度完全相同。布莱恩的身体完美地收紧在一起，这样他可以在落地后紧接着压抬，瞄准下一个飞越点。

正确，就几乎不用吸收落地的冲击，因为这样完全没有冲击。接坡越陡，落地就会越平稳；在一个很陡的接坡落地后，你甚至会依然以为自己还在空中。完美的落地就是这么平顺！

　　飞越能够顺利进行和获得自信的最佳途径就是反反复复练习，持续骑行，直到所有的紧张感都消失。这时，你的蜥蜴脑就会认为新的挑战已经可以接受了，你也可以真正开始体会到细微差别（并享受乐趣）。

　　警告：飞越会上瘾，要先练小土坡，再练大土坡。这一点要铭记在心。

飞越时用硬尾车还是全避震车

　　使用小轮车飞越毫不费力，因为小轮车紧实的结构能将施加于起飞坡上的所有能量反馈回来用于飞越。硬尾山地车容错度更大，但是避震前叉、更大的车架和轮径会让蹲下再弹起的动作效果打折扣。全避震车容错度最大，但是会浪费许多能量。

硬尾车的优点

- 你花更少的力气就能飞得更高、更快。
- 在节奏区的压抬效果更好。
- 你能学会更精准地掌握时机。
- 更小、更轻的车在空中更容易操控。

全避震车的优点

- 时机不一定要把握得很完美。
- 万一飞行的距离太短或者在水平地面落地都不会有太大问题。
- 在弯道中全避震车能提供更好的抓地力——如果土坡之间有弯道的话。

布莱恩小课堂

　　回想一下你在平地上是如何飞越的：弯曲双腿，双臂靠近身体放下，然后向上爆发力量，伸展双腿，手臂向上甩，完成飞越动作。在自行车上也是如此，不同的是手放在车把上。

　　在自行车上，你本身拥有速度和飞越属性，这将帮助你实现目标——这里指的是越过梯形土坡。速度越慢，你在起飞时的压抬、蹬腿与收把动作就需要越狠，这样才能飞越足够的距离。

　　当速度提高时，你可以用更少的四肢动作；飞越本身帮你做了那些工作。

　　有些时候，速度变得太快，你必须用手臂和腿做相反的动作，把自行车向下推以便落地。然后，也有可能速度太快，以至于你无法做出落地动作。

　　说到落地，我们谈谈如何尽可能平稳地回到地面。在理想的情况下，你想要前轮正好在接坡的顶端落地，然后前轮顺着接坡下去，后轮接着落地。这样，由于你基本上是从接坡最上面往下溜，可以用接坡产生最大的速度。

　　如果你落在中间，就只能产生一半的速度。如果在中间落地，而且接坡本身很短，则没有足够的距离让自行车顺接坡落地，这将会造成更大的冲击。

　　一开始，让前轮瞄着接坡顶端落地会让你感到不自然。这时另一个最平稳的落地方式是让后轮首先触地，然后用双腿吸收冲击的同时让前轮落地，之后用手臂吸收冲击。

　　调整速度时，应判断飞越如何向上和向前将你抛出。你应找到平衡点，以便控制自行车的角度。越过梯形土坡飞向落地区时操控车辆，让前轮朝向接坡。

　　然后，试着用更慢的速度飞同一个坡。在保证同样在接坡落地的基础上，加大起飞动作的力度，试着飞得更高。

　　飞越的基本技能适用于每一次飞越，但每个飞越又各不相同。你的判断能力会随着经验的积累而增强。

●　如果你的年龄超过 40 岁，避震车是一个好选择，它不仅可以增加你的自信，也可以善待你的关节。

　　总结：如果你害怕落地冲击太大，那就用全避震车；如果你想成为飞越高手，那就用硬尾车；如果你想成为一名真正的大师，那就用 20 英寸轮径的小轮车吧！

　　在飞越时，李在他的硬尾 plus 车、全避震山地车、全避震双人竞速车和硬尾土坡车之间切换，他很少用 BMX 车飞越（但他喜欢用它压抬）。布莱恩每次骑全避震车时都会飞越，当他来到一个专门的土坡腾越场地，便会骑上他的硬尾土坡车。

找到自己的飞越风格

　　所有土坡都是不一样的：有的大，有的小；有的高，有的矮；有的陡，有的缓，以及介于之间的种种。你可以高速飞过，或者笨拙地转弯后以低速绕过它们。在土坡腾越的现实世界里，你必须根据路况改变自己的风格。

　　总体来说，飞越有两种基本风格：一种是追求飞得最高的土坡腾越风格，另一种是低空掠过的竞速风格。大多数飞越动作需要结合这两种风格，因此两种你都要学会，然后再根据需要选择使用。

布莱恩加大飞越力度，以便飞得更高，同时做出动作。

柯蒂斯在这个土坡收力、推把，低空飞行。

飞得最高——土坡腾越风格

　　这种飞越方式的车速较慢，但能有最高的腾空高度。在以下情况可以使用这一技术。当你觉得可能要在非常高的陡坡上飞越，而且还想要在空中玩个花式动作时；或者是想在又短又难的土坡上飞越，所以不得不以很慢的速度进入，并且需要用力压抬飞到高空才能衔接落地坡时。

　　1. 接近起飞坡时要尽量向下压低身体，这就像是在跳蹦床时要创造极限高度一样。

　　2. 当来自起飞坡的反作用力把你向后上方推时，你要用力向起飞坡方向下压，要在车子和地面之间创造最大的压力。与此同时，把车把往身体方向拉。想要飞得更高，就需要更多拉把和伸腿动作，动作应该协调。还不懂？先去学习兔跳。

　　3. 在坡顶边缘爆发性向上冲。

4. 在起飞时要保持身体站直且姿势舒展。每当你看到一名车手离开坡顶时还在继续把车把拉近身体，就说明该车手刚刚借助坡顶获得了最大腾空高度。

5. 为了飞得更高，你需要把车拉近身体。这也能为自己提供更多的调整空间。

尝试各种飞越动作，并注意不同的时机选择和力量使用对飞越高度和距离的影响。你会惊讶地发现，即使速度很慢你也仍然可以起飞。不妨和朋友比一比，看看谁能用最慢的速度飞过土坡。

布莱恩小课堂

速度显然是获得更多腾空时间的解决方案。这并没有错，但是如果速度太快，就会使飞越的过渡过于突兀，并且由于动作太快而来不及做坡顶爆发的动作。为了获得最大的腾空时间，你必须根据自己在坡顶上时能以多快速度发力来找到合适的速度。这一切就是要找准时机，如果时机不对，可能会发生不好的事情。

比赛时，你通常想保持低空和高速。当一个土坡的尺寸跟你进入坡前的速度相比不算什么时，腾空高度低的人才是赢家。在这种技术里，你想让身体吸收坡顶，这意味着从坡顶起飞后，要让车尽量靠近身体，保持轻盈。再次强调，时机对这个动作至关重要。当你学会吸收坡顶后，就可以提高起飞速度，而不会飞得太高或太远。

土坡腾越风格。

1. 在过渡区施加最大压力。	2. 冲出起飞坡。	3. 滞空！自由飞翔！	4. 伸展手脚在落地坡着陆。	5. 下次必须飞得更高……

38 千米/小时　　　　　29 千米/小时

损失了速度

低空掠过——竞速风格

有时候你想保持动力，只希望刚刚飞过土坡就好，然后继续高速前进。这不仅仅是一个竞赛技巧，当车速很快以至于可能飞过头时，或者在必须快速落地才能切入弯道时都可以使用这一技巧。以下教你如何在高速下完成一次飞越。

1. 在坡前平路与起飞坡的过渡处给车荷重。如果起飞坡前有些小凹陷，要保持身体处于高姿势并把车压进凹陷地形荷重。想要在坡上吸收得更多，刚开始就要将车子压得更沉。

2. 冲上起飞坡。这与你想要跳高时的动作类似，不过只是在上坡的前半途中做这个动作。想飞得低些，施加压力就要早些。

3. 吸收坡顶边缘。当你到达坡顶边缘时，坡面的反作用力会将你往后上方推，这时你应该把车主动拉近身体。与土坡腾越风格的爆发性起飞相反，竞速风格更像是要向内吸收：不要往地面施加任何力量，而要用身体吸收全部冲击。

4. 起飞时，要压低身体并保持蜷曲。当你离开坡顶边缘，向前推车。在坡底拉得越用力，在坡顶就能越用力推，这个技术通常被称为推过坡顶边缘。

5. 飞行时要尽量压低身体。注意将车拉近身体并随时准备把车压向接坡。

要不断练习，看看在保证不飞过头（直接飞过落地坡）的情况下能骑多快。

竞速风格。

42 千米 / 小时　　　　　　40 千米 / 小时

往上弹 vs 往前推

这里还可以从另一种角度来看飞得更高和飞得更快之间的区别。在深入讲解之前，让我们先对以下几点达成共识。

1. 无论你是想借着坡往上弹还是往前冲，基本动作都是相同的。

● 想要在坡上下压并往上弹起，你应把车把往身体方向拉并且把脚踏往下踩。我们把这个动作叫作"划船"。

● 想要低空划过一条弧线吸收起飞坡，你应把车把往前推并把脚踏往上带。我们把这个动作叫作"反划船"。

2. 上述两个动作主要的不同点在于时机。你什么时候"划船"，什么时候"反划船"？

当你要借坡弹起时，你在整个起飞坡的时候都做"划船"动作。这会把你弹到更高的位置，因为：①你在更长的时间里产生了更多向上的推力；②你从起飞坡最高、最陡的位置起飞。

当你要吸收或者推过起飞坡时，你在进入起飞坡时做"划船"动作；然后，当你的前轮离地时，立刻猛烈地做"反划船"动作。当你开始做"反划船"动作的时候，就会停止产生上升力。这个技巧会让你保持低姿态，因为：①你在起飞坡荷重的时间不那么长；②你从起飞坡更低、更平缓的位置起飞。

两种风格你都要尝试。

在整个起飞坡上都做"划船"动作，在腾空时做"反划船"动作，看你能飞多高。

只在进入起飞坡底时"划船"，然后在坡顶"反划船"，看你能保持多低的位置。如果你发现自己在空中又做了一个"划船"加"反划船"动作，不要惊讶，这种双重压抬动作在 BMX 竞赛里很常见。

当你慢慢在高与远两种极端里都能找到状态了，你的蜥蜴脑就会学会随时在飞越时

在起飞坡顶"划船"。
也可以叫作"冲上去"或者"弹上去"，这能让你有更高的腾空高度。

"反划船"飞过起飞坡顶。
也可以叫作"吸收"或者"推过去"，这能让你有更低的腾空高度。

布莱恩小课堂

到底能用一辆自行车飞多远，依旧有待探索。在此书的第1版中，我们说过只要有合适的飞坡、合适的速度与合适的着陆点，就没理由不能飞过30米。2006年2月，杰森·伦尼在一辆雅马哈YZ250的高速牵引下飞越了41米。2014年8月，凯姆·辛克创造了依靠自身动力的最远土坡对土坡飞越的世界纪录。他飞越了36.5米。

我在影片 *ChainSmoke 2* 里飞越一个巨型土坡时，第一次还有一点点害怕。实际上那个土坡并没有多高——起飞坡高度是差不多1米，然后是1.5米的下陷地形，接着是一个带有长接坡的长梯形地。当时我骑得非常快。我知道即使没飞到接坡上我也不会受伤，但我也知道那会是一个难受的硬着陆。第一次飞这个坡的时候，我飞得比自己想象的更远，飞了足足27米。接下来的几次我没有骑那么快，就只飞了23米或24米。习惯了这个速度之后，其实飞越还是挺简单的。

调整和折中两种技术，以做出最完美的飞越动作。

当起飞坡很小时（在你能兔跳的高度以内），你对飞行轨迹有完全的控制能力，你可以高高飞起，或者在中等高度画出漂亮的弧线，或者完全吸收起飞坡。在这里兔跳跳得高是一个优势。

当起飞坡很大时，你可以尽管顺着它往高处冲，但因为坡如此大而你如此小，吸收这个坡的能力就会受限。在这里个子高是一个优势。

拯救自己

你可能总是飞不到落地坡或并不能保证每次都能成功，原因可能是速度太慢或者下压得不够用力。无论是哪种情况，最终都会导致飞的距离太短。以下是一些补救方法。

打开起落架。如果无法飞到落地坡，你在起飞时就会知道这一次飞不过去。如果这时候硬要压低车头飞过去，结局会很惨。此时要抬前轮并让后轮下落，然后积极吸收落地冲击，就像起飞时吸收起飞坡顶一样。

向上拉车。如果你感觉车子的速度不足以飞过土坡，那就使用土坡腾越风格用力下压起飞坡。当你起飞时，要用手脚把车子向上拉。

抬后轮。这个技巧适用于前轮已经可以飞过接坡，但后轮还需要一些动作才能飞过去的情况。

- 双手要向前翻转，把车头向前下方推。
- 当后轮上翻时要收起双腿。

弃车！如果形势看起来非常糟糕，那就果断弃车，并试着用脚着地。要团身前滚并保持手脚收紧，直到完全停止翻滚为止。

像职业车手一样处理飞的距离太短的状况。

前山地车和小轮车职业车手克里斯·鲍威尔[*]在加利福尼亚州丘拉维斯塔的奥林匹克训练中心展示了一个完美范例：他的头部笔直向前，飞越中几乎没有损失任何速度。不管你相信与否，其关键就在于极主动——正如你习惯积极地在落地坡压抬。

1. 伸展身体准备在落地坡着陆。	2. 在落地前一瞬间开始把车子向上拉。	3. 尽量吸收落地冲击。	4. 积极地在接坡面下压。

20 英寸（51 厘米）轮径的 BMX 小轮车比山地车有更大的活动范围（和更好看的外观）。
[*] 克里斯现在是一名律师，但是他的骑行速度仍然很快。

应对各种土坡

　　当你掌握了各种飞越风格、起飞坡处理方法、距离控制和落地技术之后，你就可以玩些更有意思的东西了。不过事先声明，飞越下列这些高级土坡需要全面扎实的技巧，所以如果你还没练好基本功就匆忙上阵，那就等着挨摔吧！

飞越双峰土坡

　　飞越双峰土坡完全是一次心理挑战。从技术上讲，双峰土坡和梯形土坡是一样的，都是从起飞坡起飞，然后飞过空中，接着在落地坡落地。双峰土坡之间有个大坑这件事理应对你没有任何影响，但实际上它确实会有影响。就在你阅读此段文字的时刻，可能全世界有数千名车手正在双峰土坡面前被吓得不轻，但是如果中间凹陷被填上了又平又好的泥土，他们又能轻而易举地将其拿下。人们会被可能发生的最坏情况吓坏，这就是一个典型的例子。

　　实际上，你骑上山地车就经常要飞过一些东西：石头、溪流和一个中间扔了把铁铲的大坑。而你首先要做的是学会判断起飞坡和接坡，这样你才不用担心在落地时会出现各种意外情况。除非你能完美地飞越同等难度的梯形土坡，否则不要随便尝试一个双峰土坡。在确保自己能飞到接坡之前，不要急着在起飞坡上向上飞，要从小飞越开始，循

布莱恩已经有足够的经验判断他是否要飞一个双峰土坡。如果他决定去飞了，你可以打赌这会是一场好戏。

序渐进地升级。

如果起飞坡和落地坡高度相同，飞越双峰土坡就和飞一个同样形状的梯形土坡完全一样了。即便如此，还是有些要点需要牢记。

查看落地坡并扫视前方。千万不要看中间的大坑！绝对不要看！

要让后轮飞过坡顶边缘，尤其当落地坡前端又急又陡时。有一种奇怪的现象：如果你觉得自己可能会卡在坡顶边缘，你就会不由自主地伸腿，然后果然撞在坡顶边缘。

宁可飞过头也不要飞的距离太短。大多数车手通过飞的距离比较短的方法来不断"试探"双峰土坡，然后再慢慢加长距离。这不是好方法，因为：① 落地冲击大；② 可能前空翻摔车；③ 打击信心。我们认为最好在第一次就全力以赴，宁可飞过头。如果飞过了一点距离，你总会有办法补救的，而且飞得远比飞得近时的落地更平稳，也更能增强信心。

飞越下降双峰土坡。当落地坡低于起飞坡时，你不需要高速或者压抬就能干净利索地落地。在下降落地时你的垂直速度将猛升，所以如果飞的距离太短就更容易受伤。

下降双峰土坡可能是最难掌握的飞越类型，因为你一般在起飞之前看不见接坡在哪儿，不知道怎么落地，而且落地难度才是评判下降双峰土坡难度的一个最大的标准。

一个 1.5 米的下降双峰土坡配上短接坡可能要比 4.6 米长带有大而缓的接坡的土坡还要难，后者对精准度的要求并不如小一些的前者高。

一般情况下你不会想在下降双峰土坡上往上拉高。反之，你会想在一通过起飞坡的时候就把自行车往下推。从起飞到着陆一条直线过去会是最安全也最快，而且在大多数情况下最顺的路线。

如果接坡很陡，你可以用较慢的速度进入起飞坡并且在起飞时跳高，这会给你更多的腾空时间，让你找准着陆点并把前轮指向那里。采用这种方式的感觉很棒，但是容错度很小。我们推荐先从快一点点的速度开始推过起飞坡。当这种方式的感觉已经很好时，慢慢开始降低你的速度并配合着在起飞时跳高。

下降双峰土坡是激烈的速降骑行中的重要部分。泥土……岩石……如果它们形状恰当，会是一个很好的着陆地点。

飞越上升双峰土坡。如果落地坡高于起飞坡，那你就需要额外的速度和压抬才能完成飞越。土坡节奏区包含上升双峰土坡，因为它们能提供巨大的接坡面。上升双峰土坡在视觉上非常震撼——放眼望去就是一面土墙，死亡之墙——但实际上飞越上升双峰土坡的落地比飞越下降双峰土坡和普通双峰土坡的落地更平稳。如果你能正确处理上升双峰土坡，落地就会显得很轻盈，就像鸟儿归巢一般，多美好啊！

上升双峰土坡大概是除了梯形坡以外最安全的土坡。上升双峰土坡的优点是你可以清楚地看到你要飞去的地方，所以找到着陆点很简单；另一个优点是如果你打算在半空中弃车，你也不至于摔太惨。这使得上升双峰土坡很适合作为练习飞坡的地方（当然，在你掌握了梯形坡之后）。

以更快的速度进入上升双峰土坡，因为陡峭的土坡会让你慢下来。

尽管上升双峰土坡的接坡面看上去很吓人，但到达接坡之前，你已经耗尽了大部分的体力，所以着陆一般都比较轻柔。

在节奏区的压抬

如果说学骑山地车有一样东西必须要学会，那么就是飞越节奏区了。如果处理得当，

在崎岖的岩石路上，飞越可能是你最顺畅的选择。

你就会感觉非常平稳。负重与失重相互交替的节奏是世界上最美妙的感觉之一。

所谓节奏区，一般是指一连串分布紧密的双峰土坡。你刚落到落地坡，就立刻进入了下一个起飞坡，你必须有节奏地在过渡区压抬，从而获取飞越下一个土坡所需的速度。节奏区就像一张拼图，只有放好了第一片，才能放第二片。如果搞砸了第一个双峰土坡，那下一个双峰土坡就很难完成了。

警告：不要胡乱尝试节奏区，除非你已经掌握了在馒头坡和双峰土坡上的压抬技术，而且你应该能够处理各种起飞坡、角度和速度，因为在节奏区里很容易出错。

在平顺的林道上，飞越的速度可以更快，也更有趣。

有助于掌握好节奏的提示如下。

● **在接坡越高处落地越好，**前轮先着地，然后在同一位置让后轮落下。用和洛佩斯一样的精准度去完成这个动作。

● **进入过渡区域时下压脚踏以使车子沉重。**与此同时，将你的车把往回拉，以便让你用腿部保持平衡以及使后轮胎对地面的压力最大化。你会感觉到神奇的加速度，并用此搞定下一个飞越。

● **保持警惕。**随时准备针对不同的距离、坡度、速度进行调整。想完成最有意思的节奏飞就需要你使出所有的飞越功夫，看看你都有什么本事。

● **一切都在于压抬。**你可以竭尽全力多踩最后半圈来挤出最后一点点速度，但这可能打乱你的平衡并迫使你用不习惯的反脚飞越。与其在连续飞越里踩踏，不如将心思放在接坡、馒头坡与弯墙上的压抬上。事实上，许多新一代土坡车手很少在连续飞越中踩踏。另一个事实是，许多骑的飞快的人没有链条（和刹车）也无所谓。

● **大多数很棒的飞越是在节奏区里完成的。**所以，你应学习如何维持速度和提高控车技能来实现成功的飞越。

压抬节奏。
在第一个坡落地时，一个好的压抬会让你以加倍的速度冲上第二个坡。

1. 在空中保持正中位置并放松。　2. "反划船"使你臀部靠后、前部降低。　3. "划船"通过过渡段，在拉车把的同时伸腿。　4. 在空中"反划船"，为下一次着陆做好准备。

16 千米／小时　　　37 千米／小时　　　14.4 千米／小时

知道什么时候飞越

当你接近一系列馒头坡，或任何一系列包含起飞坡和落地坡的地形时，要考虑坡与坡之间的距离和形状，间隔空隙的深度和你的速度。

在低速而且地形较缓的时候，压抬既快又有效率。

当你的速度快到无法控制前轮的进出空隙的时候，使出一招压抬加后轮滑会更快更安全。

当你速度快到既不能压抬又不能后轮滑……那还是飞越吧！

扭转飞越

唯一比飞越更帅气的是在飞越的同时转向，称为扭转飞越。当进行扭转飞越时，你是在空中转向的。虽然你不可能在空中突然飞向另一侧，但是你能扭转车子，从而使车子在新方向落地。

1. 朝着你想要去的方向看并且在起飞坡上开始转向，所有的转向必须从在地面上时开始。

2. 将你的臀部扭向外侧，就像你在地面上做的那样。

3. 把车把往想去的方向转，让车尾甩出你想要的转角。

4. 朝着落地的方向打直车把，平稳落地。

转换飞越

在转换飞越里，你从一边飞越到另一边，但你着陆的方向基本和起飞方向一致。你可以用这一招飞越过林道里的深沟，或者从一条走线飞越到另一条走线。

1. 朝着你想要去的方向骑上起飞坡。和以往一样，要有预见。

2. 朝着你的目标飞过去。嗖！

3. 当你要接近落地点时，把车把往外打，远离落地点方向（嗯，很疯狂是吗？）。再加上一点点的身体动作可以让你在空中甩尾并稍微倾斜车子，此时，你正为降落时再拐一点弯做准备。

4. 在降落之前把车把转向落地方向，这能打直你的车并且让你准备好接下来的动作。真完美！

布莱恩小课堂

布莱恩，你是怎么搞定距离又长又吓人的飞越的？

对我来说，一个距离又长又吓人的飞越可能是3~4.6米，也可能是15米。

你可以飞一个15米的很缓的还带9米接坡的土坡，这既不难也不吓人，你知道有犯错的空间。我可以多飞3米，什么事都没有。

也可能有的飞越只有4.6米，但接坡又短又陡。我那时候就在想："哦，天呐！如果我飞远了或者飞近了就完蛋了！"这样的飞越更加吓人。

上个月在澳大利亚，我去了一个山地车骑行公园，我只骑了一辆130毫米行程的林道车，但网络上的一些人一直在说："你可得去玩一玩！"那地方有巨型的土坡：12米多，15米多，还有一个我觉得甚至有18米的土坡。起飞坡和接坡有3米高，但它们都挺缓和的，你只需要骑快点。

我第一次飞那个12米土坡，大概飞了16.8米。还好接坡是又长又缓的。我腾空的时候一直都在想："噢，天呐！这估计会挺难受的（而且我有挺多时间去想），而且我希望我的XC车把和曲柄不会坏掉。"

我一起飞就能知道自己是会飞近了、飞远了，还是正好飞到该有的距离，最可怕的事情就是起飞了却发现自己飞得不够远。

我总是在第一次时试着飞远一点，所以有个大的接坡是件好事。

你是如何判断要不要去飞那些又大又吓人的坡的？

我通过好几种方式判断。

首先，我会看那些去飞的人并跟他们聊天。我知道的越多越好。有时候一些土坡比看上去要简单，有时候要难。如果有人说"你只要踩两脚，然后啥都不用管"，那就是件好事。或者，如果有人说"你真的需要认真全力去骑"——好吧，知道这个也是件好事。

尽管这么说了，你也要考虑是谁给你的建议。Boomerang公园就是一个很好的例子，那个修了骑行路线的本地人骑的是一辆18千克重的配了外胎、滚阻很大的自由骑山地车，我应该在问他的时候了解这一点的。所以我骑得太快了，最后导致飞过头。

如果我说狠踩3脚，然后你只有我一半的功率，那你也许就要踩6脚。我在一些土坡场和骑土坡车的小孩们玩的时候经常遇到这种事。他们不能像车手那样飞出很快的速度，而且他们喜欢飞得很高来获得做动作需要的腾空时间。我喜欢压低高度来飞出速度。

其次，在我得到需要的信息之后，我会先试着溜到坡前几次。如果我溜了多于5次还没决定要飞的话，我就会想："不，我今天不飞这个了，留着改天再玩吧。"

两年前，我飞了一个很大的下降双峰土坡。要飞过去我必须先冲一段，跳过一个路肩，才能到起飞坡上，然后飞越一段水泥路才能到达接坡。我试了三四次，然后我说"我今天不飞了"。第二天我回来，微调了一下，完美地飞过去了。

做好调查工作，试跑几次确定你的走线和速度。做好了前期准备工作，你就到了做出这个决定的时候：我要不要去飞呢？对于我来说，这个决定靠的是多年的经验，你要是决定去飞了，就要赶紧全力去飞才行。

这就像站在一条你必须横穿过去的高速公路旁边一样。当你决定要走的时候，你最好赶紧走！经验还不够丰富的时候，你肯定会犯错误，这就是为什么在比较平缓、安全、后果不那么严重的坡上练习飞越很重要。你一定会犯错，只是在犯错的时候最好不要受伤。

LLB 教练凯文·史提勒在李家里的后院跑道上设计了一个落地进弯的路线。

布莱恩小课堂

飞越入弯需要一些身体动作，以及不仅能把车在空中倾斜而且还能在落地时把车调到与弯墙相同角度的能力。

你在飞越入弯的时候真的需要有远见，因为你必须在起飞之前就设想出从落地点到弯道结束的情景。你会倾斜着落地，所以需要判断要倾斜多少以及你能在腾空时压多狠。还有就是和其他转弯一样，你需要看向想让车去往的方向，而不是盯着前轮前面。

飞越入弯

想要终极的全方位三维乐趣，可以飞一个双峰土坡然后在弯墙落地。当你的技能里有这一招时，你的林道骑行水平会有极大提高。

1. 转弯过程在飞越时已经开始，你在坡上飞起时就已经要为这个弯做准备了。

2. 朝着弯外侧飞去。你可能需要空中转向或者变线的技术，一点点的逆转向有助于让车辆进弯。

3. 落地时让车轮垂直于路面。如果你在一个左手弯弯墙落地，把车轮导向右侧，就跟平时已经压进弯一样，你会瞬间压上这个弯的。

4. 你挟着很大力量压进弯墙，所以你也可以靠压抬获得一些额外的出弯速度（详见第 8 章对压抬过弯墙的介绍）。

擦坡飞越

有时你骑得实在太快，根本无法落在接坡上。与其直接飞过头，你选择从起飞坡顶划过去，在空中将车子压平，超低空飞行，如同在空中擦过地平线一样又快又完美地落在接坡上。在这本书的上一版中，我们称这招为"转压飞越"。

以向右的擦坡飞越为例。

1. 在起飞坡面上就要转向，这能让你的身体比骑一条直线时压得更低。

2. 当前轮离地时，朝着地面向右打更多方向，把车往下压，一直保持车把的转向并让车尾甩起来。

3. 打直方向，使车轮指向你想去的方向；然后，准备伸展你的手臂与腿。在这个速度下，你是很容易飞过接坡的，所以你真的要狠劲把车往下推。飞成以后，记得给自己配上"唰"

的音效。

　　在擦坡飞越时，你已经把降低腾空高度这门技术运用到更深的层次了。擦坡飞越是在你的速度远远超过能落在接坡上的速度时做出来的动作，这种情况就是除非你刹车，哪怕吸收起飞坡也不能让你飞得低到能落到接坡上。

　　这就是我们需要擦坡飞越的时候，这个词是越野摩托车手詹姆斯·斯图尔特创造的。他的外号以前是布巴，他骑得非常快，以至于他在从起飞坡起飞之后要把前轮往下压，迫使整辆摩托车在飞越的时候打平，以与地面平行。最早，这一招被人们称作 Bubba Scrub，随着越来越多的人学会了这一招，人们就开始用了"擦坡飞越"这一概念。简单来说就是，两个车轮与地面水平的时候可以让车辆压得比垂直时低很多。

凌空压平

　　没什么能比在梯形坡里压平你的自行车更有型的事情了。此外，凌空压平（也就是大家常说的 Table）也可以让你进弯前在空中提前转向。以下是向左凌空压平的方法。

擦过去！
下次你速度太快要飞过头时，记得解锁这个大招。

1. 在起飞坡面上倾斜车身并打方向。	2. 把前轮往下压转。	3. 把车辆往下推。	4. 着陆前打直车把。	5. 前轮先落地，真棒！

凌空压平秘诀如下。

● 　扭转飞越让凌空压平变得简单，因为你已经在凌空侧移。沿着直线飞行时是很难把车子压平之后再拉回的。

● 　如果前脚靠下，那么可以把车压得更平。如果飞越时右脚在前，那么就更容易把车往右压。如果此时向左压，不好意思，结果应该会比较糟糕。

● 　双手要非常放松地握着车把，要使车子能自由活动。处于上方的那只手能自由转动，甚至可能会转 180 度。不过这不要紧，而且还蛮有型的。

向左凌空压平。
向右凌空压平的动作正好相反。

1. 正常起飞。	2. 把车把向左打。	3. 用膝盖把车辆往下压。	4. 继续用左手下压车子，让车子绕着它的中心点旋转。此时的动作非常上镜。	5. 为了准确落地，要打正车把并让双腿恢复正常姿势。	6. 正常落地——优雅平稳！

一个炫酷的凌空压平动作永远不会过时。

当李终于决定去飞"鲸鱼尾"时，他十分确定这会是完美的飞越。

生活在甜蜜点中

下面是李关于他在法尔曼自行车公园第一次去飞"鲸鱼尾"技术点的故事。

正如你可能已经知道的那样，乐趣是在挑战与技术交织的过程中诞生的。今天，我在法尔曼自行车公园的"鲸鱼尾"上找到了这个交织的甜蜜点。

法尔曼自行车公园已经开到第三个夏天了，在这3个夏天里，我每次都刻意避开这个"鲸鱼尾"。"鲸鱼尾"是公园里超大号障碍坡道的第三个飞坡，也是这个公园的压轴技术点：巨大的木板起飞坡，中间的"死亡之坑"，还有一个很高的木板落地坡，然后才接着过渡到一个美好的土包接坡。

这个"鲸鱼尾"又大又吓人，但它设计得很好，熟练的车手可以用它画出一道优美的爱之正弦波弧线，没那么熟练的车手即使错误地骑过它也不至于出大事。但是，我的目标不仅仅是"不出大事"：如果要飞，就要飞得完美。受伤是很逊的一件事，而且对自己的职业生涯也不好。

所以，我一直在用自己的节奏去慢慢征服法尔曼的"鲸鱼尾"——不让自己掉进中间的坑，不猜测，也不受伤——我一点也不想像亚哈船长（《白鲸》的主人公）那样较劲。我就这样搞定了土坡腾越XL线和障碍坡道XL线，但我每次都会绕过"鲸鱼尾"。所有人都让我去骑一下，也说我骑这个完全没问题。我知道相关的理论，也知道怎么骑山地车，但我直到这个夏天以前都没有动力去飞。后来，我脑子里有个声音说是时候了。我开始告诉朋友说我要去飞，并不一定是今天，但总有一天——当我感觉在状态的时候。我以前完成过更大、更有技巧性的飞越，我压抬过成千上万的馒头路，我的配了Shimano/FOX的Stumpjumper 29是一辆很棒的自行车，我知道我在干什么。当我感觉在状态的时候，我会完美地飞过它，除此之外，不飞，谢谢。

昨天晚上，我决定今天就是要飞的那一天了。我给朋友贾德•齐莫曼（Judd Zimmerman）发了消息，他是Lee Likes Bikes在博尔德的教练，总是将自己的能力推向极限。我告诉他我打算去飞"鲸鱼尾"，让他对我有信心。

前几次试骑我都搞定了前两个飞越，接着就感觉小腹一阵收紧……然后就跟往常一样绕过"鲸鱼尾"了。

啊呃呃。

我的原则是：如果一件事情我感觉做起来又利落又好，我才去做，而且通常能很好地完成。但如果我感觉到有紧张反应——小腹收紧，肌肉紧张，脑子里有问号，大脑一片空白——我就知道某个坏习惯一定会突然从哪儿冒出来，然后我就会选择放弃。

我开始在木板上找我想要的落地点，也想象了我落地时可能的感受。最终，我接近了起飞坡，全身也没有任何紧张的反应，但我还是放弃了。

"@#&%!"

我对不去做某件事情完全无所谓，因为我可能没准备好或者不想做，但如果我准备好了，也想去做这件事，最后却怕得放弃了，这就有所谓了。我知道自己该做什么，我又一次骑到出发点时，我决定了：这次一定要飞！

我做完决定之后立刻就喊了出来，这不是痛苦或者害怕或者开心的声音，我的这一团元气、爱之力、功夫之力——管它叫什么呢——已经攒满了，内力的释放也已经开始了。好吧兄弟，等你搞定了这个坡，你爱叫多久叫多久。

我爬到了山顶，放低了我的Command Post升降座管，用我的XTR指拨"咔咔咔"换了几挡。本地老手达斯汀•蔡司在一边看着，然后问道："你准备去飞了？"他为我感到很激动。我举起我的手，等了一下。

踩踏，踩踏，压抬通过入口弯墙，第一个飞越完美，第二个飞越完美。我的视线越过木板盯着落地点，然后……我搞定了。我在起飞坡狠狠荷重——足够让避震器打底——接着是超大的卸重，压抬通过木板过渡段直到土路。我溜车到旁边的草地上，把车放倒，双手着地双膝跪地让我内心的情感发泄出来。接下来是一声完完全全的、深深的、带着眼泪和呜咽，以及释放了驱使着我的魔性和鼓舞着我的热爱的大叫。我收拾了一下，继续溜上山顶，又飞了9次。

这种明晰的感觉，噢，天呐，太纯正了，太舒服了！我最近帮助已经掌握了必要技术的学员体验到了她内心的胜利，她也一样很为难，但我告诉她："在你能做的事与需要做的事的交界处，在你的体力、脑力、情感交汇的甜蜜点处，你会感觉到自己最充实、正在面临的最重要时刻，其他一切都是练习而已。"

山地车很疯狂，我很感激山地车找上了我，我也感谢我妻子的支持，她总是知道我能比想象中更加厉害。

让我们一块冲坡吧！

李

答 疑 解 难

问题1： 落地时落得离土坡太近。

解决方案： 要抵制住加速的冲动，没有技术保障的速度会导致一大堆问题，你应该专注于平稳用力地压抬起飞坡。如果你不能很好地掌握，那就先在固定的障碍上练习慢速兔跳。掌握了施力和收力的要领后，你再来飞土坡。

问题2： 在空中失去平衡，落地动作一直很别扭，而且结果很糟糕。

解决方案： 一旦起飞后就要恢复成放松的进攻姿势，这能使身体位于操作空间的中央，从而在空中有充足的手脚活动空间来调整动作。

问题3： 每次碰到某些土坡都会很紧张。

解决方案： 不要骑那个土坡！要找一个更简单的土坡去练习。在简单土坡完成100次完美飞越并建立了信心之后再回来挑战。但是除非你在冲上起飞坡时不会有丝毫的紧张感，否则还是不要回来试这个难的了。

问题4： 虽然前轮能完美地落到落地坡，但是后轮却卡在了落地坡的坡顶边缘。虽然可以骑下斜坡，但是减速不少。

解决方案： 很可能是因为你的腿伸得太直而且后轮太低，可以请朋友在一旁帮你录下来你的动作，如果前轮和身体的姿势完全正确，那就是太急于落地的原因。我们大多数人在紧张时，往往会为了应对落地冲击而伸出双腿。你必须相信自己能成功飞过去，起飞时，要让车子和双脚向上收起，直到落地坡就在脚下时才能伸脚。

问题5： 落地的冲击很大。

解决方案： 要尽量在斜坡落地。落地时要利用舒展的手臂和双腿吸收冲击，并尝试利用你的整个身体吸收冲击。

问题6： 我能处理好梯形土坡，但是很害怕双峰土坡。

解决方案： 首先，要在飞越同等高度的梯形土坡时超级有信心的时候才能去飞双峰土坡；其次，不要盯着土坡间的凹陷大坑，而应该看着落地以后的路线。

问题 7：我用力在节奏区创造速度，但是很难腾空，或者感觉有点失控。

解决方案：很可能是因为你上半身太紧张，这一影响非常大！要完全放松上半身，或者最好是，专注于如何让车在空中画出一道完美的弧线，双脚踩在脚踏上，而双手轻轻握住车把。可以和你的朋友玩个游戏：互相观察，如果看到对方在空中或者在过渡区有任何肌肉紧张的情况，就罚对方做 10 个俯卧撑（不幸的是，俯卧撑可能会让肌肉更紧张）。如果能保持上半身放松，你会立刻注意到骑行变得更加流畅了，而且能有更多的机会压抬，飞越动作也能更上一层楼。就像我们刚才说的，这一影响非常大！

飞越——作为压抬与兔跳动作的延伸——是山地车骑行高超技法的终极表现。所有飞越高手都是杰出的林道高手，这并非巧合。飞越非常好玩，让人欲罢不能，而且学好飞越能让你在任何路况下都骑得更加流畅。

11

避免受伤

很多车手（以及他们的妻子和母亲）都认为伤病是山地车运动的必然组成部分，但我们却不这么认为，如果按照正确的方式骑行，受伤并非不可避免。山地车手容易遭受两种基本损伤：慢性损伤和急性损伤。

慢 性 损 伤

虽然慢性损伤并不像骨折那样严重，但会带来很多痛苦，比如无法骑行，甚至造成残疾。这种损伤是由于车手对车和对身体各种形式的误用与滥用引起的，包括以下情况。

奈德·欧菲安已经60多岁了，但仍然比大多数人骑得快。这得益于他总是专心训练和充分的休息。

- 过度或不恰当的踩踏造成的膝盖损伤。
- 双手压力太大和肌肉紧张造成的神经损伤。
- 不正确的把宽或手臂姿势，以及暴力骑行。
- 骑行过量造成的过度疲劳（在态度认真的车手当中，训练过度比训练不足更为普遍）。
- 从未完全恢复的旧伤。
- 错误的姿势和肌肉虚弱。

要想避免出现慢性损伤，你需要拥有预防意识和掌握一些预防常识。

- 确保车子是专为自己而设置的，尤其是常用的车。确保车座的高度适合膝关节、髋关节和腰。确保车把的宽度和位置适合身体的其他部位。
- 保持自身整体的灵活性和力量。身体越疲劳，年龄越大，预防损伤也就显得越重要。其实，每个山地车手都应该做车下训练——从现在就开始。
- 如果感觉什么地方受了伤，那就停下来别骑。要

布莱恩小课堂

布莱恩，你摔过车吗？

我希望我能说从来没有，但每个人都会在某个时候摔车。不过，我尽量让摔车的损伤降到最低。

你最后一次骑车受伤是什么时候？是怎么发生的？

这要看你对受伤的定义是什么。大约一个月前，我在参加2016年BC自行车赛时摔得相当严重。那天地很湿，路上有很多树根，我离前面的车手太近了，没有看到那个掀翻我的树根。明白过来的时候，我已经躺在地上了，大腿侧面又直接撞上了另一个树根。我赶紧跳起来继续比赛，疼痛开始影响我了；但是我坚持着，在比赛结束后才去处理。有一些淤青……没什么严重的，一两周就好了。

你保证安全、拥有如此漫长而健康的骑行生活的秘诀是什么？

我不知道这算不算秘诀，关键就是不要超出自己的极限，并做出正确的决定。不要急于求成，骑行技术需要慢慢积累、提高。如果你对飞越、下落差等没有信心，那就下次再说。从伤病中恢复（无论身体还是精神上的）通常比提高技术再来挑战需要更多的时间。

先对车子或者技术做合理的调整，然后再继续骑行。

● 感觉累了就休息，你不会因为一天不骑车就变慢或者变胖。

● 如果你受伤了，就等着慢慢痊愈。受伤的地方越运动，伤势就越难好转，也会更加影响骑行。

● 永远保持正确的骑行姿势。如果你太虚弱、劳累，或者没有足够的技巧应付所骑行的路段，那么就让自己变得强壮起来并补补觉，或者学习一下骑行技术（我们都知道已经有一本很棒的书了，对吧？）。

在撞上那些无情的岩石之前，托马斯漂亮地下了车。

● 如果你还有疑问，那就去寻求专业的帮助。在寻求骨科医生的治疗之前，看看哪位物理治疗师能帮上忙。

● 如果还是不能避免伤到自己，找个高明的心理咨询师看看吧，真的。

　　如果你最终患上了慢性损伤，我们很遗憾，但那是你自己的错。要注意身体并照顾好自己。

急 性 损 伤

　　急性损伤完全是另外一回事，它们会突然出现，通常是由摔车引起的。很多车手认为自己是路况的受害者，但其实应注意以下几点。

● 所有摔车都是可以避免的。

● 大部分即将发生的摔车都是可以挽救的。

● 即使真的摔车了，大多数情况下也是可以避免受伤的。

　　当然了，避免受伤的最好方式就是避免摔车。让我们从这里开始吧！

保养好爱车

车子机械故障很可怕，但几乎都是可以避免的。

- 根据路况和技术水平选择合适的车（除非你是布莱恩，要不然就不要在惠斯勒山地车公园用硬尾车猛冲）。
- 拧紧每一颗螺钉，并确保每个细节都调整到位。
- 车轮辐条张力要适当。
- 确保避震系统运行正常。
- 留意车架和零件上的裂痕及薄弱点。
- 保养好轮胎和车圈。
- 确保来令片可以正常工作，且刹车油足够。
- 如果还是不确定，那就把车送到当地的车店调校。

按照李说的去做，不要犯下他犯过的错误

由于基因缺陷、过度狂热的卧推训练*、无数次不当的骑行以及现在看起来很愚蠢的逞强行为，李终于成功地弄伤了他的肩关节，以至于需要将它们切掉，换成金属的。

但他还太年轻，活泼好动，怎么能换成人造肩膀？！所以他每天开始训练，增加有限的运动范围，承受着巨大的痛苦。多亏了一支非常棒的医疗队伍，以及使他陷入麻烦的遭遇，李开始接受物理治疗，并锻炼、例行热身，让他的身体能够正常工作。只要他做好热身，就可以比以前骑得更好。这段时间他尽可能保持体能，直到把肩膀休养好。如今，他每次都是痛苦、工作，工作、痛苦。

这并不理想！如果可以重来一次，他会这样做。

- 他会学习正确的卧推和骑行技术。
- 他会倾听他的身体。努力训练造成的肌肉酸痛没有问题，骨头磨骨头的关节疼痛……不能忍。
- 他会尽可能找到最好的医生。要知道某人是一位整形外科医生并不意味着他就是一位好医生。应找一位了解自己和自己的运动的物理治疗师。如果你觉得自己的团队不理解自己，找一个新团队。
- 他会更好地照顾自己。在痛苦中骑行不仅难受，还会毁掉自己的身体。

骑得开心，更要照顾好自己！

*他过去真的相信如果能推动136千克的荷重，女孩们就会围着他转，就好像他还相信赢得国家DH比赛就实现了自我一样。

布莱恩小课堂

的确，肩膀、膝盖、手腕和脚踝是最容易受伤的部位，即使没有摔车，这些部位也会受到很大的伤害。而如果不让这些损伤彻底痊愈，它们就会停留更长的时间。最糟糕的情况是，可能让你的骑行生涯画上句号。

远 离 麻 烦

作为一名很少摔车的车手，布莱恩有一整套避免摔车的方法，以下是他的几点建议。

了解路况

充分了解了你要骑的林道或赛道后，你就知道什么时候可以加速、什么时候可以减速，哪里有急转弯、哪里有暗藏的石头。你越了解当地的林道，就能骑得越快。

但是碰到新路怎么办呢？

这就需要在发现障碍与做出反应之间的极短时间内制造缓冲的机会。

1. 减速。

2. 尽可能地朝前看去，甚至比平时看得还要远。

3. 跟车。当你跟着某个熟悉路况（而且你信任）的人，你可以看到他在什么时候减速。这就如同在高速公路上跟车一样——看到前车的刹车灯亮了，那你就该刹车了。即使另一个人不熟悉路况，跟车仍然是个好办法，让他去感受意外的惊喜吧，同时给自己缓冲的时间。但不要把命运完全交到他人手上，你应该注意环顾四周，视线要越过前面领骑的人，尽量看得更远一些。

在自己的极限内骑行

你的"极限"完全是相对而言的，它取决于你的骑行技术、体质、自信心、情绪、装备，以及骑行的路况和地形。如果你希望自己的山地车生涯能长久一些，那就应该远离极限边缘。

"我即使运用 90% 的功力也会比大多数人骑得快，"布莱恩说，"但这完全是在我的舒适区范围之内，不存在恐惧、碰运气或者冒险的因素。但是，当我运用 99% ～ 100%

这个看似疯狂的转弯恰好在职业车手艾比的舒适区内。放松、保持平衡，完美。

的功力时，每个微小的细节都会把我推向摔车的边缘。那时我就会害怕了。"

速降车手的生活就是骑行在极限的边缘，以 0.001 秒的优势决一胜负。XC 越野车手不用把自己逼得这么辛苦——他们不会以 0.01 秒的优势赢得一场长达 2 小时的比赛，平时骑车休闲娱乐的车手更不必这样。

"可能你认识的一些人，他们骑车时不断超越自己的极限，"布莱恩说，"他们会有片刻的辉煌，但最终会摔成重伤，只能强忍痛苦。像史蒂夫或山姆（Sam Hill）那样的家伙在速降赛上一直名列前茅，他们不断接近自己的极限，但不会达到失控的地步。我们大多数人都无法一直做到这一点，因为我们会摔车。"

我们越尝试挑战极限，就越有可能摔车。这就是为什么从统计结果来看，速降赛比 XC 越野赛要危险得多，而且任何形式的比赛都比休闲骑行更危险。

要保持在自己的极限内——处于压力点以下，寻找流畅的感觉比寻求刺激更有趣、更简单。对于大多数车手来说，包括李在内，自己极限的 80% 左右似乎是个甜点区。

骑车要有自信

关于这一点，前面已经多次提到，但值得再说一遍。当你感觉骑行更流畅、更放松时，身体和车子就能更流畅地穿越各种地形。一旦你紧张起来，身体就会紧绷，而且随时都有可能摔车。

因此无论你在做什么、在哪里、和谁在一起，都要充满自信地骑行。如果需要减速、跟车、下车推行一段甚至换一条林道，这些都没关系，去做一切能让你敞开心扉快乐骑行的事情吧！

专业提示：不要看自己会害怕的地方，寻找你喜欢骑行的路线。如果你喜欢压抬，那就去找几个土坡。

给自己买份保险

一份优质的健康保险是必不可少的，尤其在美国。

在知道自己能获得——也能付得起——高品质的医疗服务后，你会骑得更有自信。

要对自己负责。除非你买了足够的保险来应对任何你能想到的损伤，否则你无法保证将来你不会起诉别人来为自己的医疗买单。如果你对自己非常负责，那就了解一下长期残疾的保险理赔方案，在你的健康保险失效后，这份保险可以为你提供保障。

穿戴上护具

这是一句不得不提的"废话"，但是请穿戴上合适的护具。对所有车手的强制性要求包括：

● 全盔；

- 手套；
- 护目镜。

随着骑行风险的增加，还需要以下护具（按照重要性的顺序排列）：

1. 护膝 / 护胫；

2. 护肘；

3. 全盔；

4. 护目镜；

5. 上半身护甲；

6. 护臀 / 下半身护甲；

7. 防护鞋；

8. 护颈。

把所有能给你带来信心的装备都穿戴上，总之怎样的保护都不为过。

我是否应该穿戴……？ 当有人问李是否应该穿戴全盔、护膝等护具时，唯一的答案就是"穿"。如果头脑中闪过了是否要戴全盔的问题，不要犹豫，直接戴好！

在科罗拉多州王冠峰的速降赛中，这位车手戴着摩托车风格的护颈。护颈可以防止头部过度地前后移动（很多人认为前后移动才能预防颈部伤害），从而降低颈部受伤的风险。戴手套是个不错的主意，但有些速降车手喜欢光着手的感觉。

停止伤害循环！

李： 当自行车公园、长行程自行车和技术错误混合在一起时，结果可能会很糟糕。

如果你经常受伤，请解决潜在的问题。如果你的朋友们受伤，请尝试干预，但如果你的朋友不需要帮助，也不要感到惊讶。

警告： 自行车公园和现代自行车非常棒，原因大家都知道。但它们可能很危险，原因如下。

1.飞越完成得可能很完美，但其中可能蕴含了各种不恰当的技术。你可以做一些错误的动作而不出问题……直到问题出现。

2.当你使用长行程自行车飞越时，它吸收了你的很多错误……直到它不能再吸收了。

这两个因素，加上未解决的技术错误，可能会造成真正的麻烦。车手可能无法正确认识自己的能力，并自以为是。他们骑得越来越快，动能转化为鲁莽的行为。当错误大到地形和自行车无法吸收时，事情就会变得非常糟糕。

案例

在法尔曼自行车公园的骑行家庭中有个车友，与我的年龄相当（47岁），他一直在公园里骑车。他将DH车推到山顶，然后冲下XL坡道。每次骑行，都有一个基本的、简单的、可纠正的技术错误，但他的自行车吸收了错误……至少大多数时候是这样。

作为一名看过5000名车手骑车的技术指导员，我能看出发生了什么，也了解潜在的危害。

我提供了两次帮助。第一次我说："嘿，伙计，那个习惯以后会让你受伤。来我这儿上一节短课，我可以纠正这个问题。"

回答是"不用"和"谢谢"。

他还在那样骑车并受了伤。肩膀、膝盖……记不得还有哪里，但我知道他正在惩罚自己。所以我再次主动提供帮助，这次甚至没有提到正式课程和费用问题。

还是"不用"和"谢谢"。

去年他在脸书（Facebook）上说他将挑战冬季公园中的香蕉皮线路。这条线路很长，很难。

他在脸书上写道："请期待视频！"

哦，不，我想。

然后，那天晚些时候，他发出了在医院的照片：盆骨骨折。

我的天啊，那真是糟糕！在经历了很长时间的恢复之后，他又回到了自行车上。法尔曼车手正从冬眠中醒来，这个周末太棒了。

星期六早上我一直担心他，满脑子想着他是否能掌握好技术、评估好风险。我想我应该写这样一个帖子，但没有下面这个最新进展。

我们的朋友再次住进医院，假肢股骨断裂。

哎哟！这时已经不再是事故，而是一个危险的病理循环。

致我们的朋友：我们希望你尽快康复。当你准备好时，随时伸出手，我会尽力帮忙的。

如果你是那个一直受伤的人，应该这样做。

● 更多关注技术。看视频，请教练（私人或远程），拍摄自己的骑行视频，花20美元买本书。

● 每次摔车后都搞清楚原因，纠正错误。

● 如果经常摔车，停止重复相同的行为。如果你仅仅是提高速度、动作幅度以及升级避震系统，一旦出问题，只会伤得更重。

● 如果你发现自己不得不做一些伤害自己的事情，而且一遍又一遍，请看清潜在的问题。寻求一名理解冲坡手思想的治疗师的帮助。

但是，如果你真的是那个人，自己就会看不到问题。

如果你和这样一个人一起骑，请这样做。

请介入，提供建设性的指导，推荐给他一堂课、一个视频或一本书。和他谈论人生，以及驱使我们做愚事的力量（没错，我说我们）。你可能无法提供帮助，但你必须尝试。

常见错误及改正方法

　　作为一名比布莱恩更"普通"的车手，同时作为一名和各种车手打过交道的教练，李熟知各种摔车情况。

　　这里，李列举了人们摔车失控的几种主要情况以及避免失控的主要方法。99% 的摔车都是由下面的某种情况引起的，而这些摔车都是可以避免的。

前空翻摔车

问题

　　从车把上向前摔出去是导致送医急救的主要原因。你是怎样从车把上摔出去的呢？简单来说，就是你的重心超过了最前端的支持基础，也就是前轮的触地位置。

　　导致这种情况出现的原因包括撞上障碍、不恰当的刹车，以及我们最擅长的——撞上障碍的同时不恰当地刹车。另一个经典原因是，你因为害怕前空翻而将身体向后移，但重心在后导致后轮重重地撞击障碍，来自后轮的反作用力会把你向前弹出去。

避免问题

　　保持脚重手轻。只要你把自身的重量施加在脚踏上，就不可能前空翻，所以要记住以下要点。

- 经常练习有效刹车的技术。
- 保持平衡的进攻姿势。

前空翻啦……保持放松并让身体前滚翻，你就能带着谈资完成比赛，而不是一身伤。

- 当你遇到一个可以顺畅骑过去的障碍（例如阻水栅栏）时，要保持重心居中。
- 重复口诀：脚重手轻，脚重手轻！

解决问题

如果你感觉后轮在上升而且身体超过了车把正在向前翻转，那就在身前把车往下压。这么做是为了尽可能让身体静止并且让前轮压向地面。前轮越早地接触地面，你就能越快地得到支撑。

但不要太依赖这一招。前空翻摔车的后果会很惨。如果你感到向前弹的力量非常大，或者感觉自己飞过了车把，这时已经回天乏术了，应该尽快弃车！

如果你决定弃车，把它扔开，避免牵连自己，努力双脚着地。如果速度太快，无法抛开车，那就做前滚翻的动作。真心希望你的父母在你小的时候给你报过体操课。如果你已为人父母，一定要让孩子小时候学会这个技能，成年以后就很难学习了。

撞上障碍

问题

你骑得太快并且撞上了一块石头、倒木或任何别的障碍，失去控制。速度和障碍的大小并不是绝对的危险因素，真正造成麻烦的是两者的结合。更重要的是，是否构成麻烦取决于你的反应能力。

- 身体过度紧张而失控，前轮撞到石头导致车子被弹到了一边。你很紧张，于是摔车。
- 你撞上了一根倒木导致你被弹到了空中。你吓坏了，于是摔车。

道路情况越恶劣，你就必须越生猛。用力拉把，不让前轮接触岩石。

● 你正高速冲向一个方形边缘的阻水栅栏，你担心会向前弹出去，所以身体向后移。这一个糟糕的决定，因为后轮会重重地撞击障碍，而撞击产生的反作用力会特别大，这符合牛顿第三运动定律。你向前飞了出去，于是摔车。

避免问题

优秀的车手总是能越过大障碍，并且做得有模有样。而做到这一切需要的就是适当的技术以及自信心。

● 控制速度。不要一直拉着刹把，该减速时就用力刹车，利用滑行和压抬技术通过崎岖路段。如果不得不刹车才能通过，那么使用后刹车。让前轮自由滚动。

● 保持较低的进攻姿势。这样当车子向上弹起时，你的手臂会有足够的活动空间。

● 永远不要直接撞上任何障碍。如果障碍大得吓人，你应该：①绕行而过；②压抬。不能身体僵硬不动，而应该在接近障碍之前用力下压自行车，然后在接触障碍时用力向上拉起。你也许不能完全越过障碍，但此时撞击的力量就会小得多，同时反作用力也会小得多。

● 保持手脚不断移动。地形越复杂，就越需要对地形起伏做出反应。如果你无法吸收冲击，那肯定会遇到大麻烦。

解决问题

你首先要明白，不是所有的撞击都是问题。如果一个突如其来的撞击把你的车弹到了新路线上，首先要继续骑行。你会惊讶地发现你和你的车足以应付各种状况，尤其是骑行姿势正确且积极响应环境要求的时候。

当你的眼睛锁定在弯道之外的地方，转弯一定会很糟糕。即使是像亚历山大这样最优秀的车手，在科罗拉多州思诺马斯的速降赛中也犯了同样的错误。

弯道摔车

过弯是山地车骑行中最复杂的动作，很多摔车事故都发生在过弯的时候。

问题

● 过弯时重心太靠后导致前轮侧滑，最终摔车。

● 上半身太紧张。当你入弯时，身体重心太过靠前，所以前轮会卡住地面，最终导致前空翻摔车。

● 车子的侧倾程度不够，所以很难拐弯。你看见弯道之外有悬崖、仙人掌、巨石等，所以你拼命地把车转到你想要前进的方向，最终导致侧滑摔车，或者是前空翻摔车，总之结果都是摔车。

避免问题

● 正确过弯。要保持较低的进攻姿势，侧倾车身，向前看到下一个弯道，同时双手保持轻握车把。如有必要，可以对弯道施压（参见第5章）。

● 保持进攻姿势。当你觉得紧张时，就会全身僵硬，并且抬头耸肩。这些是不对的！一定要保持肩膀压低，这是保证在通过不规则弯道时有足够手臂活动空间的唯一方法。

● 让前轮漂移。如果你的肩膀很低并且贴近车把，那在你用尽手臂活动空间之前，前轮可能会往任何方向漂移至少60厘米。

解决问题

● 更加侧倾车身，这能增加回转力。

● 伸出内侧脚，但是不要垂在那儿，而是要把脚往前伸到前轮附近。发生紧急情况时，你可以用这只脚挽救局面。

● 压把入弯。只要前轮抓住了地面，就不用太在意后轮会怎样。用力将车把向下压（而不是用自身的重量施压）。但只有高手才适合用这招，你很可能搞砸过弯而不是挽救局面。

布莱恩小课堂

最常见的错误是在转弯时使用前刹车，前轮很容易侧滑，人也会狠狠摔倒。入弯之前使用前刹车，可以获得最大的抓地力。

另一个常见错误是在转弯时内侧脚踏处于6点钟的位置，脚踏很容易撞到地面，导致后轮跳出来，让你狠狠摔倒。应该保持两个脚踏水平，或者内侧脚踏在12点钟的位置。

过度恐慌

问题

通常在感到一定程度的压力时，人会失去理智、应有的水平以及对车的操控力。

● 最糟糕的骑行，你一直很紧张。有压力可能是因为：林道很难，一起骑车的人都很快，以前在同一个地点摔过，或者是因为意志力薄弱。如果你做每一个动作都很紧张，这会让车子难以操控，从而导致你更加紧张，紧张情绪反过来又会让车更难操控，一直恶性

如果你能大笑并跳舞，一切都不是问题。

循环……直到骑行完全没有了乐趣可言或者犯下一个低级错误。你最终摔车了，而且摔车时才真的是很紧张！

● 有时，你对某种地形特别害怕：落差、土坡、树根等。其他路段你一切顺利，而一时的愚蠢可能不止毁掉今天的骑行。

● "喔，该死！"当前轮胡乱弹跳或者侧滑时你就会有这种咒骂的冲动。你的心跳加速，头皮发麻，肌肉开始僵硬。你失去了理智，失去了控制，然后摔车。此时你的头脑中一片空白，内耳中的平衡中心受到突如其来的震动，让你瞬间紧张了起来。

避免问题

● 不要让自己陷入可怕的状况。尽管在某种程度上强迫自己追求极限是有好处的，但是过于恐惧会让骑行失去乐趣，而且技术上也无法获得多少进步。要在比较简单的路段骑行，和速度较慢的人一起骑，或者至少要将速度减到让自己感觉安全的范围内。迫使自己追求极限有其好处，但是因为过于紧张而无法施展全部功力，那就不好了。在极度紧张时，你就接近了崩溃的边缘，也更容易发生惨烈的摔车。

● 骑行时要充满信心。如果这意味着要在简单路段骑行，要和速度慢的车友一起骑，或者意味着全身都要穿戴护具，那么就这么做。你将会很快乐，也会有所收获——只有当你感觉良好时才能如此。

● 换一条路线。骑车本来就是为了享受乐趣，如果某段路让你感到害怕，那就减速，选择另一条路线，下来推车，或者干脆另找地方骑车。

● 当路线变得有趣起来，记得将低弯曲姿势作为你的默认姿势。这能提供足够的空间让车子弹跳，同时保证头部不会乱晃。只要头部保持水平并朝前，你就真的不用太在意车子会有什么反应。

解决问题

● 在恐惧的瞬间，你会觉得很无助，所以要尽力避免恐惧。如果你确实被吓坏了，但幸好安然无恙，那就让头脑休息一会儿再去骑车。

● 要知道自己摔车的真正原因，这是避免以后因为犯同样的错误而摔车的唯一办法。

● 重新专注于骑行的乐趣，放下所有其他的期待，重新找回美妙的流畅感觉。

● 专注于基本动作。如果你的进攻姿势或者其他动作都很正确，那么想失误都难。

● 如有必要，就改变现有状况，如减速、改变路线、穿戴护具、找个更好的伙伴等。

你到底真的身处险地还是只是个懦夫？问问自己这 4 个问题。

当你骑车时，大部分路段你会毫不在意地骑过去。你就像在流动，身体流畅地做出训练时的动作，而且我们要说，是很帅的动作。但有时你会遇到一些障碍：可能是一个落差，一个土坡……任何让你停下来、需要做出决定是否要继续前进的障碍。

问自己以下 4 个问题。

1. 你想这么做吗？

你想骑下这个岩壁吗？你想跳过这个双峰吗？如果答案不是一个坚决的肯定——如果答案是"可能吧"或者"我不知道"，或者"我只想试试"——不要这么做。你的蜥蜴脑比你知道得多。缺乏清晰的思想往往意味着准备不充分。

一旦你给出明确的肯定回答，问问自己这是怎样的一种肯定。

做出肯定回答是否有外在原因？例如同伴的压力（吉姆刚刚做到了）或是自我驱动、自我期望（我应该能够做到）。大脑里那个巨大的声音没有反映真正的你。如果你为别人这么做——而不是为了自己——不要这样做。

做出肯定回答是否有内在原因？这是否是个人能力的自然表达？你是在创造美好的东西吗？这会感觉到甜蜜吗？这些都是最好的理由。如果是你真正的能力的声音说这很好，那就真的很好。

如果你回答了一个朴实的"是"，继续问题 2。

2. 你知道如何做吗？

你是否已经掌握了进行这次大飞越的落地技术或骑上这个裸露的岩壁的技术？即使你不能写一本关于山地车骑行技术的书，但你的身体是否理解应该怎么做？

如果这看起来像是一个新的挑战，你有没有做过类似的事情？这个动作是否是你已掌握技术的组合（例如，跳入弯道结合转弯和飞越）？你能看到并感觉到自己在做这件事吗？

如果是，继续问题 3。

3. 你现在可以做吗？

这个问题针对此时此刻。也许你累了、饿了，或者今天骑的不是平时的自行车，或者前轮有点漏气，或者你在担心工作，或者你的肩膀有伤。

说"今天不行"完全可以，事实上，这比受伤要好得多。即使是这项运动的历史上

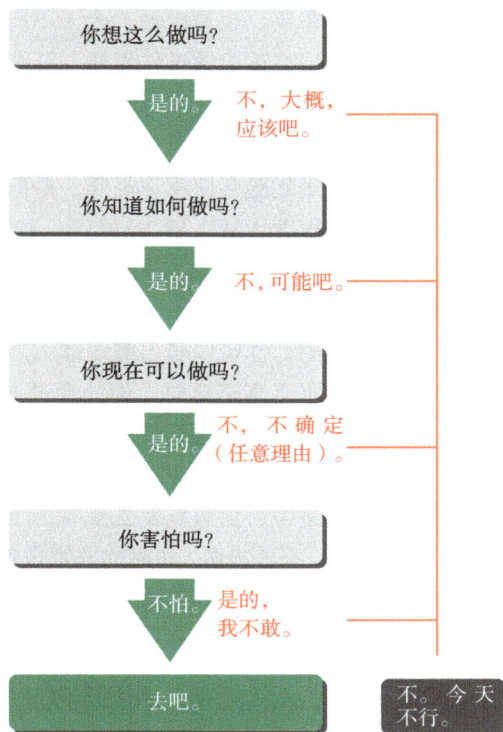

你想这么做吗？

是的 ↓   不，大概，应该吧。

你知道如何做吗？

是的 ↓   不，可能吧。

你现在可以做吗？

是的 ↓   不，不确定（任意理由）。

你害怕吗？

不怕 ↓   是的，我不敢。

去吧。   不。今天不行。

最好的山地自行车手，也可以说"今天不行"。

如果你感觉现在可以做这件事情，继续问题 4。

4. 你害怕吗?

如果你害怕，你的蜥蜴脑会使用你最古老、最坏的习惯，这很可能会出错。如果你非常清醒，你的蜥蜴脑会使用你最新、最好的技能，这往往很棒。

如果将清醒程度用从 1 到 10 表示，1 代表熟睡， 10 代表被吓坏。

根据李的经验，大多数车手在 8 左右时表现最好。你可能会感到紧张，但你可以看到并感觉到自己在做这件事，你非常兴奋。在 7.9，你感觉到一种健康的紧迫感，你的整个身体是活跃的，你可以骑出巅峰能力。这是冲坡的甜点区。

当你的清醒水平高于 8 时，你就会进入恐惧状态。你可能会感到肌肉紧张，你可能会想象自己受伤，你的大脑可能一片空白，你可能会不自觉地刹车。注意到这一点——你可能会觉得肚子痛。肚子的任何不正常感觉都是危险信号。到 8.1，你已经进入到恐惧和愚蠢的状态之中，更可能发生摔车。

如果你害怕，不要去做; 如果你非常自信，那就去做吧! 如果你不确定，那就换一天。

玩得开心!

跟你的蜥蜴脑交谈

威廉·迪克尔森

多年来，我一直跟李学习山地车骑行功夫。作为一名山地车手和其他领域的教练（军队、摩托车骑行、武术和危机管理），我已经接触过许多令人恐惧的情况。我提供以下建议，希望能帮助你骑到你想骑的地方，而不仅是你认为你可以骑的地方。

恐惧是你的大脑对它认为会伤害你的事物做出的化学反应。这是一个简单的骑行事实——你可能会摔车并受伤；当我们选择骑自行车时，我们都会接受一定程度的风险。恐惧可能是实际受伤的结果，也可能只是想象出来的——但恐惧就是恐惧，当你感觉到恐惧时，恐惧就是真实的。

骑车时，当看到一些你认为会伤害到自己的东西——比如落差或土坡——你的大脑会让身体产生反应，使你无法通过障碍（你可能会注意到一种无法控制的紧张感或受伤的情景）。你的大脑被强制要求保证你的安全，这是祖先们一个有效的生存手段，但它阻止你完成目标（骑车和生活）。

学会与内心的蜥蜴脑沟通，而不是忽视它。详细分解你遇到的障碍，直到你能看清楚如何应对每一部分。对于土坡双峰，分解后的动作可能包括起飞时保持平衡，在空中不要发抖，以及自行车的落地角度与地面相同。这些分解技能可以在压抬场、安全落差和梯形跳台上练习。在某个时候，双峰土坡不再是障碍，而是一个挑战。

练习飞越动作的每个组成部分时，你的大脑开始将挑战看作各个可达成部分的总和。随着经验的不断积累，你的恐惧感会减弱，经过几次安全通过之后，你再也不害怕了。通过系统地将技能应用于这一挑战，你已经给大脑重新编出飞越的程序！

现在你可以看到自己如此骑行，而你的大脑已经把化学物质倒入你的身体，让你变得更强、更快、更警觉。你如何驾驭这种强大的感觉，才可以控制自己的身体而不是被吓坏呢？

深呼吸。

当你吸入大量氧气时，心率会降低。同时，当你了解了如何通过这个障碍，你就会向大脑发出新的信号来停止恐惧的反应。你的洞察力仍然是敏锐的，但你现在的关注点是对飞越的理解和承诺，而不是恐惧飞越。

在这个时候，你已经准备好飞过双峰土坡到风景优美的另一边。

与你的蜥蜴脑交谈，一步一步进行。玩得开心！

听取朋友的意见（有时）

如果你的骑行伙伴熟悉地形（比如哪里有大的土坡），而且他也知道你的技术水平，并且他向你保证你可以做到，这也可以大大提高你的自信心。但这个人必须是你信任的人。"我不会理会DH道边上那些人告诉我说我有足够的飞越速度，"布莱恩说，"但是如果是佩特，我应该会飞。"

脱离困境的方法

一旦你失去了控制，很快就会摔车。有些摔车的过程会持续一段时间，而有些摔车则是瞬间完成，这时你的本能和纯熟的弃车技巧就能发挥作用。

如果你打算弃车，那么只有一个可能——摔向地面。

试着继续骑行。如果只是小失误，比如轻微的上弹或者晃动，你还是有可能挽救局面的。

力挽狂澜的情况是非常激动人心的，我们都有过这样的经历。如果你进入土坡时动

布莱恩小课堂

我一生都在飞越，我非常有信心，即便在一瞬间发生什么事情时，我也会做出正确的反应。只要飞了起来，我就很清楚是否能够做到。我会错过目标落地点多远？我会成功还是失败？会有多糟糕？我应该中止吗？我马上就能知道这些问题的答案。虽然不能每次都做出完美的决定，但至少大多数情况是这样的。

我认为自己骑摩托车越野也没问题（李证明布莱恩实际上具备本地职业水准，他还和杰里米以及布巴等顶级车手是朋友，所以他知道自己的速度究竟有多快）。

如果我骑在超级越野赛道上，我可能会盯着想要飞的那个坡。有时候，我会问自己，如果我速度不够，我要做什么？我在那一瞬间知道自己可能不具备必要的知识，如果出现问题可能会很糟糕。所以我不去尝试。

我要说的是：除非你确信自己能够应对最糟糕的情况，否则不要去做。

去过也做过。布莱恩在奥克利的测试赛道上体验腾空的感觉。

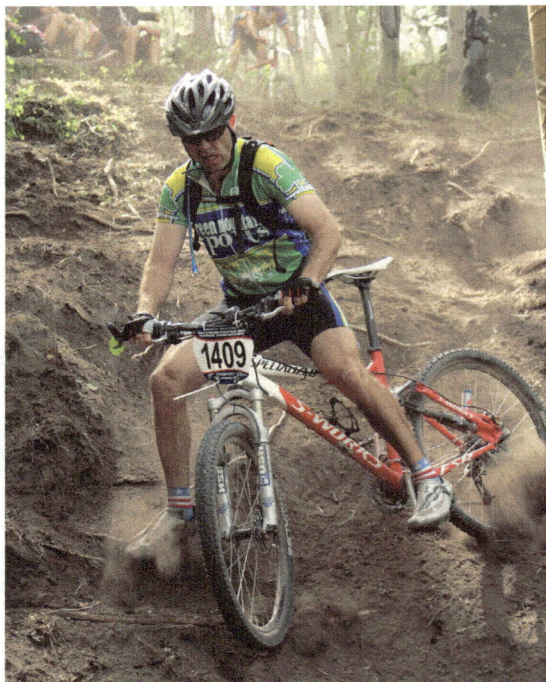

舌头是达到平衡（或至少天赋）的重要组成部分。迈克尔在 SolVista 国家锦标赛中险些摔车。请注意他的后轮胎已经打滑，而被身体压住的前轮胎很有抓地力。多棒啊！

作失误、后轮上升导致前空翻或者空中身体姿态僵硬，你应该坚持住，想办法挽救局面。这就像先是："哦，运气不错！"然后："哈！刚才好刺激！"你做出的决定不可能永远正确，但生活就是这样。

趁早弃车。如果直觉告诉你摔车的后果会很严重，那就趁早弃车。通常在真正摔倒之前，你的脑海中已经浮现出摔车的慢动作画面。你冲进乱石区的速度过快而且动作变形，然而在最终撞树或者前空翻摔车之前会有一些缓冲时间。要试着保持稳定骑行，但是在慌慌张张干出傻事之前要果断弃车。

　　如果出现前空翻就赶紧弃车！ 从空中就开始跑，要保持头部上抬，最好能双脚先着地，然后团身翻滚几圈。如果你动作太慢，最后就只能去急救室。

　　尽量在车子靠近地面的一侧下车，这比前空翻要好。 如果你在弯道或者又陡又滑的路段失控，应该捏后刹并向山体一侧倾斜，此时车子会打滑，所以更容易下车，然后你放开车子，团身翻滚几圈。

　　别试图让自己停下来。 摔倒不是什么大问题，真正的问题是急速停止。如果你伸出手臂想要阻止身体翻滚，你最终会付出代价的（通常是锁骨受伤）。

　　跑出困境。 这是理想情况，你从车上跳下，并且用双脚着地，然后继续向前跑，直到所有前冲的动能都得到释放。顺便提一句，这是说服你成为优秀越野跑者的一个好理由。这也是要穿防滑软底鞋的原因，因为你不知道什么时候要在湿滑的岩石上跑。

　　翻滚泄力。 这是一种很好的本能反应。它决定了你是安然无恙，还是要被直升机带走急救。正确又安全的翻滚动作的基本要点如下。

在这种情况下就没有必要继续坚持了。耶利米向我们展示了非常专业的下车动作。

这时宁愿侧滑也不要前空翻。亚利克斯经验丰富。

翻滚脱险——还要炫酷。

戴恩博士在位于科罗拉多州的博尔德的 REVO 物理治疗和运动表现中心工作，他很关心车手们的骑行表现。练习这些翻滚技巧，让你的下一次摔车变成一个有趣的故事，而不是一个漫长的康复过程。

1.你要摔倒了！接受这一事实。	2.缩颈藏头，用肩膀着地滚动。勇敢地去做。	3.不要手忙脚乱！收起四肢。	4.让双脚在身体下面，只有不乱动才能做得到。	5.站起来。我的自行车怎么样了？

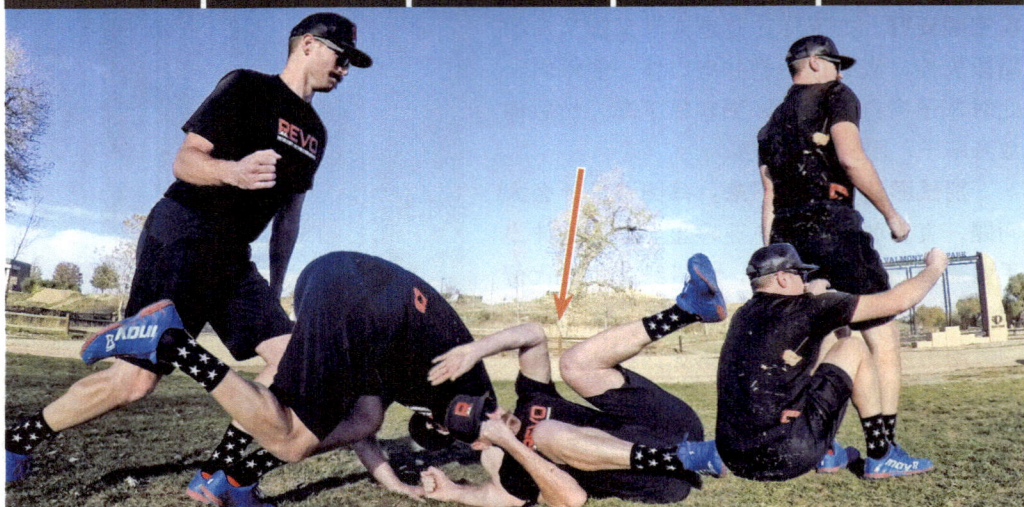

- 用双脚着地。
- 弯曲膝盖吸收冲击力。
- 护住你的脸并且手臂内缩。
- 用肩膀翻滚。
- 让身体在地上滚动，不要试图抵制，能滚几圈就滚几圈。
- 结束时双脚着地，然后站起来找到自己的车，继续冲！

　　摔车也是一项重要技术。你练得越多，结果就会越好。但是谁愿意练习摔车呢？虽然有一些狂热的土坡腾越车手会有意练习在空中弃车，但对于我们这些普通人，最好是到体育馆或者武术馆练习翻滚，或者在家里电视机前的地毯上练习翻滚。如果你在家里都做不到，真到了路上摔车该怎么办？

终极的"摔车技术"

　　李正在科罗拉多州一条技术性林道上追逐职业XC越野/超级翻山赛选手麦克·韦斯特（Mike West），他们的速度非常快，但是抓地力不是很足。麦克在一个弯道里前轮失控了，于是他跳下车，同时用一只手抓着车把往前跑，然后跳上车继续冲，整个过程比你阅读这句话的时间还短。这件事给我的印象很深。如果你能像他那样"摔车"，想象一下你将会多有自信啊！

不要当个傻瓜

我们都认识这样一个人，他经常摔车，经常受伤——不仅仅是膝盖的皮外伤，还有摔断了锁骨、髋骨、脊椎这类的重伤。他很可能在骑行时做了以下这些事。

● 尝试超过自己能力范围的动作。（原因可能是屈服于同伴的压力、模仿高手的动作以及为了面子。）

● 骑行时没有信心。

● 技术不够（或者发挥不稳定）。

● 没有穿戴合适的护具。

● 摔车后动作错误。

不要像他一样当个傻瓜。

预防伤害并提高山地车骑行表现的最佳练习

这些练习由戴恩博士提供，他是科罗拉多州博尔德 REVO 物理治疗和运动表现中心的共同创始人与生物力学实验室主任。戴恩和他的团队帮李保住了肩膀，并让他比以往骑得更好。

伤害预防

减少常见的疼痛更好的方法是——防止它们出现。

髋屈肌拉伸

髋屈肌拉伸是所有车手都应该做却很少有人真正在做的最重要的一个拉伸练习。你坐得越久（工作、开车、骑车），髋屈肌就会变得越短，这限制了臀部可以产生的力量，长时间骑行还会导致腰痛。想想你在桌子前、沙发上、车座上度过的所有时间——难怪你髋前部如此紧张！

拉伸髋关节正面的最佳方法是低张力、长时间、静态拉伸。单膝跪地，另一只脚放在身体前方，膝关节弯曲 90 度。用前面腿的臀部肌肉将髋关节锁定；然后保持躯干垂直，尝试向前移动髋关节。你会感觉到前方腿的髋关节前端正在拉伸。

低强度保持这个姿势 2 ~ 5 分钟，然后

使用弹力带拉伸髋屈肌。

换另一侧。

　　为什么拉伸这么久？如果拉伸时间很短，肌肉就会回弹。实现持久变化的唯一途径是漫长而轻松的拉伸。

两种鸽式拉伸

　　髋部和臀部活动范围受限会导致下游结构（即腿和膝）的大量补偿和过度使用。

　　下方的左图看起来像瑜伽中的鸽式姿势，使用一条强劲的弹力带，向侧面拉伸髋前部。这个动作可以提高关节的活动性，并在髋关节短旋肌处产生最佳张力。尝试外旋，同时增加髋关节的弯曲度，你应该感觉到髋关节侧面（臀大肌）正在拉伸。

　　如果腹股沟、膝或踝受到挤压或出现疼痛，还有另一种练习方式。

　　面向一张桌子站好。将右腿放在桌面上，脚指向左侧，膝盖指向右侧。通过前后倾斜躯干来控制张力。

　　同样是低负荷，长时间。换另一侧。

使用弹力带。

使用桌子。

布莱恩"精通"360度后空翻

　　在做这一动作时，我会很快知道是否会出问题。比如我正要做一个360度后空翻通过双峰土坡，前轮离开了坡顶边缘，而且头部也开始旋转。在我脑海里，我正在做一个360度后空翻，但是后轮可能卡在了起飞坡上。前轮、我的思维以及所有的一切已经开始旋转，但是后轮这时候说："现在不行啊，哥们儿！"在这种情况下，即使车子还没起飞，我也已经知道自己无法完成这个动作了。我会选择扔掉车子，让自己在空中旋转……至少我不会和车一起纠缠着落地。

胸椎伸展，肩部屈曲

　　长期骑车，胸椎（即上背部）微曲，甚至较长时间伏案久坐，都会导致肩部和肘部承受过度压力。

　　为了恢复关节活动能力，可以使用泡沫轴或双曲棍球（两个球通过短绳连接）。

　　躺在泡沫轴上，让泡沫轴位于肩胛骨的位置（如果使用双曲棍球，让两球分别位于脊柱两侧），伸展上背部（与驼背姿势相反），同时弯曲肩膀，让双

胸椎伸展，肩部屈曲。

手从腰部抬升到头顶。 先从小动作开始，同时将泡沫轴在脊柱上上下滚动。找到最紧张的地方，给它们一些额外的爱护。每天 2 分钟是一个很好的开始。

胸椎伸展，肩部屈曲和外旋

　　骑行时，保持一定的外旋扭矩是一个好主意，感觉就像你在用肩膀向下弯曲车把的两端。这种扭矩的不足让你的肩关节乱晃，会导致肩部和肘部疼痛，对于长时间下坡不太好。

　　还有另一种改善胸椎伸展和肩关节屈曲的方

胸椎伸展，肩部屈曲和外旋。

法，它更专注肩部外旋。我们要在打开背阔肌的同时，加强胸部伸展活动。

　　这个有趣的练习需要长凳和一根木棍。开始时跪在长凳前，将木棍放在长凳上，手掌朝上握住木棍。双手与肩同宽或更宽。努力把头夹放在双臂之间，同时双肘向内，由长凳支撑。 不错！

　　同时，尽量舒缓身体，增加胸部伸展和肩部屈曲的幅度。变换肘部弯曲量。

　　小心！这可能迅速导致身体变得非常紧张。用轻微张力配合柔和的动作进行躯干伸展和肩部屈曲，努力坚持 2 分钟。

表现

　　为了能更长时间、更快速和更轻松骑行，我们建议你在全年训练安排中加入力量练

习。"好吧，我们做一个日历……你想在哪个季节变弱？"戴恩说。"对，决不！我们在训练计划中已经叫停了薄弱阶段。"

刚开始时动作轻一点，当姿势完美后才增加阻力，要寻求专业指导。

硬拉

力量和调节训练的目的是让髋关节变得强大，可以使用标准杠铃、六角杠铃、哑铃，甚至壶铃。硬拉这项运动的基础版本可以采用各种器械。

硬拉。

正确的姿势是必不可少的。双脚与肩同宽，外旋5~10度，躯干直立，让整个脊柱形成一个整体，肩胛骨向后和向下压住肋骨。

从站立姿势开始，屈髋，抓住器械。躯干用力，减轻对脊柱的过度压力。膝关节应该保持在双脚正上方，小腿垂直于地面，髋关节的位置应该比深蹲更高、更靠后。你可能会感到腘绳肌紧张。

拉起时，向前推髋，躯干抬起至垂直于地面。膝关节的位置保持不变。身体直立过程中，杠铃应该垂直向上运动。

再来一遍。

壶铃摆动

壶铃摆动现在是一种非常流行的运动，但也很容易做错。在开始壶铃摆动之前，你必须能够完美地做硬拉动作。

这个运动也是针对髋关节，而不是上身力量的。

从硬拉的准备姿势开始，躯干直立，小腿垂直于地面。壶铃应该放在面前的地板上。抓住壶铃，就好像你要在美式足球上发球一样，让壶铃向后摆向臀部。

当壶铃到达摆动弧线轨迹的末端时，将髋关节向前推，收紧躯干，就像在硬拉一样。用这个力量向前摆动壶铃。当壶铃到达最高点并开始下降时，通过屈髋来反向做动作。

在摆动的顶点，你会感觉壶铃没有重量，肩胛骨应该收紧，肩、髋和踝应该垂直对齐。努力做出平顺、轻松的摆动动作（但如果感到这个动作做起来很辛苦，也不要感到惊讶）。

壶铃摆动。

壶铃高翻

壶铃高翻是一项需要技术和力量的运动，非常适合严酷的山地骑行。

以与壶铃摆动相同的方式开始此练习。身体在最低的位置时，小腿垂直于地面，背部平直，肩膀稳定，壶铃在身前。将壶铃向后抬起，然后向前摆动。从这时开始动作发生改变。

不要让壶铃向前移动到视野内，而是将壶铃拉到胸前，并让壶铃向上翻转，压在前臂上。肘关节必须紧靠躯干，不能向外或向上移动。

同样，髋关节发力是这一运动的关键，不要用上身的力量将壶铃拉到胸前，而是利用髋关节将壶铃摆上来。动作结束时，肩、髋、膝和踝应垂直对齐。这是一项快速、有力的运动，应努力让动作平稳。

壶铃高翻。

分腿抗旋转

这一练习属于抗旋转类练习，可以使你在自行车上具有强大的抗旋转力。

将阻力带固定在大约髋关节的高度，抓住阻力带另一端，采用分腿下蹲姿势，从侧面拉伸阻力带。如果阻力带向左拉，右腿应该向前弯曲 90 度。躯干伸直，就好像要跳过树桩。

将阻力带从身体前推开。当双手远离身体时，你会注意到更大的阻力通过身体中线。向内和向外移动双手，不要向左偏离。

为了增加这个练习的难度，向内和向外移动分腿下蹲姿势。下蹲时向前推阻力带，站起时将阻力带拉向身体。

以中等阻力进行 3 组，每组 10 次。

分腿抗旋转。

一生的运动

肿块、瘀伤和骨折不是荣誉徽章，它们表明你做错了什么。如果你继续以伤害自己的方式骑行，恐怕不会长久。

事实是，如果你遵循以下基本原则，就可以享受一生的乐趣和进步。

- 为身体正确设定自行车。
- 倾听你的身体。如果哪里疼痛，停下来做改变。
- 尽可能保持身体的活动能力和体能。
- 学习正确的骑行技术。
- 不要超出自己的能力范围。

告诉你的亲人：受伤不是山地车骑行运动的组成部分，而且你需要另一辆自行车。

12

应对各种地形

目前有很多很棒的骑行方式——BMX、土坡腾越，甚至是公路越野——但是没有哪种能比得上老派的林道骑行的花样多。在你经常骑行的地方，你可能会遇到雪、泥、沙、岩石、树根、树桩……或一次骑行过程中遇到上述全部。

多种地形骑行起来确实很有趣，而且应对它们的核心原则也是相同的。

● 保持平衡。

● 调整角度。

● 地形越疯狂，要骑得越激进。也就是说，应该压抬、兔跳和飞越，以避开最糟糕的路段，并最大限度地利用好的路段。

无论你遇到哪种情况，在硬、软、黏、滑的环境中骑行，都将培养出同样的重—轻—重的节奏。这很有趣：你在各种地形上骑行得越熟练，骑行就变得越简单，重复性越高。

说到这里，下面是针对特定地形"疯狂"的提示。

不必要的崎岖度

岩石、倒木、裸露的树根、沟槽和土坡既可能是场噩梦，也可能使你梦想成真。让我们选择后者吧！

要把崎岖林道想象成一个巨大的节奏区，那些岩石、倒木、裸露的树根、沟槽和土坡只是等待处理的障碍而已。根据不同的车速、路段崎岖程度和路段的长度，你可以选择轻轻碾过、后轮滑、兔跳、压抬、飞越或者绕过去，但关键是不要把崎岖路面当成威胁，而要把它们看成一个个可以处理的小障碍。以下是一些通用技巧。

要有速度。在崎岖路段骑得太慢是一个很大的错误，因为动力能带着你掠过障碍的顶部，从而顺利通过崎岖路段。DH世界冠军史蒂夫说："有时候最好的办法就是高速地以站姿踩踏，试着掠过乱石区顶部。这就像越野摩托车赛场的搓衣板地形，车速越快反而骑得越顺畅。"

连续 1/4 圈踩踏。在车身离地间隙太小而无法整圈踩踏时，可以利用前后连续 1/4 圈踩踏产生一些推进力。

在岩石非常杂乱的爬坡，使用短曲柄是个明智的选择。

直接飞越小障碍。如果是单块石头、倒木或较短的起伏路段，那么可以运用专属的压抬、兔跳或者飞越动作通过（记住，这3个动作基本都是相同的）。不要正面撞上这些障碍，除非你想利用它们飞过其他一些障碍。

阿黛尔像亚哈船长那样在犹他州的莫阿布驰骋——硬尾、平踏——她似乎非常开心！

向上收力。如果你遇到一连串无法单独处理的障碍，应该先预压再收力，让轮胎和避震器吸收路面起伏，从而使车子能从障碍顶部飞掠而过。在通过一片杂乱的障碍时要特别注意向上收力，例如大片纠缠在一起的裸露树根。"当你准备穿过这些树根时，"佩特说道，"你应该保持放松，因为你不知道车子将被弹向哪个方向。"大部分车手发现，相对于平踏，使用自锁脚踏更容易。

压抬。这里再次强调一下压抬的重要性，如果你学会了如何在崎岖路段压抬，那么你将进入一个全新的世界。当大部分车手在崎岖路段挣扎不前时，你却可以在此获得速度，其关键就是要在正确的地方施力和收力。你应该在障碍的起坡面收力（或者飞越）——不管这个障碍是倒木、石头，还是裸露的树根，然后在落地坡施力。如果路上遍布小树桩，你可以一直向上收力通过，然后在最后那个树桩的落地坡下压加速。

佩特说："进入乱石区时，我通常保持向上收力以掠过乱石区顶部。但是过了一会儿车轮又会开始撞击障碍，到那时我会再找一个地方压抬。"如果路段较长，你可以先飞掠过开始的部分，然后在某个地点再次压抬，从而继续往前掠过一些路面，然后再压抬……如此循环往复。只要在压抬时前轮不会撞上障碍就行。

提示：这种"掠过并压抬"的哲学将迫使你仔细观察地面，而不是一碰到障碍就吓破了胆。这种方式使骑行更顺畅、更有速度。

瞄准高处。当你进入一个坡斜向一侧的崎岖路段时，尽可能地进入较高的一侧。这样，由于路面会自然地向下推自行车，因此你有更多可发挥的空间。把直道当成略微转弯的上坡来看待——将自行车向山的一侧倾斜，必要的话，下压处于低点的脚踏——这样做可以帮你保持高位。

当树根在树下生长，会逐渐蔓延。尝试在树旁边，从高的一侧跳过大数根，而不要从低侧通过一片小树根。

只要前轮放开，其他自会跟进。如果前轮已经通过障碍，你会惊讶地发现后轮几乎能翻越任何障碍。如果遇到的石头、倒木、裸露的树根等障碍的周围是相对平坦的地面，你就应该利用简单又有效的拉—推技术（见第 9 章"跳过小障碍"部分）。当前轮到达坡前方时，向后拉把；当前轮到达坡顶，向前推把。这样可以帮自行车调整角度，并让后轮变轻。

掌控崎岖度

让我们先想想"崎岖度"这个概念。是什么让路况看起来很崎岖？

- 是障碍的大小吗？不是，因为你可以吸收巨大的障碍。
- 是各个障碍之间的距离吗？不是，因为你可以浮动掠过紧密相连的障碍。

不管林道路况到底如何，只有那些让你吃苦头的路段你才会觉得是崎岖路段。

那又是什么让你吃尽苦头？假设车子的设置很合理，那么让你吃苦头的两个原因是：姿势不平衡和过度紧张。

因此，要保持平衡和放松。更好的状态是，积极地让自行车做它该做的事情。

在崎岖不平的林道压抬

第一步是在压抬场或者小轮车训练场学习压抬，第二步是把压抬应用于实际地形。冲过乱石区时，有些要点需要牢记于心。

把大障碍看成馒头坡。大石头、倒木和阻水栅栏就像单个馒头坡——上坡时收力，下坡时下压。

处理整体地势。即使看起来杂乱无章的林道也有其整体的上下起伏趋势，避震器能处理好细节，所以你只需专注于在大障碍上压抬。大多数车手可以忽略低于10厘米的障碍。避震器越好、行程越长，你可以忽略的障碍就越大。

让车子处理细节。你不可能在1000块小石头上都使用压抬，所以要保持居中姿势并依靠车子来处理细节。在崎岖林道上，布莱恩会把避震器调软从而依靠车子处理小障碍，他自己则专注于完成大动作。

在弯道也要压抬。最好的林道有土坡—弯道—土坡—弯道相互交替的完美节奏。在土坡上收力，在弯道下压，在土坡上再收力，在弯道上再下压……一旦体会到这种美妙感觉，你就能把一切烦恼抛在脑后。

如果能在石头路段积极压抬，你将会平稳地穿越林道，总之一切都会变得顺畅美好。这些石头从车上看时会感觉十分巨大！

靠后，适度。当你进入一团混乱的地带，身体后移，脚跟向下，就好像正在刹车（见第3章"4个步骤实现完美刹车"部分）。每一个小的起伏都会让你慢一点；把每次冲击当作一次轻刹车，身体在自行车中间保持平衡，而且前后轮都不会太猛烈地抱死。

这是一个平衡技巧，注意不要真的让身体移动到自行车后部，否则前轮将无法控制，而后轮可能会猛力撞到什么，然后你会前空翻摔出去。

适时选择飞越。如果你尝试骑过特别崎岖的地形，比如中间是大坑的陡峭乱石区，就可能会遭遇到猛烈冲击、前轮卡住以及前空翻摔车等情况。如果速度够快，最好选择飞过去。要么从平地兔跳，要么利用障碍作为临时起飞坡，还可以利用一个小型接坡面来实现平稳落地和加速。记住：永远不要正面撞上障碍，除非你要利用它来飞过下一个障碍。

避免脚踏打地。随着五通变得越来越低、车手们探索的地形越来越崎岖，脚踏打地的问题也凸显出来。也许你还没有经历过这种问题：脚踏打地是指脚踏撞击到了地面上的物体，通常是岩石，但也有可能是树根、树桩甚至是地面本身。

以下是避免脚踏打地的技巧。

选用小脚踏。试试小巧的锁踏（Shimano XT 和 XTR 又小又薄，而且没有多余的"trail"平台）。平踏最薄可以到 10 毫米，Canfields 有 6 毫米的平踏。不同的平踏有不同的宽度，在能支撑双脚的里面选个最小的。不要低估了小脚踏的价值：它们能以毫厘之差躲开一块岩石。

试试短曲柄。把 175 毫米的曲柄换成 165 毫米的能增加 10 毫米的离地间隙。失之毫厘，差之千里！

提升爬坡平衡性。大多数车手踩踏通过崎岖地形的时候都太靠后了（而且还坐着），这就压缩了后避震器，从而降低了脚踏高度，导致脚踏打地。像以往一样脚重手轻吧。

布莱恩小课堂

从本质上讲，有两种方法能应对超级崎岖的地形。

第一种方法是尽可能地把车子调整得合适。更长的避震行程会起到帮助作用，但是质量永远比数量重要。第二种方法是轮胎的选择。根据地形和骑行风格的不同，完美的轮胎尺寸、胎面纹路、橡胶材料、编织层以及胎压都能极大地提高操控性。

一旦车子调整好了，剩下的就由你来决定了。知道在哪里刹车，选择合适的路线，掠过崎岖的地形，这些技巧能让崎岖的地形在你脚下变平整很多。

计算踩踏时机。这和经验有关。目前来说，如果你以 1 ：1 的齿比骑向岩壁，在前轮距岩壁大概 76 厘米的地方从 12 点钟位置开始发力。当前轮接触岩壁的时候，曲柄应该是前后水平的。这样能得到最大的离地间隙，也能帮你抬起后轮。

连续 1/4 圈踩踏。这也和经验有关。如果深陷乱石堆，你可以通过向后倒脚踏，然后往前踩踏来避免碰撞。高质量的后花鼓在这种时候就物有所值了。

下坡时双脚水平。这样可以获得最大的离地间隙和最大的压抬力量，这十分方便，因为当林道上有很多石头的时候，你应当多压抬少踩踏。

远离路边草。路边草是林道边缘的被子，经常会掩盖路边的岩石。高速撞到路边岩石会让你像战斧导弹一样飞出去。

脚踏离地间隙。
装配了 Shimano Saint 平踏的 Specialized Stumpjumper EVO。

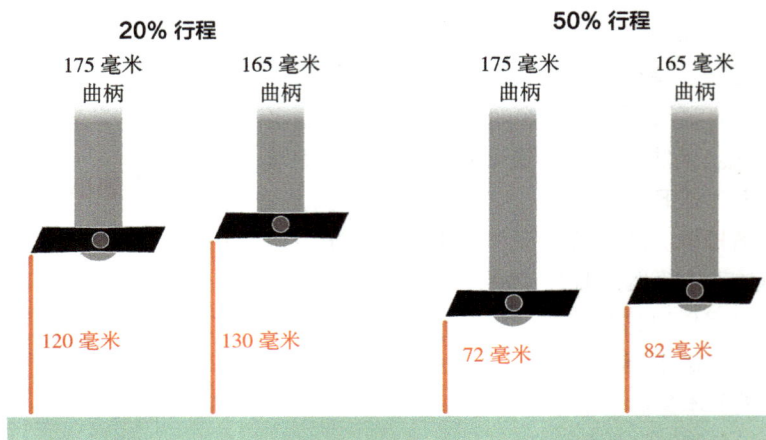

20% 行程		50% 行程	
175 毫米曲柄	165 毫米曲柄	175 毫米曲柄	165 毫米曲柄
120 毫米	130 毫米	72 毫米	82 毫米

应对湿滑路面

抓地力差就是抓地力差，不管你是怪罪雨水、烂泥、冰、沙子、油渍，还是廉价轮胎。如果轮胎与地面接触不够紧密，那么后果会很糟糕。为了应对抓地力不足的情况，你需要牢记以下建议。

保持放松并准备应对各种突发情况。"如果你想着'这是烂泥，会很滑'，就会对将要发生的事情有所准备，"佩特说道，"你不能想着'我会没事的'。这是烂泥，你不可能会没事。"

尽量保持直线前进。你不可能在布满湿滑裸露树根的路段切弯，而应该先在抓地力充足的地面上采用直角过弯技巧，然后直接飞越这些树根路段。只要路线笔直，你就不必骑得比平常慢。

不要有突然动作。如果动作太快，来自地面的反馈就不够明确及时。动作要慢而且明确，并等待来自路面的反馈。

自己制造抓地力。地面提供的抓地力越小，就越需要你自己制造

当雪与冰和泥混合在一起时，你就将自身的重量施加在双脚上，让车把做它想做的。图片为美丽的科罗拉多州北部公路越野赛场地。

在湿滑路面压抬

是的，压抬适用于所有情况。

专注于下压力。如果路面光滑，就要格外用力切弯和刹车。如果你掌握了正确的时机和力量，可以使抓地力提高两三倍。

高速掠过疯狂路段。不要妄想直接骑过一片表面结了冰的裸露树根，在障碍前要先下压，然后向上收力掠过。从另一方面看，下压的时间点也是刹车或过弯的时机。这就像在碎冰上滑雪，你必须下压才能过弯，向上收力才能在碎冰上滑行，然后再下压过弯……如此循环往复。

当你的功夫真的很好时，你会利用每一个沉重的时刻来同时改变方向、压抬、兔跳或飞越。腾空的力量为转向创造了动力！这是非常有趣的，最好的车手就是这样让最难的路线看起来十分简单。

更多抓地力。在刹车和转弯时，要下压轮胎（加倍提高抓地力）。每次都这样做，即使地面的抓地力足够，这样当你需要时，你已经养成了习惯。

垂直撞上湿滑的障碍。如果你以一定的角度撞上湿滑的裸露树根，那么结果是你会摔得很惨。更好的情况是：不撞上任何东西，压抬、兔跳、飞越通过。

如果确实需要以一定的角度穿越裸露的树根路面，那就试着抬前轮通过，并且尽量上抬后轮。"这与兔跳很类似，但是并没有真正飞起来，而只是向上收力。"佩特说道。当你正面撞上障碍时这招也管用。

在泥地上爬坡时，要坐在车座上使自身的重量尽量施加于后轮。一旦你站起来，车子就会失去抓地力和动力，而且你几乎不可能在烂泥坡上再次上车骑行。要调到更大的齿比以分散扭力，并且保证轮胎不会打滑。

选择踩踏地点。由于车子不可能在湿滑的裸露树根上获得抓地力，所以需要在抓地力良好的地点加速并带着速度翻越树根。

雪地有好有坏。佩特说："如果雪地表层冰冻结霜，则抓地力较强，可以骑得很快；如果雪地很软，车轮就会陷进雪里。"冰面通常很难骑，除非你的轮胎上有金属钉。

选用合适的轮胎。湿滑路面需要使用由黏性橡胶制造并且有尖形胶粒的轮胎，而雪地和可怕的烂泥地则需要使用大齿胎。如果加利福尼亚州的圣克鲁斯下大雨，那么Specialized公司的那些家伙会很开心，因为车手会装上泥地大齿胎，然后在泥泞的林道上风驰电掣。

史蒂夫·佩特的心得："如果地面湿滑而且后轮也开始打滑，那就应该身体前倾使前轮保持抓地力，后轮会自然跟前轮保持一致的。"这听起来似乎与常识不符，但佩特知道自己在说什么。

处理烂泥路况

在佩特生活的英格兰北部地区到处都是烂泥，就像加利福尼亚州到处都是尘土一样，不过他拥有多年的世界杯赛事经验，所以知道如何在烂泥地里骑行。佩特认为应该习惯滑动的感觉，只管向前冲就好。除了这种大无畏的精神之外，你还可以尝试运用一些技巧来提升骑行的操控性和舒适度。

- 在把套上薄薄地缠一层打结的绳子，以防止手套沾上烂泥。
- 如果雨会落到护目镜上，那可以在帽檐上挂一个透明的塑料片。
- 佩特在非常恶劣的天气里使用Smith生产的Roll-Offs过卷器的卷膜，如果水渗进了卷膜，卷膜就会粘在镜片上。你可以在护目镜上粘几圈钓鱼线，让卷膜悬浮起来。
- 如果前轮会把泥水甩到你的脸上，那就在挡泥板前面加一个橡胶片。
- 在车座上系一段轮胎，增大的摩擦力有助于提高操控性。

布莱恩小课堂

当环境变得湿滑，路况也会发生剧烈变化。某些土壤变湿后实际上骑起来感觉更好，但当树根和岩石变湿后，抓地力通常就"飞"走了。宽轮胎、宽胎粒、柔软的橡胶材料和较低的胎压都可以改变骑行的世界。

一旦轮胎设定好，则重点关注线路选择和刹车点。在湿树根和岩石上必须保持轻盈。尽量以90度压过树根，或者更好的是，选择从有抓地力的土地上通过。

然后就是刹车。如果你在潮湿的树根和岩石上刹车，轮胎可能会打滑。必须松开刹车，让自行车滚动。如果不得不在湿滑的地方刹车，动作一定要轻快，做好心理准备！

应对松软路面

沙坑、尘土、碎石、烂泥和雪地都能让你无法过弯或者被迫停车。下面这些技巧有助于你处理这些烦人的路况。

重心稍微后移。当你碰到一堆沙子，而且速度较快，车速就会减慢。如果之前重心在自行车中间，这时身体前倾，前轮会陷进去，而你可能从车把上飞出去。如果身体向后向下移动（就像在刹车），重心在双脚上，那么自行车就会顺利地通过这堆沙子。减速结束之后，像平常那样双脚保持平衡，注意要保持放松，让车轮顺利前进。

在松软地面爬坡和在湿滑地面爬坡一样，臀部要坐在车座上，踩踏力量要平稳均匀。你应该用踩踏起来比平常更轻松的齿比，以免半途被迫停车。如果必须离开车座，每次向下踩踏时向后拉把可以增加抓地力。

在松软的尘土地面过弯就像要让一艘货船

转舵一样，你可以完成转弯，但是船的反应不会很快。要逐渐侧倾车身，等待车子转弯。如果你没有耐心，用力转把，前轮就会陷进地面，这和打滑很像，但是轮胎通常会突然陷入地面并且导致前空翻摔车。可以模仿摩托车越野视频中的动作，把内侧脚伸到前轮附近，并且让轮胎漂移，直到漂移形成小小的转弯墙后再切

当大石块与小石块以及碎石混合在一起，微笑面对，准备好让自行车做有趣的事情。吉姆（Jim Kearns）正在科罗拉多州柯林斯堡以西的克罗西尔山道上。

弯。很酷，对吧？转弯时压住车轮。转弯时向下施力，常常是在似乎没有抓地力的地方制造抓地力的最好方式。

在松软地面刹车的力道要非常小，尤其是前刹。要确保车子垂直于地面，一发现前轮有下陷的迹象就松开刹把。好在积雪、沙坑和烂泥地都会使车速减慢，所以你不必像在坚实地面那样频繁刹车（就像在积雪地面上滑雪下山一样，雪会帮你控制好下冲的速度），刹车时下压车轮。刹车时向下施力，通常是在似乎没有抓地力的地方制造抓地力的最好方式。

在松软地面压抬

是的，压抬在这里也适用，它的优势无处不在。

寻找比较坚实的地面。要像往常一样向前扫视，并确认自己的"行动区域"。你可能需要偏离主路线，但是这没关系。

利用优良地面。要在松软的地面保持轻盈，而在坚实地面用力下压，这里是可以刹车或者转弯的地方。

下压刹车。如果你必须要在又长又松软的地面减速，那么首先要向上收力，然后用力将轮胎压向地面，同时果断地刹车。要调整好身体的前后位置！

其实都一样。不管你是要穿越松软的尘土地面、碎石路面还是布满哈密瓜大小石头的乱石区，虽然"症状"看起来不同，但开出的"药方"是一样的：保持身体放松并让车子自由处理障碍。

把这句话贴在冰箱上："只要你的身体在保持前进，那就不用管车子有什么反应。"

远 离 沟 槽

流水和车轮会在你最爱的林道上侵蚀出一条条沟槽。这些沟槽会破坏车子的平衡、减缓车速，而且里面还有石块之类的杂物。通常骑行时要避开这些沟槽，但它们也可能成为你的朋友。

远离雨水沟。车轮很容易落入与林道平行的沟槽，导致出现可怕的状况。在防火道或者双人径上有足够的空间去选择更好的路线，如果林道特别窄，无法选择其他路线，那就骑过沟槽吧！

这是一条来自南加利福尼亚州的专业建议，适用于高速林道中间的沟槽。

用力压抬过弯道，并借着惯性兔跳过林道中间的沟槽。着陆的时候，用车子的重量砸碎沟槽然后开始兔跳，就这样一直跳下山。超好玩！

骑斜面向外弯道的最佳方式是什么？①不要找这样的沟槽；②将其用作迷你弯墙。

布莱恩小课堂

这次，我们还是从轮胎开始。胎粒应该分散，这样转弯和刹车时可以抓住地面；胎压可能低于正常值。在松软的土地上，超黏性橡胶在应对湿树根和岩石地形时作用并不大，此时穿透比抓住更重要。

根据土壤的软度和深度，有时你几乎浮在地表，一个典型的例子是加利福尼亚州的一处松散浮石区。你必须习惯轮胎在这种地形的移动方式。好消息是，这种地形的可预测性很高，所以当自行车开始滑动时，你完全可以控制住。这时候快乐的体验才刚刚开始。

远离上坡沟槽。如果你沿着沟槽爬坡，后轮就会剐蹭沟槽壁，这样不仅会损失速度，并且有打滑的危险，还得避免脚踏撞击地面。因此，要在沟槽外的地面爬坡。如果后轮不慎滑进了沟槽，那就要保持踩踏并尽快脱离沟槽。

沟槽与压抬

在通过布满沟槽的林道时，施力—收力的骑行节奏有利于避免陷入沟槽。

轻松地跨越沟槽，必要时就利用沟槽压抬。你骑得越灵活多变，选择的余地就越大。

远离狭窄沟槽。 狭窄沟槽使你无法左右摆动以寻找平衡。诡异的是，在狭窄沟槽里你骑得越快反而越平衡。

跨越沟槽时要谨慎。 当你不得不跨越沟槽时，要尽量带着一定角度去跨越并且不要让车轮陷进去。如果需要正面跨越小沟槽，只要在跨越时保持车子轻盈即可。如果需要跨越与路线平行的巨大沟槽，那就利用兔跳技术跨越整个沟槽。后轮滑适用于平稳的过渡地形，但是如果地形过渡很平稳，那你就根本不用担心沟槽了，对吧？

利用弯道中的沟槽。 松软的弯道在经过数以百计的车手切弯之后，最佳的那条路线已经陷进路面 7 厘米左右，变成了一个非常完美的转弯墙——尤其在水平弯道或者斜面向下弯道上就更好了。但当沟槽深度超过 15 厘米或者变成了大坑洞时就很危险了，此时应该另找路线。

骑行窄木道

"木桥"起源于北温哥华的森林，其目的是让车手能通过厚重的落叶路段和很深的积水区。随着车手们越来越习惯骑行木桥，木桥就不再只是一种协助车手通过不可骑行路段的实用方法了，而是成了一种全新的骑行风格：以林道骑行为主，融合了 XC 越野和速降。现如今，自由骑车手已能在离地面 4.6 米高、10 厘米宽的倒木上骑行。难怪木桥现在已被称为"窄木道"。

窄木道既可以是结实的木梯，也可以是细长的

布莱恩小课堂

骑过或者躲过沟槽需要足够的信心，否则就很难处理。有时候沟槽能帮你过弯，给予你一定的支撑，或者是带你从完美的路线下去，但是一旦进入沟槽里，你要么完全顺从它，要么等着吃苦头。完全顺着沟槽走的时候需要放开前刹；一旦捏住了前刹，前轮就会想从沟槽中出来，而且无法转向。眼睛要盯着前进的方向而不是前轮。

躲避沟槽和在里面骑车一样吓人，尤其是当你始料未及或是见缝插针地躲避的时候。除非沟槽能引领你转过弯道或是提供支撑，大多数情况下还是躲过为好。

显而易见的是，有些情况下你根本无法避开沟槽。一般来说，沟槽越长，通过的难度也就越大。当我真的掉进沟槽里的时候——比如说，在一个陡峭的斜坡上——我会寻找一个安全的出槽点。一旦出来了，我就能随心所欲地操控车子。

潮湿树干，而高度则从不足 30 厘米到超过 6 米不等。从技术上看，窄木道并不比其他任何狭窄道路的难度大，比如细沟槽或者利用小石块碰撞飞越等。窄木道只是看起来比较吓人，而且失误的代价会很大。如果学会了骑行窄木道，你将能在现代自由骑林道上顺畅骑行，而且将成为掌握平衡和精确路线控制的大师。

90% 是心理作用。你可以轻易地以 32 千米 / 小时的速度压着马路白色标线骑行，但如果是在离地面数英尺（1 英尺 = 30.48 厘米）高的窄木道上，你就会忘了怎么骑车。记住：轮胎只需要 7 厘米左右的路面，其余的都是装饰。

保持平衡姿势。居中、平衡的姿势非常关键。要保持双手自然——不要握得太紧！——要确保车把可以自由地微调，要保持曲柄水平并将自身的重量均匀地施加在两个脚踏上。

保持手臂弯曲，至少不要锁死，锁死是最糟的。柔软是调整路线和保持平衡的关键。

坐姿骑行更容易保持平衡。站姿骑行有利于冲上窄木道和后轮骑，哪个感觉好就用哪个。车座高度要介于 XC 越野车和速降车的车座高度之间。

尽可能向前看。要从你所在的位置向前一直扫视到出口位置。这说起来容易做起来难，但要记住千万不能只盯着前轮看，否则会导致可怕的低速抖动，从而引起突然的加速和减速。

布莱恩小课堂

窄木道会让人感到恐惧，特别是如果它们特别狭窄，且远高于地面或是还有转弯。

但宽度为45~60厘米的木道比想象的要容易通过。我们将不断地将这种想法引入你的大脑，这是一个很好的例子，看你想去的地方，而不是你的前轮。稍微加速可以保持车体平衡。齿比要合适，这样当你需要更多动力时，可以轻松踩踏。

平踏让练习变得更加安全：脚可以离开脚踏保持平衡，跳车也方便！

如果你的车失去了平衡，并且距离平地不算太高的话，从窄木道旁边后轮骑跳下。

在加拿大的惠斯勒山地车公园里，布莱恩的注意力集中于远处的高难度左转弯上。

保持柔焦。你需要所有的周边视觉和空间意识来控制速度、调整路线和保持平衡。这里借鉴了瑜伽的方法：让你的眼球沉入眼窝，把眼睛当成窗户，试着从脑后看到整个场景。这有助于把前后所有的景象都放在心里，避免盯着错误的目标看。

动力是你的朋友。先以 32 千米 / 小时的速度骑马路上的白色标线，然后再以 3.2 千米 / 小时的速度来骑，感觉变难了对吧？

使用比平常更高的齿比。低齿比下的高踏频踩踏会出现几乎无法控制的上下弹跳情况。用更高的齿比可以使冲上湿滑木梯的过程更加可控，你可以保持更好的平衡，而且不容易出现后轮在绿色苔藓上空转打滑的情况。

过弯要谨慎。当路线需要转换到一条更狭窄的窄木道上时，要让前轮从外侧入弯，这样后轮才能跟着转过来并且避免从弯道内侧掉下去。一流的窄木道上有专门用于这一目的的小平台。

使用有黏性的大号轮胎。为了专门应对窄木道路段，需要降低胎压。但是在石头路段落地时要当心"蛇咬"情况。

不要轻易放弃。如果轮胎开始向木头的边缘滑落，那就应该向中间（小心地）侧倾车身。这样能产生外倾推力，从而能使轮胎回到正确的路线上。

选择"后路"。就像我们所说的，骑行窄木道就像骑任何其他狭窄路线一样——除非你偏离了路线。如果车轮开始偏向边缘而且窄木道离平坦地面较近，那就直接骑下去并安全落地；如果在窄木道上失去平衡而且窄木道下方有个落脚地，那就丢掉车子并用双脚落地；如果你正悬于高空而且窄木道底下是可怕的崎岖路面，那就赶紧扔掉车子并抱住窄木道。

从又宽又低的窄木道上开始。把一根木头放在地上，然后在上面骑行。先搞定 20 厘米宽的木头，再升级到 10 厘米宽的木头。当你能在上面想骑多久就骑多久时，就试着每次架高一点。就像我们所说的，大多数窄木道骑行的关键在于心理作用，要逐步建立信心。如果窄木道有 3.7 米高，而且地面上都是尖锐的乱石区，那就不要去尝试，否则会吓坏自己的。

练习以下动作

- **平稳踩踏。**平稳踩踏能带来最佳操控性。
- **控制刹车。**在下坡路段控制刹车，同时保持双手自然平衡。
- **急转弯。**架高的弯道比发卡弯难多了！
- **在低速下保持平衡。**原因很明显。

布莱恩和里奇在惠斯勒的一些新型窄木道上享受流畅骑行。

窄木道的演变

尽管窄木道如今不再是山地车的招牌形象，但仍然是山地车公园的必备装置，同时也出现在各地的林道上，并在过去几年发生了一些变化。

更流畅。窄木道被更巧妙地融合进林道的流畅节奏中。从大石头落到平地的安排即将绝迹，而有多种选择的蜿蜒路线正在不断涌现。

车手水平更高。山地车手变得更加擅长在更高更难的路线上骑行，而且动作优雅流畅。

车子尺寸更小。由于有了更流畅的地形和更高水平的车手，巨大笨重的自由骑山地车已经成为过去式。现在的自由骑车手使用的是速降车以及灵活的中等行程全地形/耐力风格山地车。

冬季的胖胎车

戴夫·蔡斯是科罗拉多州里昂市的 Redstone Cyclery 的老板，他是冬季的胖胎车骑行的领队，也是里昂地区山地车俱乐部的主席。以下是一些他给出的冬季胖胎车骑行的建议。

装备

只有配备合适的装备，在雪地里骑胖胎车才是一件令人享受（且可能）的事。如果你愿意骑车而不是推车，请留心这条建议。

戴夫，科罗拉多州里昂市的 Redstone Cyclery 的老板，每周四都会组织夜骑。

脚踏

选择你喜欢的。大多数车手倾向于平踏，因为胖胎车骑行的路面都很崎岖，另外，用平踏时可以穿雪地靴。戴夫已经上锁超过 25 年了，他在胖胎车上也上锁（科罗拉多的雪很干，这种做法可能不适用于太浩湖或者其他下湿雪的地方的车手）。

护腿

购买并穿上它。"如果你在 60 厘米厚的雪中骑车，雪会漫上来的，"戴夫说道，"它会进到鞋子里，把干爽温暖的袜子变得又湿又凉。"

齿比

尽可能维持容易的齿比。"雪越软越深，"戴夫说道，"踩踏就越难。你没办法站起来踩踏，因为你的车很可能会失去抓地力然后栽到雪里，所以你只能坐踩。"选一个小的（单速）牙盘以及齿轮范围最大的飞轮。

操作空间

像骑耐力车一样，把车把抬高并靠近自己，以便获得最大的手臂活动范围来应对崎岖地形，重心后移一点也能使骑行更加容易。

车圈和轮胎

这是造就胖胎车的部分。对于疯狂的冬季远征来说，4.6 英寸 (12 厘米) 或更宽的轮胎搭配 100 毫米宽的车圈是个不错的选择。至于在平整的林道上骑行和比赛，4 英寸 (10 厘米) 宽的轮胎搭配 60 毫米的车圈就够了。戴夫说最佳的选择是选用 80 毫米车圈，在冬天搭配 4.6 英寸宽的轮胎，在平整的林道上（或夏天）搭配 4 英寸宽的轮胎。

车圈越宽，轮胎就越扁平，在雪地和沙地上也更好操控。车圈越窄，轮胎就越圆，转弯就越容易，在土地上感觉也更自然。戴夫说大多数胖胎车都采用 80 毫米宽的车圈，这个宽度提供了很大的娱乐性。

胎压

"胎压是享受雪地骑行的关键因素，"戴夫说，"就像蜡对滑雪板的重要性一样。在不同条件的雪地上需要不同种类的蜡，也需要不同的胎压。令人抓狂的是，雪地状况是根据一天的具体时间、日照时间以及阳坡与阴坡而变化的，因此在骑行过程中也要不断调整胎压。"

在开始冬季胖胎车骑行之前，戴夫会在车店给车"打过多的空气"——大概 3.6 千克。当到达林道的时候，他开始踩踏并放气直到"操控也好，踩踏也好"为止。如果胎压过高，轮胎会陷在雪里，人也一样。

如果胎压过高，轮胎会捶打积雪，车子会被卡主。如果胎压过低，尤其是在进攻性的骑行中，轮胎会四处游动，令人不安。"但是如果雪非常深，"戴夫说道，"你也没法骑得很猛。"在雪地上，胎压可以打得非常低，就像在骑车圈一样。

在戴夫的车店骑过车后，在 21 摄氏度、海拔 1524 米的条件下，车的胎压大概是 2.5 磅力 / 平方英寸（17.2 千帕）。在 −1 摄氏度、海拔 3048 米的林道上，胎压接近 5 磅力 / 平方英寸（34.4 千帕）。在胖胎车骑行中这可是一个很大的差异！这就是为什么在林道上调整胎压十分重要。

升降座管

"升降座管适用于所有场景，"戴夫说，"（而且）当车子在雪地上，而你站在它旁边的时候，你可能比车子还矮大概 7 厘米吧。把车座调低能更容易上车。"

避震前叉

"我更喜欢避震前叉，"戴夫说，"当林道结满冰，变得支离破碎以后，避震前叉能让骑行变得平缓（就像它在土地和岩石上发挥作用一样）。"在一些骑行中，北坡可能有积雪而南坡全是岩石。一根避震前叉能让车子更好地应对所有地形。

碳纤维车圈

"很多消费者出于减重的目的选择碳纤维车圈（简称碳圈），但是我们见过碎裂的碳圈。"戴夫说道。他只建议在美国中西部或是积雪上使用碳圈。"岩石和碳圈可不是朋友，尤其是在低胎压的情况下。"他说。

技术

"我们认识骑了 20 年山地车的人，但是他们才买第一辆胖胎车，"戴夫说道，"我告诉他们，'好的，你现在是个胖胎车新手'。这完全不一样。""这有点像单板滑雪。在雪堆上你要让前轮变轻，后轮变重，然后像冲浪一般运动。你要平稳地骑车才不会扎到雪堆里。"雪堆越松散，你就越不能像在土地上一样骑车。

戴夫见过很多害怕在土地上骑车的公路车手成为冬季胖胎车手。"如果你摔倒在雪上，没什么问题，但是摔倒在土地上，那就麻烦了。"

礼节

"我们在公用的林道上骑车，"戴夫说道，"我们必须知道这里还有其他人，了解他们使用林道的方式，并让他们乐在其中。"

"滑雪爱好者是我们最好的朋友。他们中的大多数人在圣诞节得到了雪鞋，然后穿上它跑出来滑雪，他们能从坑洞上直接走过去。但是如果我们在松软的雪上留下了脚印或是沟槽，当它冻住以后就很难在上面滑雪了。看到滑雪道的时候，我们会避开它。"

骑胖胎车经过的路程相比于山地车，就像骑山地车经过的路程相比于公路车。你可以在很短的距离内享受一次美好的胖胎车骑行（和一次疯狂的冒险），选一个滑雪者不经常去的地方，然后玩得开心！

答 疑 解 难

问题 1：我在崎岖的地形上吃尽了苦头。

解决方案：要确保车子设置正确。要将身体的重量施加于脚上，双手轻握车把，根据地形调整车把角度，目视前方。要在平稳路段下压，在崎岖路段向上收力。

问题 2：在崎岖路段上感觉到上下颠簸而且车轮会被石头卡住。

解决方案：加速。遇到障碍时要向上收力保持轻盈，尤其是前轮要保持轻盈。

问题 3：当路面松软湿滑时，我觉得自己像只病鹅。

解决方案：这个问题很有哲学性。当路面像涂了油的不粘锅一样滑时，你必须准备好应对失控并坦然接受。这听起来很奇怪，但事实就是这样。如果护具有助于增强信心那就戴上护具。就像史蒂夫所说的："如果预计会发生打滑，就不会再紧张了。"

问题 4：在松软地面上前轮会陷进地里并向前刨土，有时候车轮还会突然卡在地里导致前空翻摔车。

解决方案：第一，不要在松软地面转动车把过弯，而要利用侧倾车身过弯。第二，确保重心不会过度向前移。减速时，重心靠后，就好像在刹车。一旦达到最终速度，让重心落在双脚上。

问题 5：在松软地面上前轮浮掠过地面，从而无法转向。

解决方案：重心太靠后了。身体要前移，直到双手能轻松地握住车把。在松软地面过弯时，要小心地下压车把，用力压把，而不是用体重。

问题 6：车子很难遵循一条预定的路线，不管是在两条可怕的沟槽中间，还是在架高的 10 厘米宽的窄木道上。

解决方案：保持身体放松，像平常一样看着想要前进的方向。要记住，在你还来不及担心路况时，一点动力就能抢先一步帮你解决问题。

问题 7：当我沿着崎岖路段骑行时，觉得车子无法灵活移动。我感觉身体在不由自主地向前冲，而且很难向弯道内侧倾。

解决方案：你的大腿可能与车座的活动互相干扰。要把膝盖分开，让车子能自由弹跳并顺畅入弯。更好的方案是：降低车座高度！

问题 8：试图踩踏通过崎岖路段时，感觉非常颠簸。

解决方案：臀部要离开车座，即使只是离开一点点，要把自身的所有重量都施加于脚踏上，让车子应对冲击。如果要踩踏通过很长的崎岖路段，那就把车座高度降低 0.6 厘米左右，从而使身体有更多的活动空间。为了在较为平稳的路段踩踏更有力，可以让臀部移到车座后端，此时的高度差不多能让你的腿伸直。如果你还没有线控升降座杆，去买一根。

疯狂地形会吓退不熟悉路况的车手。比如让生活于南加利福尼亚州的车手骑烂泥路，他们肯定会很抓狂。尽管路况看起来千奇百怪、各不相同，但解决方案却是一样的：身体保持平衡，根据地形调整，骑行要有目的！

13

在任何道路上享受流畅

当你学会刹车、踩踏、过弯、兔跳、压抬、下落差和飞越之后，你可以绕过、飞过或者穿越任何障碍。这是一个很好的开始。但要流畅地骑下林道，感受山地车的终极乐趣，你还需要更多的努力。

看得更清，骑得更快

如果你想要撞上一块石头，可以这样做：沿着小道蜿蜒前进，看见石头后就一直盯着它。当你靠得更近时，要减速并低头紧盯着石头不放。由于车子正朝着石头，所以你肯定会撞上去。当你盯着一块石头看时，就是一直在提醒大脑："前面有石头！"接收了这一信息后，大脑就会做出它唯一能做的反应——撞上石头。

要想找到一条平稳的下山路线，你的大脑需要获得更好的信息。

骑多快，眼睛就得看多快。你扫视林道的速度决定了骑行的最高速度。如果眼睛看的速度慢下来并盯着前轮看，那么车速也必然会慢下来。要持续向前扫视，永远别盯着某个东西不放。

目光要放远。当你驾车行进在漆黑的乡村道路上时，远光灯能让你看得更远、开得更快。而在林道中，你的眼睛就是远光灯，要尽可能往林道的前方看去。当你在红杉林里以 16 千米 / 小时的速度穿行时，要看着前方 6 米远的地面。当你从卡密卡兹速降道冲下时，要去看 91 米外的白色碎石。知道为什么吗？

目光放远能加深你对林道的认识。不要去注意诸如小卵石、尖锐的大石头和潮湿的巨石等单个物体，而要去感受林道整体的流动感——左、右、上、下。加利福尼亚州太浩北极星山地车公园的岩石瀑布吓坏了大多数车手。数百块哈密瓜般大小甚至更大的石头杂乱地分布在陡坡上，其间还有颠簸的急弯。在岩石瀑布底部还有个 1.2 米高的岩壁，后面紧接着一个满是尘土的水平弯道。大多数车手都是跌跌撞撞地一次通过一块石头，吃力地往左拐，再吃力地右拐，骑下落差，然后在弯道摔车……职业车手会从更高的层次来看这一路段：一段下坡，一段路线转换区，然后下落差。他们在第一个斜坡上压抬，甩尾通过连续弯道，接着飞下落差，最后稳稳地切过弯道。他们把注意力放在了弯道这个最终目标上，而不是石头上。

你看得越远，对速度的感知力就会越差，就会骑得越快。下次在高速公路上开车时，你从旁边窗户往外看，试着数一数车道上的虚线。它们闪过的速度非常快，对吧？然后往前看几百米，再去注意那些虚线闪过的速度是如何变慢的。通过向前看，你将有更多时间来处理突发情况：一个急弯、一块石头或者一个为了刷速度突然出现在你前面的车手。

你是手电筒，不是激光。你的

跳过阻水栅栏，确认；刹车，确认；开始转弯，确认；观察前方，确认！

布莱恩小课堂

　　视线是确保骑得更快的重要因素，我总是确保自己的护目镜清洁，并根据环境的不同选择最合适的镜片。我们看见得越多，选择路线和做出快速决定也就越容易。

　　镜片的选择至关重要，尤其是在有阴影和光线情况不断变换的环境中。眼睛适应得越快，你就能越安全、越自信。

　　这就好比开车的时候把车前灯关掉。视野变小以后，你也会自然而然地慢下来，以一个安全的速度开车。骑车也是同样的道理。如果护目镜沾上泥、起了雾，或者仅仅是太暗了，你也会自然而然地慢下来，才有时间对路况做出反应。

目光扫视的区域要够宽，覆盖路线以及障碍或路标等。比如说你正穿梭在亚利桑那州凤凰城的全国林道，你不要想着："右边石头、左边仙人掌，石头、仙人掌、落差……"相反，你应该注意平坦的地面，发现边界的存在即可。不要去看它们。

　　当心吸引目光的石头。当你看到石头、双峰土坡间的凹陷等可怕的东西时要当心，但目光要持续移动。当你靠近目光锁定的对象时就会无意识地瞄准它，并为了看清它而减速，却忘了要为下一种情况做准备。是不是有很多次你正好撞上了要极力避开的石头？是不是有很多次你冲上乱石坡却被迫在平坦路段上停车？当你满脑子只注意一个东西时，就再没精力去处理其他状况了。

　　不要关心车轮底下是什么。横穿路面的树桩是不会移动的，你要持续扫视前方，要相信车子能自动翻越树桩。当你走上楼梯时，你会盯着每一级台阶吗？当然不会。如果会，那就说明山地车也许并不适合你，甚至连走路也不适合你。

　　连点成线。"阅读"林道的过程其实就是在设计一个巨大的连点成线图形。如果你盯着每一个细节，你行进的路上就会有很多点，每个点都会窃取你的一部分注意力，从而减慢你的速度。相反，越专注于主要动作（有目的且必须做的，符合当前技能、体能、装备和能量的动作），让这些细节从你身下流过，那么你需要处理的点就越少，骑行就越流畅。随着技能和门槛的提高，你要考虑的越来越少，骑行因此变得更容易。

　　寻找有助于你的事情。记下转弯点，选择刹车点，寻找可以压抬的土坡和曲线。忽略其他一切。经验丰富的车手扫描那些能够帮助他们的地形——他们喜欢骑行的地形。而新手浪费了大量精神能量去注意那些无关紧要的细节，更糟糕的是，注意那些可怕的东西：砾石、沟槽、树木、悬崖。

　　别光看，要看见。这是一个可怕的悖论：

　　当你展望未来时，它可以让现在的你更有信心；然而，只有当你有信心时你才能看到未来！

　　这很糟糕：如果你害怕某个障碍，你的视线就无法移开。

我们都有过这样的经历：正在一条林道中穿梭，突然被前面的巨大岩石吓到，眼睛死死盯住不放。这时你的蜥蜴脑在说："老兄！注意这个东西，它就在这里！"你的中心视野锁定在了岩石上，你的整个宇宙只剩下那块岩石。

　　但是，骑过那块可怕的岩石（以及下一块岩石）的唯一方法就是让眼睛往前看，而你太害怕了，眼睛盯住它不放。那么山地车手可以做些什么呢？

● 尽可能多地练习软视。想象着让你的眼睛后退到头内，让它们完全柔软，感觉整个脸部都变得柔软。尽可能多地去练习：开车时，工作中，在路上。

● 注意周边。练习看着一个物体的同时注意周围的一切。以这句话结尾的句号为例。首先集中注意力看着句号，注意周围的其他事物似乎都离它非常近，然后软化你的眼睛，注意句号和页面上的其他一切。

● 注意边缘。下次骑一条熟悉的线路时试一下：将中心视野聚焦在道路上和前方，软化你的眼睛，去看整个景象。骑行时，注意路边的树木或岩石，让身体自己去看路，而将更多注意力放在边缘上，看看树、仙人掌或岩石多快从身边经过。这些信息非常有用，可以帮助身体在一个空间中自我管理。

眼睛：骑行的利器

你看得最清楚的地方集中于所观察区域的中心，这是一个截面角度大约15度的圆锥形区域。如果你正看着道路前方7.6米远的地方，那么视觉最清晰的区域大约有1.8米宽。当接近视野的边缘时，眼睛视物的清晰度会下降，但是动态追踪的能力会提高。

因为中心视觉和大脑前部相关，所以我们姑且称之为大脑视觉。当你看见什么东西时，大脑前部决定你要做出什么样的反应，当信号到达大脑的运动中心，该区域对身体发出指令。这是个缓慢的过程。

因为周边视觉和身体的联系更紧密，所以我们姑且称之为身体视觉。你看见了什么东西，然后相关信息被传递到大脑的运动中心（又叫作蜥蜴脑），该区域直接对身体发出一个习惯命令。嘭！这是个快速的过程。

难怪你在林道中巡航的时候感觉很好，而一旦开始盯着某样东西看就感觉自己变笨了。实际上这是自己处理信息的能力降低了。

这意味着什么呢？这意味着要利用极佳的眼力选择尽可能远的路线。在接近障碍时，要发挥眼角余光最擅长的功能：持续追踪障碍并告诉大脑什么时候该兔跳、侧滑或者飞越。

练习，练习，再练习

你可以（也应该）每天在各种情况下锻炼视力，比如在开车、走路穿过人群、在超市里推购物车等任何需要往前扫视的情况下，并且让眼角余光处理细节。这样你几乎每时每刻都可以为了迎战林道狂飙而锻炼眼睛、大脑和身体。

聚焦在有用的地方：通常是下一个转弯的起点。你的余光会指挥大脑处理你和目标之间的路况。

● 不要盯着任何东西，但要看到所有东西。这听起来很疯狂但是很管用，让目光保持柔和，注意全局，让场景在你面前完全展现出来。想看清所有细节是徒劳的！事实上这反而有害，尤其当那个细节是一个 2.4 米高的陡峭木台起跳点的时候。

● 感到害怕的时候，你可能会注意到眼睛开始盯着自己害怕的东西看了。不要反抗！这是身体在警告你潜在的危险并帮你做出最好的选择。如果别无选择就看着那样东西，尽快决定要怎么处理它。

● 你的选择没有逻辑性，就像为什么要选择某个特定轮径一样。这个选择瞬间就能在身体内部做出。当看到一道岩壁的时候，刹那间，你看到或感受到自己压低肩膀，然后把车把推过边缘。决定已经做出了，思维活动也可以继续了。这就像大脑让你盯着一块巨石一直看（或者沉迷于一辆新自行车），直到你决定要对它做什么为止。当你决定了想做什么的时候，大脑说："好的，酷！让我们继续下一件事吧。"

● 回到全局中来。在岩石上，你能做的最好的事就是"下载"下一块岩石的视觉数据，然后让身体以它知道的方式骑过这块岩石。即使技巧不够完美，你的身体也能比大脑更好地处理。相信全局，相信你的身体。

● 随着骑行和观察能力的不断提升，这些令人惊慌的瞪眼凝视的比赛会变得越来越短，且注意力不再那么容易分散。眼睛能抓住重要的细节，身体能做出本能的反应，你也能继续进行愉快的旅程。酷毙了！

选择最佳路线

一条林道就像是一块由石头、树叶、赛道绳或者落差组成的空白画布，需要你用山地车作为画笔来完成一幅杰作。由于轮胎需要的只是一条大约 7 厘米宽的道路，所以你有几乎无穷的"创作空间"。而这也是山地车运动最复杂的一面。你必须权衡好速度、地形、装备、技巧、风险以及目标，而且要在心跳加速、视线上下颠簸的状况下完成对它们的选择。那么该从哪儿开始"画"呢？

如果你只是在巡航，那就依照前人的路线前进，尤其是第一次骑新林道的时候。这条绝大多数人选择的路线蜿蜒绕过各种障碍，是从 A 点到 B 点最平稳、最简单的

你是只羊还是只狼？李喜欢让自己变成一只狼。他没有选择绕过石头而且很难入弯的那条"简单"路线，而是直接在石头上压抬，然后落到漂亮的入弯点上。

路线。至少你会这么想：按照成千上万的前辈走过的路线前进最保险，因为他们不会都走错路线吧？

是的，他们可能都走错了。一条任何小障碍都要避开的路线有许多弯道，其中还有许多急弯。大多数车手入弯太早，所以出弯很慢。如果你速度较慢或是在爬坡，这样的路线选择还算不错。

但随着速度的加快，要通过所有弯道就不容易了。你不可能侧倾车身绕过每块石头，而且过弯离心力会超过抓地力。虽然你可以刻意减慢速度，但是那就不好玩了。你应该寻找更笔直的路线和更平顺的弧线，直接利用石头压抬，而不是绕着石头前进。即使路上的裸露树根盘错交杂，也要从弯道外侧入弯，在内侧切过弯道顶点，然后从外侧出弯。

要不断尝试找出不用减速或者摔车就能通过的障碍。以后骑行时，选择没有那些障碍的路线。更好的是，寻找喜欢的地形，然后将它们与数学中完美的弧线连在一起。世界速降冠军史蒂夫说："要利用整条林道，不要当个胆小鬼。"

加利福尼亚州圣塔芭芭拉的 Tunnel 林道有饱受侵蚀的砂岩地面，上面没有明显的"简单"路线，只有石头、石头和更多的石头。骑在这种地面上，你的眼睛必须快速扫视，以寻找最平稳的路线：水沟、风化的岩石或者胎痕。你不仅要做出最佳选择，而且得准备好应对一些可怕的东西。普通车手可以通过 30 厘米高的圆石，而职业速降车手可以跳下 1.2 米高的大石头。随着技术和信心的提升，你会发现原来觉得可怕的障碍现在都能轻松应对了，人和车就像流水一样在林道上轻盈地向下流动。

布莱恩小课堂

一般来说，人们总会沿着别人骑过的路线骑车。这些都是主流路线，但不一定是最好的路线。

这些是正确的路线吗？这要看是谁骑出来的了。

我喜欢在主流路线之外寻找更好的路线，有时候更好的路线过弯更容易，或者可以避免主流路线上的沟槽。

你应当随时扫描前方的路况，以找到能让自己前进得更快、更流畅、更安全的路线。

压抬的重要性

在往技能箭囊中加入压抬这支箭时，你就拥有了全新的路线选择范围，对于障碍，你不必再避大就小。比如说你面临着两个选择：一条是布满哈密瓜大小石头的弯曲路线，另一条是直接通过一些大石头的直线。

弯曲路线——必须为弯道减速，而且这些小石头让车子难以操控。

大石头路线——你走的是直线，所以没有弯道，而且利用压抬可以在那些大石头上获得速度和操控力。

相信我们，当你在压抬场或者小轮车训练场掌握了压抬动作之后，总有一天你会自然地选择大石头路线，而且压抬的感觉好极了！

李喜欢落差，李喜欢转弯，李喜欢有落差的转弯。

"1 + 1 = 3"

作为教练，学员们总是问我（李）："我怎么才能搞定有落差的发卡弯？"。

我的答案是：在你攻克有落差的发卡弯之前，必须先掌握应付没有落差的发卡弯和没有发卡弯的落差的技术。

完全掌握这些技术后，你自然会把它们结合起来。当形成这种协同作用之后，你就能挑战更有技术难度的地形，也更能乐在其中了。

目的不同，路线也不同

巡航：在任何热门的林道上都会有一条主路线蜿蜒绕过障碍，并在弯道上切出即使不算完美但也还算简单的弧线。这就是所谓的"最常用"路线，它通常是冲下林道最安全的路线，是休闲、探索和学习的完美之选。

竞赛：不管是XC越野还是速降，在目前的技能、装备和条件所允许的情况下，都应尽可能选择最快、最直接的路线。

自由骑（或者现在应该叫作林道骑行或耐力骑行？）：一切都是为了好玩，不用担心时间，也不用太担心安全。根据自己的水平，你也许会离开主要路线从一个树桩跳下，或者挑战12米的陡崖。自由骑几乎没有任何限制，速度和效率的普通规则在这里通通不适用。

调 整 速 度

国际山地车协会（IMBA）希望我们说热爱山地车是因为能欣赏大自然，但是如果你问车手们对这项杰出的运动最爱的是什么，大多数人会说"速度"。无论是步行、滑雪、冲浪、骑骆驼、开汽车或者开飞机，人类都喜欢风驰电掣的感觉，这或许是一种天性。

高速肯定比低速更有趣，但真正能衡量乐趣的是"感知速度"，即对视觉、声音和运动的体验。以16千米/小时的速度前进，伴随着压过砾石的"嘎吱"声，还有树影快速向身后飞去，这种感觉肯定比在1046千米/小时的飞机上听糖果包装纸打开的窸窣声来得刺激。新手喜欢呼啸的风声、飞掠而过的车轮和任何能感觉到车速飞快的信息，高手则往往专注于加速和减速、切入和冲出弯道以及飞越障碍时的感觉。他们同样情绪激动，只是关注点不同而已。

每条路线都有许多速度可供选择。平坦简单路线的速度选择范围很大，你骑得快或慢都没关系。陡峭崎岖路线的速度选择范围则很小——速度太慢就无法穿越大小不一的障碍，速度太快又容易失控。实际上，路线越崎岖，速度就要越快，注意力也要更集中。速度能使你掠过乱石区、跳过树桩、扫过弯道以及带着动力通过

多少才是完美的速度？快到可以掠过那些岩石，慢到让你保持冷静。

崎岖路段。当路面又陡又难时，刹车只会破坏操控性，而且也不能真正减速。如果你只会捏刹把，那这时你只能听天由命了。

速度就像电压，它驱动你冲下林道、切过弯道和翻越起伏路面，它刺激你的感官，使你激动不已。当然，电压越高，冲击就越大。一般来说，最佳速度应该是能使你翻越障碍、切过弯道、应对突发状况并享受骑行乐趣的速度。那些还没掌握基本技术就乱冲一气的家伙，通常会摔得很惨。如果你想提高速度，胡乱提速既危险又没效果，相反，你应该专注于流畅骑行，而速度的提升则是水到渠成的事。

保留一定实力

外面的世界很疯狂、很混乱。

你就在这个世界骑车，并且你用了 100% 的实力。此时，你正处于所能掌控的极限边缘，而且你会玩得很开心。但是如果发生了一些事情——爆胎、一块出人意料的石头、一名突然出现的登山者——那你别无选择只有摔车。

不过，如果你用 80% 的实力去骑车，仍然能保留 20% 用于抓地力，以及一定的神经敏感度来处理一些突发状况。在骑车时总该有所保留，实力保留程度视具体情况而定。

保留 0 ~ 10%，适用于计时竞赛。我们知道你想获胜，但是值得为一个塑料奖牌而脾脏破裂吗？两个字：当然！

保留 25%，适用于在山地车公园的周末休闲骑行。两个字：绿色。

保留 50%，适用于在偏僻的地方探险。两个字：狼食

保留 75%，适用于一只手臂绑着绷带还要骑车的时候。作者之一（李）承认自己干

过这种事。两个字：傻瓜！

全 情 投 入

无论做什么事，你都要有自信。对于简单的地形，你可以随便玩，可以快、慢或者站在车座上……如果路况只需要你发挥一半的实力，那么只要有一半的专注力就行。但是，如果路况非常考验你的能力和信心，那就应该更加专注。这里有一个矛盾：你最紧张的时候也正是需要 100% 专注投入的时候。

布莱恩小课堂

在比赛中，调整速度需要多次的练习——不管是找出进入某个区域前的刹车力度，还是通过某个弯道的最大速度，抑或是在不过度飞越的情况下的最快起飞速度。

当你达到速度的临界点的时候，这就是一条很好的路线。过快的速度会导致摔车；过慢的话，嗯，你可能会以千分之几秒的落后输掉比赛。逐渐调整速度，以找出上限而不超过它。

选择路线和速度的时候，记住你骑的是哪辆车，它的配置怎样。长行程、大轮胎、厚胎壁、大碟片等，能应对更激进的路线和更快的速度。

我对一条速降车的林道记得特别清楚。有一天我骑着XC越野车上了那条林道，很快我就处理不了了。过去在这里骑车的速度非常快，但是我没有重新计算这辆车应有的速度，结果差点害了自己。

骑这条路只有一种方式：正确的方式。一旦布莱恩决定这样骑，他就会全身心投入。

与慢的人一起骑低级林道

你不想一直这样骑车，但偶尔的轻松骑行可以增强自信心，你可以毫不紧张、毫不犹豫地骑，你可以全速前进。这可以让你练习如何完全投入，而这种练习与练习进攻姿势一样重要。

不专注的结果往往就是摔车。如果你不侧倾车身就想过弯，那么会摔进毒橡树丛；如果起飞的速度太慢，那么会落在校车顶上；如果没有用力上抬就想跳上路缘石，那么只会毁了后轮，当然还会引来围观人群的一阵哄笑。

如果路线平稳，你可以沿着美妙又简单的二维路线前进：绕过小蘑菇，经过仙女公主的小屋，爬上姜饼屋。地形越崎岖，路线就越应该立体，你必须运用兔跳、后轮滑和切入急弯技术。如果想实现快速施力和收力，就需要认真扫视路线并在控车时 100% 地用心投入。

低投入，低风险

低投入骑行又叫作"巡航"，巡航的速度缓慢柔和，但不够刺激。如果你在应对烂泥路况时可能会紧张，但是又觉得平坦的林道很无聊，就可以试试从珠穆朗玛峰大本营的休息站以 80 千米 / 小时的速度往下冲，不过这时一旦摔车就意味着"必死无疑"。

● 即使你不得不绕着障碍前进，也要选择最流畅、最简单的路线（但最好还是运用压抬技术，直线穿越障碍可能是最方便、最安全的方式）。

● 保持较低速度。

● 踩踏要轻松有效。

● 轻轻刹车，逐渐减速。

● 温和地转向。

● 慢速穿越崎岖地形。

布莱恩小课堂

重建信心

2004 年的春天，我的脚踝骨折了，有两个半月的时间不能骑车。骨骼愈合后，我开始骑 XC 越野，在普通林道上感觉良好，并没觉得退步多少。但是当我骑上双人回转车开始冲刺和飞越时，我感觉自己的技术确实大不如前了。我不想摔车，而且总感觉不自信，总会想诸如"如果我猛烈撞上起飞坡，我的脚会有什么感觉"之类的事。

当达到一定水平后，你总是能保持 75% 的技能水平。你在任何时候都可以骑出这个水平，但正是剩下的那 25% 把好车手和一流的车手区分开来。在一个大多数职业车手成绩为 7 分钟的速降比赛中，获胜者用了 6 分钟或者 6 分 10 秒，而且这些获胜者可以整天都骑出 6 分 20 秒的成绩。那些人完全有信心骑这么快，比赛对他们来说也没什么大不了的。

给自己充分的时间。我必须让我的腿完全恢复，这样才能信心满满地应对挑战；只有恢复之后，我才能在全力挑战并发生一些意外情况时不会受伤。我知道怎么做这些动作，但必须等到身体感觉良好之后才来做。

受伤后重建信心的过程和提高骑行难度建立信心的过程很类似。你不可能从飞越 1.5 米的双峰土坡直接升级到飞越 7.5 米的双峰土坡，你必须得精心计算，要不然整个过程可能需要更长的时间。准备尝试某个动作时，你必须得有信心，相信自己能做到。成功来源于经验、知识，以及花在山地车上的时间。如此稳步前进，几年之后，你将学会如何应付各种各样的土坡、速度、起飞坡面、距离等。

如果我们都骑 250cc 的越野摩托车，我能告诉你在飞坡时要用 3 挡，而且油门半开。但是每个人骑车的力量是独一无二的，我无法告诉你踩踏应该多么用力，你只能循序渐进，积累应对更大挑战的经验和信心。

你能预判吗？

如果你能看到并感觉到自己的动作——正在飞越一个大土坡或者正在穿过一个棘手的乱石区——你通常都能成功。

但是如果你脑子一片空白（或者感觉自己要摔车），那通常就会摔车。

大多数车手脑子一片空白时就会紧张，开始犯错误。如果你不能预判，或许就不该去尝试。

当李开始充满未知的长途骑行时，就进入"远征模式"，尤其是在远离家园的情况下。远征模式的关键在于提高效率。他只有在上坡时才频繁用力踩踏，而且尽量不去碰刹车系统（重新获取速度太费劲了）。他采取笔直路线，以中等力量在任何地形上压抬。他知道自己能够几乎不间断地保持这个速度，而且能搞定任何地形。如果你尽可能地提高效率，远征模式也能骑得非常快而且超级好玩。

布莱恩小课堂

全情投入可能是一件吓人和困难的事情，但是如果不做任何承诺就不会有任何进步。如果你真的很想，那就要全身心地投入到实现目标的努力中去。

高投入，高回报

高投入骑行又叫作"狂飙"，狂飙的速度很快且风格激进，同时保留对大自然的尊重与爱护。你可以在熟悉的林道上风驰电掣，而松散的土路可能迫使你全神贯注。或者你可以狂飙冲下国家锦标赛的速降赛道，因为一旦成功就意味着你一辈子都有免费的轮胎用（哇哦！李为了得到它甘愿冒任何风险！）。

- 即使要穿越可怕的障碍，也要选择最笔直的路线。
- 速度要快。
- 积极踩踏。
- 用力刹车，快速减速。
- 在弯道里侧倾并用力下压。
- 利用后轮滑、兔跳或者飞越动作通过路上的一切障碍。

选择与自己技能相符的路线和速度

这里介绍另一种检测车技是否进步的方法，这种方法是根据李的线下和线上教学经验得出的，以下是具体方式。

每一项技术都是由众多小技巧构成的。 举个例子，刹车技术的小技巧分别是采用较低的进攻姿势，慢慢捏住刹把，身体向后方移动，让体重与重力合二为一，最后，将合力都传递到脚上。没错，此外你还得应对道路的陡峭程度，以及路上的障碍。看似简单的刹车动作实际上很复杂，每一个小技巧学得越好，主技术就能掌握得越好。每一个主技术学得越好（比如跳跃、转弯），你就能越快地在这些小技巧之间转换，最终更好地将它们结合起来。一开始的时候你可能跳完了才能转弯，后来你就可以一边跳跃一边转弯了。

对于每一条林道、每一种速度，你都要运用一系列的技术让自己骑得既安全又开心。林道设计的技术要求越高，每一个动作就会越接近，闲暇时间也会越少（我们当然喜欢这种林道了）。当你加速的时候，每个动作之间的空闲时间甚至会更少，在极高的速度下，所有动作融为了一体。

在低速状态下，节奏可能是这样的：我要经过那块石头……我现在要刹车了……我现在要转弯了。每一个动作都是经过深思熟虑的，中间会有些空闲时间让你来重新调整。如果你能恰当地运用每个动作的话，这很有趣，但是这必须要在一条平坦的林道上，而且速度足够慢，以便有充足的时间把每个动作都做好。

在高速状态下，节奏可能是这样的：

石头！减速！转弯！

在这种速度下，各种动作开始相互结合，你要一次性完成所有动作，之间没有任何喘息的时间。这样的感觉会好很多，你可以以合适的速度飞过平稳的赛道。要想达到这种状态，你必须学会把各种技术叠加起来（举个例子，从石头上骑下来的时候就要刹车）。

在更高速的状态下，你正在跳过石头，然后借助落地的力量来完成压抬转弯。整个过程变成了一个简单的能量波，你没必要去刹车，也没必要担心。

啪啪啪啪！

或者是更高速状态下：

啊啊啊啊啊啊啊……

李意料之外的比赛

参加2007年的海獭古典赛时，我已经执教好几年了，技术水平已经达到巅峰状态。整个冬天我都在科罗拉多州刻苦训练，想要在双人回转赛和速降赛上大显身手。我当时万万没想到自己将会经历一场特殊的考验。

双人回转赛

我们在大雨和烂泥中进行资格赛，这样我的年龄和经验就可以派上用场了。我和史蒂夫·佩特并驾齐驱，我尽力去追他，比赛过程非常理想，最终我在半职业组中排名第二。好激动啊！

前几轮比赛非常顺利，但是在第八轮时我开始有了自觉意识，开始过度分析骑行技术，这导致我速度变慢，最终难逃淘汰的厄运。理论上讲，我是这一级别中第二快的选手，但是自觉意识导致我被淘汰了。

那天晚上我们燃起了熊熊篝火，我的朋友们跟我分享了一些他们的看法：我的速度完全无法体现出我的技术水平。"开始阶段，你可以利用技术提升速度，而且会有很大的提高。但是达到一定水平之后，你应该先选择好速度，然后再让技术来配合速度。"这时我才恍然大悟，知道要完全放开自己。

速降赛

我和柯蒂斯一起练习，他是一名职业选手，也是我的好朋友，当时我在练习中感觉非常好。每一次骑行都会有计时，所以我知道自己水平如何。经过压抬场和科罗拉多州林道的训练之后，我踌躇满志地准备赢下速降赛这场半职业赛事。

李在练习速降（这次戴着护目镜）。

但是造化弄人。

"还有30秒。"

我在出发闸门处准备出发。我正准备戴上护目镜，但是"啪"的一声，左边的镜片掉在地上了。该死！我有严重的散光，没有护目镜就骑不了车啊！所有的一切都是模模糊糊的，也没有了颜色深浅的感觉。

我试着把镜片装回去，但镜片沾满了泥土，而且我手上戴了手套，操作非常不便。在我身后的家伙也坐立不安。

"还有10秒。"

我能搞定的，一切都会没事的。

"哔哔哔哔！"（出发信号。）

该死，我还在手忙脚乱地摸索。我没有护目镜就没法骑车啊！或者还有什么办法？

"还有10秒。"（我身后的那个家伙喊。）

该死！

然后……我平静了下来。我把护目镜放回口袋，不戴护目镜冲了出去。

我从出发斜坡上冲下，切过第一个斜面向下的弯道，然后大叫着："狂飙！"我了解这条赛道，也知道必须保持平衡姿势。进攻姿势，进攻姿势，进攻姿势！

整场比赛我的眼前都是模模糊糊的：我的脚受到了冲击，肘部摩擦着赛道绳（最好在路中间骑）。虽然我记不清了，但有一张我飞过长长梯形土坡的照片，姿势很完美——优雅而且很低。人们说我当时大叫着："我最擅长这个了！"

> 我进入了一种流畅状态，不受任何细节的干扰，完全放开了狂飙。
>
> 我的官方比赛成绩排名不太好，但是实际的骑行时间甚至比我平常练习的时间还短。
>
> 虽然糟糕的成绩让我很失望，但是这可能是我骑得最好的一次了，所以我还是感到很激动。
>
> 这个故事告诉我们：如果你了解赛道，也掌握了技术，有足够的体力和信心，那么任何事情都是可能的。

在这个时候，所有的技术都融合了。在进行技术性爬坡的时候，你可以在骑上岩壁的同时踩踏进行；在进行技术性下坡的时候，你能在飞过岩石的同时转弯。骑行的感觉变得非常好。

牢记：随着小技巧掌握得越来越好，它们会融合成为一个主技术。当主技术变成自然的动作，你可以将它们叠加起来，最后，将它们结合在一起。

随着应用和结合技术的能力不断提高，林道在你眼中也开始变得不同。你开始自然地寻找符合当前技术和节奏的地形，选择合适的速度。举个例子，李目前喜欢兔跳跳过障碍，然后在落地的时候转弯。因此他能在任何地方发现机会，并选择能让他充分发挥的速度，这使得每条林道看起来都像机会正弦波。

追寻流畅境界

山地车能满足你的多种需求。它让你疲弱的身躯变得壮实，并让你和同伴领略到令人惊叹的风景。骑行途中的景象、声音、气味和感受能驱除一切心魔，当然，山地车的速度给你带来了无可比拟的激情享受。

不同的骑行风格带给人们不同的享受：午餐后骑一圈有利于保持健康，犹他州的Porcupine Rim林道让你痴迷，你在弯弯曲曲的单人径甩来甩去，巨大的土坡鼓励你变强。

在这些地方你都可以充分享受这项运动。但是，只有当你把思虑收进背包，并且让身体在林道上毫不费力、无声无息地流动时，你才能获得山地车运动的终极体验。时间的感觉变得虚幻，再也没有了紧张感，你全身心投入但又不强迫自己，控车变得毫不费力，你已经进入了神奇的流畅境界。这是一种超棒的流畅。

米哈里·奇克森特米海伊博士在《流畅：最佳的心理体验》这本开创性的书中描述了流畅的感觉："精神极度集中，以至于根本没有心思去思考任何不相关的东西或者担心任何问题，自我意识消失，时间感觉也变得扭曲。人们对带来这种体验的活动非常满意，所以自愿继续参与这种活动，而且很少去关心自己究竟能从中得到什么，即使碰到了困难或者危险也义无反顾。"

听起来很熟悉吗？

只有当你的能力和路况要求相符时，你才会达到流畅境界。路况不能太难，要不然你会害怕；路况也不能太简单，否则你会感觉无聊。如果路况要求超出了你感知的能力水平，那么骑行就会变得手忙脚乱。要品味在当地林道的安静骑行，享受在新路线高速骑行的刺激体验，或者在整个XC越野比赛中尽情狂飙。你到最后可能会吐，但是感觉很好，不是吗？

我们之所以说"感知"的能力，是因为这才是关键。我们大多数人可以比平常更用力地爬坡、更快地切弯或者飞得更远。如果你能以完全放开内心的状态流畅骑行，那么就将获得极大的乐趣，并且能提高骑行技术。

李正享受着纯粹、张扬、永恒的快乐（也称为流畅）。

贝瑞·蓝森在2002年写了《积极压力、消极压力》这本书，他在书中指出流畅是一种精妙的心理状态，它需要以下元素。

● **技能足以应对**。你不是要学习流畅，而是学习如何骑车，当你可以不假思索地过弯、兔跳、压抬和飞越时，你就达到了流畅境界。你可能在松软的林道上感觉良好，但是碰到大石头路段却挣扎不前。如果你担心不能顺利骑行，那就不可能有流畅的感觉。

● **目标**。如果你只是在房子周边毫无目的地胡乱骑行，那你就错过了完成目标的奖励。要设定一个目标，不管是平顺踩踏、滑顺过弯、盯住对手的车轮，还是在车上静待时机。如果你需要一个现成的组织，那就去参加比赛，你必须要知道自己能做得很好。

● **兴奋**。如果你压力太小就会心不在焉，压力太大又会太紧张。要顺其自然地兴奋起来。兴奋感会让你知道自己正在努力，而且会有一个大大的惊喜在等着你。

越慢不一定越安全

我们都有一个属于自己的自然节奏，在此速度下一切都很流畅，速度比这快时结果会很惨，但比这慢时也有同样的危险。

李在技术性地形上指导学员时就经常有这种体会。他按照学员该有的速度前进，而且他得顾全到他们，另外还很可能需要讲话。李也犯低级错误，遇到麻烦，有时甚至狠狠摔倒。如果按自己的速度骑行，他会安全得多！

幸运的是，达到流畅境界既不是随机的，也不会太难。以下技巧能帮你达到流畅境界。

化整为零。把大任务分解成一个个小动作。如果你的飞越技术很一般，但是想一次搞定 5 个相连的技术性双峰土坡，那么最终只会摔得很惨。你应该在第一个双峰土坡上试着达到完美起飞，然后练习落地技术。当你完成第一个双峰土坡之后，再把第二个、第三个甚至更多个双峰土坡加进来。

练习。不要毫无目的地随便骑车，要密切关注自己在做什么，要系统地培养狂飙所需的技能。要专注于让踩踏动作画出完美的圆，然后重复 100 万次。

跟合适的人一起玩。要跟与自己水平相当或者比自己水平高的人一起玩，这样你将提升到和同伴一样的水平。注意：如果你感觉自己的水平不足以和高水平车手一起玩，或者他们把你带到了超出你能力范围的地方，你将发现很难玩得开心。

尽车之所能。你不应该担心车况以及零件是否会撞碎，先玩再说，玩完再买。

攻克障碍。注意那些阻止或者干扰流畅骑行的障碍。也许每当碰到哈密瓜大小的石头时你就会紧张，那要么远离它们，要么就去学习怎么骑过去。

浑然忘我。一旦你意识到自己在狂飙，狂飙几乎就会停止。还记得《星球大战：帝国反击战》中的那个场景吗？卢克闭着眼睛单手站立，尤达和其他一堆东西正位于卢克的脚上，然后卢克一点点举起了 X 翼战机。这就是浑然忘我的状态。一旦他睁开眼睛想着"是的，我就是绝地大师"，所有东西就会纷纷落下。不要像卢克一样有了自觉意识，而要像汉一样自信。

让每一次骑行都很棒。大部分人都有骑得好的时候，也有骑得坏的时候，而骑得很棒的时候总是很少见。让每一次骑行都变得有趣的最好方式是专注于技术，当你应用了正确的技术，一切都变得简单了许多。当你挣扎的时候，好吧，你知道那种感觉。如果你这一天过得很糟糕，看看自己的姿势：自身的重量施加在脚上了吗？臀部后移了吗？向前看了吗？很可能没有。再重新核对一遍进攻姿势列表，把核心技术练到炉火纯青的地步来避免糟糕的一天。当布莱恩在林道上骑车的时候，他总是很流畅；当李在林道上骑车的时候，他一般会很流畅。

学着破解流畅状态。

通过练习，你能学会如何破解流畅状态——随意进入流畅状态。因为在流畅状态下你最有效率、最有创造力、运动状态最好，这看起来是个好主意。以下是一些建议。

● **找到最佳的清醒水平**。对于大多数人来说，从 1 到 10 划分的话清醒水平是在第八级。要找到能让自己在兴奋的时候镇静下来、镇静的时候兴奋起来的方法。

布莱恩小课堂

流畅是一种速度和动力自然发生的状态，你把弯道和跳跃用最小的力量以一种优美的方式连接起来，还能引起他人的效仿。

布莱恩小课堂

　　骑行风格就如同指纹一般，每个人都不一样。有些人的风格比其他人的多，有些人的风格比其他人的更好，但是如果它适合你，那就拥抱并使用它。没人知道你会设定什么样的风格。有些人追求速度，有些人追求花样。你可以两者兼具，或是二者取一。这取决于你的目标，但是每个人都喜欢有小技巧的车手，从车手的照片中很难看出来速度，但是小花样每次都能讨人喜欢。

● **了解自己的流畅"扳机"**。在《超人的崛起：解读人类终极效能的科学》这本书里，作者史蒂芬·科特勒描述了 17 种流畅"扳机"——那些能帮助激励人们进入流畅状态的事情。以下这些"扳机"最适用于山地车手。

● **注意力集中**。做一件事，只有这一件事。当林道要求技巧性，速度也合适的时候，没有空闲去想其他的事情。

● **目标清晰**。现在就设定目标，刹车时把自身的重量都施加在脚上。

● **即时反馈**。这样的刹车风格管用吗？脚上有什么感觉？手指是否在开茶话会？手指感觉放松吗？

● **挑战 - 技巧比**。找到无聊和焦虑、紧张和放松的平衡点。看看之前关于清醒级别的内容。

● **严重后果**。危险有帮助你集中注意力的功能，科特勒说这是极限运动员能很好进入流畅状态的主要原因之一。要么专注，要么死。

● **丰富的环境**。丰富的环境是指新的、复杂且不可预测的环境，例如岩石，树根以及泥土，尤其是在陌生的林道上。难怪山地车骑行这么有趣呢。

● **深入镌刻**。这是指身体在此刻的意识。查看之前关于危险的讨论。

　　骑出爱的正弦波。在为《超人的崛起：解读人类终极效能的科学》做调查的过程中，作者采访了超过 200 名体育运动员，询问他们什么感觉能让他们最快进入流畅状态，得到的答案如下。

● **单倍重力加速度**——在跳下岩壁、全力跳跃、吊在弯道间或仅仅是冲进陡峭地等情况下身体失重时的美妙感觉。

● **多倍重力加速度**——那种压到边缘、切过弯道或仅仅是在高压状态下骑车的压迫感。

● **多轴向旋转**——在用技巧飞越或是在弯道之间无重切换时空翻、扭动或是左右旋转。

　　此书讲述了许多关于轻重骑行、培养爱的正弦波的知识。随着技巧和精神投入的增加，每一名车手——尤其是在当今流畅的林道上——都能在每次骑行中进入流畅状态。

　　这是非常美妙的：你越专注于做有趣的事情，就越可能进入巅峰状态……然后获得更多乐趣。

知道自己为什么骑车

我们很多人天天骑车，一直骑啊骑，没有骑车时也会想着骑车。但是我敢保证大多数人都很难解释清楚自己为什么要骑车。

是为了好玩？为了锻炼？为了自由的感觉？还是为了谋生？不管骑车的理由是什么，都很好，重要的是要知道这个理由是什么。

扣动进入巅峰状态的扳机

贾森·理查德森

就如同我们能在心理上扣动进入战斗、飞行或冰冻反应的扳机一样——也叫假证据真反应，我们也能学着扣动进入冷静、幸福、冥想以及作为一名严肃的车手的准备状态的扳机！

通过改变观念来改变结果

把自己看作一名真正的运动员，而不是一名喜欢骑车的上班族能立刻提高你的训练和骑行水平。

为什么？

因为大脑喜欢变得正确！当你真的把自己看作一名运动员、一名车手的时候，你就会向大脑释放出信号（扣动扳机），从而让你表现得像真的一样。相比于只想玩玩的人，真正的车手能处理不同的危险；相比只想保持身材的人，真正的车手更加投入地准备。大脑能够自动识别出你观念的变化。

当进入运动员或车手的角色后，你对于林道、路线以及比赛的理解也开始跟上。就如同自由风格的BMX车手相较于公路车手对户外的楼梯有不同的看法一样，你也开始把两个单独的弯道看成一个减速弯道，把两个馒头坡看作一个双峰坡。

现在你成为一名运动员，你以一名车手的视角来看待一切，你会产生一系列伴随着新视角的期待、怀疑以及恐惧心理。先采取不予抗争的方式来处理这种恐惧，而且你必须接受这一事实：这种恐惧是新的自己和这项运动的一部分。

花时间重新阅读前两句话。恐惧是你的一部分，也是山地骑行的一部分。

当我们把目光聚焦在恐惧上的时候，我们就看不到路线了；当我们与恐惧斗争的时候，实际上是在与我们自己作斗争。然而，承认恐惧的存在并接受它作为骑行的一部分，就像飞越、兔跳、过弯一样，能使它变得更容易控制。

在下次发现自己害怕或充满怀疑之前，在每次骑行和比赛时培养3~5个具体且可量化的做事习惯。例如在弯道之前晚一点刹车，使用延迟弯道顶点线路，上山时维持特定的功率，或是兔跳过每一块岩石。

通过集中精力于完成小目标，你可以将自己从怀疑和恐惧中解脱出来，应确保这些目标在自己的能力范围之内，并且刚好能够完成。你可能在这么做的时候听到"我知道我能行"的自言自语，这是个好事！

开始骑行前在脑海中预演

当你到达林道的时候，花时间和地面接触一会儿（我在穿护膝和换鞋的时候这么做）。你稳稳地站在地上，最好把鞋子脱下来。稳定呼吸，想象自己完成小目标的时候深呼吸，想象的细节越多越好。想象自己兔跳过巨石，落地时重重地刹车，然后压在外侧转弯墙上。太美好了！

当你上林道后，你已经有了重置按钮：同样是呼吸，但是用鼻子吸气并快速用嘴巴吐气，这能刺激大脑完成你之前想象的事情。这项能力需要花时间训练，但是你做得越多，它就能越自然地发生。

充分训练后，你会注意到自己在无意识的状态下完成了自己的小目标。你会在穿裤子的时候考虑怎么穿吗？还不是直接就穿上了！你会在刷牙的时候思考怎么刷吗？那系鞋带（够奇怪了）或是骑车呢？有时候你不得不学习一些东西，然后不断积累，让这些动作变得自然而然。

发掘自己运动潜能的关键在于花时间不断练习。相信自己是一名运动员，设定明确的小目标。练习想象和扣动扳机，直到它们变得自然而然。然后设定新的小目标。

贾森·理查德森博士是一名演说家、作家和心理学家，他对危险和高压状况并不陌生。贾森博士是一名世界冠军以及泛美运动会BMX金牌得主，他在专业赛道上积累了极端的教训，并将它们转换成可以在商业、体育以及生活中取得成功的心理原则。他的讲话能够鼓舞、激励人们并让大家立刻采取行动。

了解了自己的骑车动机后，你就可以为自己设计一条幸福之路。如果你只是为了好玩和消耗一些热量，那就注意安全并好好享受周末骑行。如果你想成为职业车手靠此谋生，那就要严肃地对待训练和比赛。如果你需要成为伟大车手来证明自己的人生价值，那祝你好运，因为你会发现在飞越障碍、赢得比赛或者超越同伴之后，你灵魂的空虚感仍然存在。

答 疑 解 难

问题 1：在林道骑行过程中遇到某些障碍（比如石头、倒木或者其他东西）时总是停滞不前。

解决方案：分别练习类似的障碍。比如，如果你害怕嶙峋怪石，那就在家门口的路缘石上练100次兔跳。像往常一样保持视线不断移动，要注意到障碍，然后继续向前看。

问题 2：当同伴飞越技术性路段时，我还在各种急转弯上挣扎不前。

解决方案：试着选择一条较直的路线，直接越过石头等障碍。弯道越少越好（假如你能越过岩石等障碍）。过弯时，要压低身体并侧倾车身！

问题 3：我经常摔车。

解决方案：减速并选择更平稳的路线。除非你已经掌握了慢速的简单路线，否则别去尝试快速的崎岖路线。如果一些林道或者障碍总是让你手忙脚乱，那就不要去骑！回家好好练习技术，练成之后再回来。

问题 4：在无法踩踏的崎岖路段，我的速度变得很慢。

解决方案：要压抬地形！作为一项练习，你可以看看自己在不踩踏的情况下能骑多快。你会惊讶地发现速度非常快，当然心跳也会很快。

问题 5：遇到某些状况（比如乱石区或者浓密的树林）时会紧张。

解决方案：害怕总会有个理由——摔车、可怕的木质转弯墙等。为了缓解忧虑情绪，要很缓慢地骑这些路段，而且力求平稳顺畅，要在离开可怕的木质转弯墙之后才开始加速，要记得对地形压抬。这不仅能使你骑得更好，也能使你去关注一些积极的东西。

流畅的重要性远远超越了控车的技术，这是一种哲学，是一种风格。它既是你体验林道的独特方式，也是你利用技术和装备获取最大乐趣的方式。你是喜欢低空掠过，还是喜欢飞得很高、很花哨？不管你喜欢的是哪一种，都不要去思考，而要让各种技巧在飞越中融合，你会惊讶地发现自己也能有超凡脱俗的表现。

14

像冠军一样比赛

比赛和骑行一样，只是有一部分人会记录比赛情况；比赛结束后，你的名字会出现在成绩单上。虽然无论你是第 1 名、第 7 名还是第 87 名都不应该太在意，但名次确实很重要！如果你决定参加比赛，就应该竭尽全力。取得好成绩不仅需要骑行技术，还需要一些技巧，让你能在压力之下仍然有所表现。

振 奋 精 神

在任何体育比赛中，只有少数人能靠体力和技巧获胜；你要想赢，就得在比赛中综合运用情感和心理技能。领会以下建议能让你百折不挠。

为正确的理由而战

竞争既能让你乐在其中，激励你再接再厉，也能让你失望沮丧，对骑行的兴趣大减。它的决定性因素并不在于是赢还是输，而在于你的表现是否达到了自己的预期和目标。

我们比赛的目的多种多样：为了和别人较劲、为了了解与高手的差距、为了谋生、为了挑战自我、为了在好玩的赛道上狂飙、为了到各个好玩的地方旅行、为了和好哥们儿切磋一下、为了和选手们聊聊天、为了证明所花费的时间/金钱/精力是值得的……而对于有些人来说，是要证明自己是一名车手。

你可能有 0.1% 的机会在体力上击败布莱恩，但你只有 0.00001% 的概率在精神上击败他。这就是为什么他能在过去几十年中赢得如此多的胜利。

布莱恩小课堂

无论参加什么样的比赛，都要尽可能做好身体和精神上的准备。身体方面，你需要尽可能地针对比赛进行训练，包括车上训练和健身房训练，以及正确的饮食、休息、测试设备等。精神方面，你应该确信自己已经为比赛做好了一切准备，想象你的比赛，在大脑中模拟各种比赛情形。

别让坏成绩毁了好心情

李会完全陶醉在比赛过程中，但是当成绩排名低于他的预期后，他的好心情就全毁了。多么可惜，让排名毁了好心情。另一方面，他在比赛中表现非常糟糕，但是最终的成绩显示其他人更糟糕时，他又欢欣雀跃了。多么肤浅，把自己的欢乐建立在别人的痛苦之上。这两种极端情况——让坏成绩毁了好心情和用好成绩掩饰比赛的糟糕表现——说明一些车手缺乏内心深层的目标。这不仅不能帮助你提高，也会让你失去骑行的乐趣。

在站到起点之前，你应该花点时间想想自己想从比赛中得到什么。在明确了自己的期望之后，你将知道自己要争取的目标，也会明白如何衡量成功。要记住以下这些事项。

动机比结果更重要。想想自己比赛的原因。不管你是为了自我提高（好理由），还是为了打败对手（这个理由不是很好），你最本质的目标将激励你克服无法回避的困难，并最终获得成功。

享受过程。骑行（以及生活）是一个不断提升力量和技能的过程。如果你认真对待比赛，那就是开始了致力于在更高难度赛事上不断取得更好成绩的过程，最终你会上升到更高级别。就像学习飞越双峰土坡，先是学习飞越 3 米双峰土坡，然后再飞 3.6 米、4.5 米甚至更大的双峰土坡，直到难度超过了你能力的极限。同样，获得第 87 名也是获得第 10 名的前一步骤，然后是第 3 名、第 1 名，最后上升到更高级别。写下比赛目标，持续记录进展，当你产生挫败感，或者质疑自己的动机时，比赛日志会给你十足的动力。记住：要不断努力提高，但也要享受当下，欣赏自己已经取得的成就。

记住：只是一场山地车比赛而已。什么，你认为这是在亵渎比赛的神圣意义？听我说，去掉"自我"的外衣，你赢一场比赛只是意味着：你只是在那天、在那组车手中、在那种路况下的最快车手。李赢得了世界压抬锦标赛冠军，而那天布莱恩并没有参赛，所以不能说明什么。

任何情况——不同的地形、天气、车手或者运气——都可能让你落到第 2 名。如果你参加更高级别的赛事，可能就是第 87 名！在比赛（和生活）中，你只能掌控好自己，有时候还只是勉勉强强。尽量不要去担心那些不可控的因素。如果是因为别人爆胎了你才上升一位，就不要骄傲得意；同样，如果有对手用一个高超动作超过了你，也不要灰心沮丧。

如果你相信老式 T 恤上无知无畏的"第二名就是第一个失败者"的口号，那你只能在痛苦的深渊中沉沦。

有合理的预期。最合理的期望是"我会尽力做到最好"，不管这对你来说意味着什么。而对于大多数人（除了布莱恩）而言，最不合理的期望是"我会赢"。如果你希望一直能赢，那就等着失望吧。计时比赛中，你影响不了其他车手，如果他们比你更强壮、技术更好、更机智或者在比赛时的路况更好，他们可能会打败你。要尽你所能确保用时更少，但要意识到成绩的含义——只是一次成绩而已。与对手同场竞技的比赛会更

玩得开心！波比·瓦特摔车后身上脏兮兮的，但依然沉浸在骑行的乐趣中。

复杂，你的失败可能是由于一次摔车、一次超车、体能或者心理素质差造成的。但不管赢还是输，都要全力以赴。

布莱恩，是什么让你成为如此有效的赛车手？

我认为这是多年经验积累的结果，我已经有40多年的赛龄了，掌握了大量一手知识。而且我从年轻的时候，就开始非常认真地对待比赛。

设定个人成绩目标。 正如我们一直强调的："胜利"难以预期，而且很大程度上不受你控制，但是你为自己设定的目标却可以控制。比如在速降赛中穿越艰难的乱石路段时，不要刹车；在 XC 越野赛爬坡时，心率要保持在 176 下 / 分；在耐力赛中，整个周末保持好节奏……不管比赛结果如何，都要用目标的实现程度来衡量自己。但是要记住这是比赛，所以要全力以赴争取更好的成绩，否则随便骑着玩就好，还可以省下报名费。

暂时离开，重新再来

20世纪90年代中期，李在一场专家级别（现在称为Cat 1）的DH赛中受了重伤。

离开DH几年后，他想再次尝试这种比赛，但他很害怕，于是决定参加运动级别（现在称为Cat 2）的比赛。这毫无压力：让我们看看进展如何。

他比得流畅，轻松获胜，优势很大。在镇上的人们举着火把来追赶他之前，李让大赛组委会取消他的资格。之后，李参加了Cat 1比赛，并最终升级到半职业（现在称职业）级。

聆听朱迪的经验

朱迪拥有10年职业XC越野车手经验，在如何协调生活和比赛方面经验丰富。她现在已经不再参加比赛，下面这些小贴士来自于她参加精英级别比赛的年代。

需要自律

成为职业车手最困难的一点在于：你得放弃和好友一起骑车玩的想法，因为你得完成个人间歇训练，还要在休息日好好休息。当我想着要在4月保持良好的竞技状态时，也就能爽快地拒绝朋友们周末休闲骑行的提议了。

我曾经看过一句名言：只有当你的内心有更远大的目标时，你才能微笑着说"不"。

但不要对自己太严苛

我曾经有一段时间非常紧张，感觉一切都很无聊，我训练过量、对食物挑三拣四……我对自己要求太严，结果很悲惨。有那么两三年，我都在考虑退役了。我当时不想骑车，什么都不想干，经济和精神上都陷入了痛苦的挣扎当中。

当我越关注比赛中我所热爱的那部分时，我就越感到开心，成绩也变得更理想。

平衡生活

生活的方方面面都影响着比赛。如果你生活的一部分出了问题，你通常可以控制住自己，比赛仍然表现良好。但是，如果生活过于失衡，那场面就难以控制了。你会不安，情绪很低落。

比赛很重要，感情和工作也很重要。你必须协调处理这些因素，让自己感到快乐。

对现在的我来说，比赛是头等大事，我没有男朋友，也没有工作，比赛就是我的生活重点。每天醒来都知道自己该干什么，这种感觉让我很开心。

你必须找到适合自己的平衡，而不是你认为应该有的平衡，要忠实于自己。你可能想要有更多训练、采用别人的训练计划、尽量维系赛前的社会生活，做这个做那个，成为一个"更好的人"。要在各个层面对自己诚实。你要为生活中有意义的东西做出牺牲，专注于最重要的事情。

小睡

我现在没有别的工作，所以我每天训练两次：举重训练和骑行。这真的很有用，而且我会尽可能多地抽时间小睡一会儿。

享受灰色地带

成为比赛选手，从心理上讲是很困难的。

比赛有明确的规则，肯定只能有一个赢家。但我们只是凡夫俗子，有欲望、期待、恐惧，甚至还有些贪得无厌。成绩糟糕时，一定不要用非黑即白的方法来处理。但是，除非有人教导你如何应对，否则你怎么知道失败的时候该有什么样的情绪？如果我不是第一名，是说明我不够好

在科罗拉多州王冠峰比赛中，朱迪奋力爬坡。

吗？你需要以更合理的方式看待比赛和竞争。

问问自己，有什么需要特别下功夫的？要使结果外化（客观化）而不是内化（主观化）。与男选手相比，我认为女选手更容易把糟糕的成绩内化成恶劣的情绪。

成为输得起的人

我们都有情绪不稳定的时候。

你是不是碰到过很多次，别人来跟你说"恭喜"只是为了顺带说出一连串他们那天表现不佳的理由？

当他们抱怨装备不好，找借口解释表现糟糕的原因，而且还首先来恭喜你时，我会认为他们的情绪糟糕透了，但他们自己还不知道。他们通常只是为了让自己感觉好点儿，但是选错了时候。

我们都可能成为那样的人。大家可能真的很难从失望的情绪中走出来，成为一个输得起的人。即使你感觉糟糕，说声"恭喜"就好，然后走开。不要为了让自己好过些，而对兴高采烈的人泼冷水。

选择正确的级别。比赛是个好机会，可以让你和水平相当的车手一较高下。你的最佳比赛级别取决于你的比赛理由。如果你想挑战自我，那就选择不仅赛道好玩而且对手能够促使你进步的比赛级别。如果要感受最激烈的竞争，那就选择有机会赢但没有十足把握的比赛级别。与水平相当的车手同场竞技是一件非常畅快淋漓的事情：失败让你渴望成功，而胜利绝对是一件值得骄傲的成就。如果你一定要打败其他选手才感觉过瘾，

在赛前，有些车手很兴奋，爱讲话；另外一些车手则喜欢安静思考。DH、双人回转赛、4 人争先赛、BMX 和 Enduro 的传奇人物杰瑞德·格雷夫斯属于后者。

那就选择简单级别吧。好好享受 30 ～ 34 岁初级组的 5 个年度总冠军，然后再去击垮 35 ～ 39 岁初级组。但是要注意：有一层地狱专门留给那些"通过降到简单级别来获胜的人"，你的竞争对手会把你送到那儿去的。

从失败中学习，从错误中学习。在某种程度上，第 2 名比第 1 名更令人兴奋。如果你得了第 1 名，你感觉很好而且没有什么渴求，然后你开始迷茫下一步该怎么走。如果你获得了第 2 名（或者第 3 名、第 87 名等），你将非常渴求胜利，而且特别有动力争取做到更好。追求进步的渴求比取得成就的满足感来得更有力。

进入比赛状态

你听说过各种类型的选手都在谈论进入"状态"，状态就像流畅的境界（详见第 13 章），但是更加强烈。你把一切抛在脑后，只关注如何获胜。好车手和好选手不同，好车手平常可以骑得很流畅，但一有比赛压力就完全崩溃；好选手能进入状态，随时都能火力全开，布莱恩就是其中最优秀的选手之一。这里有一些技巧能帮你进入比赛状态。

想象。要想象你有好的表现，这一点非常重要。想象自己参加一场伟大的比赛，加入尽可能多的细节——影像、声音和感觉。想象实时比赛过程，想着如果偏离了路线或者被超车了你该怎么办。如果你想象得足够具体，你的大脑就会像在实际比赛中那样运作。

在 1993 年的猛犸山卡密卡兹比赛前，蜜西独自一人坐在石头上，用双手模拟踩踏，用上身倾斜来模拟每个弯道，想象着赛道的每个细节。有句话说得好："如果你能预判，你就能成功。""如果你不能预判，就不可能成功。"这句话也很对。

专注，但是要放松。当你理性的左脑忙着处理比赛压力、巨大的土坡等东西时，就该唤醒感性的右脑让自己保持冷静。为了保持内心平静，要尽量专注于呼吸，把气慢慢吸入丹田。尽管这听起来有点无厘头，但是很有效。你不再感到紧张，而是心平气和、聚精会神。在赛前你可以利用这招保持注意力集中。当你非常用力地踩踏，累到感觉天旋地转时，也可以用这招。这里还有一些事情要记住，但也不要一直放在心上，因为会分心。

- 保持头脑冷静，不受任何外来想法干扰。
- 正向思考，不要因为消极想法而分心。
- 放松，让身心保持自然。
- 如果比赛过程很顺利，不要让"我赢定了"的想法进入头脑。尽管很难心无杂念，但是你必须得做到把所有精力都集中于完成比赛。

遵循赛前例行程序。你还记得上次骑出完美比赛的过程吗？要尽你所能达到同样的境界。吃顿特殊的晚餐，睡个好觉，早上起来练习一番，检查车上的每颗螺钉，再打个小盹儿，穿上幸运袜，用多功能健身椅热身等。赛前的例行程序是攀登巅峰的阶梯，另外别忘了检查一下你的比赛装备：骑行服、护具、鞋子等，它们能帮你达到顶峰。

你为什么比赛？经过这么多年，比赛的理由有变化吗？

布莱恩

这几年，我已经不像以前那样认真对待比赛了。不过，我仍然享受只有比赛才能带给我的那种逼着自己努力骑车的感觉，当然，我现在也不像10年、20年前那么卖力、那么看中拿冠军了。

我仍然喜欢骑车，而且这也是分内的事。两个条件加在一起，不时地让我成为同龄人中骑得很快的车手（低调、低调）！

李

我非常认真地对待每一场比赛，尽我所能骑出速度。2004年参加了世界DH锦标赛大师组比赛之后，我觉得可以做下一件事情了。尽管我仍然认为自己是一名车手，还在努力训练，但是我现在的工作是一名教练，帮别人飞是我的目标。

47岁的时候，我终于能够（在我不教课的时候）为自己骑车，不追求胜利，不为打动任何人——包括我自己。我学习到了太多太多，享受到从未有过的快乐。我经常去飞越，在练习中享受极大的满足感。

我的技术、体能和自信也都达到了前所未有的高度。现在我什么都不怕，我有能力赛出好成绩。我能够在海獭双人回转对抗赛中与我曾经的英雄对抗并完胜——简直帅呆了。

为什么，噢，为什么这种智慧不能放进我年轻时的身体呢？

例行程序应该足够灵活，1个人独处和19个人共享一间公寓的情况毕竟是不一样的。但是热身和赛前的最后几分钟应该是神圣不可侵犯的，要尽量让自己感觉暖和、放松和精神集中。

即将比赛时，一些车手会四处闲逛来舒缓紧张的情绪，而另一些车手更喜欢独自静一静，还有许多车手（包括李）喜欢和别人开玩笑之类的，但是布莱恩会一直保持注意力集中。

别激动过头。许多新手太兴奋了，在比赛当天失去了理智。5次完美的练习之后，他们在正式比赛中的第一个弯道就摔车了，为了追回时间他们又踩得太用劲，冲出去后又摔，要回家的时候还忘了车钥匙放哪儿了。

不要给自己太多压力。如果1代表睡着，10代表恐慌，那就维持8或者9的状态。记住：这只是骑车而已，附带比赛成绩和积分，还有赛道旁的赞助商广告……所以保持冷静，好好玩吧！

别因为失误就手忙脚乱。一些网球选手会象征性地抹一抹球拍把失误抹去，接着继续比赛。也许你也可以试试抹车把，把失误抹去。总之不管你怎么做，都必须克服失误，回到比赛计划中来，不要为追回损失的时间做疯狂的挣扎。要在能力范围内行事，所有的一切都会很顺利的。

用关键词提醒自己。选择一个词来集中表达接下来想做的动作，通过不断默念来保持精神集中。"旋转"也许能帮你爬坡更有效率，"漂浮"也许能带你通过乱石区，"嘭"能帮你甩掉一切负担。

听音乐。音乐有一种强大的力量，能影响我们的情绪。如果你需要放松，可以听一听肯尼·基的萨克斯曲子；如果你要兴奋起来，不妨来点重金属音乐。

耐 力 赛

你在耐力比赛中听到过那个声音吗？那是不可避免的声音……是布莱恩·洛佩斯准备超过你的声音。

耐力赛是最新的也是最热门的山地车比赛形式（而且"耐力"这个词目前也是山地骑行中被滥用次数最多的，诸如：这是款耐力车，我的骑行风格是耐力风格，这些口袋很多的短裤是耐力短裤，护目镜和半盔也是耐力比赛用的，诸如此类）。

耐力赛的形式多种多样，但也有以下一些共有的特点。

下坡比赛。下坡是计时的。每场比赛有 2 ~ 7 个下坡，持续时间从一天到多天不等。比赛总时长最终会累计，用时最少的选手获胜。

单场耐力比赛叫作 Super D（或者是一个超级长的下坡），还有人记得 Super D 吗？

上坡比赛。爬坡路段也叫作转换赛段，是不计时的，但通常会有关门时间，所以你也不能骑得太慢。有些耐力赛有小的爬坡，有些有大的爬坡，有些会用机器把车手们运上山，具体取决于场地和承办人。

耐力赛很有趣。对于大部分人来说，山地骑行就是休闲地骑上山，然后在下坡的时候和朋友们竞技。耐力赛创造了新的市场营销点，卖出了一种新型自行车，对地面施加了一些和缓的压力，并且给了车手一个去科罗拉多州克雷斯特德比特这样的地方的理由。顺便说一句，克雷斯特德比特以前是一个骑XC越野车的好地方，现在那里全是耐力车了。

所以你想参加耐力赛吗？

麦基和希德·舒尔茨是专业的山地车手，他们分别代表 Jamis Bikes 和 Vittoria Tires 在全美和全世界范围内参加耐力比赛（他们恰巧也和李一起学习过山地车骑行技术）。尽管以骑车和比赛为生，他们却按照自己的方式住在一辆旧面包车里，所以他们知道要怎样去比赛，也不得不搞明白怎么比赛。他们很友好地为我们写下了这一节的内容。

耐力赛流行是有原因的——它有趣，有回报，也是一种体验新林道、测试骑行技术的不可思议的方式。然而，如果你没做好准备，这项运动会非常令人失望。以下是几点帮助你尝试这项运动并最大化乐趣的建议。

准备合适的器材。这不是说你要花 8 千美元买一辆顶级的碳纤维耐力山地车，但是，你要确保自己有一辆能完成比赛任务的车子。

根据一般的经验来说，这意味着这辆山地车要配备 150 ~ 160 毫米行程的前后双避震器、一根升降座管、全天候油压碟刹，以及适用于林道或者速降的轮胎。

若是行程不足，你可能会感觉到技术上的缺陷；行程过多又会让你挣扎于过渡阶段的踩踏。使用刹车是一件毫不费力的事情，而一根升降座管，相信我们吧，会让一切变得更有趣。

根据地形选择合适的轮胎（选择那种能减小甚至消除扎胎可能性的编织层）能极大提升你的运动表现——这比买一辆新车要便宜得多。

针对弱点进行训练。为耐力赛提供建议不是件容易的事，因为每一位参加这项运动的人的背景都不同，水平也参差不齐。耐力赛需要适应性、连贯性以及各种各样的技术，因此找出你作为一名车手的弱点并攻克它们是至关重要的。

在宏观层面上，如果你之前参加过 XC 越野赛或者耐力赛，那你可能需要花时间来练习下坡技术以及短时间实现高功率的输出（例如 10~30 秒的冲刺）。如果你有速降背景，那你需要确保自己有足够的体能撑过长长的过渡赛段以及数天的赛程。

从更加宏观的角度来说，你可能非常擅长极为陡峭的地形，但是在高速状态下信心不足。你可能喜欢潮湿的树根，但厌恶松散的岩石。如果你不喜欢某样东西，那这是一个很好的预兆，你需要努力攻克直到它变得有趣（并喜欢上）为止。

骑之前考虑周全。和速降比赛不同的是，你应该不会有一次（如果运气好的话是两次）以上的机会骑下同一条赛道。这意味着你要一次成功。

根据比赛的不同，你可能要在赛前的骑行日爬升大概 900 米，而这很可能是在比赛前一天。这就是为什么保持体内水分充足、合理分配体力并尽可能避免赛前骑行是十分重要的。

尽管你不会记得每一条赛道上的每一条树根和每一块石头，有一个能标注复杂地段和重要地标的计划还是挺好的，这样能帮助你战胜林道。

比如说，在陡峭的岩石上靠左行并以大角度冲进下一个弯道，或者当你进入树林以后，要做的就是极速踩踏冲向终点，所以赶快冲吧！用一台 POV 相机录下自己练习时的视频，能帮你再了解一遍赛道。

如果你是头一次参加比赛，对你来说最重要的就是对所有挑战都有所准备，然后（这很重要）坚持自己的准备方案。这个方案并不一定是跳下落差或者飞过障碍，如果有些东西在你的能力之外，准备一个绕路或者推车的计划，并执行它。相信我们，这比摔车处理起来要快多了。

了解自己的上限（并知道随着身体变得疲惫上限也会发生变化）。我们之前说过，耐力赛需要连贯性。当你一天参加 7 场比赛，你就能更加熟练地越过沟槽，避免严重的摔车、机械故障或是其他灾难。你能得到更好的成绩，以及更多的乐趣。

此外，记住耐力赛很累人也是很重要的。一天（根据比赛的不同，也可能是周末或工作日）结束的时候你会变得非常疲倦，而这会改变你的承受上限。了解这一点，你就能避免最坏的事故发生。比赛日不是尝试之前在练习中绕过的大落差的时候。

同样的道理，既然你在阅读这本书，那么你可能知道提升骑行水平的最好方式不一定是骑得越来越快，跳得落差越来越大。在停车场里或压抬场上修正技巧并完善细节相较于单纯地尝试更大的障碍能让你进步得更快（也更安全）。正如李所说的，"有的时候你要以退为进"。

研究比赛。不同的耐力赛在距离、爬升以及地形的复杂性上有很大的不同。你能从多日赛和有崎岖地形／大飞越的自行车公园赛中找到一切和耐力单站赛类似的道路（只是爬坡要慢一点）。

尽管我们鼓励所有的车手突破自己的舒适区并尝试所有类型的比赛，但是对于第一次参加耐力赛来说，选择与自己骑行风格类似的赛事并不是一个坏主意。

不管是第 1 次还是第 20 次参加比赛，你都要提前做好调查并了解自己要参加的比赛。尽管赛程路线一般在比赛前几天才会发布，但是大部分比赛都会发布海拔图和路书。

如果没有的话，你也可以参考之前比赛的报道，这些信息可以帮助你决定选择什么装备，背包里放什么工具。它们也能帮你在心理上做好准备，心理准备越充分，你被赛道上的困难击倒的可能性就越小。

做好准备。耐力赛一般是靠自己补给的，意思就是如果你没有补给，你就只能饿着。

比赛的时间会很长，耗尽了水和食物一点也不好玩。你应了解自己参加什么类型的比赛（例如，要出去多久，有什么样的急救站和一般性服务），并做出相应的计划。

对于日程较长且没什么赛事支持的比赛来说，一只大水包非常地好用。内置储水装置的腰带或者背包适用于日程较短且有大量一般性服务和水源的比赛。还要确保有补胎的工具。

以下是一些建议准备的物品：

- 水；
- 食品；
- 内胎；
- 撬胎棒；

- CO_2 气瓶和转换头；
- 便携气筒；
- 补胎工具；
- 多功能工具；
- 链条工具；
- 备用尾钩；
- 扎带（谁知道呢……）；
- 雨衣及外套（如果天气预报要求的话）。

　　以及最重要的一点……玩得开心！这是耐力赛，不是火箭科学，所以不要把它（自己也不要）太当真。到达场地，尝试新的东西，对失误一笑而过，并享受在山地车上度过的时光。

和柯蒂斯一起狂冲

　　柯蒂斯是美国的顶级耐力车手之一，在成为加利福尼亚州费利蒙市"最快的电工"的路上他付出了巨大的努力！以下是这个男人的建议。

　　耐力赛的有趣之处何在？"你可以多骑车！"柯蒂斯说，"而且每一场比赛都不一样。法国的、科罗拉多的、加利福尼亚的——它们都各有特色。有 1、2、3、4 天的比赛形式，有时候能提前练习，有时候只能盲目参赛。这总是一场大冒险。"

　　给新人的建议？很多新人在社交媒体上向柯蒂斯寻求建议。他告诉他们这样做。

- **多骑车。**玩得开心，这样第二天就还想骑车。
- **在训练中模拟比赛。**来一场有 5 个下坡的 6 小时骑行。在山上遨游，吃点东西，喝点水，然后开始放坡。这样当你站在起跑线上的时候才不会感到陌生，你会希望自己"在 6 小时内爬升了 1828 米。我能做到"。
- **做好计划，**好好训练，决定好在哪儿猛推、在哪儿放松。
- **当自己想要变得更好的时候，**专注于自身的弱点。

　　应该进行多少训练？训练量应当取决于比赛规定的练习时间、比赛场次及难度、爬升高度以及个人体能，平衡好训练和休息是很棘手的工作。

　　"每次在林道上骑车的时候，你都能骑得更快，"柯蒂斯说道，"这就是为什么当地人在他们家乡的林道上骑得这么快：他们知道每一处沟壑，因此能全速冲过。当杰瑞德和我在科罗拉多州的斯诺马斯训练的时候，我们把第二赛段骑了 4 遍。大多数人只骑一到两圈。我们每一圈都比之前快上几秒，这意义重大，而且我们感觉很好很清爽。它起作用了。"

　　在不把自己累垮的情况下尽可能多训练。犹豫不决的时候，选择多加休息。这样你可以用最充沛的精力和最流畅的骑行状态向林道发起进攻。

　　"晚上的时候，分析白天拍的视频，"柯蒂斯说，"这很重要，它能帮你了解林道，知道在哪儿刹车，在哪儿猛冲。此外，你在山上的时候也不会浪费能量。"

你是如何快速记住赛道的？ 第一次（有时也是唯一一次）试赛道，柯蒂斯会以比赛节奏的 85% 完成，这大概是普通人节奏的 170%。

柯蒂斯把赛道分成几个部分，大部分他可以凭本能完成，不会扰乱他的节奏。当遇到需要更多技巧或者对比赛产生较大影响的路段的时候，柯蒂斯会停下来研究这一部分，观察其他的车手，并做出决定（当我经过大岩石的时候，我要从左边切过，然后加速经过这些树根）。然后他会实际应用并恢复速度直到下一个有问题的路段。

在典型的林道上，柯蒂斯可能找到 4 种他需要特别关注的路段。他凭经验和技巧以及对车子的信任骑过剩余的路段。"现在的山地车都很好，"他说，"你可以驾驭它们碾过岩石，犹如怪物卡车一般。20 年前可做不到。"

对于一场耐力赛，你需要准备类似以下的通用计划。

- 从起点到树林：快速流畅通过。
- 树林部分：兔跳过树根，直线前进。
- 树林到土坡部分：快速流畅通过。
- 土坡部分：努力踩踏争取第 4 名。
- 到终点前：保持速度，看到最后的直道的时候埋头猛骑。

你的经验越丰富，技巧越熟练，需要思考的就越少，凭本能就可以骑过的地形种类就越多。"对我来说，一个 3 米的双峰很容易，"柯蒂斯说道，"但是如果你刚开始这项运动，这还是很吓人的。斜坡风格的林道也是如此。一个 4.6 米高、7.6 米宽的大双峰……我是要看看，然后考虑一下的。"

"每个人都有门槛，"柯蒂斯说，"有时候在新林道上我能看穿 15.2 米的乱石堆，半秒之内我就能找到合适的骑行抛物线：关键点，需要避开的障碍，需要轻踩踏的地点。但是其他的时候只是纯粹的混乱。你不得不停下来观察，然后做个计划。我可能要把一片特别棘手的岩石区域分成 3 个部分：A 到 B 段从左边通过，B 到 C 段直直冲过，C 到 D 段从大岩石上面通过。"在柯蒂斯能看到 3 步战略的地方，没有经验的车手看到的是 150 块散乱的石头。你变得越好，骑行就能变得越简单。

盲目、没有训练的骑行呢？ "盲目骑行和盲目比赛是两码事，"柯蒂斯说道，"骑行是在和兄弟们度过愉快时光，你可以凭本能和乐趣骑车。比赛是为了争取胜利，你不得不用很大的力气。你要动用自己的本能，在腾空时做出优秀的决定，在争取时间和损坏车辆的边缘游走。"

如何找到红线？ 这条线位于过慢和过快之间，第一种情况下（过慢）你会超时，第二种情况下（过快）你会摔车，或者没有足够的力气完成比赛，这还算好的——很多最优秀的车手都为此挣扎。

"我每次都尽全力，但有时候还是不够好，"柯蒂斯说道，"在经过 45 分钟的比赛以后，20 秒的落后能让你变成第 8 名。这太疯狂了，太激烈了。这对这项运动来说很好，但是太艰难了，兄弟。"

"我最近有几场表现出色的比赛。意大利 [在 La Thuile 举办的 2016 世界耐力系列赛（EWS）] 对我来说不是很友好。我在一些单站中表现得非常好，比赛非常激烈，我也喘得上气不接下气。但是，我对自己丢掉一些适合我的赛段感到非常失望。那时候，我认为自己已经尽了最大努力，但事后看来我还能更好。在这种水平的比赛中你不能犯任何错误。"

似乎有一个一些运动员能找到他们的身体、思想、车子以及林道融合在一起的神奇地方。

"朋友，当一切都很完美的时候，那感觉棒极了，"柯蒂斯说，"你尽了最大的努力，身体在状态，正在恢复，一切感觉都那么容易。然而，还有些日子，你的精神不在状态，流畅性消失了，你得了第 20 名。这些日子使你受挫。"

压 抬 比 赛

随着压抬场在自行车公园、市政公园以及住宅的后院里成为标配，压抬比赛正逐渐成为山地车赛事中的主角。想想吧：你能在一块很小的场地中参加一场围满了观众的有趣比赛，而且还有地方开啤酒派对。

在 2011 年科罗拉多州举办的里昂户外运动会上，赛道和车手都很小，但是人员密度很大。

布莱恩小课堂

耐力赛是很难准备的赛事，你需要有速降车手的骑行技术、XC车手的体力。能全身心地在下坡上进攻大概20分钟是一项很大的挑战，你的肺部和四肢都会饱受折磨。

只用头脑估计自己的实力输出并记住每条赛道的特点也具有挑战性。比赛前，在确保不过度劳累的情况下尽可能多地在赛道上训练。

在头盔上装一个GoPro相机是一个不用反复亲自尝试就能复习线路的好方法。

确保装备能应付比赛也很重要。选一辆不需要维修就能把你带到终点的山地车并把它调试好，半路修车会毁掉完美完赛的机会。

如果你在试赛道的时候对某个赛段有疑问，花时间回去走一遍再骑一遍。如果你只快速骑了一遍，那很难发现能帮你节省时间的路线。

布莱恩小课堂

找出通过赛道的最快方式，不管是后轮滑、飞越还是两轮压抬并全速通过某个路段。过弯速度在这些比赛中至关重要，所以要找出最快的切弯速度，有时候要在入弯前降低一点速度。

使用平稳的轮胎并向它们施加压力。如果弯道很光滑，你可能想用WTB Bee Line这样的低齿胎，但记得把胎压打高。

长时间压抬比赛似乎是 2010 年在加利福尼亚州蒙特利举办的海獭古典赛上开始出现的，李为专业选手们设计并修建了一条好操作的赛道。如今标杆级的压抬比赛是 Crankworx 压抬场挑战赛，这项比赛在世界范围内举办。我们预测压抬比赛会越来越流行。

山地车和装备

用一辆能在压抬场上骑的车。这很可能是一辆土坡腾越硬尾车，轻量化，配备平踏，7.6 ~ 10 厘米的避震前叉，设置很硬。你能以极低的价格买到高级轻量碳纤维 26er 轮组，它们能把你的土坡雪橇变成压抬火箭！

我们建议至少佩戴全盔、护目镜、手套以及护膝。

带足够的水和糖来维持体力，如果管用的话加点咖啡。

压抬比赛类别

淘汰赛

这是一种令人激动的、对观众友好的，以及对 Crankworx 这样的大型比赛来说最受欢迎的形式，赛道是专为肩并肩比赛特别设计和建造的（通常是专为这种比赛而建的），车手们在各自的车道里一起骑车。每一轮最快的车手晋级到下一轮。

战术：像双人回转对抗赛一样。

计时赛

这是最适合也可能适用于小规模比赛的（以及住宅的后院）赛事形式，因为任何林道都可以用。最快的车手获胜。

战术：尽快骑。

追逐赛

压抬追逐很难完成，因为比赛时间过长且非常难，但是像李这样耐力优于速度的人喜欢看到更多的压抬追逐赛。车手们在赛道的两端开始，他们尽可能地快骑直到一人追上另一人。

战术：如果你认为自己比其他车手快很多，你可以发起进攻并尝试尽快结束比赛。如果你们的水平差不多，明智之选是设置一个自己能维持的节奏，然后根据情况不断调整。如果你快被追上了，赶快加速；如果你正在缩短或者维持和前人的距离，那就维持现状并等待对手出局。

李靠着维持 100 圈的节奏并等着其他车手出局的方法在科罗拉多州里昂的里昂户外

运动会上赢得了一场压抬追逐赛。在第 1 圈，李差点就被追上了。随着比赛的进行，其他车手开始犯错误，然后李就开始追击。到了第 7 圈，有车手摔车了；到第 9 圈，比赛结束了。李将基本骑行技术一次又一次准确运用，最终赢得了胜利！

训练

我们认为大部分的压抬车手都以自己喜欢的方式训练和骑行，然后在压抬比赛当天应用。如果想优化自己的压抬比赛，像个不需要踩踏的 BMX 车手一样训练吧。

变得强壮有力。 在健身房里增加力量。此外，在健身房里进行额外的训练，例如，做跳箱子练习来增加功率。

快骑。 在林道上玩的时候尽可能快地骑车，试试压抬、后轮滑以及飞越。你可以根据时间判断（而不是感觉）哪种方法最快。

间歇训练。 你可以全速骑 1 圈来提高速度，骑 3 圈提高速度和耐力，如果你对追逐赛和耐力提升感兴趣，骑 10 圈以上。

当李因为自己的表现不够完美而感到有愧的时候，他会在压抬场上骑 10 组 10 圈。这大概是以 160 次 / 分的心率骑 40 分钟，而且还比去忏悔更好。

修建训练/比赛场地

如果你想修建一个用来进行压抬训练和比赛的场地，以下是一些建议。

大馒头坡。 可以进行在高速状态下处理大障碍的训练。如果你的压抬场的大馒头坡有 46 ~ 61 厘米高，那在比赛时面对 30 ~ 46 厘米的标准大小的馒头坡时你会感觉很轻松。

尖馒头坡。 最轻松的场地有圆的馒头坡，而一些场地会有 BMX 风格的尖形馒头坡，你需要准备好面对它们。此外，更尖的馒头坡强迫你用更大的力量骑车，这也会帮你战胜圆形馒头坡。

急弯道。 急弯道让缓弯道变得简单。可以把场地建得陡一些以便快速通过。

连续弯道。 有些压抬竞赛场以连续弯道出名。练习边到边、弯道到弯道动作的最好方法？在自家的后院里不断练习。

飞越。 不得已进行的飞越只在专业赛道上很酷，但是如果修建几个均匀分布的尖馒头坡以作为起坡和接坡点的话，你也能有更多练习的机会。

起步坡道。 在能以 0.1 秒获胜的比赛中，快速起步十分重要。修建一个顶部带平台的陡峭木坡或土坡，练习静止时不踩踏加速。你会想为所有的比赛地形做好准备的。

保证压抬节奏

如果有压抬场和秒表，你可以（也应该）骑几次林道。对于参赛选手和观众来说，这是最接近山地车比赛的形式。当疯狂的车手们彼此竞争的时候，其他人可以在享受烤

肉的同时照看孩子。

举办1圈、3圈、5圈的赛事……啊……如果你是XC越野车手或耐力车手，选择10圈的吧。在一天结束之时，让前两名车手从赛道的两端骑车出发直到一人追上另一人为止。后院压抬世界！

双人回转对抗赛

双人回转对抗赛非常好玩！一段精彩的下坡中包含各种元素，而你只需30秒就能经历这一切。你和对手齐头并进，尽管互不接触，仍然非常兴奋。

王者归来

现在，双人回转对抗赛正在回到大小赛事之中。

- 因为不要求有能够同时容纳4个人的转弯墙和土坡，所以和4人争先赛的赛道相比，双人回转对抗赛的赛道需要挖的土更少，赛事组织方可以省点钱。
- 对于许多选手而言，双人回转对抗赛没有4人争先赛那么可怕。每名选手都有自己的赛道，也没有（故意的）身体接触。那些骑行平稳、踩踏又很快的XC越野选手能成为优秀的双人回转对抗赛选手，如果他们会飞越就更好了。
- 双人回转对抗赛的赛道已经出现在一些自行车公园中，例如科罗拉多州博尔德的法尔曼自行车公园中就有一条好玩的路线，每年夏天这里还会举行一系列赛事。

比赛如何进行

有两条平行的赛道，通常称为红色赛道和蓝色赛道。

在资格赛中，选手要在每条赛道上都骑一遍，综合两次比赛用时进行排名。如果天气糟糕或者赛事安排很紧，在资格赛中可能只骑一条赛道。

根据你所在组别的规模，成绩最好的2名、4名、8名、16名、32名或64名选手晋级。最快的选手和最慢的选手捉对厮杀。资格赛时要骑得尽可能快，要不然在第一轮跟你对阵的就是布莱恩了。

每一轮你都可以骑两趟，每条赛道骑一趟。总用时并不重要，重要的是"用时差距"。

第一趟：选手A通过终点时，计时器开始计时，当选手B随后通过终点时，计时器停止计时。这就是用时差距。在大多数比赛中有一个用时差距上限，通常是1.5秒左右。

双人回转对抗赛对于选手和观众来说都很有趣。乔伊和鲁迪在科罗拉多州纳斯罗普的比赛中互相追逐。

　　第二趟： 如果选手 B 领先选手 A 的时间超过用时差距，则选手 B 晋级下一轮；如果选手 A 获胜，或者选手 B 获胜但是领先时间小于用时差距，则选手 A 晋级下一轮。这可能会有点复杂。难怪 4 人争先赛在电视上更受欢迎。

　　每比完一轮，就淘汰一半选手，直到李和布莱恩在总决赛中捉对厮杀！当李预测到这一点，如果布莱恩不小心犯了一个错误，则李获胜！

车辆选择

　　要选择一辆能让你在整条赛道上保持平稳顺畅骑行的车子。

● 在平整的赛道上，简单的土坡腾越硬尾车很难被打败。

● 在颠簸的赛道上，短行程的双人回转对抗避震车更合适。海獭经典双人回转对抗赛的赛道上"波浪"起伏，选手的速度非常快，大多数顶级车手都会使用避震车比赛，也有些车手使用常规的林道车表现也不错。

　　无论你用哪一种车，都要使用短把立，要有导链器，而且要调低车座。

比赛策略

　　了解赛道。尽管两条赛道在理论上应该完全相同，但实际上是有差别的。要了解路线和土坡，知道在哪儿减速、在哪儿可以骑得快。也要学会衡量自己和对手的差距。另一名车手可能在某一段稍微领先，但是你可以在转弯时赶上去。

　　保持流畅。优秀的双人回转对抗赛的赛道有一种连贯的流畅性。如果你搞砸一个弯

你知道对手就在旁边，但是不要太在意。米奇（Mitch Ropelato）和彼得（Petr Hanak）正在齐头并进。

出闸赛的历史

双人回转对抗赛：最早的山地车出闸赛，其闸门、弯道和比赛形式来源于滑雪。

Dual：这是国际自行车联盟（UCI）为了让双人回转对抗赛更有观赏性（也让比赛快一倍）而做的改进，两名选手从各自的赛道出发，再汇集到一条赛道上。Dual流行于1998~2001年。

4X：4名选手同场竞技的比赛，比赛规则简单，也有观赏性。4X的出现是为了增加电视曝光率和争取更多赞助费，最后也确实做到了（在一段时间内）。在今天，4X在很多地方已经不再流行，但是仍然有4X职业巡回赛。

道，也会搞砸下一个弯道，甚至接下来的弯道都会受影响。要保持控制力，让每个弯道都建立在前一个弯道的流畅处理之上。赛道最重要的部分是终点线，整场比赛就是为了尽快通过终点线。

明智些。要知道对手在哪儿，但是也要专注自己的比赛；不要慌张，应尽力弥补与对手的时间差距，除非对手领先了太多。如果你在较慢的赛道上落后了一点点，不要担心，你可以在较快的赛道上把时间追回来。

体力要好。如果在32人的比赛中一切顺利，那么你将比10趟，一趟比一趟快，而且每一趟开始之前还要爬山回到起点。随着比赛一轮轮进行，比赛会变得更加激烈，能休息的时间也更少了，因此平时要多进行间歇训练，确保体力能很快恢复！

玩得开心。双人回转对抗赛是一种很好玩的比赛。

4X　赛

所谓 4X（又叫 4 人争先赛），就是 4 名选手从闸门冲出，骑下一条有馒头坡、土坡、转弯墙和水平弯的赛道，比赛持续 30 ～ 60 秒。

4 个人一起比赛非常好玩！不过现在 4X 在科罗拉多州的纳斯罗普等地方已经消亡了。

资格赛里，每名选手单发计时。根据比赛规模不同，最快的 4 名、8 名、16 名、32 名或 64 名选手进入决赛。最快的 2 名选手和最慢的 2 名选手分为一组比赛，然后剩下选手中最快的那 2 名与最慢的那 2 名同组比赛，以此类推，直到所有选手都对阵完毕。每一轮比赛中最快的那 2 名选手进入下一轮，另外 2 名选手就只能成为场边观众了。这个过程一直持续，最后剩下的 4 名选手进行决赛，获胜的即为最终的冠军。

要想在 4X 赛中脱颖而出，选手必须具备全面的山地车骑行技能，比如爆发性踩踏、自信的飞越和干净利索的过弯，再加上快速起跑、果断超车和高明的战术。在 4X 赛中，有时获胜者未必是最快的那个，但一定是最聪明的那个。

在美国，4X 项目几乎消亡，但仍然有 4X 职业巡回赛，而且 4X 赛仍然是 UCI 的世锦赛项目之一。如果你决定参加出闸赛，下面是一些练习重点。

出发

对于那些从 XC 越野 / 速降转型到 4X 赛的选手而言，自行车越野赛的闸门似乎是个很奇怪的东西。你要把前轮压向一道金属闸门，双脚位于脚踏上保持平衡，直到出发指令响起。

"选手们各就各位，随机发车。"

暂停。

"选手准备。"

短暂停。

"注意闸门。"

0.1 ~ 2.7 秒的随机停顿。

"哔哔哔哔——"

此时信号灯随"哔哔"声发生变化：红—黄—黄—绿。在第四个"哔"声响起（为绿灯）时闸门落下。

红灯时就要启动，这很简单。当你看到红灯时（或听到第一个"哔"声时）出发！从红灯到闸门落下的时间大约是 0.35 秒，而人的平均反应时间是 0.25 秒，所以你不可能撞上闸门（如果你确实撞上了闸门，要继续踩踏，最多只是让你的起跑位置后移了一点点）。

1. 当发车命令开始响起，你要站起来，要在脚踏上保持平衡，手臂伸直，双手稍微握紧。脚踏保持水平，或者向下一格。

2. 只要你看到红灯或者听到"哔哔"声，臀部就向前猛推。车子会后退一点点，但是因为车子比身体轻，所以车子最终会向前移动。

3. 第一次踩踏时，身体要完全伸展，让脚踝、膝盖、臀部和肩膀连成一个动力平面。现在闸门开始落下，用力冲刺，就像整场比赛都取决于最开始的几次踩踏——其实就是如此。

后轮骑出发看起来很酷，但是你应该向前冲，而不是向上飞。当你拉着车把加速时，要确保重心放在双脚，将前轮下压。

超车

领先位置的反复交替让 4X 赛非常精彩，如果亲自参赛更是令人兴奋不已。不管用心理还是身体技能，你都要使尽浑身解数冲下艰难的赛道，还要对抗另外 3 个奋力争先的选手。4X 赛的赛场瞬息万变，转眼间领先位置就会发生变化。

做好调查工作。 每条赛道都有几个绝佳超车点，找一找可以高速入弯和高速出弯的地方，以及可以骑得比其他人都快的地方。

预先计划。 观察其他车手的路线，看他们在哪里比较快、哪里比较慢。为可能发生的事做好计划——"如果我在这儿落后，我就会从弯道外侧通过，高速出弯，然后在节奏区超车。"你提前想得越多，在战况激烈时反应就越快。

随时准备就绪。别当个胆小鬼，要主动，有创造性，还要够机智。

不要跟车。当你处于别人正后方时是不可能超车的。因为你看不见路，也不能有所反应，更不可能直接穿过他。此时应该稍微后退，或者选一条不同的路线，在到达超车点前加速，然后快速超越。

如果你在直道有办法超越对手，那太棒了！但是大多数情况下，超车都发生在弯道，有两种基本方法。

"低—高"超车法。当领先的选手准备从外侧过弯时，你就切入弯道内侧。但是不要在超车之后漂移到高处，要不然对手会用"高—低"超车法反击。你应该靠近他们，把他们挤到转弯墙顶部，然后再加速出弯，这种方法在水平弯道特别好用。当你把一名选手挤到外侧时，你就控制了局面，这有利于抢到下一个弯道。当"低—高"超车法失效时，要提防有人从后面用"高—低"超车法反超。

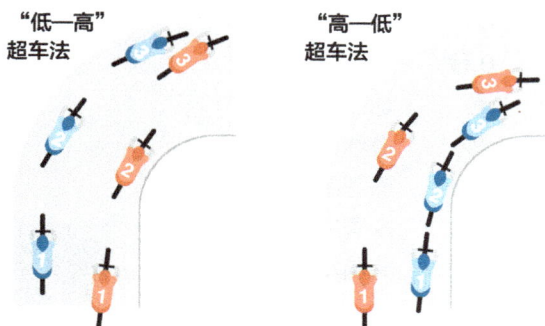

"高—低"超车法。如果领先的选手切入转弯墙内侧，那你就保持位于转弯墙高处。当他们向前漂移并在出弯口减速时，你就冲下去，加速超车。这种方法在转弯墙上最好用，但是在水平弯道上也可以用。通常来说，切入弯道内侧的速度越快，出弯时损失的速度就越多。你应该有耐心，可以从更外侧准备并且延迟一点发起攻击的时间，然后当其他选手挣扎着寻找抓地力时，你就趁机加速出弯。

防止超车

有时候你不知道身后有人，直到他们把你超了之后你才会发觉，但是大多数时候你还是能感觉到他们的存在的。如果你仍然领先，那就把他们挡在身后。如果他们已经追上你或者超过你，那就让他们去吧，然后开始策划反击。如果有个家伙用"低—高"超车法超过你，那你就用"高—低"超车法反击。

了解合适的超车点，并考虑各种可能性，这样才能为一切做好准备。对于任何 4X 赛事而言，要了解两条路线：资格赛路线，这是最快的路线；另一条是正式比赛路线，要守住每个弯道，防止对手超车。如果资格赛和正式比赛不是在同一天举行，那就在资格赛那天练习资格赛路线，在正式比赛日练习各种比赛路线。如果你有一个特别好的想法，不到最后一轮不要轻易显露出来。

注意其他选手的位置，从而相应地筹划你的路线。他们可能会对你的路线做出反应并改变计划，但如果你知道了他们的位置，那你至少有反应的机会。假以时日，你也能培养出敏锐的直觉以应付各种情况。在那之前，你可能需要一个头盔镜，甚至装在车把上的后视镜，这些真的能帮你监视对手。

速 降 赛

30 秒　　你斜靠在出发台上。

20 秒　　锁鞋上锁。

10 秒　　调整护目镜。

5 秒　　你站起来。

4 秒　　身体向后倾斜。

3 秒　　深呼吸。

2 秒　　准备完毕。

1 秒　　头脑冷静。

出发！

身体要全面爆发，踩踏、踩踏、踩踏，转弯、转弯、转弯，越过石头，冲下陡坡，飞下落差，心跳加速、气喘吁吁但是双腿翻腾，你冲下早已烂熟于心的赛道，心想着这里是石头，这里要走内侧……你骑行在掌控与失控、胜利与失败的微妙边缘。

速降赛有多种不同的类型。大多数比赛的时间为 2 ~ 5 分钟不等，但是有些比赛的时间长达一小时甚至更长，比如康尼维尔（Downieville）速降赛。速降赛的地形变化多样，有的骑起来简单快速，有的地形崎岖骑起来缓慢，有的地形虽然崎岖但骑起来速度很快。高水平速降选手具有快速的反应能力、超凡的控车技术、强大的全身力量和综合有氧与无氧运动的能力。

路况越陡、越松软、石头越多，骑的时候就要越积极（而且流畅）。澳大利亚硬汉（人很随和）杰瑞德在科罗拉多州的斯诺马斯比赛中努力保持平衡。

当然自信心也很重要。

学会以下这些技巧，你就能掌控下一场速降赛。

了解赛道

速降和正常的林道骑行类似，只是需要记住赛道，还得骑得尽可能快。对赛道了解越透彻，骑得就会越快。在大部分比赛中，你了解赛道的时间和精力是有限的，所以有效的练习很重要。以下是来自前世界杯速降冠军，现在仍然可以像冠军一样骑车的史蒂夫·佩特的一些建议。

骑之前要先走一遍赛道。不要试图记住每块石头，但一定要记住整体布局，想一想如何处理棘手的路段，想象自己正在骑行中。不要等到时间短、赛道拥挤的练习时间才第一次来检查赛道。如果在沿赛道步行的过程中能制订好计划，那么你将骑得更快。

多次练习。佩特通常在练习日第一天会跑 6 ~ 7 趟，第二天跑 4 ~ 5 趟，在正式比赛日跑 2 趟。在每一趟练习中都要学到一点新东西，盲目的练习只会让你筋疲力尽。

赛道全程练习。许多选手骑一小段就歇一会儿，再看一眼路线，然后继续骑。佩特不会这么做，他每次都从头骑到尾，但每一趟练习都集中关注不同的部分。到正式比赛时，他清楚地知道自己需要经受多久的冲击。

练习时速度要快。一些选手开始练习时速度较慢，骑了几趟后才越来越快。这是一种稳妥的方法，但是在比赛中骑得很快时，情况总会有所变化。佩特每一趟练习都很快。他说："人们都说我的第一次练习就像资格赛一样快。"佩特在某些路段练习时骑得比正式比赛还快。在全力以赴的正式比赛中，他可能很累，所以踩踏达不到那么快。但是如果每次练习都全力以赴，他就能知道自己和车子已经做好了一切准备，不会出现什么措手不及的事。"有些人说我应该骑得更有章法一点，但是现有方法对我来说很奏效。"佩特说道。

保持灵活性。赛道会不断变化，裸露的树根和石头会断开、松动，路线常会在意料之外的地方出现。要睁大双眼，实时调整计划。有时你不得不在比赛中进行调整，所以在制订最终比赛计划时要留有变通余地。

保持思考。在两次练习之间的间隔时段要回想赛道、路线和速度。这一次我该试哪一条路线？哪里可以更快一点？要和你信任的人交换意见。要去观察速度快的选手，但是要记住：对于有些路况，职业车手能轻松搞定，但你可能会摔成重伤。

佩特说："有时候观察别人有害无益，他们看起来速度飞快，所以你会担心自己太弱。但是，如果你看自己骑这个路段，也会发现自己速度飞快。这是很重要的心理过程，你必须专注于自己的事情。"

注意观察你欣赏的选手。如果佩特在比赛中告诉布莱恩："你骑得很棒！"这能使布莱恩确信自己真的很棒。其实布莱恩早知道自己很行，但是当他从佩特那里听到这句话时，还是很受鼓舞。

不要害怕崎岖路段。不要在任何一个路段花太多时间，不管是巨大无比的土坡，还是湿滑的乱石区等。尽你所能通过一些路段，继续向前。如果你之后还有时间，再回来慢慢研究。

假设有一场比赛正在惠斯勒山地车公园的 A-Line 林道举行，你从一条满是沟槽的林道快速冲下，一个转弯墙接着另一个转弯墙，还有数十个完美的梯形土坡。突然，前方出现了一个巨大的岩石落差，而且旁边有条简单路线可以绕过。很多人会花上一整天站在那里观察别人，然后考虑自己该怎么下。如果他们干脆决定不飞落差而选择绕行而过，顶多损失 2 秒，他们可以通过熟悉剩下的赛道轻松追回这 2 秒。

避免严重冲击。速降赛路线就是这样，比赛路面把你震得头晕眼花，双手变成了没用的爪子，此时即使是中等冲击也能把你搞得一团糟。另外，即使你没有撞上乱七八糟的东西，速降车也已饱受冲击。佩特说道："为了更好地过弯，我把五通设置得比较低，但是每次练习时 MRP 护盘都会被撞两三次。如果在练习中的撞击很猛烈，那么在比赛中我就可能把它撞坏，所以比赛时我尽量骑得聪明一些。"

在脑海中想象练习。从最后一次练习到正式比赛之间，你要在脑海中不断想象如何骑过赛道。有些选手甚至把赛道画在纸上。不管怎样，关键是要放松地想象自己流畅地骑行在赛道上，知道自己能做到，努力去做。

全力以赴。不管你信不信，佩特说："速降并不总是很有趣，在达到一定速度之后才会好玩又流畅，你得超过那个速度。"

别拼命过头

时长 2 ~ 5 分钟的速降比赛正处于有氧和无氧能量系统之间的"神秘地带"。你要尽力骑行，但是别犯傻。当我们的心率超过一定值时，我们就会注意力涣散，容易失误。宁可骑得轻松利落一点，也不要骑得太拼命、太鲁莽。另外，在整个比赛过程中，肌肉中的乳酸会不断堆积，所以最理想的情况是：当你冲过终点线时仅能勉强握住车把或者踩踏。知道自己没在赛道上留下多余体力还是挺让人心满意足的。在练习中尝试不同强度不仅能锻炼体能，也能让你更好地了解如何选择路线。

速降比赛的过程包括一系列的短暂冲刺和短暂休息。要在平坦路段冲刺，在技术性路段之前休息，要决定好在哪儿踩踏、在哪儿压抬和在哪儿休息。在陡峭的下坡路段，要先踩踏加速，然后再滑行下坡。注意逆风踩踏会浪费大量体能。

在科罗拉多州王冠峰的高山州杯比赛中，布莱尔选择飞下去，而柯迪选择骑下去。哪一种更好？这取决于你的技术、体力和骑行风格。聪明的选手会在练习中为这两种通过方式分别计时。

排位赛策略

有些比赛在决赛之前还有排位赛。排位赛成绩越好，决赛时就越靠后发车。如果天气预报说决赛那天可能会下雨，那就在排位赛时骑得慢一些，这样在决赛时可以早点比赛，这时路况会比较好；这有点冒险，但是每过一段时间总会有无名小卒在大赛中获胜，这是因为在高手比赛时，路况已经变得很糟糕。相反，如果路面越来越干，那么排位赛中最好用力猛踩。

避免手臂肿胀

你应该有过这种感觉：冲下一条崎岖赛道的过程中前臂开始疼痛，很快疼痛就变得无法忍受，你几乎都握不住车把，更不用说控车了。

前臂的肌肉被一层薄薄的、没有弹性的筋膜覆盖着。当你用力使用肌肉时，肌肉就会充血膨胀，在筋膜内因压力而产生疼痛感。压力越大，静脉就越受挤压，从肌肉中流出的血液就越少。而此时，动脉还像高压消防软管一样不停往肌肉内喷涌血液，使更多的血液滞留在肌肉中。这进一步增加了压力和疼痛感，让控车变得更困难。

有些越野摩托车手，例如前山地速降车手肖恩·帕默，会通过手术切开或者切除筋

在通过陡峭的乱石路段之后是一个水平弯道。问问自己：哪条路线能让自己（而不是其他人）高速过弯？

膜来缓解这种压力。别担心，你可以通过"非侵入式"的方法解决手臂肿胀难题，依重要性排序如下。

放松。短暂使用前臂肌肉后就让它休息，这样前臂肌肉的运作会处于最佳状态。一定要在平稳路段松开双手，即使只有 1 秒的时间。在激烈的路况下，你会感觉有个小恶魔在拽着你的前臂肌腱，但是你必须专注于肌肉放松，这样手臂肿胀的症状将大为缓解，骑行也更顺畅了。

体能要好。心肺的供氧能力越好，血液循环就越顺畅。为了让双手准备好应对速降赛，要经常练习骑行崎岖地形，或者骑越野摩托车。如果你能掌控越野摩托车，那么速降车就是小菜一碟了。

这些练习能让你练出大力水手一样的前臂。

- 手腕卷起和展开。用杠铃或者较轻的哑铃训练，做 3 组，每组 20 次甚至更多。
- 重物卷绳练习。把一个 2.3 千克的重物系在 120 厘米长的绳子上，绳子另一端绑在一根木棒上。用双手转动木棒，把重物向上卷起，然后再反向慢慢将其放下。

进行以下练习

速降比赛注重超凡的力量和控车技能，以下是一些需要专注的事项。

速度要快。如果你想比赛的时候速度快，那在练习的时候速度也要快。佩特说："我一直都骑得很快。这让我的身体和反应合拍，从而比对手更快。"当然，你应该只在指定的区域风驰电掣，永远不要在公共林道这么干。

习惯崎岖地形。如果你在比赛时遇到挑战，比如巨大的土坡、黏稠的烂泥、尖尖的乱石，还问自己："哦，我该怎么办？"那最终结果要么是速度很慢、挣扎着控车，要么是摔车。你不应该对赛道上的地形感到震惊，而应该面对挑战尽快飞驰。一定要在你所能处理的最极端的地形上练习，特别注意那些会吓你一跳的地形：斜面向下的弯道、湿滑的树桩等。下次比赛时你应该能对自己说："哈，这很简单，现在来找找哪条路线最快。"

在任何地方踩踏。在每个出弯和任意两个崎岖路段之间都要踩踏，并做针对性练习。如果你不踩踏，也应该压抬。

强度训练。要习惯于在不失控的状态下进行 2 ~ 5 分钟的全力骑行。你可以在公路上做间歇训练，但是什么也替代不了在真实地形上的冲坡练习。骑到眼冒血丝是第一步，骑到眼冒血丝还能保持控制是第二步。速降车手需要有良好的有氧运动能力，但不需要像 XC 车手那样的长距离耐力，每周保证几次 1 小时的中高强度练习就够用了。

取下你的链条

开玩笑？！也不全是。

2014 年，尼克·穆拉利在没有链条的情况下获得了 DH 世锦赛第四名。2015 年，艾伦·格温没有链条赢得了 DH 世界杯。这些车手证明，压抬可以比踩踏更快，理论依据如下。

- 在没有链条的情况下，后避震器工作更好。
- 当你知道自己无法通过踩踏来加速时，刹车的使用会更谨慎，转弯也更加精准。
- 踩踏会消耗部分思维带宽。当你完全专注于压抬赛道的每一个点时，骑行会变得更加平稳和高效。
- 当你在精英赛中骑断链条时，你会说："好吧，赢不赢无所谓了，我至少能获得一些乐趣。"乐趣往往让骑行变得很快。

我们不建议不安装链条去比 DH（除非是无链条比赛），但我们确实建议学习压抬一切，然后找出愤怒踩踏和有爱的压抬之间的最佳平衡点。

你可以上网搜索"艾伦·格温无链条赢得世界杯"。帅呆了！

能量补给

完成一场 3 分钟的比赛并不需要多少能量，只要确保水分充足和反应灵敏即可。在赛前 15 ~ 20 分钟补充一包能量胶就足够了。

把 路 让 开

"我要是让你通过，会浪费我5～10秒。"——在一场发车间隔60秒的比赛中，一名被赶超的选手如是说。

如果在速降赛或者其他计时赛中，有人在发车间隔20秒、30秒甚至60秒后赶上了你，你不要试图加速或者去阻拦，而要把路让开！别为了让自己从第27名升到第26名而毁了别人的冠军。

如果你是那个赶超别人的选手，要从后面很远的地方开始叫喊，这样被赶超的选手才能找个好位置让你过去。当你超越时要一气呵成。那些不愿意让道的选手比降级夺冠者还让人讨厌！

XC 越野赛

XC 越野比赛不管是 20 分钟、2 小时还是一整天，都和正常的 XC 越野骑行一样，只是会更快、强度更大和更加痛苦，而且还要跟一群奋力夺冠的选手同场竞技。我们不要忘记痛苦。

噢，痛苦！

每周在科罗拉多州博尔德的巴尔蒙自行车公园举行的短道比赛快速、流畅而凶猛，你需要高超的操控技术和高车头。

重要诀窍

XC 越野是对力量、战术和意志力的综合挑战。如果你参加 XC 越野比赛，说明你很可能喜欢挑战困难。这样很好，但是也不妨在比赛中更明智些。

调整节奏。了解自己的体能极限，不要随便越界。在爬坡时使用极限体能，在下坡时休息恢复。

注意身体的警示。你感觉还好吗？正处于训练计划中的哪个阶段？如果会影响你未来的成绩甚至健康，那就不要太拼命。

了解对手。当对手发动进攻时，要了解自己该不该跟上。如果你比竞争对手更有实力，一定要赶在对手之前到达单人径。如果你爬坡能力很强，就不要在下坡时冒险，只要安全下坡就好，爬坡时再全力以赴。

赛前骑一遍赛道。要知道在哪儿拼全力，在哪儿休息；什么时候该防守，什么时候该突击。

利用补给区。不要携带任何多余的食物或水。如果赛道一圈的距离较短，那就带半瓶水，或者再加一只能量胶。尝试运动饮料，使用运动饮料摄取能量和电解质，比食物或能量胶加水更简单。

选择正确的战车。如果赛道平坦，硬尾车是首选。在崎岖赛道上，应该用软尾车。赛道越长、越艰难，你就越应该用软尾车。

集团鏖战

除非你出发时能像火箭一样快，否则总会有几个人在前面挡着赛道。这意味着呛人的灰尘、恼人的减速……结果成绩可能很糟糕。要想主宰集体发车的比赛，你最好学会超车。

要想出发快，就得先热身。如果起跑后是直接进入单人径，你一定要赶在大集团之前到达那里。赛前要充分热身，排队位置要靠前，起跑后火力全开冲向单人径。一旦你成功领先大集团，要利用优异的操控能力休息，同时保持快速前进。

不要跟车。把其他选手看成像树一样的障碍。你不可能骑到一棵树前面，然后猛捏刹把，再等树从路上移开吧？大多数 XC 越野比赛最后都变成了列队游行，选手们慢吞吞地跟在前面车手的后面。一旦你跟车，你就无法留意超车点，最终只能成为游行队伍的一部分。

顺畅超车。不要浪费力气去一直追赶对手，要降到与对手同样的速度，然后再加速超车。当你赶上另一名选手时，要提前计划好超车策略，这样不用突然加减速就可以呼啸而过。注意尽量在弯道超车。很抱歉这样说，但是大多数业余 XC 越野车手的过弯技术很差：过度减速，入弯太早，出弯时损失速度。在弯道你可以用快速的"高—低"超车法或者"低—高"超车法，或者从非常靠内侧的路线高速超车。记住：只要是在赛道标记之内超车，就是符合规则的。地上那细长的车辙是留给缓慢小羊走的，不适合你这样的飞驰大野狼。

像火车一样前进。如果你必须在踩踏路段超车，那就从后面开始加速，从对手身旁快速超过。如果条件允许，你可以放慢呼吸，微笑着说些像"美好的一天啊"或者"比赛开始了吗"之类的话。如果对手的情绪正处于崩溃的边缘，这些话足以让他把山地车卖了换根钓鱼竿。

布莱恩小课堂

了解自己的优势和不足，还有竞争对手的情况，在 XC 比赛中策略非常重要。熟悉赛道，知道哪里可以发动攻击，根据自己的技术水平哪里应该靠前，哪里可以超车。除了自己做好准备，你在中立区和维修区的队友也应准备好食品和饮料，以及随时进行机械故障处理。制订一份主计划和一份备用计划，为所有情况都做好准备。

拥抱痛苦

骑行很艰苦，比赛节奏的骑行更艰苦。有时候你会感觉整个宇宙都充满痛苦，而且痛苦全部都落到了你的头上。

了解痛苦。我们大多数人认为痛苦都是讨厌的、应该避免的，但痛苦也分好坏。坏的痛苦：比如你知道锁骨治疗失效时的痛苦；好的痛苦：比如全力以赴后的痛苦。如果你知道全力以赴的痛苦是好事，这意味着你正在变得更强大，很可能让别人去吃苦头。

如果你感觉非常糟糕，那就要花点时间找出原因。是紧张吗？要放松。是踩踏不顺吗？踩踏要平稳顺畅。是猛拉车把吗？就这样没关系。是像垂死的狗一样气喘吁吁吗？要慢慢地深呼吸。是因为毫无保留的全力骑行吗？抱歉，痛苦就是这么直接，但至少你正变得更强。痛苦是一座桥，连接了现在的你和未来理想的你。

XC越野比赛很艰苦，好在其他人也同样痛苦，可以借此安慰自己，然后冲击接下来的下坡。朱迪也深知此理。

呼吸。恐慌时，你的呼吸会变得很急促，急促的呼吸反过来又会加剧恐慌，这是一种恶性循环。所以当你像吉娃娃一样不安地气喘吁吁时，要尽量缓慢地深呼吸，这有助于缓和情绪。要专注于缓慢的深呼吸，把气吸到膈膜。

放松。爬坡时应该让不直接发挥作用的肌群休息，使手掌、手臂和肩膀尽可能放松。当我们感到不舒服时，会下意识地扭曲脸部，所以要让下巴、脸颊和眼睛放松，身体其他部位就会跟着放松了。

查看心率计。心率计就是身体的发动机转速表。如果你感觉自己都快晕过去了，但是心率还是处于安全区，这说明出了其他问题，可能是因为太累、生病、脱水或者体力不支。如果你觉得自己还能拼，而且心率计也显示心率正常，那就加油骑吧！如果心率达到了极限，那就是如何保持速度和处理痛苦的问题了。

关注自己。通过多年的训练和比赛，来培养对身体的感知能力。你的心脏在做什么？肺呢？股四头肌？臀肌？你的身体有多热？输出有多高？你对自己的身体了解得越多，越能够更好地控制强度，并进行微调，让自己感觉更好，骑得更快。

相信自己。新手的一个重大突破是：能一鼓作气爬上坡顶，而且在休息后感觉良好。如果你状态良好，疼痛就只是暂时的。

找到自己的节奏。当你面对一个长上坡，在开始时要相对轻松地踩踏，找到一种节奏，在接近坡顶时再更加用力踩踏。要逐渐变速，持续发力踩踏，直到开始滑行下坡。在下坡过程中休息恢复。那些从坡底就开始狂冲的车手在半途就会遭遇体能极限，那时候可没有任何休息的机会。

记住：骑行应该是一件很有乐趣的事情。

能量补给

要了解自己的身体，了解自己在没有进食的情况下能用力骑多久。在训练时要尝试不同的饮料、能量棒和固体食物，特别是在模拟比赛强度的训练中。我们见过有人在群体骑行中吃猪排和沙丁鱼，恐怖吧？但是对你来说适合的就是好的。

24 小时耐力赛

在今天，24 小时耐力赛已经从狂热山地车爱好者的边缘赛事，演变成有趣的骑行嘉年华。你可以和同伴一起比赛，也可以追求自己的极限（或者兼而有之）。

选择比赛形式

24 小时个人赛：名副其实，真的就是一个人骑 24 小时。

24 小时团体赛：更受欢迎，因为你能和 1 ~ 4 名队友一起分享比赛（人数根据赛事和竞赛种类的不同而不同）。大多数车队有 4 名选手，每个人一天中全力骑 6 小时，对于大多数人来说这已经够受的了。

在 24 小时耐力赛中，你肯定希望有像来自 Trail Head Cyclery 的拉斯·托姆森这样的人来负责车辆的保养维修。凯文·古德曼正享受"快乐"的时光。

艾瑞尔的建议

职业车手艾瑞尔·林斯利（目前在 FOX 的产品开发部工作）参加过 24 小时个人赛，也参加过 24 小时团体赛。以下是他对参加团体赛的建议。

比赛前

带上保暖的衣服，比你认为的还要保暖的衣服。即使气温是 15.5 摄氏度，你闲坐着也会感冒，要带上最大、最保暖的夹克。

要有一名车队后勤人员，她（或他）负责为车手提供保障：生火、食品、饮料、服装、电池和休息。"那时有个人告诉你该做什么是有好处的——'哥们儿，把这个吃了，穿上衣服。'"

要有一名车队经理。这个人负责在营地和起点来回走动，你骑车时他给你拿夹克，你结束时他来迎接你，他还要追踪与监视其他车队并转播讯息，要确保你按计划行事，而且在必要时对你撒谎。"我已经被骗了好几次了。当我领先 10 分钟时，他告诉我还落后 1 分钟，不管怎么骗都行，你需要一个了解你的人，这样他才知道怎么来激励你。'有人从后面冲上来啦！'"

在接力区设置一个骑行台。要用一个座杆快拆，这样所有队员都能在上面热身，随时准备用力冲，也能让你发泄紧张情绪。你跑完圈后也应该来骑这个骑行台，这有助于身体降温，减少酸痛和肌肉紧绷感，从而使下次的热身不那么难。

为每名队员提供一件在骑行台上穿的团队外套。车队经理要负责这一项，在跑圈前后还要准备补给品。

确保你有专门的司机，这很重要！选手都不应该自己开车回家，特别是赛后派对上还喝了那么多啤酒的人。

比赛中

就跟平常一样骑车，你不会因为一瞬间的勇猛就赢得 24 小时耐力赛。你也应该了解赛道，每次都走同样的路线，在同样的地点变速，用同样的齿比爬坡。

一旦你骑完自己的比赛，就要换上干衣服，要在吃东西之前换，更要在你滔滔不绝地讲故事之前换。

24 小时个人赛。保持前进，不要停，不要休息。"你把舒适的维修区忘得越干净越好，就当那地方不存在。但这很难，因为你每次经过维修区都能闻到热狗的香味。热狗……"

食物可能是个问题。有些人能吃下冷比萨，如果你没这本事，那就试着喝饮料、吃能量棒和蛋白质奶昔。试着吃一吃电解质药片，甚至喝电解质水，这种饮料专门用来给患病儿童补充水分。

维修区的工作人员要做的事情比你还多，他们不能让你无所事事："不，老兄，你不能坐那儿……赶紧出发吧……不，快给我出去！"撒谎可能有用——"后面有追兵！"

威尔的建议

硬汉和山地车骑行传奇人物马克·威尔赢过无数团队赛事，还保持着许多最快单圈纪录——有一次是用单速车完成。以下是他的 24 小时耐力赛建议。

策略。提前把一切都准备好，包括所有的食物、照明、骑行装备等一切东西，这能让你在比赛时心无旁骛。

"我不做任何特别的训练，只是想减一些体重。"

但说这话的是威尔。对他来说，一天骑 6 小时就跟玩儿一样。为了准备 24 小时耐力赛，他会侧重于公路训练，而减少压抬场训练。

要事先决定谁去完成勒芒式起跑和第一圈，还要决定谁接第二棒骑出最快单圈，并要练习接力。

事先计划好每个人要骑多久。在下午 3 点之后，要让每个选手都骑两圈，从而让其他人都能更好地休息——休息 4 ~ 6 小时而不是 2 ~ 3 小时。

"4 个人的团队骑行是最困难的。我自己可以连续骑 19 小时或者 20 小时，完全没问题。但是当你在团队中骑行时，每一圈都得尽全力骑。上场 10 次之后，你的腿也就快废掉了。"

要给电池充电器带一个插线板，在每块电池上都写上你的名字。

食物。"我会喝很多奶昔，有时会买一个墨西哥卷饼，从冷柜里拿出来直接吃掉。"威尔说。"不管你吃什么，最后都会吃到腻。要带上你平常想吃又不敢吃的食物，比如夹心饼干、彩虹糖，或者壳类饼干。如果我带了抹了花生酱和果酱的吐司，然后又吃到腻，那我就不知道比赛之后该吃什么了。"

整个晚上都要吃东西，并一定要保持身体水分充足。

休息。仰面躺着，同时把脚放在椅子上。抬高双腿有助于血液循环。

威尔说："我认为不应该睡觉，休息时间太短，睡觉不划算。我喜欢在维修区里闲逛，'骚扰'别人——尤其当我的团队领先的时候。我有一次还被赶出了 LUNA Chix 维修区，因为我把他们全给吵醒了。"

答 疑 解 难

问题：选手们指责我通过降到简单级别夺冠。

解决方案：首先感谢这本书让你骑得更快，然后升到更高级别！

山地车运动本身就是一项很酷的运动，竞争更是让它充满了挑战与刺激性，并获得了很高的认可度。如果你从未参加过比赛，那我们建议你参加一次比赛。你可以参与本地的赛事，也可以参加其他地方的比赛。参赛时要有开放的心态和合理的预期，你会玩得很开心的。如果你已经是一名态度很认真的比赛选手了，那就要坚持训练！我们敢保证，这本书能让你骑得更快！

布莱恩小课堂

布莱恩的训练方法

保持趣味性。我没有特定的训练计划，只是根据身体情况安排训练。如果感到累了，我就会休息；如果感觉状态很好，我就提高训练强度。我认为这取决于你对待比赛的认真程度。我见过有人50岁了，但是训练和比赛的认真程度比职业车手还要高。每个人都不同，一个人的方式可能不适合另一个人。我知道有些车手全身心地投入到训练当中却没有得到他们想要的成绩，然后第二天他们不再那么认真，结果效果反而更好。我想如果做起来有乐趣，你就能做得更好；如果态度过于严肃，给自己施加太多压力，结果只会让你失望。

只要有轮子，布莱恩可能就能比你快。图中，他正骑着一辆迷你摩托车参加 2005 年在旧金山举办的 AMA Supercross 的 Crossover 挑战赛。

适应体能变化。随着年龄的增大，我觉得自己在高强度训练后需要更多的休息，充分休息很关键（XC越野赛的传奇人物奈德·欧菲安已经50多岁了，他也是这么说的）。我的快肌显然变慢了，现在的爆发力也不如以前了。

根据比赛调整训练安排。以前专注于4人争先赛和双人回转对抗赛时，我会做很多举重和出闸训练。现在，我更关注耐力下坡型的比赛，所以更注重耐力训练，虽然这种比赛没有XC越野赛那么极端，但我确实需要更强的耐力。我会进行很多长距离骑行、一些下坡训练，还有一些土坡腾越训练，因为这些很好玩。

训练要与需求相匹配。如果你参加的比赛对爆发力和力量的要求很高，那么你要比耐力运动员在健身房做更多负重练习。如果你是耐力运动员，减轻负重，增加重复次数。XC运动员不像DH车手那样需要很大的上身力量，每个项目对车手的训练要求都有所不同。

尝试公路车越野赛。今年冬天我参加了一些公路车越野比赛，我以前从来没参加过。这对于耐力下坡训练来说很完美——45~60分钟的狂飙、大量踩踏，还有一些短距离爬坡。公路车越野真是一项很好的冬季运动（顺便说一句：YouTube网站上有布莱恩跳过障碍而其他车手只能扛车通过的视频）。

模拟比赛。我以前参加4人争先赛的时候，经常在小轮车训练场训练。我现在参加公路车越野比赛，会在周末做模拟比赛练习。我非常努力地训练，然后休息一会儿，再重复训练。

模拟比赛是最好的训练形式，希望比赛比训练强度低一些。获胜者通常这样做：训练中尽量提高强度，因为他们不知道对手会不会更努力。你要做的就是尽全力，但是真做起来不那么容易。

还有越野摩托车。我喜欢越野摩托车。你在山地车上能玩的花样，在摩托车上也能做到，只是速度加倍，距离加倍，高度也加倍。它让你全身都能得到锻炼，也使你习惯于在疯狂地形上风驰电掣。我以前在自家后院弄了个越野摩托车场地。如果我做越野摩托车手也能谋生，我会毫不犹豫地去参加比赛。

竞争。在别人家里玩的时候，我会说："让我们比比，看谁能跳上最高的台阶。"竞争是我的一种生活方式，我乐此不疲。

20：20 英寸轮径的自行车，通常是自行车越野（BMX）小轮车。

24 小时耐力赛：24 小时 XC 耐力赛分个人赛和团队赛，团队赛由 2 ~ 5 名车手轮流骑行。

26 英寸山地车：使用 26 英寸（66 厘米）轮径的山地车（轮圈直径为 559 毫米）。曾经这是唯一一种山地车，而现在已经罕见。

27.5 英寸山地车：一种轮径近似于 27.5 英寸（70 厘米）的山地车（轮圈直径为 584 毫米）。理论上它应该正好处于 26 英寸与 29 英寸轮径中间，但实际上更接近于 27 英寸。

29 英寸山地车：任何装有 29 英寸（74 厘米）轮径车轮的山地车（轮圈直径为 622 毫米）。

4X：4 人竞速赛或 4 人争先赛。

50/50：落地时前轮落在接坡面而后轮落在起坡面，这种情况的冲击非常大。如果是越野摩托车，就是发动机护板着地，与 "腹板着地" 是同义词。

650b：27.5 英寸山地车（或任何一辆 27.5 英寸轮径自行车）轮径的正规名称。

气压弹簧：在某些前叉或后避震器中用气压而非金属弹簧来支撑车手自身重量的装置，广泛运用于除速降车与极激进的 Enduro 山地车以外的大部分山地车。

全地形：这是一种融合了 XC 越野、速降和自由骑的地形与风格的骑行方式。车手追求探索各种林道，融合进 XC 越野的耐力、速降的速度和自由骑的表现力。目前全地形车市场正处于快速增长当中，因为它可以胜任各种路况。现在常被称为 Enduro。

进攻姿势：在车上的平衡姿势，能给你带来完美的平衡和处理地形所需的最大活动空间。

砸前轮：飞越时前轮又重又狠地落地。

婴儿头石：松散、圆形、如同婴儿的脑袋一样大的石头。这些石头是一个需要一定技巧的骑行地形。

接坡面：背对着车手前进方向的斜坡表面。在土坡的接坡面落地较为平稳，在馒头坡的接坡面压抬能加速前进。与 "起坡面"（Frontside）相对。

失败：摔车了。

弃车：在一次失败中，提前弃车以免连带你摔车。

护盘：保护最大（或唯一）牙盘片免受冲击的护盘，通常是导链器的一部分。

胎边：外胎中配合固定在轮圈里的部分，它是外胎的一部分结构，而且在真空胎中还有保证气密的功能。

弯墙：斜面向上且外侧高内侧低的弯道。

4 人争先赛：一种 4 名选手同时冲出闸门且在同一条赛道上竞速的比赛形式，赛道包括出发闸门、转弯墙、土坡和其他障碍，比赛时长为 30 ~ 40 秒。通常也称为 4 人竞速赛或者 4X。

BMX：是 Bicycle Moto cross 的首字母缩写。这种比赛的场地包括一个出发闸门、起跑斜坡、多个转弯墙和一系列土坡与馒头坡。现在 BMX 小轮车赛是一个奥运会项目，在年轻人中最受欢迎，而它也是山地车骑行训练的基石。

BMX 小轮车：专为 BMX 小轮车赛道设计的小巧自行车，其反应灵敏而且操控非常简捷，适合冲刺、飞越和压抬。BMX 小轮车过去只有 20 英寸（51 厘米）和 24 英寸（61厘米）两种轮径，现在还有 22 英寸（56 厘米）轮径，融合了传统车型的优点。骑行BMX 小轮车是提升山地车骑行核心技术的一种极好方式。

锁死把套：用螺钉锁紧在把横上的把套，区别于以往用胶水、铁丝或者运气固定的老式把套。

冲坡：把车手往远处而非高处送的飞坡。

五通：是车架的一部分，位于两个车轮间的底部，上面装有曲柄。曲柄上的中轴和轴承也装在车架五通之内。

打底：即用完避震器的所有行程。避震器组件撞击停止点，通常伴随着金属的叮当声。

啪啪啪啪：源自越野摩托车发动机的拟声词，也代指越野摩托车激进而流畅的风格。"啪啪啪啪"也可以被用作名词、动词，以及最重要的——感叹词。啪啪啪啪啪！

刹车下沉：在刹车力量作用下前叉向下压缩的倾向，导致头管角度变大。

刹车干扰：在刹车力量作用下一些全避震车的后避震器会变硬，在最需要后避震器的时候它会变得迟钝。

碰撞飞越：利用后轮撞击岩石、倒木等障碍让车子向上飞起的技巧。在 4 人争先赛和双人回转对抗赛中，选手可能利用一个小馒头坡进行碰撞飞越。

兔跳：先抬前轮再抬后轮来跳过障碍的技术，练习时最好不要使用自锁脚踏。

碟刹夹器：碟刹里装在前叉叉桶或车架后叉的装置，通过夹紧碟片获得制动力。

切弯：在抓地力充足、外胎没有打滑现象的情况下激进地过弯。有时候也指守住内线。

腹板着地：落地时前轮落在接坡面而后轮落在起坡面，这种情况下的冲击非常大。如果是越野摩托车，就是发动机护板着地。与"50/50"是同义词。

飞轮：安装在后花鼓上的一组齿轮，每一片齿轮称为一个飞轮片。

导链器：一种利用导轨、导轮以及护盘来避免链条脱落的装置，在激进的骑行风格中使用较多。

牙盘片：中轴和曲柄相连的部分。

卡链：链条与盘片底部的齿粘连导致链条卡进车架与盘片之间，这会卡死牙盘，阻止你继续踩踏。一般这种情况是由链条和盘片上的泥沙等污物导致的。

呕吐路：松散、杂乱，有时候还很厚的泥巴路。该词源自澳大利亚的俚语"呕吐物"。

自锁脚踏：利用金属卡扣将脚踏固定在鞋子上。这有助于增强踩踏力量。

操作空间：车手在车上的活动区域。

飞轮片：飞轮上的任意一个齿轮，安装于后花鼓上。

线圈弹簧：在一些前叉和后避震器上使用的传统金属弹簧，通常用于下坡车型。与气压弹簧相比，线圈弹簧通常会有更线性的避震效果。

压缩阻尼：在避震前叉和后避震器中的液压回路，控制压缩的速度和大小。更大的压缩阻尼会延缓动作，使骑行感觉更硬朗。

逆转向：一种高速过弯技术，车手向想要前进方向的反方向短暂转向。例如逆转向左转弯，先将车子稍向右转，陀螺效应会使车子向左倾倒，车手随之再向左转并完成过弯。

牙盘组：包括曲柄、中轴、轴承和牙盘片，成套出售，可以直接安装于车架五通。

曲柄：一对金属或碳纤维杠杆，安装有脚踏。曲柄将双腿的运动转换成旋转运动。

XC 越野赛：在传统林道上进行的一种长距离骑行的比赛形式，比赛时长从 20 分钟到数日不等。大多数山地车手骑行 XC 越野林道。

沙滩车：有 24 英寸（61 厘米）车轮的 BMX 小轮车。

公路越野赛：在铺装路面、土路、缓林道和人造障碍组成的赛道上进行的一种比赛形式。由于速度快而且地形相对平稳，所以公路越野车外形类似公路车，但是轮胎尺寸较宽。许多公路越野赛障碍的设计目的就是迫使车手下车并扛着车跑，下车、扛车跑和上车是公路越野赛的关键技巧，比赛时长为 30 ~ 60 分钟不等。

阻尼：通过控制阻尼油运动来控制避震前叉或者后胆动作的液压回路，包括压缩阻尼和回弹阻尼。

DH：速降。

匹配：形容一辆自行车的装配和调校都完美，而且完全按照车手的身体类型与骑行方式调校。

用时差距：在双人回转对抗赛中，两名车手在各自赛道上的用时差距。如果车手 A 在第一趟骑行中比车手 B 快了 0.5 秒，那么车手 B 必须在第二趟骑行中比车手 A 快 0.5 秒以上才能晋级下一轮。

土坡腾越车：一种拥有敏捷的操控性和耐用的结构且专为土坡腾越设计的山地车，又名 DJ 车。

土坡腾越：一种在人造土坡上进行骑行的骑行风格。车手致力于追求腾空高度和空中动作的表现风格，也称为 DJ。

双峰土坡：一种在起飞坡与落地坡之间有凹陷地形的土坡，而且此凹陷地形无法骑行通过，只能利用飞越通过。

双人径：一种通常见于杂草丛生的土路上的林道，由汽车碾压形成两条平行的路线。

速降赛：一种在陡峭崎岖的地形上进行的比赛形式，需要使用专用的长行程避震车、全盔和护甲。比赛时长通常为 3 ~ 5 分钟。

漂移：当回转力超过可用的抓地力时，轮胎会在弯道中向一侧偏移。与侧滑不同的是，漂移时轮胎仍在转动，而且车手也能保持操控力。

跳入：车手必须在接近垂直的表面落地时采用的技巧，例如半管、非常陡的悬崖等。

落差：一种林道类型，其特征是：因地形过于陡峭，车手不得不从顶部飞到底部，例如悬崖、陡峭的岩石表面等。

钩爪：前叉或者车架中安装并夹紧花鼓的一部分，通常搭配快拆杆。

DS：双人回转竞速赛。

内切：发生撞车时，车手向前飞过车把。见 OTB。

Enduro：以前被称作全山地，一种包括缓慢上坡和飞速下坡的骑法或赛制。Enduro 也可以代指为这种骑法设计的一种山地车。

水平脚踏：与普通胶底鞋搭配使用的脚踏，脚踏上通常有金属短齿或短钉，以避免鞋子在脚踏上滑动。

压平（自行车）：把自行车横向压平，通常是在空中完成 Tabletop 动作的时候做的。

流畅：① 表现最佳时的心理和生理状态；② 非常优雅顺畅的骑行动作；③ 能促进优雅骑行的林道特色；④ 我们都在追寻的境界。

前后位置：车手姿势与车架五通的前后相对位置。在大多数情况下，车手的重心应该位于五通的正上方。

前叉：将前轮连接到车架的一个山地车部件，山地车的前叉一般都带有避震功能。

自由骑：一种骑行风格。车手在骑行中选择创新性的路线并在自然或人造地形上完成很有表现力的花式动作。与比赛相比，自由骑的路线更加多样化，而且一切以结果为导向。

前轮着地：在落地时仅靠前轮在接坡上着地。

前避震器：带有可伸缩功能的前叉，使前轮的运动能独立于车架和车手。

起坡面：任何面对着车手前进方向的斜坡面。在土坡的起坡面上落地会很生硬，在馒头坡的起坡面压抬会减慢车速。与起坡面相对的是接坡面。

全避震车：一种既有前避震器也有后避震器的山地车。而硬尾车仅有前避震器，全硬山地车没有任何避震器。

全盔：能盖住车手脸部的头盔，大多用于速降赛、4 人争先赛、双人回转对抗赛、BMX 赛和自由骑中。

出闸赛：一种比赛形式。比赛中利用闸门将车手限制在起跑线之后，直到比赛开始时才将闸门放下，例如 BMX、4 人争先赛、双人回转对抗赛。

粗糙（gnar）：极限的地形，gnarly（粗糙的）是它的形容词形式。

超重：当一条林道有很陡峭的下坡然后突然接陡峭的上坡，骑的时候就会产生很大的重力加速度。

猛锤：暴力踩踏。

硬质路面：由压实了的土组成的林道路面，这种路可提供低滚阻与高抓地力。

硬尾车：由无避震车架和避震前叉组成的山地车。硬尾车价格低、质量轻，而且结实可靠，因此受到新手、XC 越野车手和花式车手的喜爱。

送邮件：骑快。这是李在 Mark Weir 那里学来的说法，这一说法来自美国自行车手还被美国邮政管理局（USPS）赞助的时候。

"高—低"超车法：一种超车方法。车手从转弯墙外侧入弯，然后在对手身后下切弯道内侧，接着从内侧路线加速超车。

转向飞越：落地方向与起飞方向不同的一种飞越技巧，车手在空中转向。第一弯道领先：在多人同时出发的比赛中，领先到达第一个弯道，应用于 4 人争先赛、BMX 赛，而且在超级翻山赛和 XC 越野比赛中也有少量应用。

坠山：抱着破釜沉舟的心态（通常很极端，不惜摔坏车子）去飞超大落差。随着自由骑变得技巧性更强、更加流畅，超大落差的坠山已经变得过时。

挺跳：利用市区里或林道中的一些特殊物体辅助飞越、兔跳或者做出其他动作。你可以试着在台阶或树桩上使出这招。

抛台：把车手往更高而非更远处送的飞越。

后轮侧踢：在保持前轮贴紧地面的同时让后轮向一侧摆动。

勒芒式起跑：一种起跑方式。车手必须将车子摆放在起跑线上，然后车手向后退一定距离。当比赛开始后，车手们同时跑向自己的车，然后跳上去开始骑。这个名称来源于法国勒芒的 24 小时汽车拉力赛，在比赛中汽车按照资格赛成绩排列，出发时车手必须穿越跑道跑向自己的汽车。

路线：通过一段道路时所选取的特定线路，大多数路段都有多条路线可选。你选择的路线能使林道变得更难、更简单、更慢、更快、更有趣或者更无聊。

坡顶：起飞坡供你起飞的位置。

荷重：车手将更多的下压力施加在车轮上。同义词为"下压"。

松土覆盖的硬质路面：沙子、灰尘或者细碎石覆盖在硬质土路上方的一种路面，在上面骑车如同骑在滚珠轴承上一样滑溜。

"低—高"超车法：一种超车方法。车手从转弯墙内侧入弯，然后封住对手的前进路线，接着再从弯道外侧出弯。

后轮滑：将前轮抬离地面的同时向前滑行。

刹车主缸：刹把上的刹车油舱，它把刹把提供的压力通过液压装置传递给刹车夹器。

前叉偏置距：前轴与头管延长线的距离，单位毫米。总体来说，这个距离越短，自行车的高速稳定性越好，但速度慢的时候就会感觉车子更加笨拙。也可以叫作Rake(Rake 一般为摩托车界的叫法，自行车界叫 Offset 较多)。

半盔： 只覆盖头顶而不覆盖脸部的头盔，应用于 XC 越野骑行。

OTB： 车手向前飞过车把。见"内切"。

烤糊了： 通过障碍或进弯的速度过快（太猛），以至于不能顺利通过。

碟刹来令片： 用来与刹车碟摩擦提供制动力的部件。

踩跳： 一种兔跳方式，利用强有力的踩踏让车子向前上方跳起。

脚踏撞击： 在整圈踩踏时，脚踏撞到了岩石等林道上的障碍。最好要避免这种情况。

全力以赴： 骑得尽可能快。此词源自越野摩托车界，指油门大开。

功率： 单位时间内输出的功。通常我们指踩脚踏时候的功率，但也可以用来描述压抬、兔跳、飞越以及其他优美而暴力的骑行动作。

预压值： 这是指在线圈弹簧避震器中，当避震器全部伸展之后弹簧的压缩量。要想增加预压值，可以通过旋转压力调整环使避震器变硬。

赛前例行程序： 为了使车子、身体和心态达到最佳状态，车手在赛前习惯性地完成的一整套工作。不同颜色的袜子是关键！

压抬： 积极地针对地形做动作，在起坡面向上收力，在接坡面向下施力。压抬能提高速度和增强操控力。

压抬后轮滑： 通过在沟渠处对后轮压抬以便在两个馒头坡之间抬起前轮。

压抬场： 一种分布有馒头坡和弯墙的连续环状场地，在上面不必踩踏就能骑行。为了获取速度，车手需要在压抬场上积极做动作——在起坡面向上收力，在接坡面向下施力。

快拆： 一种由杠杆和凸轮组成的装置，用以固定或调节花鼓和座杆，而且无须其他工具的辅助。快拆装置能使车手更快速地更换车轮和更便捷地调整车座高度。快拆正在从 26 英寸（66 厘米）轮径的车轮上逐渐消失。

烂玩偶： 在弯道中乱了阵脚，摔车并被甩出去。

顺滑过弯： 车手在弯道中沿着一条稳定连贯的路线过弯。

棘轮踩踏： 持续不断地前后反复踩踏 1/4 圈。棘轮踩踏在很恶劣地形爬坡的时候非常有用，此时踩踏整圈可能会撞到石头。

后避震器： 一种安装于车架后端的杠杆臂系统，能使后轮独立于车架和车手而运动。

后轮漂移： 在前轮贴紧地面的同时使后轮漂移。

回弹阻尼： 位于避震前叉或者后避震器内部的液压回路，能控制弹簧回弹的速度。更多的回弹阻尼意味着回弹会更慢，也会减少骑行时的弹跳情况。

节奏区： 在土坡腾越中，节奏区通常是一系列双峰土坡。在 4 人争先赛、双人回转对抗赛和 BMX 赛中，节奏区通常是一系列馒头坡、双峰土坡、梯形土坡、上升双峰土坡和下降双峰土坡。

牙盘片：中轴和曲柄相连的部分。

撕裂：以非常激进的节奏骑行。

馒头坡：在如今流畅风格的林道上越来越常见的一种轮廓平滑的土包，它可以辅助道路进行排水。它经常被用在 4X 或 DS 跑道上，以及各种压抬和土坡场。

鸡棚：由于出弯的甩尾或猛烈加速导致的尘土甩向空中的现象，与全力以赴的情况相近。

刹车碟：一种和花鼓一起转动的盘形部件，把来自夹器的刹车力道传递给车轮。

起跑坡：在 4 人争先赛中，从出发闸门到第一个障碍之间的斜坡。

座：把外胎装好在轮圈上。当胎压达到一定值时，胎边就会弹出来，稳定地卡在轮圈上。当然，座也指你坐上去的那个东西。

预压：避震器在承载车手自重时压缩的量，这有助于在崎岖地形中让车轮稳贴地面。大部分避震器的预压都在全部行程的 25% ~ 35%。

蝎子式摔车：脑袋着地的前空翻摔车，并且后脑勺被你的脚，或你的自行车，或你的脚和你的自行车一块砸到。

蝎子王：一个蝎子式摔车摔得很多而且很有型的人。

SD：超级翻山赛（Super D）。

半光头胎：这种轮胎的中间是光滑的或只是稍微有些胎纹，但是在胎侧有胎纹胶粒，应用于坚实地面的比赛。

座管后飘值：座管装车座处与座管延长线相比向后延伸的距离。这使得车座后移，并且扩大了你的操作空间。

后胆：车架中控制后避震器动作的部件。

撕扯：与"撕裂"同义。

摆渡车：用车把自行车送上下坡道的顶端起点，与坐缆车或推上去相对应。卡车很理想，直升机是终极选择。

路边草：林道边上的树叶，通常也包括路边石。详见"脚踏撞击"。

路边石：藏在林道边上的石头，通常被路边草所遮蔽。详见"脚踏撞击"。

单人径：仅容一人通过的狭窄林道。与双人径和平坦的土路相比，单人径往往更加曲折，也更加有趣。

六连跳：3 个连续的二连跳组合。八连跳就是 4 个组合，以此类推。

侧滑：抱死的轮胎蹭过林道地面。通常要避免发生这种情况。

窄木道：一段狭窄的木桥、原木或者木板。建造窄木道的初衷是让车手能顺畅通过茂密的森林和崎岖的地形，现在它已成为自由骑的标志性特征。

更斜的几何：与"更陡的几何"相对应，指一辆自行车的头管角度或立管角度（或两者）较小。这使得高速操控更加稳定，也叫作放松几何。

双人回转对抗赛：一种比赛形式。在比赛中，两名车手同时冲下布满许多弯道、土坡和馒头坡的赛道。比赛时长为 30 ~ 40 秒，也被称为 DS。专门的双人回转车的特点是加速快而且操控灵活。

灵魂车手：对竞赛与装置嗤之以鼻，只追求刺激的车手。通常愿意骑单速车，用硬叉。

弹簧刚度：衡量让避震器在运动过程中承受的力的大小的量。想让避震器行程"吃"得更多，需要的力也就越大。

线性弹簧刚度：随着行程"吃"得更多而相应变得更硬的避震器，如果把避震行程与相应的作用力用图表示，那弹簧刚度会是一条直线。

渐进弹簧刚度：随着行程"吃"得更多而越来越大幅度变得更硬的避震器，如果把避震行程与相应的作用力用图表示，那弹簧刚度会是一条向上斜的越来越陡的线。

ST：短赛道。

堆高：摔车。

发车信号：开启 BMX、4X、DS 赛道的发车闸门的一系列讯息（通常是一系列闪灯）。车手通过它来找准动作时机，获得最快起跑。

更陡的几何：与"更斜的几何"相对应，指一辆自行车的头管角度或立管角度（或两者）较大，这使得自行车操纵反馈更加强烈。

下降双峰土坡：一种落地坡比起飞坡更低的土坡。

上升双峰土坡：一种落地坡比起飞坡更高的土坡。

冲昏头脑：对一件事感到吃惊且开心，通常是一件在自行车上的美事。

Strava 洞人：一个经常用 Strava 软件记录骑行情况的车手，经常不顾一切地追求他（一般是他而不是她）的个人最佳成绩。

风格：车手在车上的表现方式。

超级翻山赛：一种比赛形式。比赛中所有车手（可能多达 50 人）同时出发，赛道大部分是下坡，但也有足够的爬坡路段让踩踏能力强的车手发挥自己的优势。许多超级翻山赛的起跑都是勒芒式起跑。比赛时长为 10 ~ 30 分钟不等。如今这一赛事被 Enduro 无赖地取代。

冲浪：在陡峭而松散的土路上飘过、滑过。

避震系统：由弹簧、避震器和杠杆组成的系统，能使车轮相对于车架独立运动。避震系统能使车手远离冲击，增强车手的舒适性和操控性。

把横角度：把横两端向后或向上（或两者）弯的角度（译者注：后掠角与上扬角），恰当的把横角度可以让车手的手以自然角度握把。

发卡弯：在陡峭山坡上曲率非常大的急转弯。在进入弯道之后，车子必须向相反的方向回转。平路上的发卡弯英文通常称作 Hairpin。

梯形土坡：一种起飞坡和落地坡之间有水平顶部的土坡，车手可以安全地骑过去。

凌空压平：在空中把车子压成水平姿势的技巧。

T 骨：与另一个人呈垂直角度相撞，形成一个 T 形。

桶轴：一个贯通花鼓，由前叉或车架夹紧的一根中空轴。与摩托车的车轴相似，桶轴比快拆轴刚性更强、更保险。

定车：原地在车上保持平衡，此技巧起源于自行车场地赛的起跑战术。

过渡：从接坡到平路的平滑过渡段。

侧移飞越：一种起飞方向与落地方向不在同一条线上的飞越技巧，车手的路线在空中向一侧偏移。

行程：车轮相对于车架所能移动的距离。在一辆 4 英寸（10 厘米）行程的山地车上，车轮能在打底或撞击停止点之前移动 10 厘米。

转压飞越：一种飞越技巧，利用回转力将车子压平，保持低空飞行获取更快速度，前轮会转向地面。也称作摆尾或者越野摩托式摆尾。

空中调整：在空中扭转、转向，或者把自行车压平。

双轮漂移：两个车轮同时漂移，这是高车速和高技术的体现。

向上收力：减小施加在轮胎上的下压力，同义词是"上提"。

上提：减小施加在轮胎上的下压力，同义词是"向上收力"。

重量：将更大的自身的重量（一种重力、下压力）施加在轮胎上，同义词是荷重。

后轮骑：在抬起前轮的同时保持踩踏，通过向后仰并大力踩踏或用力拉车头达成。

摆尾：在飞越过程中，把车尾甩向一边，通常在凌空压平的时候使出。它经常与转压飞越或梯形坡飞越有关。

XC：越野穿越。

比赛状态：最佳表现的精神状态。状态与流畅相类似，但是比流畅的感情更强烈，更加以比赛为导向。

布莱恩

作为一名专业的自行车运动员，布莱恩·洛佩斯有着20年辉煌的从业经验。他被《今日美国》报评为"无可争议的、全能型的世界级自行车运动员"。

布莱恩从4岁起就开始参加BMX比赛，17岁时成为专业的运动员，并连续7年参加BMX循环赛。1993年，他转向山地骑行，并在自己的第一次山地车比赛中取得了第五名的成绩，且得到了一定的曝光度。随后他赢得了自己职业生涯中的第一个美国全国越野自行车协会（NORBA）举办的赛事冠军，并开启了新的征程。作为一名山地车手，他获得了超过19个冠军头衔，包括9个国家冠军，6个UCI世界冠军，以及4个UCI山地车世界冠军（分别于2001年、2002年、2005年及2007年获得）。

令人羡慕的比赛经历使洛佩斯这个名字在自行车运动领域家喻户晓。他以完美的骑行风格和有竞争力的动力而闻名，鼓舞了世界各地的车手和极限运动爱好者。在2000

年及 2001 年的"年度山地车手"评选中，他两度获得世界极限运动奖，并于 2001 年被提名为"年度动作运动员"。索尼公司以他为原型，在 PlayStation 平台上开发了《暴走山地自行车》（*Downhill Domination*）这款游戏。2005 年，布莱恩与老友李·麦考马克合著了《山地车圣经》一书。这本书随后成为一本好评如潮的畅销书，它被翻译成 6 种语言，本书是它的第 3 版。2008 年，布莱恩被列入山地车和 BMX 的名人堂。

2013 年，布莱恩以"体能指导"的身份开始了与本田、红牛以及 Troy Lee 250 摩托车越野队的合作。其间与他共事过的人包括杰西·尼尔森、科尔·西利以及肖恩·麦克尔拉思，这个机会使得布莱恩能够与人们分享比赛必需的身心锻炼的知识。

布莱恩目前在为"运动领导"品牌做代言，致力于提升品牌的知名度。他还制作了相关媒体内容，并提供了深刻的研发意见，旨在打造卓越的自行车产品。他也会参加特定的比赛。目前他与妻子保拉和儿子麦尔未克住在加利福尼亚州的拉古纳海滩。

李

　　作为世界著名的山地车运动教练和相关书籍的作者，李·麦考马克已经帮助成千上万的山地车手——从初学者到专家再到世界冠军——骑得更好、更安全、更快速。作为美国全国校际自行车协会（NICA）的技能发展总监，李开设了一系列课程并撰写了相关手册，用于培训全美各地的高中山地车手及其教练。

　　作为 RipRow 公司的创始人兼首席执行官，李对能够帮助车手在车下或车上发展技能和体能而感到十分自豪。

　　李作为一名山地车手已经有近 30 年的时间了，目前他仍然在不断取得进步，这让山地骑行变得有趣。目前他和妻子阿莱特以及双胞胎女儿芬恩和菲奥娜一起住在科罗拉多州的博尔德，全家人时常一起骑车出游。